Unterrichtswerk für katholische Religionslehre
an Gymnasien

Religion vernetzt

Erarbeitet von
Sr. Karolin Kuhn
Annegret Langenhorst
Gerald Mackenrodt
Elke Obermeier

Herausgegeben von
Prof. Dr. Hans Mendl und Dr. Markus Schiefer Ferrari

Lehrerkommentar 8

Kösel

Religion vernetzt
Unterrichtswerk für katholische Religionslehre an Gymnasien in den Jahrgangsstufen 5-12

Herausgegeben von
Prof. Dr. Hans Mendl und Dr. Markus Schiefer Ferrari

Religion vernetzt 8 – Lehrerkommentar

Erarbeitet von
Sr. Karolin Kuhn, Dr. Annegret Langenhorst, Gerald Mackenrodt, Elke Obermeier

Bitte beachten Sie:
Das Internet ist ein schnelllebiges Medium, das sich einer wirksamen Kontrolle der Inhalte entzieht. Herausgeber, Autorinnen, Autoren und der Verlag haben sich bei allen Link-Angaben im Schulbuch und Lehrerkommentar bemüht, ausschließlich »langlebige« Adressen von seriösen Quellen anzugeben, die jugendgemäß sind und keinerlei Gewalt verherrlichende, diskriminierende, pornografische oder sonstige sittenwidrige Inhalte transportieren. Alle Angaben werden auch bei jeder Neuauflage der Bücher überprüft.
Dennoch kann nicht restlos ausgeschlossen werden, dass durch Veränderungen (z. B. Übernahme einer Domain durch einen neuen Inhaber) unerwünschte Inhalte auf den Seiten stehen, Links nicht mehr funktionieren oder auf andere Seiten mit unerwünschten Inhalten verwiesen wird. Der Verlag, die Herausgeber und alle Autorinnen und Autoren von Religion vernetzt distanzieren sich von solchen Inhalten, weisen Sie als Lehrkraft auf die besondere Aufsichtspflicht bei der Nutzung des Internets im Unterricht hin und bitten Sie um Hinweise an den Verlag, sollten Ihnen unerwünschte Inhalte auf den angegebenen Internet-Seiten auffallen.
Vielen Dank für Ihre Bemühungen!

Die Herausgeber sowie Autorinnen und Autoren von Religion vernetzt
Kösel-Verlag

Aktualisierte Links aus dem Schulbuch finden Sie unter www.religionvernetzt.de/koesel/infos-unterricht.htm.

Umschlagentwurf: Kaselow-Design, München.
Herstellung und Notensatz: Christa Pfletschinger, München.
Satz: Kösel-Verlag, München.
Druck und Bindung: Kösel, Krugzell.
Printed in Germany.

ISBN-10: 3-466-50712-X
ISBN-13: 978-3-466-50712-2

Der Kösel-Verlag ist Mitglied im »Verlagsring Religionsunterricht« (VRU).
www.koesel.de

vru
verlagsring
religionsunterricht

Liebe Kolleginnen und Kollegen,

der Lehrerkommentar zum Schulbuch **Religion vernetzt 8** bietet Ihnen Erläuterungen und Arbeitshilfen für die tägliche Unterrichtsvorbereitung und unterstützt Sie darin, mit Ihren Schülerinnen und Schülern eigene Lernwege zu planen und methodisch abwechslungsreich umzusetzen.

Jedes Kapitel orientiert sich dabei an folgendem Aufbauschema:
- Die einführenden Übersichten stellen kurz Aufbau und Inhalt des Kapitels und Vernetzungsmöglichkeiten mit anderen Themen, Jahrgangsstufen und Fächern vor.
- Anschließend finden sich zu jeder Doppelseite des Schulbuchs die folgenden Informationen:
- – Im Abschnitt *Hintergrund* werden der Aufbau und die Funktion der Doppelseite im Kontext des Kapitels erläutert und Hintergrundwissen zu den einzelnen Elementen dieser Seite geboten.
- – In den *Einsatzmöglichkeiten im RU* sind verschiedenste im Unterricht bereits erprobte Arbeitsanregungen zusammengestellt. Ähnlich wie bei den Arbeitsaufträgen auf der Pinnwandseite und den einzelnen Doppelseiten des Schulbuches ist dabei selbstverständlich an eine gezielte Auswahl entsprechend der jeweiligen Lerngruppe gedacht.
- – Die Impulse im Abschnitt *Weiterführende Anregung(en)* wollen Sie dazu inspirieren, auch längerfristig Projekte, Exkursionen oder eine fächerübergreifende Zusammenarbeit zu planen.
- – Eine *Literaturübersicht* regt zum Weiterlesen an.
- Am Ende eines jeden Kapitels sind *Arbeitsblätter* als kopierfähige Vorlagen gebündelt. Sie sind durch einen grauen Rand markiert und damit schnell auffindbar.
- In die einzelnen Kapitel eingestreut findet sich immer wieder die Rubrik *religionspädagogik kompakt* zu übergreifenden Aspekten und aktuellen Fragestellungen der Religionspädagogik und -didaktik.

Die **Webseite** *www.religionvernetzt.de* bietet Ihnen darüber hinaus die Möglichkeit, sich mit anderen Kolleginnen und Kollegen über Ideen und Projekte auszutauschen. In einer Materialbörse können Sie neue Unterrichtsmaterialien nutzen, aber auch selbst einstellen. Das alles ist kostenlos und unverbindlich. Um allerdings sicher zu gehen, dass Sie im Lehrerforum nur Lehrer/innen und keine neugierigen Schüler/innen antreffen, bitten wir Sie, sich mit dem Faxformular auf www.religionvernetzt.de anzumelden. Sie erhalten dann Ihr persönliches Passwort für das Lehrerforum. Virtuelle Seminarräume, spezifische Links und ein Raum der Stille mit einer Gebetswand und meditativen Bildern ermöglichen insbesondere auch Schülerinnen und Schülern die gegenseitige Vernetzung.
Eine **Folienmappe** mit einer Auswahl der wichtigsten Bilder des Schulbuches und eine CD mit einer Sammlung von Liedern (auch in einer Karaoke-Version zum Mitsingen) bieten Ihnen zusätzliche Unterstützung bei der Vorbereitung und Durchführung Ihres Religionsunterrichts.

Religion vernetzt will im Verbund mit Lehrerkommentar, Webseite und Zusatzmaterialien vor allem dazu beitragen, die Themen des RU so aufzubereiten, dass sich Schülerinnen und Schüler als lernende Subjekte anregen lassen zu einer aktiven und konstruktiven Auseinandersetzung mit religiös relevanten Fragen, zu einer nachhaltigen Begegnung mit der biblisch-christlichen Tradition und zur Entwicklung ihres christlichen Glaubens.

Die Herausgeber,
die Autorinnen und der Autor

Abkürzungsverzeichnis

AA: Arbeitsauftrag
AB: Arbeitsblatt
EA: Einzelarbeit
GA: Gruppenarbeit
HA: Hausaufgabe
KG: Kleingruppen
L: Lehrer/in(nen)
LP: Lehrplan
OHP: Overhead-Projektor
PA: Partner(innen)arbeit
Sch: Schüler/in(nen)
TA: Tafelanschrieb
UE: Unterrichtseinheit
UG: Unterrichtsgespräch

Die Abkürzungen der Unterrichtsfächer entsprechen dem neuen Lehrplan für das achtstufige Gymnasium in Bayern.

Inhalt

Kapitel 2 **Konflikte – Schuld – Versöhnung**

Kapitel 3 **Martin Luther und die Sehnsucht nach »Heil«**

Kirche – so fern und doch so nah?

Kapitel 5 **Lebensdeutung und Esoterik**

1 Gottes Schöpfung

Das Thema im Schulbuch

Aufgrund ihrer Vorkenntnisse über naturwissenschaftliche Erklärungen der Entstehung des Kosmos vermuten Jugendliche leicht, dass die nur vage bekannten biblischen Schöpfungsgeschichten überholt und wenig hilfreich seien. Die Urknall-Hypothese hat durch ihre Präsentation in verschiedenen Medien oftmals den Eindruck hinterlassen, dass die Bibel zu diesem Thema nicht mehr ernst genommen werden kann. Im ersten Kapitel von *Religion vernetzt 8* steht jedoch die Erkenntnis im Vordergrund, dass Naturwissenschaften und Mythen unterschiedliche Sprechakte mit ganz verschiedenen Fragestellungen und Antwortmöglichkeiten sind, die sich nicht ausschließen, sondern einander ergänzen. Deshalb kommt es darauf an, Sch für ein mythologisches Verständnis der Schöpfungserzählungen zu sensibilisieren, um die Wahrheit der biblischen Texte als »andere« Wahrheit im Gegenüber zu naturwissenschaftlichen Erkenntnissen zu erkennen.

Das *Titelbild* (**7**) ruft ein wörtliches Verständnis des Sieben-Tage-Schöpfungswerkes mit einem anthropomorphen Gottesbild auf, um es kritisch zu prüfen, und bietet gleichzeitig einen Anknüpfungspunkt zur genauen Textlektüre der ersten Schöpfungserzählung.

In der Collage auf *Kontext 1* (**8f.**) sind naturwissenschaftliche und biblische Vorstellungen bewusst miteinander vermischt worden, um sie in einem ersten Denkschritt klärend voneinander zu trennen. Die Schönheit der Schöpfung wie die Rätselhaftigkeit der Entstehung des Kosmos kommen zum Ausdruck. Gleichzeitig kann anhand des Kästner-Gedichtes die Rolle des Menschen in der Schöpfung diskutiert werden. Ist er die »Krone der Schöpfung« oder doch nur ein »alter Affe« oder gar Zerstörer der Schöpfung?

Einen anderen Zugang zur Thematik bietet *Kontext 2* (**10f.**) mit drei »literarischen« Gesprächen über biblische Grundaussagen zur Schöpfung; zwei davon aus Jugendbüchern, eines aus einem realen Chat. Sch entdecken, dass das Thema durchaus aktuelle Relevanz hat, lernen originelle Spekulationen kennen und können ihre eigenen Fragen zum Thema formulieren, welche die weiteren Schritte leiten können.

Die *Pinnwand* (**12f.**) enthält Arbeitsimpulse, Vorschläge für Exkursionen und Projekte, die sich nicht nur auf eine bestimmte Seite bzw. Unterrichtsstunde beziehen, sondern begleitend zum Kapitelthema z. T. arbeitsteilig in Sch-Gruppen umgesetzt werden können.

Die Orientierungsseiten widmen sich dem mythisch-biblischen Sprechen von der Schöpfung und seiner Ergänzung durch naturwissenschaftliche Erklärungsmodelle. *Orientierung 1* (**14f.**) befasst sich mit der Verschiedenheit dieser Sprechakte anhand der Begriffe »Sterne«, »Sonne« und »Mond«, über die man naturwissenschaftliche, poetische, mythische Aussagen mit je eigener »Wahrheit« treffen kann. Einer der zitierten Texte ist Gen 1,14-19, der selbst schon mythenkritisch arbeitet und später im Zusammenhang mit dem gesamten Schöpfungslied analysiert wird.

Orientierung 2 (**16f.**) versucht, ein aktuelles naturwissenschaftliches Modell wie die Urknalltheorie für Sch verständlich zusammenzufassen. Dem wird das alte ptolemäische Weltbild gegenübergestellt. Sch erkennen, dass auch unser heutiges Weltbild in Entwicklung begriffen und nicht letztgültig ist.

Orientierung 3 (**18f.**) definiert den Begriff »Mythos«. Drei außerbiblische Schöpfungsmythen lassen verstehen, wie die Sprache des Mythos klingt und worum es in ihm geht. Somit ist ein Verständnisrahmen zur Einordnung der biblischen Schöpfungsmythen geschaffen.

Im Zentrum der Orientierungsseiten steht mit *Orientierung 4* (**20f.**) eine vergleichende Lektüre der biblischen Schöpfungserzählungen Gen 1,1 – 2,4a und Gen 2,4bff. Beide werden über eine passende künstlerische Darstellung erschlossen (Gott als Baumeister – Gott als Gärtner). Nach einem Vergleich beider Texte sollten Sch die Anfangsfrage von *Kontext 2* (**10**) beantworten können, warum es zwei Schöpfungsgeschichten in der Bibel gibt.

Orientierung 5 (**22f.**) thematisiert die Sündenfallerzählung von Gen 3 und damit die bleibende Gefährdung des Menschen. Die Rezeptionsgeschichte der biblischen Mythen in Bezug auf die Deutung der Eva als sündiger Frau wird problematisiert und anhand des Gedichtes »Freispruch für Eva« kritisiert.

Die Perspektivenseiten widmen sich schließlich unserem heutigen Umgang mit der Schöpfung. *Perspektiven 1* (**24f.**) bietet den reizvollen Vergleich zwischen dem Schöpfungslob des Franziskus und einem bemerkenswerten Gedicht von Hans Magnus Enzensberger, der in zurückgenommener, postkritischer Weise sein Schöpfungslob an einen »unbekannten Empfänger« richtet. Sch überlegen, welcher Sprechweise sie sich näher fühlen, und können ihr eigenes Verhältnis zur Schöpfung formulieren.

Auf *Perspektiven 2* (**26f.**) steht der Mensch als Schöpfer und Herrscher über sich selbst und seine Umwelt im Mittelpunkt. Diese nur scheinbar biblisch begründete Rolle ist durchaus ambivalent, und angesichts vieler vom Menschen verursachter Probleme stellt sich die Frage: Darf der Mensch alles, was er kann? Welche praktische Ethik ergibt sich aus den biblischen Schöpfungsgeschichten angesichts der technischen Möglichkeiten von heute?

Nach dem vorausgehenden Sehen und ethischen Urteilen eröffnet *Perspektiven 3* (**28f.**) gemäß dem Dreischritt Sehen – Urteilen – Handeln Handlungsperspektiven am Beispiel von Verkehr und Wasserverbrauch. Ein Ökoquiz vor dem Hintergrund unzerstörter Natur (Lösungen im Lexikonartikel »Umweltverschmutzung«) dient der emotionalen Vertiefung der Thematik und zeigt Felder des Weiterdenkens bzw. Umdenkens auf.

Die *Akzent*-Seite (**30**) bietet eine kognitiv ausgerichtete Zusammenfassung der Einsichten und Lernergebnisse, welche die Beschäftigung mit den biblischen Schöpfungserzählungen erbringen kann.

Vernetzung mit anderen Themen im Schulbuch

Kapitel 2 Konflikte und Schuld:
Gen 3 und die Begrifflichkeit von Schuld und Sünde; Schöpfungsethik.

Kapitel 3 Martin Luther:
»Ein Zeitalter im Aufbruch« (vgl. *Orientierung 2*, **52f.**): Wandel der Weltbilder zum Beginn der Neuzeit (kopernikanische Wende); Gottes gnädige Zuwendung zur Welt (vgl. *Orientierung 3*, **67**).

Kapitel 5 Esoterik:
Spiel(k)arten der Esoterik (*Orientierung 2*, **112**): Sterne, Astrologie, Horoskop.

Vernetzung mit den unteren Jahrgangsstufen

5.2 Im Leben Gott begegnen:
»Nachdenken über Gott und die Welt«, *Kontext 2* (**32f.**); »Gottesvorstellungen von Menschen vergangener Zeiten«, *Orientierung 1* und *2* (**36ff.**).

6.1 Alltag bewältigen, Orientierung finden:
Dimensionen von Zeit: vgl. »Zeit und Ewigkeit«, *Orientierung 1* (**14f.**).

7.3 (Un-)Sichtbares
In Symbolen und Sakramenten wird Unsichtbares im Sichtbaren gegenwärtig.

Vernetzung mit anderen Fächern

Fächerübergreifend: Verantwortung für die Natur/Der Wald – mythischer Ort und Ökosystem/Lebensraum Wasser.
Evangelische Religionslehre 8.1: Leben in Gottes Schöpfung und Geschichte.
Ethik 8.4: Umweltethik.
Biologie 8.3: Evolutionstheorie. Gerade eine Diskussion über die Frage »Wo ist der Platz Gottes in der Evolution?« sollte ein kontroverses und emotionales Auseinandersetzen ermöglichen.
Kunst: Mit großen Tonkugeln (aus dem Baumarkt) kann man in Zusammenarbeit mit dem Kunstunterricht auch eine eigene Erdkugel schaffen, die dann mit Farben (übliche Dispersionsfarben oder Wandfarben sind gut geeignet!) oder weiteren Tonelementen schöpferisch ausgestaltet wird.

Denken in Komplementaritäten

Komplementarität meint nicht nur das Sich-Ergänzende (z. B. Komplementärfarben, -winkel), sondern die Verknüpfung auch widersprüchlich erscheinender Aussagen zur möglichst umfassenden Beschreibung eines Bezugsobjektes. Aussagen können sich auf der Basis einer zweiwertigen Logik, die nur ein Entweder-oder zulässt, gegenseitig ausschließen, bei einer relationsbezogenen Logik, die den jeweiligen Betrachtungskontext berücksichtigt, hingegen auch gleichzeitig bedingen. Ziel eines Denkens in Komplementaritäten ist es daher nicht, die Widersprüche aufzulösen, vielmehr gilt es, die Spannungen auszuhalten, um auf diese Weise möglichst die ganze Wirklichkeit zu erfassen. Unter Komplementarität ist damit nicht nur eine Denkfunktion, sondern auch eine Handlungsbegründung zu verstehen, die auf das »Ganze« zielt.
Klassisch wurde der Begriff der Komplementarität in der Verwendung durch Niels Bohr zur Beschreibung des Lichts. Die Natur des Lichtes (Objekt) lässt sich je nach »Beobachterstandpunkt« (Subjekt: Interferenzmessungen oder Streuversuche) entweder als Welle oder Teilchen darstellen, zwei Aspekte, die an sich nicht gleichzeitig auftreten können. Welle und Teilchen dienen damit als komplementäre Bilder, um das Phänomen Licht annähernd erfassen zu können.
Vielfach sprengt auch die biblische Sprache das begrifflich-modellhafte und damit möglichst widerspruchsfreie Denken der Theologie und eröffnet ein Verständnis für nichtdiskursive Wirklichkeitszugänge. Komplementaritäten entstehen dabei einerseits aus der zeitlichen Distanz, etwa bei der Konfrontation heutiger naturwissenschaftlich geprägter Leserinnen und Leser mit den biblischen Schöpfungserzählungen, finden aber auch innerbiblisch Verwendung, um beispielsweise die Erfahrung der Wirklichkeit aus dem Christusereignis heraus hinreichend beschreiben zu können (historischer Jesus – Christus der Verkündigung). Einzelne komplementäre Aussagen verdichten sich auch zu paradoxen Bildern (z. B. der Dornbusch, der brennt, aber nicht verbrennt).
Insbesondere mit Blick auf die Plausibilität und (Un-)Vereinbarkeit von schöpfungstheologischen Deutungsangeboten und naturwissenschaftlichen Erklärungsmodellen zur Weltentstehung ist zu fragen, inwieweit Kinder und Jugendliche in der Lage sind, kontextbezogen zu denken. Wegweisend dazu sind die langjährigen entwicklungspsychologischen Untersuchungen u. a. von Karl Helmut Reich, der im Wesentlichen zu folgenden Niveaubeschreibungen gelangt:
Betrachten die meisten Kinder zunächst zwei unterschiedliche Erklärungen nur jeweils für sich alleine, erreicht in der Altersgruppe der 6- bis 10-Jährigen etwa ein Drittel ein Niveau, auf dem zunehmend die Möglichkeit in Betracht gezogen wird, Aussage A und Aussage B könnten beide gelten. Erst in der Altersgruppe der 11- bis 14-Jährigen kann etwa ein Drittel der Jugendlichen erkennen, dass A und B beide notwendig sind für eine umfassende Beschreibung eines Bezugsobjektes.
Mit der Förderung komplementären, kontextbezogenen Denkens und der damit verbundenen Erweiterung des Weltbildes und Wirklichkeitsverständnisses kann schon bei Elf- und Zwölfjährigen begonnen werden, indem man Sch beispielsweise mit unterschiedlichen Erfahrungen von Zeit konfrontiert: So kann etwa mit den zerfließenden Uhren von Salvador Dali das menschliche Zeitgefühl illustriert werden, das je nach Lage, Beschäftigung und Stimmung die Zeit rafft oder dehnt, nach vorwärts oder nach rückwärts weist. Dagegen zeigt eine Standard-Uhr im Klassenzimmer die lineare »wissenschaftliche« Zeit an, die in exakten Zeitintervallen voranschreitet.

M. S.

Literatur

Reich, Karl Helmut/Schröder, Anke, Komplementäres Denken im Religionsunterricht. Ein Werkstattbericht über ein Unterrichtsprojekt zum Thema »Schöpfung« und »Jesus Christus«, Freiburg i. Ü. 1995

Fetz, Reto Luzius/Reich, Karl Helmut/Valentin, Peter, Weltbildentwicklung und Schöpfungsverständnis. Eine strukturgenetische Untersuchung bei Kindern und Jugendlichen, Stuttgart u. a. 2001

Reich, Karl Helmut, Es ist nicht logisch, aber doch wahr! Anleitung zur Entwicklung eines kontextbezogenen Denkens, in: KatBl 128 (2003), 8-13

Schiefer Ferrari, Markus, Weltbild und Wirklichkeitsverständnis von Jugendlichen. Plausibilität und (Un-)Vereinbarkeit von schöpfungstheologischen Deutungsangeboten und naturwissenschaftlichen Erklärungsmodellen zur Weltentstehung?, in: Heinz, Hans-Peter/Negele, Manfred/Riegger, Manfred (Hg.), Im Anfang war ... der Urknall?! Kosmologie und Weltentstehung. Naturwissenschaft und Theologie im Gespräch, Regensburg 2005, 202-219

1. Hintergrund

Die *Titelseite* (**7**) im Buch oder als Folie (enthalten in Bilder aus *Religion vernetzt 7* und *8*. 36 Farbfolien, München 2006, ISBN 3-466-50717-0) bietet einen raschen Einstieg in das Thema »Schöpfung«.

Der abgebildete **fiktive Kalender** war im Dezember 1997 Titelbild des »Folios« der *Neuen Züricher Zeitung* (NZZ) und ruft eindeutige Assoziationen zum Thema Schöpfung auf, um das es in diesem Heft ging. Das Bild illustriert das Sechs-Tage-Werk des Schöpfers im konkreten Zeitraum einer Sieben-Tage-Woche und nimmt damit ironisch die erste Schöpfungserzählung wörtlich: Allerdings unterlaufen ihm einige Abweichungen von der biblischen Schöpfungserzählung, die sich folgendermaßen zusammenfassen lassen (die Abweichungen sind mit »!« gekennzeichnet):

Gen 1,1 – 2,4a:
Erster Tag: Licht
Zweiter Tag: Trennung der oberen und unteren Wasser (!), Schaffung des Himmels(gewölbes);
Dritter Tag: Trennung von Meer und Land; Pflanzen;
Vierter Tag: Befestigung von Mond, Sonne und Gestirnen am Himmel;
Fünfter Tag: Tiere des Wassers und der Luft;
Sechster Tag: Landtiere (!) und Menschen;
Siebter Tag: Vollendung durch Ruhe.

2. Einsatzmöglichkeiten im RU

Den Besitzer des Kalenders suchen

- Schon nach kurzem Betrachten des Kalenders können Sch erschließen, dass der mutmaßliche Besitzer des Kalenders nur Gott sein kann. Von dieser Erkenntnis aus sind verschiedene Lernwege möglich: Der Kalender ist z. B. als Anstoß zu einem ersten Brainstorming zum Thema »Schöpfung« geeignet. Er kann zum Formulieren erster Fragerichtungen dienen.
- Lohnend ist schon hier eine Thematisierung des siebten Schöpfungstages:
- – Warum steht im Kalender »Pause«?
- – Ist die Schöpfung damit beendet oder geht sie weiter (*creatio continua*!)?
- – Was war vor dem ersten Schöpfungstag?
- – Was kommt nach der »Pause«?

Die Fehler im Kalender finden

Schon jetzt ist die Lektüre von Gen 1,1 – 2,4a denkbar, um die Fehler herauszufinden, die der Grafiker der NZZ gemacht hat. Umgekehrt kann man aber auch bei der späteren Behandlung der ersten Schöpfungserzählung auf die Titelseite zurückgreifen.

Den Kalender hinterfragen

- Sch bringen teilweise beträchtliche Vorkenntnisse über naturwissenschaftliche Erklärungsmodelle der Entstehung des Universums mit. Hier ist ein erster Raum dafür, dass Sch oder L nachfragen, ob die Schöpfung denn tatsächlich so gewesen sein könnte wie in der Bibel beschrieben: Sind es echte 7 x 24 Stunden?
- Ein wörtliches Verstehen der biblischen Schöpfungserzählung ist mit den naturwissenschaftlichen Erkenntnissen nicht zu vereinbaren. Möglicherweise stoßen Sch selbst auf Widersprüche und fragen von dieser ersten Aporie aus weiter, was uns dann die biblische Schöpfungserzählung überhaupt zu sagen hat. Ist sie völlig überholt?
- Ausgehend von dieser Frage kann *Kontext 1* (**8f.**) mit ihrer Kontrastierung von biblischem und naturwissenschaftlichem Weltbild betrachtet werden.

Die Wortbildung »Schöpfung« verstehen

- Als Zwischenergebnis sollten Sch eine Definition des Begriffs »Schöpfung« versuchen. Analoge Wortbildungsmuster von Substantiva auf -ung zeigen, dass eine Aktion mit einem Agens und einem Objekt gemeint ist:
  Behandlung = jemand behandelt, jemand wird behandelt;
  Verteilung = jemand verteilt etwas;
  Anweisung = jemand weist einen anderen an.
- Sch finden selbst reichlich Beispiele und kommen zu dem Ergebnis, dass der Begriff »Schöpfung« den Vorgang des »Schaffens« beschreiben kann, aber auch gleichzeitig das Ergebnis dieses Vorgangs. Die Wortbildung sagt aus, dass es einen wie immer vorstellbaren »Jemand« gibt, der etwas geschaffen hat. Wer das Wort »Schöpfung« benutzt, geht von dem Glauben aus, dass alles Vorhandene nicht durch sich selbst existiert, sondern von einem »Schöpfer«, einer schaffenden Kraft oder Ordnung (= Kosmos), geschaffen worden ist. Nicht blinder Zufall, sondern eine Ordnung, ein göttlicher Wille stehen am »Anfang« der Welt. Insofern steckt in dem Wort »Schöpfung« bereits eine Glaubensaussage.
- Sch sollten eine Definition des Begriffes festhalten und können dazu auch das Lexikon am Ende des Schulbuches benutzen.

3. Weiterführende Anregung

Ein Jugendbuch lesen

In dem Kinder- und Jugendbuch »Der Hund mit dem gelben Herzen oder die Geschichte vom Gegenteil« erzählt ein streunender Hund von seiner Begegnung mit dem Schöpfergott. In liebevoller Weise wird hier ausgemalt, wie dieser freundliche, menschlich gezeichnete »G.Ott« die Einzelheiten der Schöpfung erfindet, beginnend mit dem Licht. Die Sch könnten eine Kern-Passage aus dem Buch lesen bzw. vorstellen (Jutta Richter, Der Hund mit dem gelben Herzen oder die Geschichte vom Gegenteil, München ^{3}2003, S. 41-50) bzw. das vertonte Hörspiel in Auszügen hören (gleichnamiges Hörspiel vom SWR im Audio-Verlag 2000).

Die Schöpfung – ein Werk Gottes?

Kontext 1 [8] [9]

1. Hintergrund

Die Doppelseite besteht aus mehreren Teilbereichen, die Sch entschlüsseln sollen. Im Seitenhintergrund findet sich eine Collage aus verschiedenen Bildern, die die Schöpfung in den Zusammenhang von Naturwissenschaft (Anthropologie, Physik) und Theologie stellen:

Dem **Schöpfergott Michelangelos** aus der Sixtinischen Kapelle in Rom, den Sch bereits aus *Religion vernetzt 7* kennen (vgl. auch *Bilder aus Religion vernetzt 7 und 8. 36 Farbfolien,* München 2006, ISBN 3-466-50717-0), entspringt aus dem Zeigefinger eine Art **Strahlennebel**. Dieser wurde im Jahre 1990 von dem japanischen Künstler Shigemi Numazawa geschaffen und visualisiert den Beginn der Welt als Urknall. In der Collage entspringen dem Urknall aus dem Finger Gottes zwei Ergebnisse: der »blaue Planet« **Erde** und **»Lucy«**, die in der Forschung als älteste Vertreterin der menschlichen Gattung angesehen wird. Die abgebildete computergenerierte Rekonstruktion der Urfrau wurde 2002 im *National Geographic* veröffentlicht.

In ironischer und durchaus kritischer Weise weist die **Karikatur** auf die Evolution des Menschen hin: Die Haltung des Menschen, der sich hier aus dem Affen entwickelt, führt vom Gang auf allen vieren über eine gebückte Haltung zum aufrechten Gang, den der Mensch allerdings wieder durch seine Arbeit und technischen Errungenschaften (Faustkeil, Speer, Spaten, Presslufthammer und Computer) verloren hat.

Das **Gedicht** Erich Kästners (1899-1974) ermöglicht es Sch, sich auch literarisch mit der Frage nach der Entstehung und der Entwicklung des Menschen auseinanderzusetzen. In seiner bekannt kritischen und ironischen Art skizziert Kästner die Entwicklung des Menschen nur als sehr oberflächlich, weil dieser im Prinzip immer noch der »alte Affe« des Anfangs ist. Die Entwicklung der Menschheit ist keine Entwicklung des Herzens und des Charakters, sondern nur »mit dem Kopf und dem Mund« geschaffen und pure Oberflächlichkeit, die sich auf Büro, Luxus, Wissenschaft, Psychoanalyse und Alt-Philologie erstreckt. Gerade in der Aneinanderreihung der verschiedenen Sachgebiete ist die Ironie gut zu entdecken.

Insgesamt bietet die Doppelseite somit eine Fülle von Materialien, die unweigerlich auf die Frage nach der Entstehung der Welt, v. a. aber auf den Schöpfer der Welt verweisen. Das Bildprogramm ist als Folie enthalten in *Bilder aus Religion vernetzt 7 und 8. 36 Farbfolien,* München 2006, ISBN 3-466-50717-0.

2. Einsatzmöglichkeiten im RU

Die Collage entschlüsseln

- Sch lassen die Collage auf sich wirken und entschlüsseln ihre Einzelelemente.
- Zum Erschließen der Collage und einer ersten Themeneinführung dient **M 8.1.1, Lehrerkommentar S. 45.**
- Als Auswertung des AB wird ein Meinungsbild der Klasse erstellt. Dazu wird die Verteilung der Voten, insbesondere zur Frage 10, an der Tafel oder einer Pinnwand festgehalten.
- Besonders spannend ist es, Sch die Frage 10 noch einmal am Ende der Unterrichtseinheit von Kapitel 1 vorzulegen, um für die Klasse, aber auch für L transparent zu machen, inwieweit sich die Meinungen relativiert oder ausdifferenziert haben.

Am Anfang ... Eine eigene Collage erstellen PINNWAND [12]

- Durch die Auseinandersetzung mit der Collage animiert, suchen Sch im Internet oder in Zeitschriften nach Bildern über die Entstehung der Welt und des Menschen. Erfahrungsgemäß werden sie selbst in kritischer Weise an diese Collage herangehen, weil ihnen eine Vorstellung von einem Schöpfergott, den die Bibel anbietet, in der Regel nicht mehr plausibel erscheint.
- Neben der klassischen Präsentation als Plakat, auf das ausgeschnittene Texte und Bilder aufgeklebt werden, kann auch eine multimediale Präsentation erarbeitet werden, bei der leicht Bilder aus dem Internet eingefügt und in Vorarbeit mit einem Gra-

fikprogramm verändert werden können. Diese Arbeit lässt sich v. a. gut in KG erledigen.

Ein Gedicht verfassen

- Die sehr ansprechende Art des Kästner-Textes erleichtert es im Unterrichtsverlauf, Sch einen Schreibauftrag für ein eigenes Gedicht zu geben (vgl. **M 8.1.2, Lehrerkommentar S. 46**). Sie sind in der Regel gerne bereit, einige Verse zur Entstehung und Entwicklung der Welt bzw. der Menschheit zu verfassen. Hier bietet sich eine Stillarbeit an, bei der z. B. im Hintergrund leise Musik eingespielt wird (Haydn: Schöpfung, Holst: Planeten).
- Auch das in den AA des Schulbuchs angesprochene Gedicht aus der Sicht der Frau kann neue Impulse setzen und so *Kontext 1* (**7f.**) zu einer Fundgrube und Richtungsgeberin für den weiteren Unterrichtsverlauf machen. Diese Chancen sollten genutzt werden.

Eine Karikatur zeichnen

- Inspiriert von der Karikatur und dem Kästner-Gedicht versuchen sich Sch an einer eigenen Karikatur zum Thema »Entwicklung der Menschheit«.
- Die Karikaturen werden anschließend gemeinsam betrachtet:
  - Zunächst sollten die Zeichnungen selbst für sich sprechen: Welche ist am lustigsten/am hintersinnigsten?
  - Erst in einem zweiten Teil erhalten die Zeichnerinnen und Zeichner Gelegenheit, sich darüber zu äußern, was sie sich bei ihrem Bild gedacht haben.

3. Weiterführende Anregung

»Eine kurze Geschichte der Zeit« lesen

- Im Hinblick auf *Orientierung 2* (**16**) kann schon am Anfang der UE eine Vorstellung des Buches »Eine (illustrierte) kurze Geschichte der Zeit« von Stephen Hawking erfolgen, das von naturwissenschaftlich interessierten Sch gerne gelesen wird. Als Multimediapräsentation wirkt eine solche Buchvorstellung noch eindrucksvoller.

Drei Gespräche über die Schöpfung

Kontext 2 [10] [11]

1. Hintergrund

Um Sch die Relevanz und bleibende Aktualität der biblischen Grundaussagen nahezubringen, wurden drei Fragmente aus Gesprächen über die Schöpfung ausgewählt.
Zunächst geht es um die Aussage »Gott hat Himmel und Erde geschaffen«. Das **erste Gespräch** kreist um diesen Glaubenssatz. Es ist einem wirklichen Chat entnommen und wurde nur leicht überarbeitet und gekürzt. Während Pauline verwirrt ist angesichts der Behandlung der biblischen Texte im RU und die theologischen Aussagen ihrer Lehrerin (Abbild Gottes, *creatio continua*) noch keineswegs einordnen kann, versucht Daniel in seiner Antwort eine rein immanent-psychologische Erklärung für die Schöpfungsmythen zu geben. Die Sch mag es verwundern und evtl. motivieren, dass Gleichaltrige sich über dieses Thema im Internet austauschen.
Im **zweiten Gespräch** geht es um die jüdisch-christliche Vorstellung einer guten Schöpfung. Jostein Gaarder lässt in seinem Buch »Durch einen Spiegel, in einem dunklen Wort« (1996), ein Titel aus einem Zitat des ersten Korintherbriefs, das krebskranke Mädchen Cecilie (13) die großen Fragen stellen. Angesichts des Todes fragt Cecilie nach dem »Woher« unserer Existenz. Mehr als die Menschen ihrer Familie hilft ihr der Engel Ariel weiter, ein kleines haarloses Geschöpf, das, von den anderen Menschen unbemerkt, mit Cecilie ins Gespräch kommt. Mit diesem wissenden und witzigen Engel unterhält sich Cecilie während ihres letzten Weihnachtsfestes buchstäblich über Gott und die Welt. Gaarders Engel entwirft mit Humor und doch theologischem Ernst ein Gottesbild, das im Blick auf die sich frei entfaltende Dynamik der Schöpfung am ehesten auf das Attribut der Allmacht verzichten kann: »Manchmal, wenn wir darüber reden, wie alles ist und wie alles hätte sein können, breitet Gott resigniert die Arme aus und sagt: ›Ich weiß ja auch, dass alles ein bisschen anders sein könnte, aber getan ist getan, und ich bin schließlich nicht allmächtig.‹ Cecilie riss die Augen auf. ›Da wird dir aber jeder Pastor widersprechen!‹ ›Dann irren sich entweder die Pastoren oder Gott!‹« Eine Theologie der Schöpfung ist das anspruchsvolle Thema dieses Jugendbuches und die Kerngedanken Gaarders stehen im abgedruckten zweiten Gespräch. Der Engel lehrt Cecilie das Staunen über die Schöpfung und das Wunder der Existenz. Dank des Engels verliert sie ihre Angst vor dem Tod, bis sie befreit und leicht auf die andere Seite des Spiegels fliegen kann. Die gute Schöpfung, die fortdauert im Subjekt jedes neugeborenen Menschen, ist das Thema der ausgewählten Textpassage.

Jostein Gaarder (geb. 1952)
Der norwegische Autor Jostein Gaarder wurde 1991 international bekannt mit seinem philosophischen Kinder- und Jugendbuch »Sofies Welt«, das in über 40 Sprachen übersetzt, 1994 mit dem Deutschen Jugendliteraturpreis ausgezeichnet und 1999 verfilmt wurde. Gaarder studierte Philosophie, Theologie und Literaturwissenschaft in Oslo. Er hat zehn Jahre lang Philosophie an Schulen und in der Erwachsenenbildung gelehrt. Heute lebt er mit seiner Frau Siri und seinen zwei Söhnen als freier Schriftsteller in Oslo und schreibt nachdenkliche Romane und Erzählungen für Kinder und Erwachsene wie z. B. »Das Kartengeheimnis«, »Maya oder das Wunder des Lebens«, »Das Leben ist kurz« oder »Das Orangenmädchen«. Für »Durch einen Spiegel, in einem dunklen Wort« erhielt er u. a. den österreichischen Jugendbuchpreis.

Das **dritte Gespräch** ist dem anrührenden, bekannten Buch »Hallo Mister Gott, hier spricht Anna« entnommen. Die sechsjährige Anna, die eines Tages Aufnahme in der Familie des Erzählers findet, geht vertraut mit »Mister Gott«, so ihre Anrede, um und lehrt ihren 19-jährigen Freund Fynn originelle Antworten auf die Fragen nach dem Woher und Wohin. In der zitierten Textpassage geht es um die Erschaffung des Menschen nach Gottes Abbild. Warum ist er so »verkehrt« geworden? Anna bietet eine Lösung im Bild des Spiegels an und erklärt in einem verblüffend einfachen Bild die Analogie menschlichen Denkens von Gott.

2. Einsatzmöglichkeiten im RU

Eine Fragenliste erstellen und den Lernweg gemeinsam planen

- *Kontext 2* (**10f.**) gibt Sch Raum, anhand von Textimpulsen eine Fragehaltung angesichts des Themas zu entwickeln, anstatt gleich Antworten zu liefern. Wenn Sch ausgehend von den Textpassagen in EA, PA oder GA eine Frageliste entwickeln (z. B. auf **M 8.1.3, Lehrerkommentar S. 47**), sollten diese Fragen das weitere Vorgehen im Rahmen der Unterrichtseinheit strukturieren.
- Im Idealfall werden die Sch in die Unterrichtsplanung mit einbezogen: Welche Fragen interessieren uns besonders? Für welche Themen (z. B. Urknall) gibt es »Experten«, die eine Präsentation vorbereiten? Welche Seiten im Buch finden wir zum Thema besonders wichtig? Welche Ideen der Pinnwand wollen wir in die Tat umsetzen?
- Falls eine Fragenliste in Form eines Plakates im Unterrichtsraum verbleiben kann, bietet sie in den weiteren Stunden eine thematische Orientierung. Behandelte Fragen können abgehakt werden und somit ist ein Lernfortschritt für die Sch erkennbar. Die Fragenliste kann natürlich über die Fragen, die in den Textpassagen enthalten sind, hinausgehen. Mit der Fragenliste können v. a. die biblischen Schöpfungstexte befragt werden.

Die Texte einander vorstellen

- Die Texte auf *Kontext 2* (**10f.**) können im Plenum gelesen werden oder aber in KG, von denen sich bei großen Klassen mehrere mit dem gleichen Thema befassen. Ggf. können die Bibelstellen, auf die sich die Texte beziehen, bereits nachgeschlagen werden.
- Jede Gruppe überlegt, um welche Fragen die Gespräche sich drehen, und diskutiert die Antworten. Auf **M 8.1.3, Lehrerkommentar S. 47** können die Gruppen die angesprochenen Fragen und auch die Ergebnisse der anderen Gruppen festhalten.

Gruppenpuzzle

- Wenn es die Gruppengröße erlaubt, ist ein Gruppenpuzzle sinnvoll: Zunächst setzen sich Sch in thematischen Gruppen mit je einem Text auseinander, um sich dann in Expertengruppen zu dritt (je ein »Experte« für einen Text) gegenseitig über ihre Arbeit zu informieren:
  - *Gespräch 1 (Chat zwischen Pauline und Daniel)* dreht sich in erster Linie um die Frage, warum es überhaupt zwei Schöpfungserzählungen gibt. Die Frage nach der Erschaffung der Frau verweist auf Gen 2. Von diesem Gespräch aus kann man daher unmittelbar weiterarbeiten mit den biblischen Schöpfungstexten (vgl. *Orientierung 4* und *5*, **20ff.**). Die Frage nach dem »achten Schöpfungstag« verweist auf die Verantwortung des Menschen für die Schöpfung (*Perspektiven 1* bis *3*, **24ff.**).
  - *Gespräch 2 (Durch einen Spiegel, in einem dunklen Wort)* dreht sich um die Schöpfung des Menschen. Das Konzept der *creatio continua* wird kindgerecht erklärt als Fortschreibung der Schöpfung in der Geburt eines jeden Kindes. Der Akzent liegt auf dem gelungenen Schöpfungswerk.
  - *Gespräch 3 (»Hallo, Mister Gott…«)* dreht sich um die Schaffung des Menschen als Gottes Abbild. Warum ist der Mensch dann nicht besser gelungen, wenn er doch Gottes Abbild sein soll?

3. Weiterführende Anregungen

Diskussionen zu Schöpfung und Evolution der Welt im Internet PINNWAND 12

- Sch suchen unter dem Suchwort »Schöpfung« im Internet *newsgroups* zum Thema Schöpfung und beteiligen sich selbst an einem echten Gespräch (vgl. http://groups.google.de). Allerdings werden sie dabei auch auf Verfechter des reinen Kreationismus stoßen, die sich in den thematischen *newsgroups* zum Thema Schöpfung stark engagieren. Kreationisten (im Christentum meist evangelikale oder freikirchliche Vertreter) glauben, dass Mensch und Universum wörtlich nach der Heiligen Schrift von Gott erschaffen worden sind. Naturwissenschaftliche Erklärungsmodelle wie vor allem die Evolutionstheorie lehnen sie ab, weil sie der Bibel widersprechen. Der Kreationismus ist vor allem in den USA *(Institute for Creation Research)* verbreitet, aber auch im deutschsprachigen Raum (Studiengemeinschaft Wort und Wissen, »ProGenesis«). In Auseinandersetzung mit dieser Position kann ein Verständnis für die Eigenheiten naturwissenschaftlichen und biblischen Sprechens geweckt werden (vgl. *Orientierung 2* und *3*, **16ff.**).
- Die Debatte um Kreationismus oder neuerdings um *Intelligent Design* (eine Anfang des 21. Jahrhunderts in den USA aufgekommene neue Spielart des Kreationismus, die von der Existenz eines »intelligenten Gestalters« der Schöpfung ausgeht und die klassische Evolutionstheorie nach Darwin ablehnt) gehört inhaltlich wohl eher in die Oberstufe. Interessierte Sch können sich aber auch schon in der achten Klasse mit den Fragen beschäftigen und eine Präsentation bzw. ein Referat über *Intelligent Design* übernehmen.

Ganzschriften lesen

- Einzelne Sch stellen als Referat die Bücher vor, aus denen die Gespräche auf *Kontext 2* (**11**) entnommen sind, und ordnen die Textpassagen in den Gesamtzusammenhang des entsprechenden Buches ein. Möglicherweise kennen die Sch andere Bücher zum Thema, z. B. naturwissenschaftliche oder philosophische Zugänge.
- Sch lesen vertiefend Jostein Gaarder: Maya oder das Wunder des Lebens, München/Wien 2000. Ein fächerübergreifendes Lektüreprojekt mit Deutsch und Biologie wäre reizvoll, denn eine Hauptfigur des altersgerechten Buches ist Evolutionsbiologe.

Filme zum Thema ansehen

- Gesprächsstoff über die Rätsel und Schönheiten der Schöpfung bieten z. B. die Filme: »*Koyaanisqatsi*« (1982) von Godfrey Reggio (auch am Ende der Einheit unter dem Aspekt »Zerstörung der Schöpfung« möglich) oder »*Genesis*« (2004) von Claude Nuridsany und Marie Pérennou.
Der amerikanische Regisseur Godfrey Reggio schlug mit ***»Koyaanisqatsi«****, den er in den Jahren 1975 bis 1982 drehte, einen völlig neuen cineastischen Weg ein, da der Film ohne Akteure auskommt und keine herkömmliche narrative Struktur aufweist. Stattdessen verschmelzen die Bildsequenzen, ungewohnte Abspielgeschwindigkeiten und die von Philip Glass komponierte Minimal Music zu einer hypnotisierenden Einheit. Der Titel »Koyaanisqatsi« stammt aus der Sprache der Hopi-Indianer und bedeutet so viel wie »Leben, das aus dem Gleichgewicht geraten ist«.*
Vom Entstehen des Universums, dem Ursprung des Lebens im Wasser und seinem Siegeszug über Land erzählt der französische Dokumentarfilm ***»Genesis«****. In sechsjähriger Dreharbeit entstanden eindrucksvolle Aufnahmen u. a. in Island, in der Südsee, auf Madagaskar und den Galapagos-Inseln sowie einem französischen Forschungslabor.*

Pinnwand 12 13

Folgende Arbeitsimpulse und Projekte der *Pinnwand* (**12f.**) werden im Lehrerkommentar besprochen:

Umweltschutz geht alle an:	S. 42
Am Anfang ...:	S. 17
Diskussionen zu Schöpfung und Evolution der Welt im Internet:	S. 20
Sonne, Mond und Sterne:	S. 22
Schöpfung kreativ:	S. 31 und 43

Wer weiß noch ...

Auf dem »Wer-weiß-noch«-Schriftzug von www.religionvernetzt.de können Sch Folgendes recherchieren:

Wer weiß noch

Frage 1: Im Internet (z.B. unter www.festjahr.de »Sonntag«) könnt ihr euch über die Geschichte des Sonntags informieren. Dabei werdet ihr herausfinden, dass der Sonntag auf den jüdischen Sabbat (Samstag) zurückgeht, der zur Erinnerung an den siebten Schöpfungstag, an dem Gott ruhte, gefeiert wurde (vgl. Gen 2,2f.). Später haben die Christen den wöchentlichen Feiertag zum Gedenken an die Auferstehung Christi auf den ersten Tag der Woche, den Sonntag verlegt. (Vgl. Religion vernetzt 6.1, Perspektiven 3, 30f.)

Frage 2: Das Alte Testament ist eine Sammlung von Überlieferungen aus der Geschichte Israels, die von Anbeginn der Welt bis ins zweite Jahrhundert vor Christus reichen. Die Aufteilung der einzelnen »Bücher« des Alten Testaments variiert in den unterschiedlichen Bibelausgaben. Die Einheitsübersetzung unterscheidet zwischen den Geschichtsbüchern (Gen, Ex, Lev, Num, Dtn, Jos, Ri, Rut, 1/2 Sam, 1/2 Kön, 1/2 Chr, Esr, Neh, Tob, Jdt, Est, 1/2 Makk), den Lehrbüchern (Ijob, Ps, Spr, Koh, Hld, Weish, Sir) und den prophetischen Büchern (Jes, Jer, Klgl, Bar, Ez, Dan, Hos, Joel, Am, Obd, Jon, Mich, Nah, Hab, Zef, Hag, Sach, Mal).
Die ersten fünf Bücher des Alten Testaments bilden den Pentateuch und heißen Genesis, Exodus, Levitikus, Numeri und Deuteronomium. In der Lutherbibel und anderen Bibelausgaben heißen sie auch »Die fünf Bücher Mose«. (Vgl. Religion vernetzt 5.3, Orientierung 6, 69)

Frage 3: Sterben und Tod gehören zu unserem Leben, auch wenn wir die Gedanken an das Ende oft verdrängen. Mit der inneren Haltung des Abschiednehmens können wir uns aber schon zu Lebzeiten auf das Kommende einstellen. Der Tod verliert dann den Charakter eines schrecklichen und radikalen Bruches und wird als Verwandlung erfahren. Deshalb wird der Prozess von Tod, Auferstehung und neuem Leben manchmal mit einer Raupe verglichen, die sich erst verpuppen muss und wie tot wirkt, um sich schließlich in einen wunderschönen Schmetterling zu verwandeln. (Vgl. Religion vernetzt 6.4, Perspektiven 3, 101)

Sonne, Mond und Sterne

Orientierung 1 [14] [15]

1. Hintergrund

Orientierung 1 (**14f.**) ermöglicht die Erarbeitung einer komplementären Sicht der Wirklichkeit. Dazu werden Bildmaterial und Texte dargeboten, die in poetischer, mythologischer, biblischer und naturwissenschaftlicher Sprache von Sonne, Mond und Sternen handeln. Der biblische Text steht dabei als zentraler Text des RU zum Vergleich bewusst im Zentrum des Text-Bild-Ateliers. Durch die Sammlung angeregt, können Sch eigenständig weitersuchen und dadurch ihre eigene komplementäre Sicht der Welt vertiefen und trainieren.
In dem Liedausschnitt »**Du bist mein Stern**« von Ayman wird der Begriff »Stern« als Kosename verwendet. Als Vergleichspunkt spielt der Texter mit Nähe und Ferne und übersteigert die Liebeserklärung kosmisch (Licht der Welt). Ayman ist Berliner tunesischer Abstammung, wurde 1975 geboren und hat sich seine Singkunst selbst beigebracht. Mit 23 Jahren wurde er als Backgroundsänger entdeckt – der Start in die eigene Karriere als Unterhaltungsmusiker.
Der zweite Text ist die Einleitung zu »**Guide me home**«, ein Lied von Freddie Mercury, des an Aids verstorbenen Songwriters und Leadsängers der Rockband Queen. Er sang dieses Lied zusammen mit der katalanischen Opernsängerin Montserrat Cabballé. Die zitierten Zeilen enthalten die fragende, suchende Sicht nach Orientierung durch einen Stern, der natürlich personifiziert verstanden werden soll. Einen Stern zu haben, bedeutet in diesem Song, stark und selbstbewusst sein zu können.
»**Kinder der Nacht**« ist ein Lied der Berliner Band Rosenstolz und beschreibt die Gestirne im Rahmen der künstlichen Bühnenwelt des Theaters. In der Nacht verschwimmen Realität und Fantasie, und damit kann auch Neonlicht scheinbar die Rolle der Sonne übernehmen. Gleichzeitig kann der Erfolg des hier beschriebenen »Sterns« wegen des Neonlichts hinterfragt werden.
Der Bibeltext **Gen 1,14-19** ist der priesterschriftlichen Schöpfungserzählung entnommen und beschreibt das Ausschmückungswerk des vierten Tages. Die Lichter werden von ihrer naturwissenschaftlichen (!) Bedeutung her, Tage, Festzeiten und Jahre einzuteilen, eingeführt. Überspitzt könnte man sagen: Gott hängt die Lichter wie Lampen an den Himmel. Diese Sicht entmythologisiert Gestirne völlig und ist vor dem Hintergrund zu verstehen, dass diese in den Religionen der Nachbarn Israels als Götter verehrt wurden. Mit der Beschreibung der Gestirne als Lampen polemisiert die Priesterschrift gegen diese Verehrung. Immer wieder wird dem Volk Israel eingeschärft, »dass du, wenn du deine Augen zum Himmel erhebst und Sonne, Mond und Sterne schaust, das ganze Heer des Himmels, dich nicht verführen lassest, sie anzubeten und ihnen zu dienen« (Dtn 4,19). Weil die im Alltag gebräuchlichen hebräischen Wörter sowohl Sonne als auch Sonnengott, Mond und Mondgott bedeuten konnten, werden diese nicht gebraucht, sondern Umschreibungen verwendet. Es soll unter keinen Umständen der Eindruck entstehen, es sei hier von »Himmelsgöttern« die Rede. Die Himmelskörper sind Geschöpfe des einen Gottes.
Die **Vater-Kind-Geschichte** verbindet ein rein astronomisches Modell mit der mythologisierenden Sicht bzw. mit dem artifizialischen Weltbild eines Kindes. Die Antwort des Kindes scheint naiv, entspringt aber einer Unzufriedenheit, die sich auch mit Sch erarbeiten lässt; fehlt dem rein forschenden Blick doch allzu

oft die Wertschätzung der Welt. (Eine vertiefende Einordnung der Geschichte gelingt durch Jean Piaget: Das Weltbild des Kindes, München 1988, Kap. VII.2: Die Sonne und der Mond folgen uns, 193-200.)
Vor dem Hintergrund einer **realen Sonnenaufnahme** werden einige eindrucksvolle **Fakten zur Sonne** dargeboten. Die physikalischen Daten sind Näherungen; sie sollen Sch eine naturwissenschaftliche Vorstellung ermöglichen, auch um sie ins Staunen zu bringen: Um die Sonne laufen auf elliptischen Bahnen Planeten, Kometen und Asteroiden. Die Sonne selbst macht 99,8 Prozent der Masse des Sonnensystems aus, das aus Millionen anderer Himmelskörper besteht, und ermöglicht durch ihre Strahlung das Leben auf der Erde. Der Sonnenradius macht das 109-Fache des Erdradius aus und damit besitzt sie die 333000-fache Masse. Die Umdrehungszeit variiert entlang des Äquators (25 Tage) und des 75. Breitengrades (36 Tage).
Als Sinnbild von Leben, Licht, Reinheit und Ordnung wurde im antiken Griechenland der Sonnengott Helios verehrt. Die im Schulbuch abgebildete **Vasenmalerei** aus dem vierten Jahrhundert v. Chr. zeigt ihn bei seiner täglichen Aufgabe, den vierspännigen Sonnenwagen vom Osten aus über das Himmelsgewölbe zu lenken. Dabei ging seine Schwester Eos (Morgenröte) vor ihm, Selene, die zweite Schwester und Mondgöttin, folgte am Abend. Nachts kehrte Helios in einer großen Schale auf dem Okeanos-Strom zurück. Eine Begegnung mit Helios im Kult war nicht möglich, da man sich vorstellte, er greife nicht ins menschliche Leben ein. Die philosophischen Beobachtungen der Regelmäßigkeit des Sonnenzyklus und der Wärme gaben Helios die höchste Stellung als Beweger und Lenker.
Der Text des umstrittenen Raketentechnikers **Wernher von Braun** (1912-1977), der – seit 1937 Mitglied der NSDAP und später der SS – während des »Dritten Reichs« als Leiter der Heeresversuchsanstalt in Peenemünde (Usedom) mehrere militärisch nutzbare Raketenmodelle entwickelte und nach Kriegsende seine Karriere in den USA fortsetzte, leistet einen metaphorisch wertvollen Beitrag, indem er Naturwissenschaft und Religion aufspaltet und sie wieder zusammenführt im Bild eines Hauses, aus dem man durch zwei Fenster nach draußen blicken kann. Damit gelingt ihm eine Synopse beider Sichtweisen.
Am rechten unteren Ende der Doppelseite ist ein **Teleskop** und eine **Sprechblase** abgebildet, welche die rein physikalische Definition eines Sterns enthält. Durch Anwendung dieser simplen Definition ist erkennbar: Die Sonne ist ein Stern, die Erde nicht (sondern ein Planet).

2. Einsatzmöglichkeiten im RU

Kosenamen sammeln und deuten

- Sch sammeln Kosenamen, gruppieren sie und vergleichen die romantische Bedeutung mit der wörtlichen, z. B. Herzilein, Schatz, Mäuschen etc.
- Was will damit gesagt werden?

Texte und Bildelemente vergleichen

- Sch wählen zwei oder mehr Elemente der Doppelseite und vergleichen diese:
  - Von welchem Himmelskörper ist die Rede?
  - Wie wird er gebraucht?
  - Gibt es Widersprüche oder auch Gemeinsamkeiten?

Gruppenpuzzle

- Sch bilden »Experten«-Gruppen für Naturwissenschaft, Anthropologie, Theologie und Dichtung. Anschließend lesen und betrachten sie *Orientierung 1* (**14f.**):
  - Was interessiert unsere Expertengruppen und was nicht? Warum?
  - Wie können wir mit den anderen Meinungen sinnvoll umgehen?
- Jede Gruppe entsendet Experten in Mischgruppen, in denen erörtert wird, was ein Stern (eine Sonne, ein Mond) ist.

Plakate erstellen

- Sch erstellen (evtl. im Anschluss an das Gruppenpuzzle) Plakate zum Thema: »Man kann die Welt mit verschiedenen Augen sehen!« Gestalterische Vorlage kann die Metapher von Brauns »Haus mit zwei oder mehr Fenstern« sein.
- Statt Plakaten kann auch ein TA die Ergebnisse sichern (vgl. Lehrerkommentar S. 23).

Texte umformulieren

- Sch lesen Gen 1,14-19 und formulieren den Text in der Perspektive eines Gestirns.
- Sch schreiben die Vater-Kind-Geschichte so um, dass das Kind naturwissenschaftlich und der Vater naiv denkt.

Sonne, Mond und Sterne

PINNWAND 13

- Sch organisieren einen Besuch in einer Sternwarte oder einem Planetarium.
- Sch stellen Informationen über den aktuellen Stand der Weltraumforschung zusammen und veröffentlichen diese in einer Ausstellung.
- Sch schauen den Film an, der die ersten Schritte Neil Armstrongs auf dem Mond zeigt, und überlegen sich anschließend, was sich der Astronaut in diesem Augenblick denken mag.

TA zu »Plakate erstellen« (Lehrerkommentar S. 22):

Verschiedene Sprechhaltungen – am Beispiel »Sterne«

METAPHORISCH-POETISCH
* »Du bist mein Stern.«
= Liebeserklärung
* »Super-Star«
= leuchtend, man schaut auf zu ihm
* »Wo ist mein Stern?«
= Wegweiser, Ziel

Fragen:
Wie sind Sterne?
Wofür stehen sie? (Liebe, Ruhm …)
↳ Aussageabsicht: METAPHER

NATURWISSENSCHAFTLICH
* »selbstleuchtender Himmelskörper«
* physikalische Definitionen

Fragen:
Was wissen wir über die physikalische Beschaffenheit?
Woraus bestehen Sterne?
↳ Aussageabsicht: FAKTENWISSEN

BIBLISCH-MYTHISCH
* von Gott gemachte Lichter
* sollen für uns Menschen leuchten (vgl. Kinderfrage)
Fragen:
Wozu brauchen wir die Sterne?
Wer hat sie geschaffen und wozu?
↳ Aussageabsicht: BEZUG ZUM MENSCHEN

3. Weiterführende Anregungen

Ein Interview durchführen
- Sch befragen Personen und nehmen die Antworten auf:
- Woran denken Sie, wenn Sie Sonne/Stern/Star hören?
- Woher kommen die Gestirne …
  … nach der Bibel?
  … nach der Naturwissenschaft?
  … nach anderen Erklärungsmodellen?
- Sch hören sich im RU die Antworten an und gruppieren sie.

Orientierungsausstellung organisieren
- Zusammen mit Physik-L und Deutsch-L erstellen Sch eine Ausstellung über verschiedene Himmelskörper, über deren Bedeutung in der Navigation und in Gedichten.
- Vielleicht haben einzelne Sch Zugang zu einem Teleskop. Sie beobachten – Galileis Entdeckungen folgend – Mondkrater, Venusphase und die Monde des Jupiter.

Neue und alte Weltbilder

Orientierung 2 16 17

1. Hintergrund

Orientierung 2 (**16f.**) widmet sich ausführlich der naturwissenschaftlichen Sicht der Entstehung der Welt als eigenem Sprechakt. Es ist sicher schwierig, aus der Fülle der physikalischen Theorien zur Entstehung des Kosmos eine auch für Sch verständliche auszuwählen. Die Entscheidung für Stephen Hawkings **Urknall**-Vorstellung fiel aufgrund des großen Interesses, das erfahrungsgemäß viele naturwissenschaftlich interessierte Sch insbesondere der achten Klasse an Hawkings Werk haben.

Das Buch, dem auch der **Text** dieser Seite entnommen wurde, »Eine kurze Geschichte der Zeit«, stammt aus dem Jahre 1988 und wurde auch in der illustrierten Form und sogar als Computer-CD-ROM zu einem Welterfolg und zu einem der meistverkauften Sachbücher des letzten Jahrhunderts.
Auf die Frage: »Werden wir je das Universum verstehen?«, antwortete Hawking: »Vor 20 Jahren dachte ich, wir würden bis zum Ende des 20. Jahrhunderts eine allumfassende Theorie finden. Doch obwohl wir viele Fortschritte gemacht haben, scheint unser endgültiges Ziel immer noch genauso weit von uns entfernt.« Allerdings rechnet er noch mit einer solchen

Stephen Hawking (geb. 1942)
Der am 8. Januar 1942 in Oxford geborene Physiker Stephen Hawking ist seit 1977 Professor in Cambridge und verfasste neben einer Theorie der Schwarzen Löcher wissenschaftlich bemerkenswerte Arbeiten über die Entstehung und Entwicklung des Kosmos. Der Versuch einer »großen vereinheitlichten Theorie« ist allerdings in fachwissenschaftlichen Kreisen äußerst umstritten. Gerade hier zeigt sich auch, dass die Physik auf die Frage nach der Entstehung des Kosmos zurzeit keine endgültige Antwort geben kann. Die Aussagen der Physik fallen noch bescheidener aus, wenn man nach den Verhältnissen »vor« dem Urknall fragt. Stephen Hawking ist aufgrund einer amyotrophen Lateralsklerose (eine seltene Nervenkrankheit) an den Rollstuhl gefesselt und kann sich nur mithilfe eines Sprachcomputers mit seiner Umwelt verständigen, was ihn in der Vergangenheit fast zu einer Ikone für einen Genius in einem kranken Körper stilisiert hat.

Theorie bis zum Ende des Jahrhunderts – des 21. Jahrhunderts wohlgemerkt! Die Problematik seiner Theorie besteht darin, dass es eine rein mathematische Theorie ist, die sich kaum an dazugehörigen Daten überprüfen lässt. So ist die Aussage Hawkings, dass das Universum vor dem Urknall so groß wie eine Erbse war, zwar eine schöne Vorstellung, aber weder beweisbar noch zu widerlegen.
Insgesamt sollte L immer auf die Vorläufigkeit und den Modellcharakter physikalischer bzw. kosmologischer Theorien hinweisen. Naturwissenschaften präsentieren keine fertige und unumstößliche Wahrheit, wie das Sch oft annehmen.
Mit einem Augenzwinkern gibt der **Cartoon** eine »Erklärung« für den Urknall. Interessant ist dabei sicherlich, dass die Physik es ablehnt, danach zu fragen, was vor dem Urknall war. Das kann nämlich nicht mit redlichen physikalischen Methoden erklärt werden. Allerdings sollte sich auch die Theologie hüten, hier einfach Gott einzusetzen, damit dieser nicht als »Lückenfüller« ungeklärter Fragen dienen muss, bis er – nachdem die Frage vielleicht irgendwann geklärt ist – wieder wie zu Beginn der Neuzeit und nach den ersten Erkenntnissen der Naturwissenschaft ausgedient hat.
Die zweite Seite macht Sch mit den antiken Weltbildern vertraut. Hierbei ist das Missverständnis zu vermeiden, dass es sich um fiktive Ideen Einzelner handele. Antike Weltbilder sind das Ergebnis mythischer und technischer Vorstellungen vom Ablauf der Tages- und Jahreszeiten, ja sogar auch der Naturerscheinungen. In den Weltbildern der Antike vermischen sich somit Tatsächliches und Symbolisches.
Der Text »**Antike Weltbilder**« zeigt am Beispiel des Aristoteles auf, dass bei ihm eine mythische Überzeugung dominiert hat, die in der vollkommenen Form des Kreises die Grundlage der ganzen Weltordnung sah.
Das bis in die Neuzeit die Vorstellungen im europäischen Kulturraum prägende **ptolemäische Weltbild** verwendet die Erkenntnisse und Ideen seiner Vorgänger (vor allem des Hipparch von Nikaia, ca. 190-120 v. Chr.) und baute sie zu einem kosmologischen Modell aus, das als *geozentrisches Weltbild* bekannt wurde. Die im Mittelpunkt des Kosmos ruhende Erde wird von acht Sphären umgeben, die neben den damals bekannten fünf Planeten auch Raum boten für Sonne, Mond und Sterne. Erst durch Kopernikus (1473-1543) gelang dem *heliozentrischen Weltbild*, wonach die Sonne im Mittelpunkt des Universums steht, der Durchbruch.

Claudius Ptolemäus (ca. 100-160 n. Chr.)
Claudius Ptolemäus, griechischer Astronom, Mathematiker und Naturforscher, wurde um 100 n. Chr. in Oberägypten (Ptolemais) geboren, und starb um 160. Sein Hauptwerk »Großes astronomisches System« wurde um 800 ins Arabische übersetzt und seit dem 12. Jahrhundert mehrfach ins Lateinische.

Auf dem abgebildeten **Holzschnitt**, der um 1503 gefertigt wurde, zeigt Astronomia Ptolemäus, dem »König der Wissenschaften«, das Universum. Die Allegorie der Astronomie, eine schöne Frau in bürgerlichem Gewand, weist auf einen Senkelquadranten, mit dessen Hilfe man glaubte, Entfernungen von Himmelskörpern berechnen zu können. Ptolemäus ist als König dargestellt, dem die Mathematik und die Astronomie seiner Zeit zu Füßen liegen. Im Vordergrund ist das Modell des Kosmos zu sehen.

2. Einsatzmöglichkeiten im RU

Textanalyse
Da es sich bei dem Text von Stephen Hawking um einen sehr schwierigen und theoretischen Text handelt, sollten Sch nach dem gemeinsamen Lesen Zeit bekommen, um nachzufragen und zu verstehen. **M 8.1.4, Lehrerkommentar S. 48**, gibt Hilfestellungen und schafft eine Übersichtlichkeit der Fakten (Lösung siehe Lehrerkommentar S. 25).
Einige Begriffserläuterungen:
- *Gravitation:* Anziehung, die alle Massen aufeinander ausüben;
  Isaac Newton formulierte das Gravitationsgesetz

für zwei Punkte mit den Massen m_1 und m_2, die den Abstand *r* voneinander haben und sich mit einer G-Kraft (»Gravitationskonstante«

$$G \approx 6{,}672 \times 10^{-11} \frac{Nm^2}{kg^2}$$

anziehen, für deren Betrag gilt:

$$F = G \times \frac{m_1 \times m_2}{r_2}$$

- *Rotation*: »sich im Kreis drehen«: z. B. Drehen eines Himmelskörpers um die eigene Achse.
- *Neutron und Proton:* Bausteine der Atomkerne. Jedes Neutron zerfällt, wenn es isoliert von einem Atomkern wird, in ein Proton, Elektron und Antineutrino.
- *Neutrino:* stabiles, ungeladenes Elementarteilchen, das Masse besitzt (und erst 1998 entdeckt wurde).
- *Galaxie:* eigenständiges Sternsystem außerhalb der Milchstraße; mit »Galaxis« hingegen wird oft das Milchstraßensystem bezeichnet.

Die antiken Weltbilder kennenlernen

- Der Grafik auf *Orientierung 2* (**17**) werden das Weltbild der Ägypter und Babylonier (vgl. **M 8.1.5, Lehrerkommentar S. 49**) gegenübergestellt.
- Sch erkennen, welche alltäglichen Erfahrungen und Vorstellungen Grundlage des Modells waren und wie sie in das Modell integriert wurden.
- Auch das Urknall-Modell sollte als Modell erkannt werden, dem eine bestimmte physikalische bzw. astronomische Vorstellung zugrunde liegt.

3. Weiterführende Anregungen

Eine Ablaufleiste über die Anfänge des Universums gestalten

Die Erkenntnisse aus dem Hawking-Text lassen sich auch gut als Ablaufleiste veranschaulichen:

- Einzelne DIN-A4-Blätter werden zu einem vorgegebenen Titel (z. B. Anfang: Das Universum ist unendlich klein und dicht) beschriftet und mit Grafiken oder Bildern versehen.
- Anschließend werden die Blätter hintereinandergeklebt und ergeben eine »Kurze Geschichte über den Beginn des Universums«.

Alternative:

- Sch visualisieren in einer maßstabsgetreuen Zeitachse die Geschichte des Universums und des Menschen im Klassenzimmer.

Einen Senkelquadranten bauen

In Zusammenarbeit mit den Fächern Mathematik und Physik kann die Funktionsweise eines Senkelquadranten erläutert werden. Darüber hinaus lassen sich solche antiken Messinstrumente auch leicht selbst bauen (**vgl. M 8.1.6, Lehrerkommentar S. 50**).

Lösung zu M 8.1.4, Lehrerkommentar, S. 48:

Vor 10 bis 20 Mrd. Jahren
Das Universum ist unendlich klein und unendlich dicht. Es hat die Größe »0« und ist unendlich heiß.

Urknall - Big Bang (engl.) - BB (Abk.)
Das Universum explodiert, die Temperatur nimmt ab.

Eine Sekunde nach BB
Die Temperatur des Universums sinkt schnell auf 10 Mrd. Grad.

Mehr als eine bis 100 Sekunden nach BB
Das Universum setzt seine Ausdehnung und Abkühlung immer weiter fort. Es besteht aus allen möglichen kleinen Teilchen wie Photonen, Elektronen, Neutrinos, Antineutrinos, Protonen und Neutronen.

100 Sekunden bis wenige Stunden nach BB
Die ersten Atomkerne entstehen aus Protonen und Neutronen. Aus solchen Deuterium-Atomkernen entstehen auch Lithium und Baryllium.

Wenige Stunden bis weitere eine Million Jahre lang
Das Universum setzt die Ausdehnungsbewegung fort. Elektronen und Kerne verbinden sich dann zu neuen Atomen, wenn ihre elektromagnetischen Anziehungskräfte abnehmen.
Wenn die Ausdehnung in bestimmten Regionen aufgrund besonders großer Dichte und der Anziehungskraft benachbarter Regionen zum Stillstand kommt, stürzen diese in sich zusammen.
Die zusammengestürzten Regionen werden immer dichter und in eine Kreisbewegung versetzt, die ihrerseits immer schneller wird. Wenn die Region so klein wird, dass die Rotationskraft die Anziehungskraft aufwiegt, entstehen Galaxien.
Zusammengestürzte Regionen entwickeln sich zu ovalen, elliptischen Galaxien, wenn sie nicht in eine Rotation versetzt werden.

1. Hintergrund

Auf *Orientierung 3* (**18f.**) werden drei Schöpfungsmythen aus verschiedenen alten Kulturen vorgestellt. Mithilfe dieser sehr alten Texte wird verdeutlicht, was mythologische Geschichten sind und welche Antworten diese geben. Neben den Unterschieden sollen natürlich auch die Gemeinsamkeiten herausgearbeitet werden, weil alle Religionen ihre Mythen haben. Die sprachlich für Sch sicher fremden Texte zeichnen sich durch eine bildhafte und anschauliche Sprache aus, die leicht verstanden und verarbeitet werden kann. Gerade im Gegenüber zu den Schöpfungstexten der Bibel wollen diese mythologischen Erzählungen den Weg zu einem angemessenen Verständnis ebnen und verdeutlichen, dass es hier eben nicht um ein naturwissenschaftlich exaktes Beschreiben vom Anfang der Welt geht, sondern um Antworten auf die Frage nach dem Sinn und dem Wert der Welt und des Lebens. Dieser Ansatz soll Sch auf eine komplementäre Sicht der Wirklichkeit vorbereiten, denn neben der Naturwissenschaft und ihrem Vorgehen sollte gerade im RU eine ergänzende Sicht der Wirklichkeit im Sinne einer innerlich erfahrbaren Wirklichkeitsebene vermittelt werden. Diese Erfahrungsebene wird Sch als eine schon von den alten Kulturen vermittelte veranschaulicht.

Der **mittelamerikanische Schöpfungsmythos** stammt aus dem Popol Vuh, dem »Buch des Rates«, das von einem unbekannten Schreiber der Maya um 1560 aufgeschrieben wurde. Die Texte in der Sprache der Quiché-Indianer aus dem Hochland von Guatemala enthalten zahlreiche mündliche Traditionen aus der Zeit vor den spanischen Eroberungen, die z. T. bis ins 10. Jahrhundert n. Chr. zurückreichen.

Nachdem die Schöpfergötter Gugumatz und Huracan (?Hurrikan!) die Berge von Wasser und Himmel von Erde trennten und so die Erde geformt war, erschaffen sie die Bäume und Pflanzen und schließlich die Tiere. Aus Unzufriedenheit über diese Geschöpfe, die ihre Schöpfer nicht preisen und verehren konnten, wird der Mensch erschaffen. Erst vier Tiere (Fuchs, Kojote, Papagei und Krähe), die die vier Linien der Quiché Maya repräsentieren, bringen die Götter auf die richtige Idee: Aus Mais werden die ersten Menschen (vier Männer) geformt. Aus Furcht davor, dass die Menschen genauso groß wie sie selbst werden würden, schränkten sie das Können des Menschen ein: Vor allem trüben die Götter den Blick der Menschen, dass sie nur noch das Naheliegende erkennen können. Am Ende geht zum ersten Mal im Osten die Sonne auf und »es ward Licht auf der Erde«.

Aus der reichen Tradition der **chinesischen Schöpfungsmythen** hebt sich besonders die Schöpfungsgeschichte des P'an Ku hervor, aus dessen Körper die Welt und die Menschen entstehen. Sie stammt wohl aus Südwestchina und wurde im dritten Jahrhundert n. Chr. aufgezeichnet. Sie erzählt davon, dass aus dem Chaos ein farbiges Licht entsteht, das den Nebel des Anfangs in Himmel und Erde trennt. Aus den Kräften des Himmels und der Erde entstehen *Yin* (Wolke) und *Yang* (Drache). Aus ihnen entsteht nun alles: Neben Sonne und Mond auch alle Lebewesen und schließlich die riesige Gestalt des P'an Ku, des Alten. Der Alte bringt die Welt in Ordnung, indem er Flüsse und Berge entstehen lässt; aus seinem Körper werden schließlich die fünf höchsten Berge der Welt. Sein Fleisch wird zur Erde, seine Knochen zu Steinen, seine Haare zu Pflanzen und sein Blut zu Flüssen. Aus dem Schweiß wird der Regen und aus seinen Parasiten die Menschen. Himmlische Herrscher lehrten sie dann, ihre Erde zu bebauen und zu bearbeiten.

Neben diesem Mythos sind noch andere Formen bekannt, nach denen der Mensch aus dem Urdampf bzw. von der Göttin Nü Gua aus gelbem Ton geformt wurde. Darüber hinaus sind auch Mischformen bekannt, die verdeutlichen, dass chinesische Mythen als komplexe und fragmentarische Sammlung gesehen werden müssen. Der Text selbst stellt eine Mischung und Verkürzung zweier unterschiedlicher Traditionen (Yin/Yang – P'an Ku) dar und versteht sich als eine sch-gemäße Aufarbeitung.

Der in der Tradition des RU tief verwurzelte **babylonische Schöpfungsmythos** *Enuma elisch* (= Als droben) geht in seiner ursprünglichen Fassung in die Epoche der ersten babylonischen Dynastie vom 19.-17. Jahrhundert v. Chr. zurück. Die heute vorliegenden Fassungen sind alle Rekonstruktionen aus verschiedenen Fragmenten von Keilschrifttafeln, die im heutigen Irak gefunden worden sind und aus der Zeit vom 9. Jahrhundert v. Chr. bis zum 2. Jahrhundert v. Chr. stammen. Die babylonische Sprache mit ihrer Keilschrift war seit der Mitte des zweiten Jahrtausends v. Chr. in Babylonien in Gebrauch. Mithilfe von Schreibern verbreitete sich diese Schrift nahezu im ganzen Alten Orient. Unter dem König Nebukadnezar II. (605-562 v. Chr.) wird Babylon endgültig zu einer Großmacht. Mit seinem Namen verbunden ist für die Geschichte des Volkes Israel vor allem die Zerstörung Jerusalems (587 v. Chr.).

Der babylonische Schöpfungsmythos erzählt davon, dass die beiden Götter Apsu und Tiamat von den Göttern, die sie selbst erschaffen haben, getötet werden. Marduk, der Sohn des Ea, fertigt aus dem Körper der Tiamat dann die Welt: eine Hälfte wird

zum Himmel, aus der anderen entsteht die Erde. Um den Dienst an den Göttern zu vollziehen, erschafft Marduk aus dem Blut des Gottes Kingu, der schuld am Aufstand gegen Tiamat war, den Menschen.
Die Sprache des Textes und der formale Aufbau weisen auf die erste babylonische Dynastie hin, in der vor allem aus dem lokalen Gott Marduk der unumstrittene Herrscher der Babylonier werden soll. Das *Enuma elisch* bildete einen wesentlichen Bestandteil des Festrituals beim babylonischen Neujahrsfest, bei dem der gesamte Text von einem Priester vorgetragen und sogar einzelne Abschnitte symbolisch dargestellt wurden.
Die Bedeutung des *Enuma elisch* kann gar nicht hoch genug für die biblischen Schöpfungsgeschichten eingeschätzt werden. »Auch wenn wir aus den Mythen über die Entstehung des Universums und des Menschen im naturwissenschaftlichen Sinne kaum etwas lernen können, so erfahren wir doch eine Menge über den mesopotamischen Menschen. Seine Schöpfungsmythen haben das Bewusstsein seiner Umwelt so tief geprägt, dass sich später sowohl die Griechen als auch die Autoren der Bibel ihrer bedient haben und Elemente daraus in ihr eigenes Bild von der Entstehung der Welt und des Menschen übernommen haben.« (Jean Bottéro)
Gerade im Gegenüber zum babylonischen Schöpfungsmythos wird die biblische Grundaussage zur Erschaffung des Menschen deutlich: Nicht zum Dienst an den Göttern wird der Mensch erschaffen, sondern als Abbild Gottes und als Herrscher und Pfleger seiner Schöpfung (vgl Gen 1,26).

2. Einsatzmöglichkeiten im RU

Mythologische Geschichten als Bildergeschichte gestalten – Wand der Alten Mythen

- Die Texte werden von Sch in KG gelesen und als Bildergeschichte (Comic) gestaltet.
- Über die entsprechenden Kulturen lassen sich im Internet viele Informationen finden. So kann eine »Wand der Alten Mythen« aufgebaut werden.

Einen Schöpfungsmythos selbst verfassen

- Nach der Idee Jostein Gaarders in seinem Buch »Sofies Welt« verfassen Sch auf **M 8.1.7, Lehrerkommentar S. 51**, selbst einen Schöpfungsmythos. Hierbei ist es durchaus sinnvoll, eine Zeitepoche vorzugeben bzw. sich in die Lage einer anderen Kultur zur Zeit der Entstehung der vorgegebenen Mythen zu versetzen.

Die Schöpfungsmythen im Schulbuch mit anderen Schöpfungsmythen vergleichen

- Im Gegenüber zu anderen, z. B. auch den biblischen Schöpfungsgeschichten arbeiten Sch mithilfe von **M 8.1.8, Lehrerkommentar S. 52**, Gemeinsamkeiten und Unterschiede heraus sowie die Vielfalt mythologischer Überlieferung.

3. Weiterführende Anregungen

Schöpfung in szenisches Spiel umsetzen

- Die Schöpfungsmythen lassen sich gut in szenischen Spielen verarbeiten: Sch entwerfen ihr eigenes Drehbuch und können anschließend ein eigenes Hörspiel oder Schauspiel aufführen.
- In Zusammenarbeit mit dem Fach Kunst ist z. B. auch ein Schattenspiel gut umsetzbar.

Mythologische Geschichten sammeln

- Sch sammeln weitere mythologische Erzählungen aus verschiedenen Kulturen. Neben dem Internet als Quelle vgl. z. B. Martin Palmer, Esther Bisset (Hg.), Die Regenbogenschlange. Geschichten vom Anfang der Welt und von der Kostbarkeit der Erde, Oberhofen am Thunersee (CH), 1988.

1. Hintergrund

Die aktuelle Exegese spricht nicht mehr von einer priesterschriftlichen und einer jawhistischen Schöpfungserzählung, sondern datiert die endgültige Fassung der zweiten Schöpfungserzählung inzwischen später als lange üblich. Erich Zenger hält Gen 2,4b-25 für eine Kompilation verschiedener alter Erzähltraditionen, die erst im »Exilischen Geschichtswerk« verschriftlicht wurde. Da die alttestamentliche Exegese vorsichtig geworden ist, was die Datierung und Zuordnung einzelner Perikopen anbelangt, genügt es im Sinne einer Elementarisierung für die Sch zu wissen, dass die Bibel in Gen1 und 2 zwei in Gattung und Inhalt unterschiedliche Schöpfungstexte enthält: Gen 1-2,4a ist als Lied in Versen verfasst und entstammt wohl der Feder priesterlicher Kreise im babylonischen Exil, während Gen 2,4b-25 aus mehreren alten Erzähltraditionen um das mythische Motiv des Urgartens besteht.
Beide Texte können durch ihre deutlichen Unterschiede im Welt- und Gottesbild nicht demselben Verfasser zugeschrieben werden: Während Gen 1, inspiriert vom Bild einer jährlich überschwemmten Flussebene, den Prozess der Schöpfung als Auftauchen der Erdscheibe aus dem Wasser und allmähliches Wachstum von Vegetation und Lebewesen beschreibt, geht Gen 2 – 3 – ungeachtet der in Gen 1 erwähnten Wasserfülle am Anfang – von einem trockenen Ackerboden aus, in dem erst durch aufsteigende Feuchtigkeit das Schöpfungswerk Jahwe Elohims beginnt. Während der Mensch in Gen 1 als Mann und Frau geschaffen wird, gibt der Schöpfergott in Gen 2 dem »Erdling« erst später die Frau als Gefährtin, womit durch die Jahrhunderte der Bibelrezeption immer wieder die untergeordnete Stellung der Frau begründet worden ist.
Die Unterschiede im Gottesbild erklärt Zenger so: »Während der Schöpfergott von Gen 2 – 3, der JHWH Elohim genannt wird, plastisch und anthropomorph gezeichnet ist (man sieht ihn förmlich bei der Arbeit inmitten seiner Schöpfung, man merkt ihm geradezu die Spannung an, als er erst die Tiere und dann die Frau formt, um der Menschenfigur echte Lebensfähigkeit zu geben, er legt wie ein Gärtner den Park an, er geht wie ein König in der Kühle des Abends im Park umher und redet mit seinen Geschöpfen usw.), ist der Elohim genannte Schöpfergott von Gen 1 souverän und transzendent – jenseits von Himmel und Erde (er spricht und es geschieht; als er die Menschen »schafft«, sieht man ihn nicht bei der Arbeit; es wird nicht gesagt, woraus und wie er den Menschen macht; er redet nicht mit den Menschen, sondern ruft seinen Segen über sie aus usw.)« (Zenger, 78)
Die oben beschriebenen Unterschiede im Gottesbild drücken **beide Bilder** der Seite aus. In der »Bible moralisée« (um 1250) wird **Gott als Baumeister** dargestellt. Das Bild trägt den Titel »Gottvater vermisst die Welt« und befindet sich heute in der Österreichischen Nationalbibliothek in Wien. Das Original verweist mit der altfranzösischen Überschrift »Hier schafft Gott Himmel und Erde, Sonne und Mond und alle Elemente« auf die priesterschriftliche Schöpfungserzählung. Es enthält ein unerhört neues Element: Wurde bis dahin der Schöpfungsakt »durch das göttliche Wort mit dem Rede- und Segensgestus der erhobenen rechten Hand des Schöpfers angedeutet, (ist) hier dagegen mithilfe des Zirkels, der Schöpfungsakt vermenschlicht, er wird buchstäblich zum Händewerk – Handwerk«. (Lange, S. 15) Kunstvolle Geometrie, Messbarkeit und Kosmos, d. h. Ordnung, sind die Eckdaten des Schöpfungswerkes. Gott steht außerhalb der Welt, widmet sich ihr aber mit Weisheit und Akribie (vgl. Weish 11,20b: *Du hast alles nach Maß, Zahl und Gewicht geordnet*; Spr 8,27ff.: *Als er den Himmel baute, war ich dabei, als er den Erdkreis abmaß über den Wassern … als er die Fundamente der Erde abmaß, da war ich als geliebtes Kind bei ihm*).
Nicht zufällig trägt das Gesicht die kanonischen Züge des Antlitzes Jesu.
Anders **Noldes »Gärtner«** von 1940: Mitten im Garten pflanzt und pflegt ein zärtlicher alter Gott die Schöpfung in ihrer bunten Vielfalt. Ein freundliches Gesicht und eine Hand sind erkennbar, die restliche Gestalt Gottes ist organisch mit dem Garten verbun-

Emil Nolde (1867-1956)
Als Emil Hansen wurde er am 7. August 1867 bei Tondern geboren, ließ sich als Zeichner und Schnitzer ausbilden und lebte ab 1898 in München. 1906 wurde er Mitglied der Malergruppe »Die Brücke«. Ab 1909 malte er in seinem ganz eigenen Stil, der von expressiven Farben geprägt ist. Nolde gilt als einer der bedeutendsten Künstler des deutschen Expressionismus. Die Nazis verwarfen sein Werk als »Entartete Kunst« und verboten ihm 1941 zu malen. Dennoch schuf Nolde in seinem Atelier in Seebüll Hunderte von Aquarellen, was in Siegfried Lenz' Roman »Die Deutschstunde« thematisiert wird. In Noldes Werk finden sich zahlreiche religiöse Motive (z. B. »Tanz um das goldene Kalb«, »Abendmahl«, »Verspottung Christi«, »Grablegung Christi«, »Pfingsten« …). Nolde starb am 13. April 1956 in Seebüll (Nordfriesland).

den. Betont ist hier die Vorstellung vom guten Gärtner, der dem Menschen einen eingefriedeten Lebensraum (= Garten) schafft.

2. Einsatzmöglichkeiten im RU

Bilder vergleichen oder ergänzen

- In Ruhe vergleichen Sch die beiden Bilder (enthalten in *Bilder aus Religion vernetzt 7* und *8. 36 Farbfolien*, München 2006, ISBN 3-466-50717-0). Zahlreiche Unterschiede lassen sich entdecken. So kann von der Bildbetrachtung aus nach den biblischen Texten zurückgefragt werden.
- Kreativer ist die zeitaufwändigere Methode des Bilderganzens: Sch erhalten nur ein Bildelement, d. h. hier nur die Figur Gottes in Kopie oder Umrisszeichnung und malen das Bild selbst weiter. Wenn Sch z. B. nur das Bild des Baumeistergottes mit Zirkel erhalten, birgt der Vergleich ihrer Bildfortsetzungen mit dem Original manche Überraschung.

Gen 1 analysieren und kreativ gestalten

- Sch lesen Gen 1,1, – 2,4a z. B. mit verteilten Rollen (je ein Tag) vor und analysieren das Schöpfungslied anhand von **M 8.1.9, Lehrerkommentar S. 53.**
- Alternativ zum Arbeitsblatt kann auch mit einem TA (s. u.) gearbeitet werden. Als wichtigste Strukturelemente werden herausgearbeitet: der Rahmen (Anfang und Schluss), der Refrain (»Es wurde Abend …«), der strukturierte Aufbau (erster/vierter/siebter Tag: Schaffung von Zeit; zweiter/dritter Tag: Schaffung von Raum; fünfter/sechster Tag: Schaffung von Lebewesen), die Besonderheit des siebten Tages.
- Nach dieser analytischen Arbeit kann das Lied kreativ gestaltet, z. B. vertont werden.

TA zu »Gen 1 analysieren …«:

Die erste biblische Schöpfungserzählung (Gen 1,1 – 2,4a)

Hintergrund:

- Ca. 500 v. Chr. entstanden;
- Juden waren im Exil in Babylon;
- Gefahr, zu anderen Göttern abzufallen;
- Priester wollten ihren Glauben an den Gott Israels stärken;
- deshalb auch »priesterschriftliche Schöpfungserzählung« genannt.

Aufbau:

Tage der Scheidung:

1. Tag Licht / Finsternis ⟷ **4. Tag** Sonne / Mond / Sterne

2. Tag Luftraum / Wasser der Erde ⟷ **5. Tag** Vögel / Fische

3. Tag Festland und Pflanzen ⟷ **6. Tag** Landtiere / Menschen

:Tage der Ausstattung

7. Tag
Sabbatruhe
Zeit für den Gottesdienst

→ Gott schafft aus dem Chaos eine geordnete Welt

Zeit (1. Tag) – Lebensraum (2. Tag / 3. Tag) – Zeit (4. Tag) – Lebewesen (5. Tag / 6. Tag) – Zeit (7. Tag)

Besonderheiten:

- Gott erschafft durch sein Wort;
- ähnlicher Aufbau aller Tage;
- Refrain: Und Gott sah, dass es gut war.
- Lied → im Gottesdienst gesungen

Schöpfungsmythen vergleichen

- Wenn Sch Gen 1 genau bekannt ist, kann ein Vergleich mit dem babylonischen *Enuma elisch* (vgl. *Orientierung 1*, **19**) die biblische Gottesvorstellung schärfen. Es können verglichen werden:
- Das Gottesbild beider Texte (Monotheismus vs. Polytheismus).
- Was war »am Anfang«?
- Wie entstehen Himmel und Erde?
- Worin besteht die Aufgabe des Menschen?
- Wie wird der Mensch geschaffen?
- Welches Weltbild wird entworfen?

TA zu »Schöpfungsmythen vergleichen«, Lehrerkommentar S. 29:

Vergleich des babylonischen Schöpfungsmythos mit dem Schöpfungslied Gen 1,1 – 2,4a

	Enuma Elisch	**Gen 1,1 – 2,4a**
Gottesbild	Polytheismus	Monotheismus
Was war am Anfang?	Noch nichts	Geist Gottes über dem Chaos
Himmel und Erde	geschaffen aus dem Leichnam der Göttin Tiamat (Drache)	geschaffen durch Trennung
Erschaffung des Menschen	aus dem Blut des ermordeten Gottes Kingu	»als Mann und Frau schuf er sie« nach dem Abbild Gottes
Aufgabe des Menschen	Schuld der Götter tragen	über die Erde herrschen
Weltbild	der Mensch ist den Göttern ausgeliefert	Gott schafft eine gute Schöpfung

Einen Dialog erfinden

- Häufig wird in den historischen »Sitz im Leben« von Gen 1 eingeführt mittels eines fiktiven Dialoges zweier Priester im babylonischen Exil, welche den Glaubensverlust beklagen und beschließen, den Glauben an den Gott Israels von Anfang an aufzuschreiben. Mehr Eigentätigkeit bringen die Sch auf, wenn sie einen derartigen Dialog selbst erfinden und aufschreiben. Als Grundlage für die Situation in Babylon kann eine nochmalige Lektüre des babylonischen Schöpfungsmythos *Enuma elisch* (vgl. *Orientierung 1*, **19**) dienen und evtl. eine Passage aus den nach der Zerstörung des Tempels 586 v. Chr. geschriebenen Klageliedern. In Klg 2,1-11 wird z. B. erwähnt, dass der Sabbat nicht mehr gefeiert wird und Gott den Garten seines Reiches der Vernichtung preisgegeben hat.
- L gibt für das Verfassen eines solchen Dialogs z. B. vor: Klage über die Notlage Israels im Exil; Sorge der Priester um die Bewahrung des Glaubens und das Halten der Gesetze (z. B. des Sabbats); die Kenntnis eines alten Schöpfungsliedes; der Entschluss, die Grundlagen des Glaubens aufzuschreiben und mit dem Anfang zu beginnen …
- L kann den Einstieg in den Dialog aber auch konkret vorgeben, z. B.:
  »Die Priester Ruben und Levi treffen sich in einem Haus in Babylon.
  Levi: Ach, Ruben, so lange sind wir nun schon hier in Babylon, doch noch immer kann ich unsere Heimat Jerusalem nicht vergessen.
  Ruben: Mir geht es auch so, Levi. Aber unsere Kinder und Enkelkinder wissen nur noch wenig von der Zeit vor dem Exil. Das macht mir große Sorgen …«

Die beiden biblischen Schöpfungsgeschichten vergleichen

- Nach der Analyse des Sieben-Tage-Schöpfungsliedes und evtl. nach einem Vergleich der beiden Bilder (s. o.) lesen die Sch die ältere Schöpfungserzählung Gen 2,4bff.
- Anhand der acht Fragen im Aufgabenblock vergleichen sie die Inhalte der beiden Texte und tragen die Ergebnisse in eine selbst erstellte Tabelle bzw. in **M 8.1.10, Lehrerkommentar S. 54** ein.
- Abschließend entscheiden sie, ob die jeweiligen (Gottes-)Bilder tatsächlich gut zu den Schöpfungserzählungen passen.

Der Schöpfer und der Teufel

- Sch erhalten **M 8.1.11, Lehrerkommentar S. 55,** mit dem Text des Liedes »In Anfang« von Ludwig Hirsch.
- Sch überlegen, welches Verhältnis von Gott und Teufel im Lied beschrieben wird.
- Sch recherchieren in der Bibel, wo vom Teufel/Satan die Rede ist (z. B. Ijob 1,6 – 2,10; Mk 1,12 parr.), und überlegen sich, welche Funktion er jeweils übernimmt.
- Sch diskutieren, ob es ihrer Meinung nach einen Teufel als Antipoden zu Gott gibt und in welchem Verhältnis die beiden zueinander stehen: War der Teufel schon vor der Schöpfung da oder ist er ein Schöpfungswerk Gottes?
- Sch gestalten das Lied von Ludwig Hirsch, indem sie es mit akustischen Elementen unterlegen.

Lösung zu M 8.1.10, Lehrerkommentar, S. 54:

Gen 1,1-2,4a (Priesterliche Grundschrift/ Priesterschrift)	Vergleichspunkt	Gen 2,4b-25 (Exilisches Geschichtswerk/Urgeschichte)
Gott (Elohim) schafft durch sein Wort	Gott	Gott, der Herr (JHWH) schafft als »Töpfer«/»Handwerker«
7 Tage	Zeitraum	unbestimmt (vielleicht 1 Tag)
wüst, wirr, Chaos, Finsternis, Tohuwabohu	Urwelt	trockene Erde, Land
bedrohlich, feindlich	Wasser	freundlich, fruchtbar (Regen lässt wachsen)
	Erschaffung des Menschen:	
6. Tag, Abschluss	Wann?	Anfang
Gott sprach ... und schuf	Wie?	Gott formt aus Ackerboden
Mensch als Mann und Frau	Wer?	Adam (aus Erde) Eva, aus einem Bauteil (Rippe) des Adam
als Abbild Gottes über die Welt herrschen	Wozu?	bebauen und behüten des Gartens Eden (des Paradieses)

3. Weiterführende Anregung

Schöpfung kreativ PINNWAND 13

Es bietet sich im Zusammenhang mit den Schöpfungserzählungen in besonderem Maße an, den Sch Raum für schöpferisches Tun zu geben, wie z. B. das Malen von Paradiesbildern oder das Gestalten einer Collage zu jedem Schöpfungstag. Im Anschluss an die zweite Schöpfungserzählung erfahren die Sch die Mühen und Freuden des Schaffens besonders eindrücklich durch das Formen von Menschenfiguren, Gesichtern und Händen aus Ton. Im Folgenden sind einige Sch-Arbeiten abgebildet.

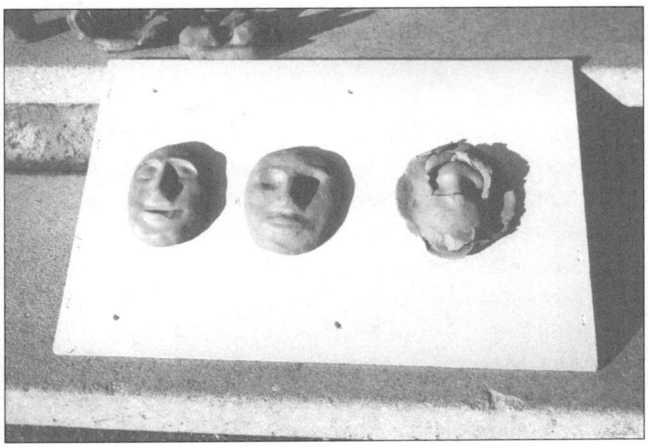

Sch-Beispiele

1. Hintergrund

Orientierung 5 (**22f.**) vertieft die zweite Schöpfungserzählung und führt in die Erzählung vom sogenannten Sündenfall in Gen 3 ein. Diese Geschichte teilt das Schicksal anderer vermeintlich vertrauter Bibeltexte, wie die Geschichte von der Arche Noah oder die Weihnachtsgeschichte: Man glaubt sie zu kennen und über ihre Intention Bescheid zu wissen. Gerade bei Gen 3 ist dies aber ein fataler Irrtum. Keine andere Geschichte wurde in ihrer Rezeption von Paulus (vgl. die im Aufgabenteil des Schulbuchs genannten Briefstellen) über Thomas von Aquin bis in die Gegenwart so verzerrt und entgegen ihrer ursprünglichen Aussageabsicht zulasten Evas und damit der Frauen ausgedeutet wie diese.

Um der Falle des allzu Vertrauten zu entgehen, ist es der Ansatz von *Orientierung 5* (**22f.**), das Thema nicht vom biblischen Originaltext her zu erschließen, sondern über Bildimpulse, die Anlässe bieten, genauer nachzufragen und nachzulesen. Die modernen Gedichte zeigen Wege der Rezeption und der heutigen Rückfrage an die biblischen Texte.

Die ursprüngliche Intention von **Gen 3** war nicht, den Begriff »Sünde« bzw. ihre Herkunft zu erklären (zumal die gebräuchlichen Wörter für »Sünde« und »Strafe« in Gen 2 und 3 fehlen und sich erst in Gen 4 das erste Mal der Begriff für »Sünde« findet). Der Text versucht vielmehr ätiologisch zu begründen, warum das Leben der Menschen – und hier besonders auch das Verhältnis von Mann und Frau – von Leiden und Einschränkungen bestimmt ist. Eine Schuldzuweisung findet nicht statt, sondern es wird nur beschrieben.

»Die Auffassung von der Frau als Verführerin hat keinen Anhaltspunkt im Text. Einzig von der Schlange ist gesagt, dass sie verführt, wörtlich ›täuscht‹. Bei der Frau fehlt terminologisch jeder Hinweis darauf. Frau und Mann essen von dem Baum, die Frau zuerst, dann der Mann.

Worin besteht das eigentliche Vergehen in Gen 3? Sein zu wollen wie Gott, meint nicht, zu werden wie Jahwe, sondern zu werden wie *elohim*. *Elohim* ist ein Gattungsbegriff und meint beispielsweise auch die Götter Kanaans. Die Versuchung besteht also darin, nicht im Menschlichen bleiben zu wollen, sondern göttlich oder *elohim*-artig sein zu wollen und damit die von Jahwe-*elohim* gesetzten Grenzen zu überschreiten. Nicht Wissen wird abgelehnt oder (wirkliche) Weisheit, die gepaart sein muss mit Gottesfurcht (Halten der Gebote bedeutet Leben, Übertreten der Gebote dagegen Tod), sondern ein ganz bestimmtes anmaßendes Wissen, das sich gegen Gott richtet. Nicht Gott ist kleinlich und neidisch (vgl. das Motiv des Götterneides in der Antike), vielmehr ist ihm am Leben und an der Entwicklung des Menschen gelegen. Die Menschen selbst sind es, die immer wieder aus diesem ›Schutzraum‹ heraustreten, das Vertrauen zerstören, das eigentlich zwischen Gott und Menschen walten sollte. So hat Gen 2 das Verhältnis Gott-Mensch geschildert, wie es sein sollte, als harmonische Einheit zwischen Mann und Frau und als Vertrauen zwischen Gott und Mensch. Jahwe-*elohim* geht in Gen 2 im Garten spazieren und ist vertraut mit den Menschen. Dieses Vertrauen ist durch die Übertretung gestört worden, und das Dasein des Menschen ist nun bestimmt durch Schuld und Zerrissenheit.« (Helen Schüngel-Straumann)

Albrecht Dürer (1471-1528)
Der Nürnberger Maler Albrecht Dürer zählt zu den berühmtesten deutschen Malern überhaupt, da er mit seinem Werk den Durchbruch zu neuen Ausdrucksformen schaffte. Nach einer Goldschmiedelehre geht der begabte junge Mann vier Jahre auf Wanderschaft, u. a. nach Straßburg. Als Maler ist er besonders an den Proportionen des menschlichen Körpers interessiert. Dürer bekannte sich zur Reformation Martin Luthers. Er starb 1528 und wurde auf dem Nürnberger Johannis-Friedhof beerdigt.

Albrecht Dürer: »Adam und Eva«, 1504
Der Holzschnitt »Adam und Eva« von 1504 stellt einen Höhepunkt der Studien Dürers zum menschlichen Körper dar und wurde intensiv von ihm vorbereitet. Dürers Ziel war es, den menschlichen Körper in seinen natürlichen Gesetzmäßigkeiten darzustellen. Dafür studierte er auch antike Vorbilder, für den Adam wohl eine Reproduktion der römischen Statue »Apollo von Belvedere«, für die Eva eine antike Venus-Darstellung.

Die Tiere auf Dürers Holzschnitt haben symbolische Bedeutung: Hase, Katze, Ochse und Elch gelten als Symbole der vier Temperamente, die in der scholastischen Lehre als Quelle der Sünde bekannt sind. Der Ziegenbock rechts oben auf dem Felsen steht für das alles überschauende Auge Gottes, während der Papagei auf Maria als Überwinderin der angeblich von Eva verursachten Erbsünde hindeutet.

HAP Grieshaber (1909-1981)
Der deutsche Maler und Grafiker HAP Grieshaber (eigtl. Helmut Andreas Paul Grieshaber) erneuerte nach dem Zweiten Weltkrieg den Holzschnitt und entwickelte ihn zum eigenständigen, monumentalen Wandbild. Während der Herrschaft des Nationalsozialismus konnte der in Reutlingen lebende Künstler nur im Verborgenen arbeiten, da er als Gegner der Diktatur faktisch Ausstellungs- und Berufsverbot hatte. Anfang der 1950er-Jahre entstanden dann die ersten lebensgroßen Holzschnitte, die er später zu teilweise mehrteiligen Zyklen erweiterte. Den Weg zur Monumentalisierung des Holzschnitts führte Grieshaber mit der *documenta*-Wand für die *documenta* 1964 und in vielen Großbildern für öffentliche Bauten fort. Seine Themen spannen sich dabei von der Natur der Schwäbischen Alb über Liebespaare, religiöse und mythologische Darstellungen bis hin zu politischen, sozialen und ökologischen Fragen. Im Zentrum seines Werks stehen dabei stets der Mensch und die Menschenwürde.

HAP Grieshaber: »Bedrohtes Paar«, 1949
Das Bild »Bedrohtes Paar« aus dem Jahr 1949 deutet im Gegensatz zu Dürers »Adam und Eva« das biblische Motiv nur an und ist für viele Interpretationen offen. Der scharfe Holzschnitt in flächigem Schwarzweiß steht in starkem Kontrast zu Dürers filigran ausgearbeiteter Szenerie. Das Bild wird strukturiert durch die drei stammartigen Figuren, die sich oben wie unten berühren, obwohl die beiden menschlichen Figuren rechts Abstand halten von der rätselhaften linken Figur. Das Paar auf der rechten Seite, als Mann und Frau erkennbar, sucht beieinander Schutz vor der Bedrohung von links. Das Wesen auf der linken Seite, dämonisiert durch die Augen ohne Gesicht, ragt in das Feld des Paares hinein und bedroht es durch seinen Blick und das scharnierartige Gelenk, mittels dessen es droht, sich auf das Menschenpaar zuzubewegen. Das einander zugewandte Menschenpaar jedoch wirkt zu zweit stabil und Halt gebend gegen die Bedrohung. (Vgl. die ausführliche Deutung des Bildes und seiner Variation von Günter Lange, S. 15-20.)

Als alte Frau schrieb die jüdische Lyrikerin Rose Ausländer (1901-1988) ihr **Adam-Gedicht**, in das sie zentrale Motive der zweiten Schöpfungserzählung webt. Das paradiesische Leben in Fülle ist »aber« noch keine Erfüllung für Adam, den Menschen. Seiner selbst noch unbewusst, ist Adam noch gar nicht richtig da. Erst die Gefährtin befreit ihn aus seiner Einsamkeit und ermöglicht ihm die Liebe, die wahre Bestimmung des Menschen, die ihn freilich verletzlich, ja sterblich macht.

Rose Ausländer (1901-1988)
In der Bukowina wurde Rose Ausländer unter dem Familiennamen Rosalie Ruth Scherzer am 11. Mai 1901 geboren und wuchs in Czernowitz in einem weltoffenen, liberal-jüdischen Elternhaus auf. Sie studierte 1919/20 in ihrer Heimatstadt Literaturwissenschaft und Philosophie und wanderte 1921 mit ihrem Studienfreund Ignaz Ausländer in die USA aus, wo das Paar heiratete, sich 1926 aber wieder trennte. Rose Ausländer arbeitete in den USA und veröffentlichte erste Gedichte, bis sie nach Cernowitz zurückkehrte, um ihre kranke Mutter zu pflegen. In Verstecken gelang es ihr und ihrer Mutter, der Deportation durch die Nazis zu entkommen und den Holocaust zu überleben. Nach 1945 lebte sie zunächst in den USA, ab 1965 in Deutschland, wo sie 1988 nach zehnjähriger Bettlägerigkeit starb. Ihre Gedichte schrieb sie auf deutsch und englisch. Sie veröffentlichte mehr als 20 Gedichtbände.

Das bekannte **Gedicht »Freispruch für Eva«** von Christa Peikert-Flaspöhler thematisiert die Figur der Eva und insbesondere die sogenannte Sündenfallgeschichte in Gen 3. Es knüpft an der Liebe zwischen Adam und Eva an und deutet die Schlange als Symbol der Heilkraft, wie sie es im Äskulapstab ja auch ist. Das Gedicht greift die biblische Namenserklärung »Eva« = Leben auf und preist Eva als die Mutter aller Lebendigen. Entgegen einer Rezeptionsgeschichte von Gen 3 (s. o.), die Eva zur weiblichen Verführerin *per se* und Verursacherin des Sündenfalls deutet, spricht die Dichterin Eva von diesem diskriminierenden »Rufmord« im Dienste der Männerherrschaft frei und stellt sich selbst als »Tochter und Schwester« in die solidarische Verwandtschaft mit Eva. (Vgl. eine Deutung der Gedichte in Georg Langenhorst, S. 47-53.)

Christa Peikert-Flaspöhler (geb. 1927)
Die Lyrikerin Christa Peikert-Flaspöhler wurde durch ihre um religiöse Fragen kreisenden Gedichte bekannt. 1927 in Schlesien geboren, studierte sie in Osnabrück nach dem Krieg Pädagogik und arbeitete bis 1977 als Lehrerin. Ihre zahlreichen Gedichte sind u. a. geprägt von feministischer Theologie. 2002 wurde sie mit dem Hanna-Strack-Preis für »Gottespoetinnen« ausgezeichnet.

2. Einsatzmöglichkeiten im RU

Ein Bild betrachten

Der Holzschnitt von Grieshaber kann als Einstieg in die Thematik benutzt werden.

- Sch betrachten ihn als Folie, die von rechts her schrittweise aufgedeckt wird: zunächst nur der Mann, dann die Frau, zuletzt das Baumwesen.
- Nach jedem Schritt spekulieren Sch, was wohl noch fehlt, und verbalisieren ihre Beobachtungen. Welche Bezüge zur biblischen Schöpfungs- und Sündenfallerzählung lassen sich entdecken?

Bilder vergleichen

- Sch vergleichen (evtl. in GA) die Holzschnitte von Grieshaber und Dürer und entdecken Gemeinsamkeiten und Unterschiede.
- Sch schlagen nach, welche Details auch in der biblischen Erzählung in Gen 2 und 3 vorkommen, und überlegen, welches Bild ihrer Meinung nach besser zu dem Satz passt: »Es ist nicht gut, dass der Mensch allein bleibt« (Gen 2,18).

Selbst kreativ werden

- Sch suchen sich eine der Adam-und-Eva-Darstellungen im Schulbuch aus und malen bei dem entsprechenden Bild auf **M 8.1.12, Lehrerkommentar S. 56**, den Hintergrund weiter:
  - Wie sieht das Paradies aus (Dürer)?
  - Wie die Gefährdung des Paares (Grieshaber)?
- Sch arbeiten mit verschiedenen Materialien (Fotos, Zeitungsausrissen, Stoffen etc.).

Einen Liebesbrief Adams schreiben

Nach der Lektüre des Adam-Gedichtes schreiben die Sch einen Liebesbrief des vorher einsamen Adam an seine neue Gefährtin. Erlaubt ist es auf Wunsch auch, einen Liebesbrief Evas an Adam zu schreiben.

Sich vom Hebräischen faszinieren lassen

- Sch erhalten Gen 2,7-9.15.21-24 in einer hebräischen Fassung und markieren die bekannten hebräischen Worte.
- Sch erarbeiten **M 8.1.13, Lehrerkommentar S. 57f.**

Schaubilder gestalten

- Sch setzen die Inhalte des sprachkundlichen Textes auf *Orientierung 5* (**22**) in ein Schaubild um und verfassen mithilfe der sprachkundlichen Informationen eine Entgegnung gegen die Behauptung in 1 Tim 2,12f.

Einen Prozess inszenieren

- In GA bereiten sich Sch auf einen Prozess gegen Eva vor. Als Prozessakte dient Gen 3. Die Idealgröße pro Gruppe sind drei Sch, die Maximalgröße für diese Inszenierung wohl 25 Sch.
- Mögliche Gruppen (vgl. **M 8.1.14, Lehrerkommentar S. 59f.**) sind: Eva und ihre Verteidiger/innen, Adam und seine Anwälte, die Schlange als Zeugin und ihre Anwälte, Staatsanwälte/innen und Richter/innen bzw. Geschworene (je nach Gruppengröße).
- Nach einer Vorbereitungsphase wird der Prozess gespielt. Entweder leiten die Richter/innen selbstständig die Verhandlung oder L hilft bei der Moderation.
  Wichtig: Es sollte auf jeden Fall zu einem begründeten Urteilsspruch kommen.
- Nach der inszenierten Verhandlung lesen die Sch das Gedicht »Freispruch für Eva« und vergleichen diesen Freispruch mit dem Urteilsspruch, den sie selbst gefällt haben.
- Sie schreiben einen Brief Evas an uns heutige Menschen, in dem sie ihre Sicht darstellt.

3. Weiterführende Anregung

Adam und Eva in der Kunstgeschichte

- Sch erkundigen sich über das »Adam und Eva«-Motiv bzw. das Paradiesmotiv in der Kunstgeschichte. Dazu recherchieren sie im Internet (z. B. unter www.wga.hu) oder Kunstkatalogen und Bildbänden.
- In Zusammenarbeit mit dem Kunstunterricht können auch eigene Paradies-Bilder entstehen.

Religionsunterricht im Kontext der Geschlechterdifferenz

Nach Gen 1,27 ist der Mensch als Ganzes, sowohl in seiner weiblichen als auch männlichen Ausprägung, Bild Gottes. Die Bestimmung »männlich und weiblich« gehört in die gute Ordnung Gottes. Diese anthropologische Aussage hat auch Rückwirkungen auf die Gottesvorstellung: Frau und Mann spiegeln Göttliches wider; so müssen sie auch im Göttlichen ein Urbild haben. Ebenso gilt nach Gen 2 – 3: Die Frau ist gleichwertige und gleichmenschliche Partnerin des Mannes; beide, Mann und Frau, sind von Gott erschaffen, beide sind fehlbar. Gerade auf dem Hintergrund jahrhundertelanger frauenfeindlicher Fehldeutungen von Gen 1 – 3 muss die Religionspädagogik in besonderer Weise Geschlechterdifferenz und Geschlechtergerechtigkeit berücksichtigen und eine genderkritische und -sensible Perspektive einnehmen.
Der aus der englischen Sprache stammende Begriff gender weist im Unterschied zum »natürlichen« bzw. biologischen Geschlecht (*sex*) auf die soziale Konstruktion von Geschlechterstereotypen hin. So werden Mädchen und Jungen unterschiedlich sozialisiert und kommen bereits mit dieser geschlechtlichen Sozialisation in die Schule. Insbesondere der Religionspädagogik muss es im Kontext des biblisch-christlichen Menschenbildes um die kritische Auseinandersetzung mit Wirkungen der religiösen Erziehung und des RU gehen, soweit diese zu einseitigen Festlegungen, Einschränkungen oder Unterdrückungen führen. Übergreifendes Ziel muss ein RU sein, der die Gefahr vermeidet, die von der Gesellschaft konstruierten Gegensätze von männlich und weiblich zu reproduzieren. Vielmehr müssen Religions-L versuchen, beiden Geschlechtern gerecht zu werden und unangemessenen Bildern von Weiblichkeit ebenso entgegenzuwirken wie verzerrten Männlichkeitsvorstellungen.
Konkret bedeutet dies, auch im RU darauf zu achten, herkömmliche Ungleichbehandlungen von Mädchen und Jungen zu vermeiden, Aufrufe gezielter zu streuen, aber auch Ermutigungen und Anerkennungen gerechter zu verteilen oder Fragestellungen von geschlechtshomogenen Gruppen erarbeiten zu lassen. Da geschlechtsspezifisch verschieden verlaufende psychosoziale Entwicklungsprozesse zu unterschiedlichen religiösen Einstellungen und Praktiken führen, ist es im RU wichtig, unterschiedliche Stimmen wahrzunehmen und vernehmbar zu machen und Sch bewusst Leitbilder und Identifikationsfiguren jenseits religiöser Rollenklischees und Mythen anzubieten. So sollten stärker Frauengestalten der Bibel Berücksichtigung finden oder Frauenbiografien in der Kirchengeschichte, aber vor allem auch Lebensentwürfe von Frauen im Nahbereich der Schülerinnen. Für die Entwicklung eines persönlichen Gottesbildes erscheint die Darstellung Gottes sowohl in seinen weiblichen als auch männlichen Zügen – etwa Gott als Mutter oder als Frau Weisheit, nicht nur Gott als Vater, Richter oder Hirte – als besonders bedeutsam.
Die Notwendigkeit, die gendersensible Perspektive dezidierter auch auf die Sch zu beziehen, wird mittlerweile zunehmend wahrgenommen, hat aber noch zu wenig zu entsprechenden Ansätzen für die Praxis geführt.
Auf diesem Hintergrund kommt der geschlechtsspezifischen Orientierung auch im Konzept von »*Religion vernetzt*« eine besondere Bedeutung zu. So werden die spezifischen Sichtweisen und Erfahrungswelten sowohl der Schülerinnen als auch der Schüler deutlich angesprochen. Entgegen einer Überrepräsentanz männlicher Orientierungsfiguren und einer strukturellen Benachteiligung von Frauen in verschiedenen Bereichen der Gesellschaft werden in »*Religion vernetzt*« gezielt Frauengestalten in Bibel und Christentum vorgestellt, Texte und (Kunst-)Bilder von Frauen aufgenommen und frauenspezifische Ansätze und Themen berücksichtigt. Geschlechtsspezifische Rollenzuweisungen, ein Mädchen bzw. Frauen ausschließender Sprachgebrauch oder ein vereinseitigendes Gottesbild werden vermieden. Dabei geht es nicht nur um ein punktuelles additives Hinzufügen einiger Frauengestalten, die damit lediglich als Randfiguren eine Alibifunktion zu übernehmen hätten, sondern um den durchgängigen Anspruch, auch die Schülerinnen als Adressatinnen ernst zu nehmen, in ihren Anliegen zu unterstützen und in ihrer (religiösen) Entwicklung und Identitätsbildung zu fördern.

M. S.

Literatur

Riegel, Ulrich/Ziebertz, Hans-Georg, Mädchen und Jungen in der Schule, in: Hilger, Georg/ Leimgruber, Stephan/Ziebertz, Hans-Georg (Hg.), Religionsdidaktik. Ein Leitfaden für Studium, Ausbildung und Beruf, München 2001, 361-372

Schulte, Andrea/Wiedenroth-Gabler, Ingrid, Theologie kompakt: Religionspädagogik (calwer taschenbibliothek; 94), Stuttgart 2003, bes. 111-117

Schüngel-Straumann, Helen, Eva am Anfang. Eva und die Folgen (frauenforum), Freiburg i. Br. [3]2000

Schweitzer, Friedrich, Religionspädagogik (Lehrbuch Praktische Theologie; 1), Gütersloh 2006, 172-175

Wuckelt, Agnes, Art.: Mädchen/Junge, in: Gössmann, Elisabeth u.a. (Hg.), Wörterbuch der Feministischen Theologie, Gütersloh [2]2002, 388-390

1. Hintergrund

Die nun folgenden *Perspektiven*-Seiten stellen den Bezug des Themas »Schöpfung« zu uns heutigen Menschen her. Vielen bedeutet gerade das Erleben der Schönheit der Natur einen unverzichtbaren Zugang zum Glauben. Gleichzeitig erfahren wir die Gefährdung der Schöpfung tagtäglich. Können wir überhaupt noch ein Schöpfungslob anstimmen? *Perspektiven 1* (**24f.**) greift das Motiv des Schöpfungslobes auf, um Sch heutige Formen und Ausdrucksweisen einer Dankbarkeit für die Schöpfung zu erschließen.
Franziskus von Assisi (1181/2-1226) war in besonderem Maße »schöpfungsfromm« und hat mit seinem **Sonnengesang** einen Text von poetischer Schönheit geschaffen, in dem er ausdrücklich das Wort »Schöpfung« verwendet und Gott als guten Schöpfer preist. Die liebevolle Anrede der Naturphänomene Sonne, Feuer, Wasser usw. als Bruder bzw. Schwester ist eine originelle Wortschöpfung des Heiligen. Um sie als Ausdruck verwandtschaftlicher Nähe zum Menschen entschlüsseln zu können, brauchen Sch die Information, dass z. B. »Sonne« im italienischen Original ein maskulines Substantiv (*sole*) ist, während »der Mond« (*luna*) und »das Wasser« (*aqua*) im Italienischen Feminina sind und daher »Schwester« genannt werden. Einen besonderen Rang in diesem Schöpfungslob hat »unsere Schwester Mutter Erde«, die dem Menschen nicht nur geschwisterlich verwandt ist, sondern uns auch als »Mutter« hervorgebracht hat und ernährt. Hier ließe sich eine Verknüpfung zur indianischen Verehrung der *Pacha-Mama*, der Mutter Erde, herstellen, wie sie z. B. in der Spiritualität der Rigoberta Menchú zum Ausdruck kommt (vgl. *Perspektiven 2,* **27**).
Biografische Informationen zu Franziskus und seine Spiritualität sind im Lexikon des Schulbuches enthalten und können als Grundlage für ein Sch-Referat über Franziskus dienen. Die im Schulbuch zitierte Übersetzung, die sich besonders nah an das Original hält, wurde leicht gekürzt und schon optisch als Text des Mittelalters gestaltet, während das Enzensberger-Gedicht in ein Sch vertrautes Internetlayout gesetzt wurde, um seine Aktualität hervorzuheben.

Das **Gedicht »Empfänger unbekannt«** ist der 1995 erschienenen Gedichtsammlung »Kiosk« entnommen. In lakonischer Sprache thematisiert es die Schwierigkeit, für die Existenz danken zu können, wenn doch der Adressat dieses Dankes »unbekannt« ist. Somit hält Enzensberger die Frage, ob Gott der »Empfänger« seines Dankes sein könnte, zumindest offen. Anders als Franziskus, der in hymnischer Form betet, ist der moderne Schreiber verunsichert angesichts des Urhebers der Schöpfung, steigert sich aber vom fast kindlichen »Vielen Dank« zu Beginn zum »inständigen Dank« am Ende des Gedichtes.
Nur die Wolken finden sich in beiden Texten wieder. Enzensberger greift über das Preisen der reinen Naturphänomene hinaus und dankt nicht nur für die geschaffene Natur (Wolken, Gehirn, Organe, Luft, Jahreszeiten), sondern auch für die vom Menschen geschaffene Kultur (das »Wohltemperierte Klavier« von Johann Sebastian Bach, das Feuerzeug, Genussmittel wie den roten Bordeaux-Wein, das Koffein und die Erdbeeren). Der erwähnte Jean-Baptiste Siméon Chardin (1699-1779) war ein auf Stillleben spezialisierter Maler des 18. Jahrhunderts. Hinter der Zahl e verbirgt sich das mathematische Symbol für die »transzendente Zahl«, die sogenannte Eulersche Zahl 2,718281828... (nach Leonhard Euler 1707-1783), die als Basis der natürlichen Logarithmen und der Exponentialfunktion Wachstum beschreibt.
Was wie eine spontane Aufzählung wirkt, ist bewusst komponiert. Enzensbergers Dank bezieht sich auf die Befindlichkeit des Menschen als Wesen mit einem »sonderbaren Gehirn« und »verborgnen Organen«, mit »Begierden« und Fehlern (»Bedauern«), das trotz aller Kulturleistungen des Schlafes und der warmen Winterstiefel bedarf und der Zeit unterworfen ist.
Franziskus' Gedanke der Demut findet sich – nicht nur – ironisch bei Enzensberger wieder, wenn er dankt für »den Anfang und das Ende und die paar Minuten dazwischen« – die Zeit des Menschenlebens? Enzensberger zählt auf, was das Menschenleben so kostbar und lebenswert macht, und wählt dafür einen heiter-realistischen Tonfall, der auch die Wühlmäuse im Garten einbeziehen kann.
Der Untertitel »*Retour à l'expéditeur*«, zurück zum Absender, lässt die Deutung des Gedichtes offen: Ist der Verfasser des Gedichts der Absender, der also seinen eigenen Dank zurückbekommt, da es den Empfänger nicht gibt bzw. er unbekannt ist (was nichts über seine Existenz aussagt)? Oder wird der

Hans Magnus Enzensberger (geb. 1929)
Der 1929 in Kaufbeuren geborene deutsche Schriftsteller und Lyriker Hans Magnus Enzensberger wurde bekannt als Vertreter der gesellschaftskritisch-politischen Autoren der 60er-Jahre. Er schreibt Gedichte, Essays, Satiren und Übersetzungen. In seinen Gedichten lässt sich in den letzten Jahren eine Hinwendung zur Gottesfrage erkennen, sein Biograf nennt ihn »weltfromm, schöpfungsfromm«.

Dank zurückgeschickt an denjenigen, der all die erwähnten Dinge und Befindlichkeiten geschaffen hat?

2. Einsatzmöglichkeiten im RU

Die Gedichte rekonstruieren

Ein besonders genaues Lesen wird ermöglicht, wenn Sch zunächst die eigentliche Textfassung rekonstruieren. Dazu darf ihnen dann allerdings zunächst nicht das Schulbuch zum Nachschlagen zugänglich sein.

- **M 8.1.15, Lehrerkommentar S. 61**, enthält eine Mischung der Verse aus beiden Gedichten in neutraler Schrift. Sch schneiden die Zeilen auseinander und rekonstruieren daraus ein mittelalterliches und ein modernes Gedicht.
- Erst zur Überprüfung ihrer Lösung wird das Buch herangezogen und die grafische Gestaltung der beiden Texte diskutiert.
- Wem Schneiden und Kleben zu zeitaufwändig sind, kann auch die Verszeilen in zwei Farben markieren (und evtl. dann die beiden Gedichte abschreiben) lassen.

Die Gedichte entschlüsseln

Zwar ist es nicht Aufgabe des RU, literarische Texte umfassend zu analysieren, doch sollten Sch gründlich mit beiden Texten arbeiten. Die Entschlüsselung der Hintergründe der Gedichte kann im Plenum, in PA oder GA geschehen.

- Die Gruppen, die sich mit dem Sonnengesang befassen, informieren sich z. B. im Lexikon über Franziskus und schreiben die Schlüsselwörter heraus, denen das Lob des Beters gilt.
- Die Gruppen, die sich mit »Empfänger unbekannt« befassen, recherchieren mittels Lexika bzw. Internet die unverständlichen Begriffe »Wohltemperiertes Klavier«, »Bordeaux«, »Zahl e« und »Chardin« und versuchen, die Aufzählungen, wofür gedankt wird, in Begriffsgruppen zu sortieren.
- Die Ergebnisse werden in **M 8.1.16, Lehrerkommentar S. 62**, festgehalten (Lösungsvorschlag siehe unten).

Die Gedichte vergleichen

- In **M 8.1.16, Lehrerkommentar S. 62**, werden die Beobachtungen zu dem jeweiligen Gedicht (evtl. durch Experten aus den Gruppen, die sich intensiv mit einem Gedicht beschäftigt haben) eingetragen. Dies ist gut in Partnerarbeit möglich.

Ein Gedicht umschreiben bzw. weiterschreiben

Nach dem Gedichtvergleich können die Sch begründet entscheiden, welches Gedicht ihnen näher ist und welches sie gern kreativ weiter- bzw. umschreiben wollen. Das Franziskus-Gedicht lässt sich formal gut

Lösungsvorschlag zu M 8.1.16, Lehrerkommentar S. 62:

	Franziskus: »Sonnengesang«	**H.M. Enzensberger »Empfänger unbekannt«**
An wen richtet sich der Text?	An Gott, den allmächtigen guten Herrn	Der Empfänger ist unbekannt, Gott als Schöpfer möglich, aber nicht sicher
Wofür dankt der Sprecher? Zähle wichtige Begriffe auf. Versuche, sie unter Oberbegriffe zu sortieren.	Die ganze Schöpfung (angesprochen als Schwester und Bruder); die Himmelskörper: Sonne, Mond und Sterne; die vier Elemente: Luft (Wind), Feuer, Wasser, Erde.	Natur: Wolken, Luft, Jahreszeiten, Erdbeeren, Wühlmäuse; Mensch als Körper und Geist: Gehirn, Organe, Begierde, Bedauern, Schlaf; Kultur (Schöpfungen des Menschen): Das Wohltemperierte Klavier, Bordeauxwein, Feuerzeug, Zahl e (Naturkonstante!), Koffein, Kunst (Bild von Chardin) → »für den Anfang und das Ende« (Alpha und Omega der Schöpfung wie des einzelnen Lebens)
Was weißt du über den Verfasser?	Franziskus lebte von 1881-1226 in Assisi. Er lehnte Besitz ab, liebte die Natur und gründete den Orden der Franziskaner.	Deutscher Schriftsteller und Lyriker, geboren 1929
In welcher Stimmung hat der Verfasser seinen -Dankestext geschrieben? Suche Adjektive, die seine Gefühlslage beschreiben.	dankbar, staunend, begeistert, demütig	leicht ironisch, vorsichtig, zweifelnd, staunend, dankbar
Wie wirkt der Text auf dich?	Raum für Sch-Rezeption	Raum für Sch-Rezeption

weiterführen, indem man weitere zu lobende »Brüder« und »Schwestern« sucht. Die Mehrheit der Sch wird wohl eine eigene Version des Enzensberger-Gedichts versuchen und beginnen mit »Vielen Dank für ...«. Für diese kreative Phase der Aneignung bietet sich Einzelarbeit an. Auf einengende Vorgaben sollte verzichtet werden.

Sch-Beispiel:
Vielen Dank für die Sonne und das Meer
Vielen Dank für den Hip-Hop
Und für meine Jeans
Danke dafür, dass mein PC nicht abstürzt,
Danke für mein Feuerzeug und meine Freunde
Und für den Sommer
Und für Pizzas und Eis
Und für den Schlaf ganz besonders
Und, damit ich es nicht vergesse,
für dieses ganze verrückte Leben
meinetwegen für meinen Bruder auch.
Johannes, 8d

Einen Schöpfungspsalm teilen
Als Bezugstext für alles Schöpfungslob dienen die Schöpfungspsalmen, in denen der Psalmist betend die Größe und Schönheit der Schöpfung preist. Sch können, ausgehend von ihren Texten, einen Schöpfungspsalm kennenlernen. Neben einer analytischen Herangehensweise (Motivvergleich, Gattungsbestimmung, historischer Kontext) ist es auch denkbar, die Psalmen als Gebete zu würdigen und zu sprechen. In einem entsprechenden Rahmen (Raum der Stille, Schulgottesdienst oder -andacht) können die Sch z. B. den längeren Ps 104 miteinander laut lesen bzw. beten. Den kurzen Ps 8 kann man vertiefend erschließen mit der Methode des »Bibelteilens«: Der Text wird in ruhiger Atmosphäre einmal vorgelesen. Nach einer Zeit der Stille liest reihum jede/r Sch den (Halb-) Vers, der ihn/sie besonders anspricht, laut vor. Die Verse werden nicht kommentiert, sondern sollen in den Hörenden nachklingen.

3. Weiterführende Anregung

***Cántico Cósmico* von Ernesto Cardenal lesen**
Ein modernes Schöpfungslob auf dem Boden aktueller astrophysischer Kenntnisse lässt sich nachlesen im »Cántico Cósmico«, dem »Kosmischen Gesang« von Ernesto Cardenal (**M 8.1.17, Lehrerkommentar, S. 63**). In den Langgesängen dieses großen Gedichtes findet sich der Versuch einer Synthese von gläubigem Schöpfungslob in der Tradition der Psalmen und naturwissenschaftlicher Erklärung der Schöpfung. Interessierte Sch können hier weiterlesen: Ernesto Cardenal, Gesänge des Universums. Cántico Cósmico, Wuppertal 1995.

Der Mensch als Schöpfer und Herrscher

Perspektiven 2 [26] [27]

1. Hintergrund

Nachdem auf den Orientierungsseiten die biblischen Grundlagen behandelt wurden, wendet sich *Perspektiven 2* (**26f.**), ausgehend von Gen 1,28, dem sogenannten Herrschaftsauftrag des Menschen zu. Die Doppelseite gibt kritische, aber nicht allzu kulturpessimistische Beispiele, wie Menschen die Welt gestalten. Die Bilder und Texte zeigen die Ambivalenz, die der Einfluss des Menschen auf die Schöpfung hat: Der Mensch ist zum einen an sich selbst »schöpferisch tätig« und gibt für seinen Körperkult viel Geld aus – sei es, wie die **beiden Illustrationen** zeigen, in Form von schönheitschirurgischen Eingriffen oder sei es z. B. in Form übertriebenen Bodybuildings, bei dem manchmal auch Anabolika und extrem einseitige Ernährung mit im Spiel sind und der Gesundheit schaden. Zum anderen – und das ist viel gefährlicher für die gesamte Schöpfung – greift der Mensch massiv in seine Umwelt ein: Er züchtet Pflanzen und Tiere, die kaum lebensfähig sind, zu seinem Nutzen oder auch nur zur »Zierde« (wie der abgebildete **Nackthund**). Der **Straßenbau** zerstört jährlich hektarweise z. T. unberührte Natur, und das Fernweh lockt die Menschen in Verkehrsmittel wie **Flugzeuge**, die die Luft verschmutzen. Zwar ist sich der Mensch des negativen Einflusses seines Handelns auf seine Lebensgrundlagen bewusst und es gibt Bemühungen, wie die Ausweisung von Natur- und **Landschaftsschutzgebieten**, um nicht jeden Quadratmeter Erde dem Profit zu opfern, aber ein wirkliches Umdenken, das angesichts vieler von Menschenhand verursachter Naturkatastrophen nötig wäre, findet nicht statt. Die **Karikatur** führt dies drastisch vor Augen. All das bemängelt auch die Friedensnobelpreisträgerin Rigoberta Menchú in ihrem **Text**. Sie verweist darauf, dass Menschen rücksichtsvoll mit der Erde und miteinander umgehen müssen in Verantwortung für die nächsten Generationen.
Muss also die biblische Aussage, dass »**Gott sah, dass es gut war**«, mit einem Fragezeichen versehen werden?

Rigoberta Menchú (geb. 1959)
Rigoberta Menchú Tum erlitt in ihrem Leben brutale und entsetzliche Gewalt. Als sechstes von neun Kindern musste Rigoberta die grausame Vernichtung ihrer großen Familie erleben. Der Vater Vicente Menchú war überzeugter Katholik, Katechet und Führer der Campesino-Bewegung, die Rechte für die verarmte indigene Landbevölkerung forderte. Schon als Rigoberta acht war, wurde ihr Vater verschleppt, gefoltert, aber noch rechtzeitig aufgefunden. Mehrfach als »Staatsfeind« in Haft, starb der Vater am 31. Januar 1980, als er mit 27 anderen Demonstranten die spanische Botschaft besetzt hatte, um auf die Repressionen im Land aufmerksam zu machen. Rigobertas jüngerer Lieblingsbruder Patrocinio war im September 1979 verschleppt worden, monatelang auf das fürchterlichste gefoltert worden und am 7. Dezember 1979 mit anderen Gefangenen vor den Augen seiner Mutter und seiner Schwester von den Militärs öffentlich als »Kommunist« verbrannt worden. Am 19. April 1980 schließlich entführten die Todesschwadronen, die in den über 30 Jahren des Bürgerkriegs in Guatemala im Zeichen einer »Politik der verbrannten Erde« über 100 000 Menschen ermordeten, auch die Mutter Rigobertas, eine in der Maya-Religion verwurzelte Hebamme, und ließen sie nach schwersten Folterungen an einen Baum gefesselt sterben. Rigoberta wurde von Freunden versteckt und konnte nach Mexiko ins Exil fliehen. Ihr 1983 veröffentlichtes Buch »Yo, Rigoberta Menchú« und ihre Aufsehen erregende Verhaftung nach der ersten Rückkehr nach Guatemala 1988 machten sie international bekannt. Weltweit berühmt wurde sie schließlich durch den Friedensnobelpreis, der ihr 1992, im Jahr der 500-Jahrfeier der Eroberung Lateinamerikas, als Indigena, als »Ureinwohnerin« Amerikas, verliehen wurde.
1994 wagte sie die Rückkehr in ihr Heimatland Guatemala und schließlich in ihr Dorf Chimel, nach dem sie sich immer gesehnt hatte. Die Gewalt gegen die indigene Bevölkerung freilich hatte noch kein wirkliches Ende gefunden. Noch am 5. Oktober 1995 fand in der Siedlung Xamán ein fürchterliches Massaker der Militärs an zurückgekehrten Flüchtlingen statt, elf unschuldige Menschen, darunter Kinder, wurden erschossen. Rigoberta Menchú entschloss sich, als private Nebenklägerin gegen die Täter aufzutreten, um endlich dafür zu sorgen, dass die Mörder nicht ungestraft bleiben. Dauernde Bedrohungen und eine üble Rufmordkampagne gegen sie, nachdem sich die Entführung eines ihrer Neffen als familiärer Zwist herausgestellt hat, können sie nicht von ihrem Engagement abhalten. Ein besonderes Anliegen ist ihr auch die Bewahrung der Schöpfung. Hier haben ihrer Meinung nach die Indios, welche die Erde als Mutter verehren, der industrialisierten Welt viel zu sagen, wie das Zitat im Schulbuch belegt. Kritisch kommentiert Rigoberta Menchú das Leben in der westlichen Welt, vor allem die Zerstörung der Umwelt, die mediale Gewaltüberflutung der Kinder, das Abschieben der Alten.
Die Kraft für ihr Leben schöpft Rigoberta Menchú aus ihrem Glauben, der gleichermaßen im Christentum wie in der Religion der Maya wurzelt: »Mein Vater war katholisch, meine Mutter glaubte mehr an die Maya-Religion. Es hat nie Streit darüber gegeben. Es ist so etwas wie ein Ausdruck der Bescheidenheit gegenüber etwas Größerem als uns.«

2. Einsatzmöglichkeiten im RU

Mit Machbarkeit spielen
Anhand des chinesischen Nackthundes wird die Machbarkeit und der Sinn solcher Züchtungen diskutiert.
- Sch erarbeiten die wichtige Unterscheidung zwischen Züchtung und gezielter gentechnischer Veränderung von Erbgut.
- Sch überlegen, welche Veränderungen sie vornehmen würden, um die Welt besser zu machen. Sie erstellen eine *To-do*-Liste der Wichtigkeiten und unternehmen erste Schritte.

Den altorientalischen Herrscherbegriff erarbeiten
- Sch lesen den Text auf **M 8.1.18, Lehrerkommentar S. 64**, und bearbeiten die dazugehörigen AA.
- Im Plenum wird diskutiert, wie sich der Herrscherbegriff im Laufe der Zeit geändert hat.

Wasser ist sowohl lebensfeindlich als auch lebensrettend
- Sch fühlen sich mithilfe von **M 8.1.19, Lehrerkommentar S. 65**, in die problematische Situation eines Hochwassergebiets ein und schreiben einen politischen Brief.

Die fundamentalen Grundsätze der Erdcharta kennenlernen
Die vor 30 Jahren gegründete Ökumenische Initiative »Eine Welt« ist das Organisationszentrum der Erdcharta-Initiative. Die Arbeit an einem Dokument, in dem grundlegende ethische Prinzipien für nachhaltigen Umweltschutz bzw. Erdschutz formuliert sind, fand in einem weltweiten Dialogprozess statt.
- Sch lesen **M 8.1.20, Lehrerkommentar S. 66**, und konkretisieren die Grundsätze: Was bedeuten die

einzelnen Forderungen für den Umgang mit den Mitmenschen und der Schöpfung?
- Anschließend diskutieren Sch über die Inhalte und recherchieren die gesamte Erdcharta (www.erdcharta.de).

Abwägen
- Sch wählen ein Thema aus dem Angebot unten und erstellen Plakate, mit denen die Verantwortung und Problematik des gewählten Themas klar wird:
- – Unser Umgang mit Tieren (Auswahl eines Themas: Zucht, Tierschutz, Tierversuche, Jagd etc.)
- – Umweltverschmutzung am Beispiel der Verschmutzung unserer Gewässer (Ursachen, Folgen, Möglichkeiten)
- – Straßenbau
- – Naturkatastrophen eine Folge menschlicher Naturzerstörung? (Hurrikane, Hochwasser etc.)
- – Vorstellung einer Naturschutzorganisation (Bund Naturschutz, Greenpeace etc.)

Biografien erstellen
- Sch erhalten das Angebot, Referate über Menschen, die sich auf außergewöhnliche Weise für die Natur eingesetzt haben, zu erstellen (z. B. Albert Schweitzer, Franz von Assisi, Chico Mendes etc.).

Verantwortung bedenken
- Sch verfassen in Analogie zu Gen 1 – 2,4a einen Text zu den letzten sieben Tagen der Schöpfung.
- Sch lesen »Die letzten sieben Tage der Schöpfung« von Jörg Zink auf **M 8.1.21, Lehrerkommentar S. 67**.
- Sch diskutieren, ob solche Weltuntergangsszenarien realistisch sind.

Naturschutz auf politischer Ebene
- Sch recherchieren zum Thema Landschaftsschutzgebiete (rechtliche Grundlagen, Gebiete, Konsequenzen), Naturschutzgebiete und Nationalparks.
- Nach Möglichkeit kann ein Unterrichtsgang in ein solches Gebiet folgen.
- Eindrucksvoll ist auch die Einladung eines Abgeordneten zum Thema Umweltschutz.

Wer schön sein will muss leiden?
- Sch schreiben einen Brief an die Frau, die sich einer Schönheits-OP unterziehen will. Sie sammeln dabei Argumente dafür und dagegen.
- Sch schreiben einen Monolog des Muskelmannes über seine Trainingsziele und seinen letzten Wettkampf.
- Sch diskutieren, wie weit sie gehen würden, um ihrem Schönheitsideal zu entsprechen.
- Sch schreiben ein Gedicht zum Thema »Ich will so bleiben wie ich bin«.

Eine Collage gestalten
- Die Karikatur »Nach uns die Sintflut« wird nach der inhaltlichen Klärung ihrer Aussage kopiert und als Zentrum einer (Foto-)Collage benutzt, welche die Zerstörung der Schöpfung durch den Menschen (z. B. als Müllberg) zeigt.

Eine Podiumsdiskussion inszenieren
- In KG bereiten sich Sch auf eine Podiumsdiskussion vor:
- – Eine Hälfte der Klasse versetzt sich in die Gedankenwelt der Herren auf der Karikatur und sucht Argumente, warum man nach dem Motto »Nach uns die Sintflut« leben kann (Wirtschaftswachstum, Wohlstand, Globalisierung, Mensch als Krone der Schöpfung).
- – Die andere Hälfte der Klasse sucht Handlungsbeispiele für die von Rigoberta Menchú vorgeschlagene Haltung der Nachhaltigkeit nach der Einsicht »Nach uns unsere Enkel«.
- Ein Vertreter bzw. eine Vertreterin aus den Gruppen stellt sich der – am besten vom L moderierten – Podiumsdiskussion zum Thema »Unser Umgang mit der Schöpfung«.

TA:

»Nach mir die Sintflut«	»Nach mir meine Enkel«
–	–
–	–
–	–

- Sch erstellen eine Argumentationsliste oder sammeln passende Schlagzeilen aus Zeitungen.

3. Weiterführende Anregungen

Eine Foto-Ausstellung organisieren
- Sch sammeln Bildmaterial und Fotografien und gestalten in Gegensatzpaaren eine Bildausstellung über Schönheitsideale im Wechsel der Zeit oder zu Körperkult und Natürlichkeit.

Einen Landwirt einladen
- Sch diskutieren mit einem Landwirt über Nahrungsmittelproduktion, Tier- und Umweltschutz sowie Zuchtziele in der modernen Landwirtschaft.

1. Hintergrund

Die Bundesrepublik Deutschland gehört zu den größten Kohlendioxid (CO_2)-Emittenten der Welt. Durchschnittlich werden pro Jahr eine Milliarde Tonnen CO_2 freigesetzt. Dies entspricht etwa fünf Prozent der gesamten weltweit freigesetzten Menge (etwa 22 Milliarden Tonnen). Emissionsaussagen sind immer in Gefahr, ideologisch manipuliert zu werden. Daher ist es wichtig, durch die Angabe von Herkunftsquellen Zahlen zu rechtfertigen. Die Daten von *Perspektiven 3* (**28f.**) beziehen sich auf eine von Greenpeace empfohlene Studie vom 25. Juli 2005.
Die **Tabelle »Urlaubsentscheidungen von Nürnberg nach ...«** konfrontiert Sch mit der ganz alltäglichen Umweltverschmutzung. Die Berechnung des CO_2-Ausstoßes erfolgt wie folgt:
Ein Mittelklasse-PKW mit Benzinmotor produziert 169,829 g CO_2 pro 1000 Personenkilometer (Pkm). Bei einem Dieselfahrzeug müssten 125,534 g angenommen werden.
Die Eisenbahn (Fernverkehr) bleibt mit 62,679 g CO_2 pro 1000 Pkm wesentlich darunter.
Ein Reisebus schlägt mit 41,533 g CO_2 pro 1000 Pkm noch günstiger zu Buche.
Auf Inlandflügen verbrauchen Flugzeuge 294,072 g CO_2 pro 1000 Pkm; bei Auslandflügen werden 195,723 g CO_2 pro 1000 Pkm verbraucht.

Berechnungsgrundlage

Bahn:
62,679 g/1000Pkm x 612Pkm=38,36 g
62,679 g/1000Pkm x 1810Pkm=113,45g

PKW:
169,829 x 624=105,97 [g]
169,829 x 1630=276,82 [g]

Reisebus:
41,533 x 1630=67,70 [g]

Flugzeug:
294,072 x 2030=596,97 [g]
294,072 x 5710=1679,15 [g]
294,072 x 17650=5190,37 [g]

Die **Tabelle Wasserverbrauch** setzt zwei statistische Familien in Vergleich. Die Maßzahlen der einzelnen Wasserverbrauchspositionen können kommentiert werden:
1. Die Toiletten werden sechsmal pro Familienmitglied betätigt. Familie Wehnich besitzt ein WC mit Sparspülung, bei der das Wasser im Spülvorgang gestoppt werden kann.
2. Alle Personen duschen viermal pro Woche jeweils fünf Minuten lang. Familie Wehnichs Dusche ist mit Thermostatmischer, Durchflussbegrenzer und Sparbrause ausgestattet. Die Dursthigs lassen während des Einseifens das Wasser laufen und jeder Dursthig badet einmal die Woche (150 Liter).
3. Einhebelmischer und Durchflussbegrenzer drosseln die Wasserhähne der Wehnichs von neun auf sechs Liter pro Minute.
4. Der Geschirrspüler der Dursthigs ist ein älteres Modell und verbraucht 50 Liter je Spülgang, der der Wehnichs nur 25 Liter. Die Wehnichs warten mit einem Spülgang, bis die Maschine voll ist, und bestücken diese effizient. Der Handabwasch der Dursthigs findet unter fließendem Wasser statt.
5. Dursthigs alte Waschmaschine verbraucht 120 Liter je Waschgang; gewaschen wird sechsmal wöchentlich, dreimal mit Vorwäsche. Der Öko-Waschgang der Wehnichs braucht durchschnittlich nur 70 Liter und findet nur mit voller Trommel statt.
6. Für Kochen, Trinken und andere Zwecke wie Raumpflege rechnet man elf Liter pro Person.
7. Familie Wehnich braucht für die anfallenden ca. 60 Liter pro Tag für Gartenbewässerung und Autowäsche kein Trinkwasser, denn sie haben eine Regentonne und eine Zisterne.
Das **Karikaturmännchen auf dem Müllberg** führt vor Augen, dass die Sicht auf die eigene Handlungsfähigkeit in Sachen Umweltschutz oftmals getrübt oder verfälscht ist. Es steht auf dem eigenen »Handlungsbedarf« und hält ein Fernglas, das ihm nur weit entfernt gelegenen Probleme zeigen würde. Der Bergpredigt entnommen, würde Mt 7,3 einen passenden biblischen Hintergrund bilden: »Warum siehst du den Splitter im Auge deines Bruders, aber den Balken im eigenen Auge bemerkst du nicht?«
Im **Ökoquiz** werden Brennpunkte des Umweltschutzes thematisiert: Wasserverbrauch, Ölbelastung, Industrieabfälle, Müll aus privaten Haushalten und Baumsterben.
Im Kontrast dazu zeigt der Quizhintergrund durch eine **fotografierte Landschaft** die Schönheit der Schöpfung Gottes.

2. Einsatzmöglichkeiten im RU

Die Tabelle verstehen und erweitern

- Sch suchen die Urlaubsorte im Atlas und ermitteln die Distanz zu ihrem Heimatort. Sie diskutieren Bequemlichkeit und Umweltfreundlichkeit der Reise mit den verschiedenen Verkehrsmitteln.
- Mithilfe der Berechnungsgrundlage rechnen die Sch die CO_2-Emissionen bezüglich ihres Heimatortes aus.
- Sch suchen im Internet weitere Informationen über CO_2 und den Treibhauseffekt.

Wasserverbrauch erörtern

- Sch werfen einen Blick auf ihren persönlichen Umgang mit Wasser, indem sie ein Partnerinterview durchführen: »Wann verbrauchst du Wasser?«
- Sch versuchen die Unterschiede der Verbrauchszahlen der Wehnichs und der Dursthigs zu erklären und sammeln ihre Ideen.

Schätzen und Raten

- Das Ökoquiz zwingt zum persönlichen Standpunkt. Die Umfrage kann durch Aufstehen oder Handzeichen öffentlich oder durch geheime schriftliche Voten erhoben werden.
- Sch stellen sich zu jeder Frage in einer lebenden Skala auf. Dazu wird im Klassenzimmer ein Seil auf den Boden gelegt und Einheiten darauf festgesetzt. (Es ist sinnvoll, Intervalle vorzugeben, damit die Sch nicht völlig daneben liegen.)
- Bevor L die richtige Antwort bekannt gibt, können die Extremkandidaten vom L interviewt werden (»Warum stehst du hier?«).
- Mithilfe des Internets können leicht weitere Fragen (und Antworten) für das Ökoquiz recherchiert werden.

Lebende Skala

- Im Klassenzimmer wird ein Seil gerade aufgelegt und Einheiten darauf festgesetzt (z. B. »Ich stimme völlig zu« – »Eher ja!« – »Teils – teils« – »Ich stimme eher nicht zu!« – »Ganz und gar nicht meine Meinung«).
- Sch nehmen Stellung zu folgenden Thesen:
  - Müll trennen bringt nichts, weil es doch so viele Menschen nicht machen.
  - Ich brauche Erholung in den Ferien, daher fliege ich, sooft es geht, auch Kurzstrecken.
  - Beim Spülen im WC im Wasser-Spar-Modus wird's nicht richtig sauber.
  - Mein Auto wasche ich jede Woche mit warmem Wasser aus dem Wasserhahn.
  - Eine Zigarettenkippe ist kein Müll. Also kann man sie einfach wegschnippen.
  - Umweltschutz fällt leicht.
  - Das Waldsterben ist nicht so schlimm, weil es keine Konsequenzen hat.
  - Im Urlaub kann man gar nicht umweltfreundlich leben.
- Diejenigen, die auf der Skala nahe beieinanderstehen, diskutieren in KG ihre Positionen und schicken dann je eine/n Vertreter/in in die abschließende Diskussion im Plenum.

Anmerkung: Wenn die »Lebende Skala« am Anfang und Ende der UE durchgeführt wird, zeigt sich, ob sich die verschiedenen Positionen in der Gruppe aufgrund der vertieften Auseinandersetzung mit dem Thema verändert hat.

Umweltschutz geht alle an PINNWAND 12

- Sch betrachten das Landschaftsfoto auf *Perspektiven 3* (**29**) und schreiben als Anwalt der Natur eine Verteidigungsrede zum Schutz der Bäume (oder Gewässer etc.).
- Sch bearbeiten das Umweltschutz-Projekt auf der *Pinnwand* (**12**) oder Teile daraus.

3. Weiterführende Anregung

Sinne schärfen

- Alle führen eine Woche ein persönliches Mülltagebuch. In diesem werden alle Handlungen und Ereignisse aufgeführt, bei denen die Umwelt belastet wird.
- Im Vergleich der verschiedenen Erfahrungen werden Verbesserungsvorschläge erarbeitet und auf Plakaten festgehalten.

1. Hintergrund

Akzent (**30**) fasst die Lernchancen des Kapitels noch einmal elementar zusammen.
Ausgewählt wurde dafür ein **Bild**, auf dem ein schönes Naturereignis zu sehen ist: ein Regenbogen auf der Silhouette eines Baumes. Durch die Wolken bricht helles Sonnenlicht. Das Bild ließe sich naturwissenschaftlich beschreiben als bestimmtes Wetterphänomen, ist aber gleichzeitig offen für religiöse Symbolik: das Licht als göttliche Kraft, der Regenbogen als Symbol des noachitischen Bundes zwischen Gott und der gesamten Schöpfung.
Der **Text** ist Hans Küngs » Credo« entnommen, in dessen erstem Kapitel er sich der Frage des Zusammenhanges von Gottesbild und Weltschöpfung stellt, und thematisiert noch einmal markant die Unterschiedenheit von naturwissenschaftlichem und biblischem Sprechen sowie den theologischen Gehalt der Schöpfungserzählungen.

2. Einsatzmöglichkeiten im RU

Das Bild betrachten

- Eine ruhige Bildbetrachtung kann zunächst von einer Beschreibung ausgehen, was auf dem Bild zu sehen ist.
- Anschließend schreiben Sch ihre Vorstellungen, die sie wohl hätten, wenn sie in dieser Landschaft stünden, in ihr Heft.
- In einem zweiten Schritt wird die Symbolebene des Bildes entschlüsselt: Wo entdecken Sch Symbole aus der Sprache der Religion?
- An der Tafel werden diese Ebenen festgehalten.

TA:

Naturphänomene	**Symbole für**
Himmel	Gott
Sonnenlicht	Gott
Regenbogen	Bund Gottes mit der Schöpfung
Baum	Wachstum, Leben

Einsichten zusammenfassen

Mit dem oben genannten Bildimpuls ist der Boden bereitet, um kognitiv die wichtigsten Einsichten des Kapitels vertiefend umzuwälzen.

- L gibt als sehr offene Aufgabe die Überschrift des Küng-Textes vor: »Und dies ist die Botschaft der ersten Seite der Bibel«.
- Sch verbalisieren in EA, PA oder GA diese Botschaft im Heft oder auf einem Plakat.
- Danach wird der Text im Buch gelesen und mit den eigenen Ergebnissen verglichen.

Im Lückentext Kenntnisse prüfen

Stärker geführt als im vorherigen AA ist eine Sicherung der Ergebnisse anhand des Arbeitsblattes **M 8.1.22, Lehrerkommentar S. 68**, in dem der Text der Seite als Lückentext angeboten wird, zusammen mit einer Abbildung der ersten Seite einer hebräischen Bibel aus dem 14. Jahrhundert.

- Sch ergänzen in EA den Lückentext mit Bleistift sinnvoll.
- Danach wird im Plenum mit der Lösung im Schulbuch verglichen. Es muss dabei sichergestellt sein, dass Sch nicht schon vorher im Buch nachschlagen, was durch die optisch andere Gestaltung des Arbeitsblattes möglich ist.
- Der Vergleich mit den Aussagen des Küng-Textes darf nicht als ein Abgleich von richtig und falsch ablaufen:
  - Sch stellen ihre Lösungsvorschläge zunächst zur Diskussion.
  - Die Aussagen im Buch werden danebengeschrieben.
  - Der Vergleich der Sch-Lösungen mit den Formulierungen Hans Küngs dient dem vertieften Verständnis der Ergebnisse.

3. Weiterführende Anregung

Schöpfung kreativ PINNWAND 13

- Sch bringen selbst schöne Naturbilder aus dem Internet (Bilderrecherche), Poster oder Pflanzen mit, um das Klassenzimmer zu verschönern.
- Sch nehmen sich für das Schuljahr eine Langzeitfotoserie vor: Sie fotografieren einen Baum oder ein anderes Naturmotiv einmal im Monat und machen aus den Fotos z. B. einen Kalender oder veröffentlichen ihre Fotos auf der Homepage der Schule.

Literatur

Cardenal, Ernesto, Gesänge des Universums. Cántico Cósmico, Wuppertal 1995

Desclaers, Paul/Sattler, Dorothea, Es werde Licht. Die Botschaft der biblischen Schöpfungstexte, Freiburg 2005

Fynn, Hallo, Mister Gott, hier spricht Anna, Bern/München ^{53}1995

Gaarder, Jostein, Durch einen Spiegel, in einem dunklen Wort, München 2000

Hawkings, Stephen, Die illustrierte kurze Geschichte der Zeit. Reinbeck bei Hamburg 1997

Küng, Hans, Credo, München 1992

Lange, Günter, Bilder zum Glauben, München 2002

Langenhorst, Georg, Gedichte zur Bibel, München 2001

Menchú, Rigoberta, Enkelin der Maya. Autobiografie, Göttingen 1999

Richter, Jutta, Der Hund mit dem gelben Herzen oder die Geschichte vom Gegenteil, München ^{3}2003

Schingel-Straumann, Helen, Eva am Anfang. Eva und die Folgen, Freiburg i. Br. ^{3}2000

Zenger, Erich, Einführung in das Alte Testament, Stuttgart/Berlin ^{5}2004

Zenger, Erich/Löning, Karl, Als Anfang schuf Gott. Biblische Schöpfungstheologien, Düsseldorf 1997

Schöpfung – ein Werk Gottes?

Bei allen Fragen sind u. U. auch mehrere Antworten möglich!

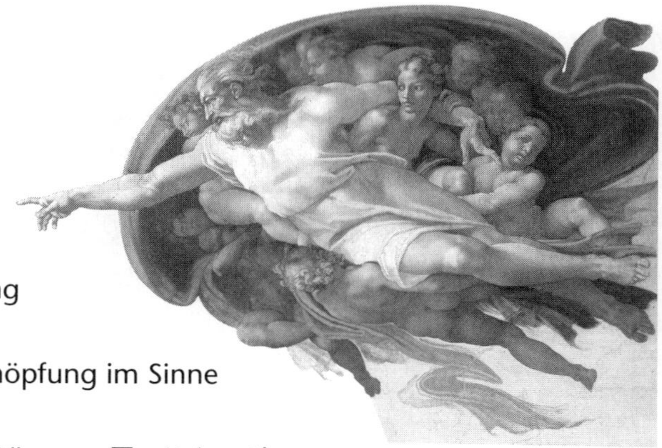

1. Wie ist deiner Meinung nach die Welt entstanden?
   ☐ Urknall ☐ Schöpfung Gottes ☐ Die Welt war schon immer da
   ☐ Das lässt sich nicht genau sagen ☐ Keine Ahnung

2. Wer stellte auf einem berühmten Deckengemälde die Schöpfung im Sinne der Bibel dar?
   ☐ Andy Warhol ☐ Michelangelo ☐ Albrecht Dürer ☐ Keine Ahnung

3. Der Mensch, wie er heute ist, war am Anfang ganz anders. Er entwickelte sich nämlich aus ...
   ☐ einem Affen ☐ einem gemeinsamen Vorfahren von Mensch und Affe
   ☐ einem Menschenaffen ☐ aus einem Neandertaler
   ☐ Quatsch, der war schon immer so

4. In der Biologie gibt es eine eigene Theorie über die Entwicklung des Menschen. Sie heißt ...
   ☐ Kreation ☐ Photosynthese ☐ Evolution ☐ Archäologie
   ☐ Revolution ☐ War in Bio noch nicht dran!

5. Was unterscheidet den Menschen von einem Menschenaffen?
   ☐ Gehirn ☐ Augenfarbe ☐ Haarfarbe ☐ Fell ☐ aufrechter Gang
   ☐ Plattfüße ☐ Anzahl der Finger ☐ Schnelligkeit, auf Bäume zu klettern

6. Wo finden sich die Erzählungen über die Schöpfung in der Bibel?
   ☐ im AT ☐ im NT ☐ im Buch Exodus ☐ im Buch Genesis
   ☐ im Markusevangelium ☐ in der Offenbarung des Johannes

7. Wie nennen Biologen und Archäologen die erste Frau, deren Skelett sie gefunden haben?
   ☐ Eva ☐ Britney ☐ Lucy ☐ Linda ☐ Woman I

8. Vom Weltall aus gesehen, dominiert eine Farbe das Aussehen des Planeten Erde. Es ist ...
   ☐ rot ☐ grün ☐ blau ☐ weiß ☐ braun

9. Die größte Errungenschaft der Menschheit ist meiner Meinung nach ...
   ☐ das Auto ☐ das Telefon/Handy ☐ der Computer ☐ die Glühbirne
   ☐ der Buchdruck ☐ die Schule ☐ das Geld ☐ der Frieden auf der ganzen Welt
   ☐ die Fähigkeit, anderen Menschen zu helfen ☐ die Nächstenliebe

10. Über die Theorien von Naturwissenschaft/en und Religion/en zur Entstehung der Welt denke ich:
    ☐ Sie widersprechen sich. Nur eine davon kann richtig sein.
    ☐ Sie widersprechen sich nicht. Beide ergänzen sich zu einer vollständigen Aussage.
    ☐ Die Naturwissenschaften haben recht: Die Welt ist aus dem Urknall entstanden.
    ☐ Die Bibel hat recht: Die Welt ist von Gott gewollt und erschaffen.
    ☐ Beide haben recht. Die Entstehung wird nur von unterschiedlichen Seiten betrachtet.
    ☐ ____

    ____

Die Entwicklung der Menschheit

Entwicklung der Menschheit

Einst haben die Kerls auf den Bäumen gehockt,
behaart und mit böser Visage.
Dann hat man sie aus dem Urwald gelockt
und die Welt asphaltiert und aufgestockt,
bis zur dreißigsten Etage.

Da saßen sie nun, den Flöhen entflohn,
in zentralgeheizten Räumen.
Da sitzen sie nun am Telefon.
Und es herrscht noch genau derselbe Ton
wie seinerzeit auf den Bäumen.

Sie hören weit. Sie sehen fern.
Sie sind mit dem Weltall auf Fühlung.
Sie putzen die Zähne. Sie atmen modern.
Die Erde ist ein gebildeter Stern
mit sehr viel Wasserspülung.

Sie schießen die Briefschaften durch ein Rohr.
Sie jagen und züchten Mikroben.
Sie versehn die Natur mit allem Komfort.
Sie fliegen steil in den Himmel empor
und bleiben zwei Wochen oben.

Was ihre Verdauung übriglässt,
das verarbeiten sie zu Watte.
Sie spalten Atome. Sie heilen Inzest.
Und sie stellen durch Stiluntersuchungen fest,
dass Cäsar Plattfüße hatte.

So haben sie mit dem Kopf und dem Mund
den Fortschritt der Menschheit geschaffen.
Doch davon mal abgesehen und
bei Lichte betrachtet sind sie im Grund
noch immer die alten Affen.

Erich Kästner

Entwicklung der Menschheit

____

____

____

____

____

____

____

____

____

____

____

____

____

____

____

Name

- *Lies dir das Gedicht von Erich Kästner durch und versuche danach, ein eigenes Gedicht über die Entwicklung der Menschheit zu verfassen. Den Stil darfst du dabei frei wählen.*
- *Gehe v. a. darauf ein, welche Entwicklungen du gut findest und welche nicht.*
- *Stelle klar heraus, ob du Kästners Meinung teilst, dass die Menschen bei Lichte betrachtet im Grund noch immer die alten Affen sind.*

Woher kommen wir? – Gespräche über die Schöpfung

Was ist der Mensch,
dass du an ihn denkst,
des Menschen Kind,
dass du dich seiner
annimmst?
Ps 8,5

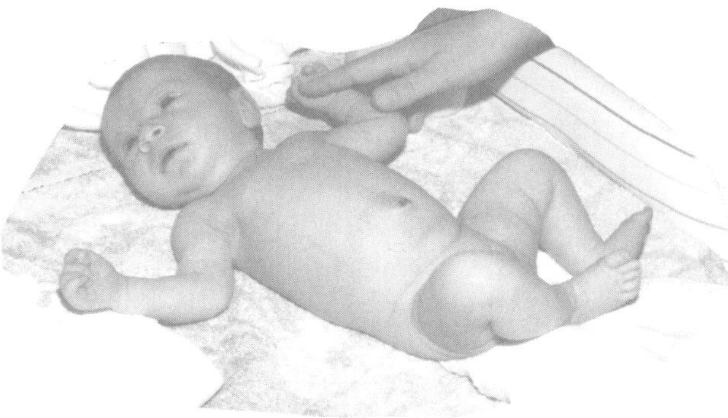

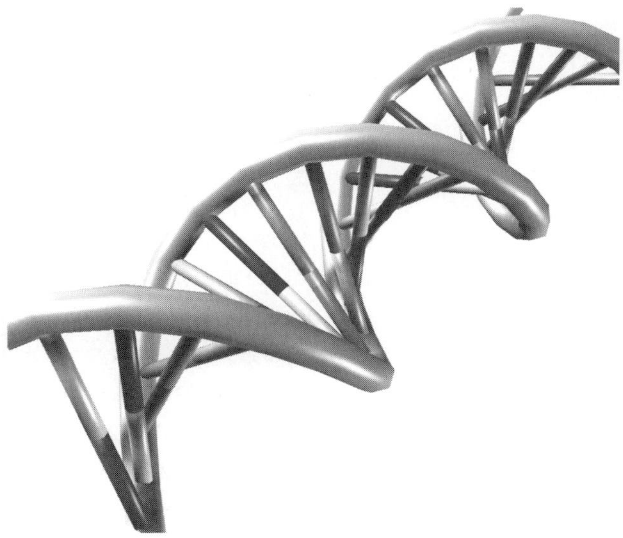

»Warum ist überhaupt etwas und nicht vielmehr nichts?« (Vorsokratiker)

■ *Notiere die Fragen, die dir zum Thema Schöpfung einfallen, wenn du die obigen Bilder auf dich wirken lässt bzw. die Seiten im Schulbuch (Kontext 1 und 2,***8ff.***) liest.*

Ein kurze Geschichte über den Beginn des Universums nach Stephen Hawking

Urknall – Big Bang (engl.) – BB (Abk.)

100 Sekunden bis wenige Stunden nach BB

weitere eine Million Jahre lang

Eine Sekunde n. BB

Vor 10 bis 20 Mrd. Jahren

Das Universum setzt die Ausdehnungsbewegung fort. Elektronen und Kerne verbinden sich dann zu neuen Atomen, wenn ihre elektromagnetischen Anziehungskräfte abnehmen.
Wenn die Ausdehnung in bestimmten Regionen aufgrund besonders großer Dichte und der Anziehungskraft benachbarter Regionen zum Stillstand kommt, stürzen diese in sich zusammen. Die zusammengestürzten Regionen werden immer dichter und in Kreisbewegung versetzt, die ihrerseits immer schneller wird. Wenn die Region so klein wird, dass die Rotationskraft die Anziehungskraft aufwiegt, entstehen Galaxien.
Zusammengestürzte Regionen entwickeln sich zu ovalen, elliptischen Galaxien, wenn sie nicht in eine Rotation versetzt werden.

Die Temperatur des Universums sinkt schnell auf 10 Mrd. Grad.

Die ersten Atomkerne entstehen aus Protonen und Neutronen. Aus solchen Deuterium-Atomkernen entstehen auch Lithium und Baryllium.

Das Universum setzt seine Ausdehnung und Abkühlung immer weiter fort. Es besteht aus allen möglichen kleinen Teilchen wie Photonen, Elektronen, Neutrinos, Antineutrinos, Protonen und Neutronen.

Das Universum explodiert, die Temperatur nimmt ab.

Das Universum ist unendlich klein und unendlich dicht. Es hat die Größe »0« und ist unendlich heiß.

- *Lies im Buch den Text von Stephen Hawking aus seinem Buch »Eine kurze illustrierte Geschichte der Zeit« (Orientierung 2,***16***) durch und ordne danach die angegebenen Begriffe in einer sinnvollen Reihenfolge, sodass es eine Zeit- und eine »Was passiert?«-Leiste gibt.*

Weltbilder der Antike

Shu, der Gott der Luft, hebt die sternengeschmückte Himmelsgöttin Nut empor, deren Körper das Himmelsgewölbe bildet. Ihr Bruder und Gemahl ist der Erdgott Geb, der am Boden liegt. Ré, dem allmächtigen Gott des Himmels und der Erde, missfiel diese Verbindung und er befahl, dass ihr Vater Shu beide voneinander trennen sollte.

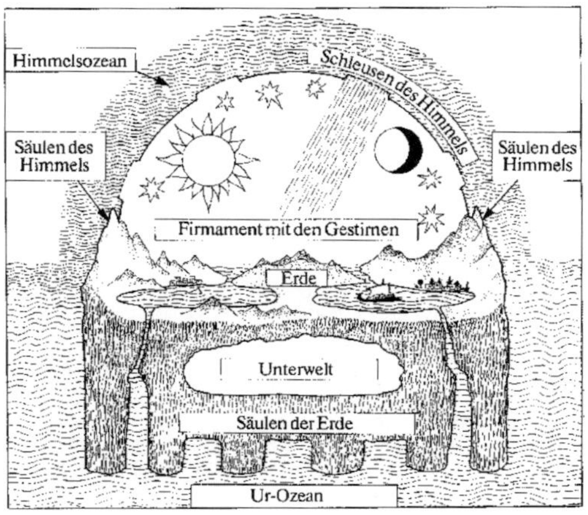

Die Erde besaß für die Menschen im Alten Orient die Gestalt einer Scheibe, die auf Säulen im Ur-Ozean ruhte. Über der Erde wölbte sich das Firmament wie eine Glaskuppel, das von den »Säulen des Himmels« gestützt wurde. Unter der Erde vermuteten die Menschen die Unterwelt.

- Welche Vorstellungen von Himmel und Erde werden deutlich?

____

____

- Welche Naturereignisse bzw. -erscheinungen werden durch das Weltbild »erklärt«?

____

____

- Worin unterscheiden sich beide Weltbilder?

____

____

- Welche Gemeinsamkeiten haben beide Weltbilder?

____

____

- Warum ist das »ptolemäische Weltbild« (vgl. *Religion vernetzt 8*, *Orientierung 2*, **17**) ein ganz neuer Ansatz?

____

____

■ *Beantworte die Fragen für beide antiken Weltbilder.*

Ein Quadrant zum Messen von Winkeln und Höhen

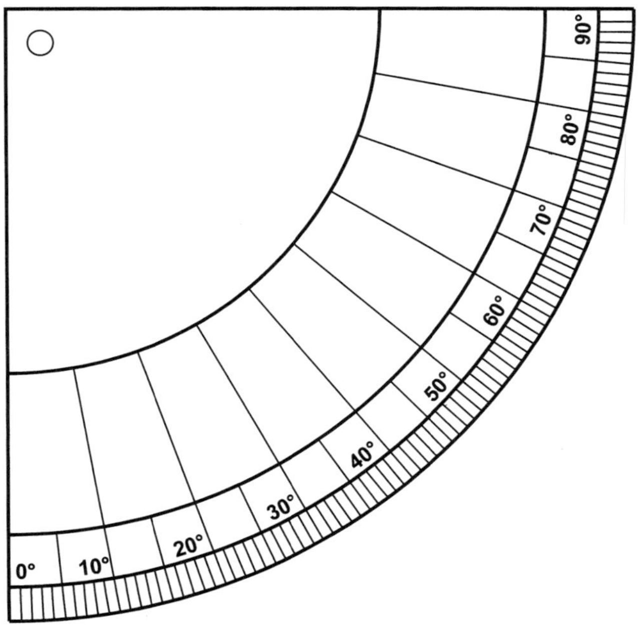

Bauanleitung:
Man benötigt die Vorlage (links) und einen ca. 40 cm langen Bindfaden mit einem Gewicht (z. B. ein nicht zu leichter Knopf oder eine/mehrere Unterlegscheiben)

1. Die Abbildung des auf Quadranten auf doppelte Größe kopieren, auf eine feste Pappe kleben, ausschneiden und den Faden mithilfe einer Nadel durch das Loch ziehen und verknoten.
2. Ein beliebiges Gewicht (das sogenannte Lot) an den Faden binden und schon ist der Quadrant benutzbar.

Um zu verstehen, wie die Astronomen und Mathematiker der Antike Winkel bestimmt haben, wollen wir mithilfe eines Quadranten (lat.=Viertelkreis) die Höhe eines Baumes bestimmen.

1. Entferne dich vom Stamm des Baumes genau zehn Meter weit und markiere diesen Punkt.
2. Nimm den Quadranten so in die Hand, dass der Viertelkreisbogen zu dir zeigt. Peile nun von diesem Punkt aus über die 90°-Linie des Senkelquadranten die Spitze des Baumes an und lass dir von einem Mitschüler/einer Mitschülerin den Winkel an der Skala ablesen (Genau dort, wo der Faden mit dem Gewicht parallel zum Baum verläuft!).
3. Schau in der Tabelle nach, wie hoch der Baum ungefähr ist.

Mithilfe dieses Instruments und dieses Vorgehens wurde in der Antike sogar die Höhe von Sternen und von der Sonne bestimmt.
Warnung: Nicht über die Peillinie in die Sonne sehen!

Mess-Tabelle:
Beachte, dass zur Höhe noch die Körpergröße des/der Beobachtenden dazugerechnet werden muss!

Winkel	10°	20°	30°	40°	50°	60°	70°	80°
Höhe in m	1,76	3,60	5,70	8,40	11,90	17,30	27,50	56,70

Zwischenwerte lassen sich mit dem Taschenrechner bestimmen:

Tangens (gemessener Winkel) x 10

Die Funktionswerte des Tangens steigen im Verhältnis zu den Ausgangswerten »in Richtung« 90° so stark, dass eine genaue »Messung« in diesem Bereich nicht mehr möglich ist. Der Funktionswert an der Stelle 90° existiert darüber hinaus auch nicht.

Mein Schöpfungsmythos

Sofie wanderte durch den großen Garten. Sie versuchte, alles zu vergessen, was sie in der Schule gelernt hatte. Vor allem war es wichtig, das zu vergessen, was sie in den Naturkundebüchern gelesen hatte.
Wenn sie in diesem Garten aufgewachsen wäre, ohne sonst irgendetwas über die Natur zu wissen, wie würde sie dann den Frühling erleben?
Wie würde sie sich die Entstehung dieses wunderbaren Gartens vorstellen?
Würde sie sich eine Antwort auf die Frage geben, warum es in diesem Garten überhaupt Erde, Luft, Wasser, Pflanzen, Tiere, ja sogar den Menschen gibt?
Würde sie sich eine Art Erklärung dafür ausdenken, warum es eines Tages plötzlich zu regnen anfängt? Würde sie sich eine Art Verständnis dafür zusammenfantasieren, warum der Schnee verschwindet und die Sonne am Himmel aufsteigt?
Doch, da war sie sich ganz sicher, und sofort fing sie an zu dichten:

Damals, als ...

Sofie begriff, dass die Menschen immer ein Bedürfnis nach Erklärungen für die Naturprozesse gehabt haben. Vielleicht konnten die Menschen ohne solche Erklärungen nicht leben. Und deshalb hatten sie damals, als es noch keine Wissenschaft gab, die Mythen ersonnen.

Die Schöpfungsgeschichte der Yoruba – Wie war es am Anfang?

Die Yoruba sind eine Volksgruppe, die heute hauptsächlich im westafrikanischen Staat Nigeria lebt. Ihre gleichnamige Sprache Yoruba wird von ca. 30 Mio. Menschen in dieser Region gesprochen.

Am Anfang gab es keine trockene Erde, nur Wasser und Sümpfe.
Darüber war der Himmel, wo Olorun, der höchste Gott, mit den anderen Göttern lebte. Nachts stiegen die Götter meistens in die Sümpfe hinab, spielten dort und schaukelten auf den großen Seilen der Spinnengewebe, die zwischen Himmel und Erde hingen.
Nach einiger Zeit beschloss Olorun, trockenes Land zu schaffen. Er rief den höchsten der anderen Götter, Orisha Nla, zu sich und gab ihm ein mit Erde gefülltes Schneckenhaus und dazu eine Henne. Er befahl ihm, auf der Erde einen Platz mit festem Grund zu schaffen, auf dem man gehen kann.
Orisha Nla machte sich auf zu tun, wie ihm befohlen war. Aber unterwegs kam er an einigen Göttern vorbei, die zusammen ein Fest feierten. Er feierte mit ihnen und betrank sich so, dass er einschlief. Sein jüngerer Bruder, Oduduwa, hatte auch die Befehle gehört, und als er Orisha Nla so schlafend daliegen sah, nahm er die Erde und die Henne und kam vom Himmel herab.
Oduduwa warf die Erde auf das Wasser unter ihm und setzte die Henne darauf. Diese fing an zu scharren und breitete so die Erde aus, bis ein großes Stück trockenes Land entstanden war. Dann befahl Oduduwa einem Chamäleon, das Land zu prüfen.
Das Chamäleon schaute sich mit seinen großen beweglichen Augen gut um und setzte seine Füße sehr langsam und vorsichtig auf die Erde. Das erste Mal berichtete das Chamäleon, dass die Erde zwar breit, aber nicht trocken genug sei. So setzte Oduduwa die Henne noch einmal auf die Erde, und sie scharrte wieder. Noch einmal prüfte dann das Chamäleon die Erde, und diesmal berichtete es, dass alles in Ordnung sei.
Dann säte Oduduwa Bäume und andere Pflanzen auf die Erde. Alle möglichen Sorten von Gras, Waldbäume für die Tiere und Pflanzen, die die Menschen brauchen konnten, vor allem Palmen, deren Nüsse Öl spenden und deren Saft ein gutes Getränk ist.
In diesem Moment erwachte Orisha Nla. Er sah, dass die Erde schon erschaffen war, und kam herunter, um zu sehen, wer das getan hatte. Als er seinem Bruder Oduduwa begegnete, sagte er diesem, es sei seine Erde, weil er ja den Auftrag, die Erde zu schaffen, von Olorun bekommen hatte. Oduduwa aber fand das nicht gerecht, und so begannen sie zu streiten. Als Olorun das sah, befahl er ihnen aufzuhören und entschied, dass Oduduwa der König der Erde sein sollte, weil er sie geschaffen habe. Orisha Nla bekam dafür die Aufgabe, menschliche Körper zu formen, die Olorun dann zum Leben erweckte.

- *Vergleiche den Schöpfungsmythos der Yoruba mit einem Schöpfungsmythos deiner Wahl. Notiere in einer Tabelle Gemeinsamkeiten und Unterschiede bezüglich folgender Fragen:*
  - *Was ist am Anfang?*
  - *Warum entsteht die Erde/die Welt?*
  - *Wie wird die Welt ausgestaltet? (In welcher Reihenfolge?)*
  - *Welche Pflanzen/Tiere spielen im täglichen Leben der Menschen eine große Rolle?*
  - *Wann wird der Mensch erschaffen?*
  - *Welche Aufgabe hat der Mensch in den Augen seines Schöpfers?*

Das Schöpfungslied Gen 1,1 - 2,4a

Überschrift:
Im Anfang schuf Gott Himmel und Erde. Vers: 1
Das Chaos vor der Schöpfung:
Die Erde aber war wüst und wirr, Finsternis lag über der Urflut, und Gottes Geist schwebte über dem Wasser. Vers: 2

1. TAG	2. TAG	3. TAG	4. TAG	5. TAG	6. TAG	7. TAG
1. Werk:	2. Werk:	3. Werk: 4. Werk	5. Werk:	6. Werk:	7. Werk: 8. Werk	Vollendung des Schöpfungswerkes und ...
Verse:	Verse:	Verse:	Verse:	Verse:	Verse:	Verse:

Abschluss:
Dies ist die Entstehungsgeschichte von Himmel und Erde, als sie erschaffen wurden. Vers: 2,4a

- *Lies genau das erste Schöpfungslied und trage in die Tabelle ein, welche Schöpfungswerke an welchem Tag beschrieben werden. Verwende unterschiedliche Farben für die Erschaffung von Zeit, von Lebensraum und von Lebewesen. Erkennst du eine Struktur?*
- *Vergleiche diese Tabelle mit dem Kalender auf der Kapiteleingangsseite ...*
- *Überlege: Wie können wir moderne Leser/innen der Schöpfungsgeschichte die Zeitangabe »sieben Tage« deuten?*

Vergleich der beiden biblischen Schöpfungserzählungen

Gen 1,1 - 2,4a ( )	Vergleichspunkt	Gen 2,4b–26 ( )
	Gott	
	Zeitraum	
	Urwelt	
	Wasser	
	Erschaffung des Menschen	
	Wann?	
	Wie?	
	Wer?	
	Wozu?	

Im Anfang

»Niemand kann deine Schönheit bewundern«,
sprach der Teufel zu Gott in der Höh'.
»Und ich hab' mich selbst an die Wand gemalt.
Auch das kann niemand seh'n!
Wozu diese ewige Finsternis?
Entschuldige, du Gott, ich verstehe das nicht.«
»Du hast recht!«, rief der Herr zum Teufel.
Und er sprach: »Es werde Licht!«

»Gut!«, sprach der Teufel zum Herrn.
»Du hast Tag und Nacht geschaffen.
Doch wenn es Tag ist, wo wirst du spielen?
Wenn es Nacht ist, wo wirst du schlafen?«
»Du hast recht!«, rief der liebe Gott.
»Du weißt: Der Herr baut nie auf Sand.«
Und er nahm sich sogleich den Himmel
und setzte ihn instand.

»Gut gemacht«, sprach der Teufel.
»Du wohnst jetzt, wie sich's gehört.
Nur der Ausblick, den du hast,
der ist deiner noch nicht wert.«
»Ja, bunte Blumen sollen blühen auf der Erde,
ich will Farben sehen!«, rief der Herr,
und er schuf auch die grünen Wälder,
und er schuf das blaue Meer.

»Sei gepriesen!«, rief der Teufel.
»Du hast ein Wunder vollbracht!
Du hast die Erde da unten
schöner als deinen eigenen Himmel gemacht!«
»Schöner als den eigenen Himmel?«
Das hörte der Herr nicht gerne,
und er schmückte ihn schnell mit Juwelen:
es waren Sonne, Mond und Sterne.

»Welch eine Pracht!«, jubilierte der Teufel.
»Psalmen sollen erklingen!
Doch das Problem ist, edler Herr:
es ist niemand da, sie zu singen!«
»Dann müssen Sänger her!«, rief Gott,
»die zu mir schnattern, miauen und tirilieren,
die zu mir bellen, die zu mir röhren!«
Und der Herr schuf die Tiere.

»Geliebter Herr!«, schleimte der Teufel,
»fünf Wunder hast du vollbracht.
Aber fehlt nicht noch ein Wesen,
nach deinem Ebenbild gemacht?«
»Das mach' dir selbst!«, sprach Gott.
»Ich bin müde. Ich will schlafen.«
Und so hat am sechsten Tag
der Teufel den Menschen erschaffen.

Ludwig Hirsch

- *Erkläre die überraschende Pointe dieses Liedes. Stimmst du ihr zu?*
- *Überlege dir akustische Untermalungen für eine Lesung des Liedes und probiere sie.*

Adam und Eva

Albrecht Dürer, 1504

HAP Grieshaber, 1949

Eine kleine hebräische Sprachkunde

Die hebräische Schrift besteht eigentlich nur aus Konsonanten. Erst viele Jahre nach der Entstehung des Alten Testaments wurden die Vokale zusätzlich eingetragen, damit der Text leichter lesbar wird. Man muss zeilenweise von oben nach unten, jede Zeile aber von rechts nach links lesen oder auch schreiben. Hebräische Bibeln muss man als »von hinten her« aufschlagen.

Die Originaltexte des Alten Testaments stecken voller Überraschungen, z. B. Wortspiele oder Rhythmik, die man in der deutschen Übersetzung kaum nachahmen kann. Hier kannst du zwei hebräische Wortspiele aus Gen 2 verstehen.

Biblisch-Hebräisch	Deutsch
← וייצר יהוה אלהים את־האדם עפר מן־האדמה	... und (es) bildete Jahwe, Gott, den Menschen aus (rotem) Erdboden ...
Gen 2,7	

Biblisch-Hebräisch	Deutsch
← לזאת יקרא אשה כי מאיש לקחה־זאת	... diese soll Frau heißen, denn vom Mann ist sie genommen ...
→ l^{e}zo't yiqare' 'ischscha(h) ki(y) me'i(y)sch luqaha(h)-zo't	
Gen 2,23c	

- *Vielleicht kennt ihr schon die hebräischen Schriftzeichen für »Jahwe«. Dann könnt ihr ihn in Gen 2,7 markieren.*
- *Mit der Buchstabentabelle könnt ihr sicher den Namen des ersten Menschen finden und markieren. (Beachtet, dass die meisten Vokale fehlen.)*
  Dieselbe Buchstabenkombination kommt noch einmal vor. Findet sie und ermittelt auch, welches deutsche Wort dafür steht. (Die Übersetzung beachtet die Reihenfolge der Worte.)
- *Nun erstellt eine neue Übersetzung für »Mensch«, die das Wortspiel beachtet.*

- *Wiederholt: Inwiefern ist die Frau in Gen 2 »vom Mann genommen«?*
- *Warum ist das »denn« im Deutschen unlogisch?*
- *Lest den hebräischen Lauttext. (Die eingeklammerten Buchstaben werden nicht gelesen; sie dienen nur der Längung des Vokals davor.) Welche Worte gehören zusammen? Was bedeuten sie?[1]*
- *Ergänzt wieder die Tabelle durch eine Übersetzung, die das Wortspiel beachtet.*

[1] Übrigens ist dieses Wortspiel tatsächlich nur ein Lautspiel. Wie du an den vielen »Störkonsonanten« bemerken wirst, sind die beiden Nomina verschiedene Worte im Gegensatz zum (echten) Wortspiel in Gen 2,7.

Arbeitsblatt M 8.1.13 (2)

Ergebnis:

Name des ersten Menschen	Hebräische Schrift-zeichen für Mensch	eigene Übersetzung für Mensch	Hebräische Schriftzeichen für

Hebräische Schriftzeichen		אשת
Übliche Übersetzung	Mann	
Bessere Übersetzung		

- *Was sagt dieses Wortspiel über den Menschen aus? Findet Beispiele, warum diese Aussage zutrifft bzw. wo sie im Leben deutlich wird.*

- *Was sagt dieses Wortspiel über das Verhältnis der Geschlechter zueinander aus?*

Hebräisches Alphabet

Zeichen	*Name*	*Laut*
א	Aleph	(Knacklaut/Glottisschlag)
ב	Bet	b, w
ג	Gimel	g
ד	Dalet	d
ה	He	h
ו	Waw	w, u
ז	Zayin	z (stimmhaftes s)
ח	Het	ch (wie Dach)
ט	Tet	t
י	Yod	y, i
כ	Kaph	k (am Wortende ך)
ל	Lamaed	l

Zeichen	*Name*	*Laut*
מ	Mem	m (am Wortende ם)
נ	Nun	n (am Wortende ן)
ס	Samaek	s
ע	Ayin	(Kehllaut)
פ	Pe	p (am Wortende ף)
צ	Sade	s (wie z); am Wortende) ץ
ק	Qoph	q
ר	Resch	r
שׂ	Sin	s
שׁ	Schin	sch
ת	Taw	t

Prozess gegen Eva (1)

Rollenkarte: Eva und ihre Verteidiger/innen — **Prozess gegen Eva**

- Entscheidet, wer von euch die Eva spielt. Die anderen sind die Verteidiger/innen.
- Zur Entscheidung steht der Vorwurf: »Nicht Adam wurde verführt, sondern die Frau ließ sich verführen und übertrat das Gebot.« (1 Tim 2,14)
- Lest genau die sogenannte Sündenfallgeschichte Gen 3 und sucht Anhaltspunkte, die gegen eine Alleinschuld Evas an der Tat sprechen.
- Überlegt euch, ob und wie ihr Adam und die Schlange als Zeugen befragen wollt:
  Mit welchen Fragen könnt ihr sie dazu bringen, eine Mitschuld einzugestehen?
- Schreibt eine Verteidigungsrede für Eva mit drei starken Argumenten, die eine/r von euch vor »Gericht« vortragen wird.

Rollenkarte: Adam und seine Anwälte/innen — **Prozess gegen Eva**

- Entscheidet, wer von euch den Adam spielt. Die anderen sind seine Anwälte/innen.
- Zur Entscheidung steht der Vorwurf: »Nicht Adam wurde verführt, sondern die Frau ließ sich verführen und übertrat das Gebot.« (1 Tim 2,14)
- Lest genau die sogenannte Sündenfallgeschichte Gen 3 und sucht Anhaltspunkte, die für eine Alleinschuld Evas an der Tat sprechen und Adam entlasten.
  Überlegt euch, ob und wie ihr Adam und die Schlange als Zeugen befragen wollt.
  Mit welchen Fragen könnt ihr die Angeklagte Eva dazu bringen, ihre Schuld einzugestehen?
- Schreibt eine Verteidigungsrede für Adam mit drei starken Argumenten, die eine/r von euch vor »Gericht« vortragen wird.

Rollenkarte: Die Schlange und ihre Anwälte/innen — **Prozess gegen Eva**

- Entscheidet, wer von euch die Schlange spielt. Die anderen sind ihre Anwälte/innen.
- Zur Entscheidung steht der Vorwurf: »Nicht Adam wurde verführt, sondern die Frau ließ sich verführen und übertrat das Gebot.« (1 Tim 2,14)
- Lest genau die sogenannte Sündenfallgeschichte Gen 3 und sucht Anhaltspunkte für die Schuld von Eva und Adam an der Tat.
- Überlegt euch, wie ihr die Zeugen Adam und Eva befragen wollt.
  Mit welchen Fragen könnt ihr sie dazu bringen, eine Mitschuld einzugestehen und die Schlange zu entlasten?
- Schreibt eine Verteidigungsrede der Schlange mit drei starken Argumenten, in der sie ihre Absicht erläutern kann. Eine/r von euch wird diese Rede vor »Gericht« vortragen.

Prozess gegen Eva (2)

Rollenkarte: Staatsanwälte/innen **Prozess gegen Eva**

- Ihr tragt die Anklagepunkte gegen Eva zusammen. Zur Entscheidung steht der Vorwurf: »Nicht Adam wurde verführt, sondern die Frau ließ sich verführen und übertrat das Gebot.« (1 Tim 2,14)
- Lest genau die sogenannte Sündenfallgeschichte Gen 3 und sucht Anhaltspunkte für die Schuld Evas an der Tat. Wollt ihr auch Adam und der Schlange eine Teilschuld zuschreiben?
- Überlegt euch, ob und wie ihr die Angeklagte Eva und die Zeugen Adam und die Schlange befragen wollt.
- Schreibt eine Anklagerede gegen die Beteiligten am »Sündenfall«, die eine/r von euch vor »Gericht« vortragen wird. Fordert Strafen für Eva, Adam und die Schlange.

Rollenkarte: Richter/innen, Geschworene **Prozess gegen Eva**

- Benennt eine/n vorsitzende/n Richter/in.
- Ihr bereitet euch vor, im Prozess gegen Eva ein Urteil zu fällen. Zur Entscheidung steht der Vorwurf: »Nicht Adam wurde verführt, sondern die Frau ließ sich verführen und übertrat das Gebot.« (1 Tim 2,14)
- Studiert die Prozessakten: Lest genau die sogenannte Sündenfallgeschichte Gen 3.
- Sucht Anhaltspunkte für und gegen die Schuld Evas an der Tat. Wollt ihr auch Adam und der Schlange eine Teilschuld zuschreiben?
- Überlegt euch, ob und wie ihr die Angeklagte Eva und die Zeugen Adam und die Schlange befragen wollt.
- Plant den Ablauf des Prozesses: Wen ruft ihr zuerst auf? Wen zuletzt?
- Nach Ablauf des Prozesses setzt ihr das Ende des Verfahrens fest und zieht euch zur Urteilsfassung zurück. Entscheidet zwischen: Alleinschuld, Teilschuld oder Freispruch.
- Verkündet dann das von euch gefundene Urteil sowie angemessene Strafen.

- *Bereitet anhand der Rollenkarten in Gruppen den Prozess vor. Dazu benötigt ihr Bibeln oder Kopien von Gen 3.*

Schöpfungslob

Höchster, allmächtiger, guter Herr!
Dir sei das Lied, die Herrlichkeit, die Ehre und aller Segen.
Dir allein, Höchster, kommen sie zu …
Vielen Dank für die Wolken.
Lob sei dir, mein Herr,
mit deiner ganzen Schöpfung,
vor allem mit dem Herrn Bruder Sonne.
Er bringt uns den Tag
und spendet uns Licht.
Vielen Dank für das Wohltemperierte Klavier
und, warum nicht, für die warmen Winterstiefel.
Schön ist er und strahlend mit großem Glanz,
von dir, Höchster, ein Zeichen.
Lob sei dir, mein Herr,
durch Schwester Mond und die Sterne.
Vielen Dank für mein sonderbares Gehirn
und für allerhand andre verborgne Organe,
Am Himmel formtest du sie
glänzend kostbar und schön.
Lob sei dir, mein Herr,
für die Luft, und natürlich für den Bordeaux.
durch Bruder Wind,
durch Luft und Wolken, durch heiteres und jedes Wetter.
Durch sie gibst du deiner Schöpfung Leben.
Herzlichen Dank dafür, dass mir das Feuerzeug nicht ausgeht,
Lob sei dir, mein Herr,
durch Schwester Wasser.
Sehr nützlich ist sie,
und die Begierde, und das Bedauern, das inständige Bedauern.
demütig, kostbar und rein.
Vielen Dank für die vier Jahreszeiten,
für die Zahl e und für das Koffein,
Lob sei dir, mein Herr,
durch Bruder Feuer.
Durch ihn ist die Nacht erhellt,
schön ist er, freundlich,
kraftvoll und stark.
Lob sei dir, mein Herr,
durch unsere Schwester Mutter Erde.
und natürlich für die Erdbeeren auf dem Teller,
gemalt von Chardin, sowie für den Schlaf,
für den Schlaf ganz besonders,
und, damit ich es nicht vergesse,
Sie belebt und lenkt uns.
Sie erzeugt viele Früchte,
farbige Blumen und Gräser …
für den Anfang und das Ende
und die paar Minuten dazwischen
Lobt und segnet meinen Herrn,
dankt und dient ihm in großer Demut.
inständigen Dank,
meinetwegen für die Wühlmäuse draußen im Garten auch.

■ *In ein mittelalterliches Preislied auf die Schöpfung haben sich Verse aus einem modernen Gedicht eingeschlichen. Schneide die Verse auseinander und rekonstruiere die beiden Gedichte, die miteinander vermischt wurden. Klebe oder schreibe die beiden Texte in dein Heft. (Kleiner Tipp: die Reihenfolge der Gedichtverse wurde nicht verändert. Wenn du also alle Verse herausschneidest, die deiner Meinung nach nicht passen, bleibt das mittelalterliche Schöpfungslob in der richtigen Reihenfolge übrig. Die herausgenommenen Verse ergeben in ihrer Reihenfolge das moderne Gedicht.)*

Altes und neues Schöpfungslob im Vergleich

	Franziskus: »Sonnengesang«	H.M. Enzensberger: »Empfänger unbekannt«
An wen richtet sich der Text?		
Wofür dankt der Sprecher? Zähle wichtige Begriffe auf. Versuche, sie unter Oberbegriffe zu sortieren.		
Was weißt du über den Verfasser?		
In welcher Stimmung hat der Verfasser seinen Dankestext geschrieben? Suche Adjektive, die seine Gefühlslage beschreiben.		
Wie wirkt der Text auf dich?		

Der Urknall

Ernesto Cardenal (geb. 1928)

Am Anfang gab es nichts,
weder Raum
noch Zeit.
Das ganze Universum verdichtet
auf den Raum eines Atomkerns
und davor noch kleiner, ein unendlich dichter mathematischer Punkt.
Und es geschah der Urknall.
Die große Explosion.
Das Universum ausgesetzt den Verhältnissen der Ungewissheit,
sein Krümmungsradius unbestimmt,
seine Geometrie ungenau
mit dem Prinzip der Unbestimmtheit der Quantenmechanik,
Kugelgeometrie in ihrer Gesamtheit, doch nicht im Einzelnen,
unentschlossen rund wie irgendeine Kartoffel oder Batate,
ungenau und zudem sich ständig ungenau verändernd,
alles in verrückter Bewegung,
so war sie, die Quanten-Ära des Universums,
eine Zeit, in der nichts sicher war:
selbst die »Konstanten« der Natur noch fließende Unbestimmte,
das heißt
tatsächlich nur Vermutungen über die Vorherrschaft des Möglichen.
Protonen, Neutronen und Elektronen waren
absolut banal.
Es war gerechtfertigt zu sagen, dass die Materie sich
am Anfang im Zustand völliger Auflösung befand.
Alles dunkel im Kosmos.
Suchend
(dem geheimnisvollen Gesang aus Polynesien zufolge),
sehnsüchtig suchend in der Finsternis,
suchend
dort am Saum, der scheidet die Nacht vom Tage,
suchend in der Nacht
empfing die Nacht den Samen der Nacht,
das Herz der Nacht existierte schon immer,
selbst in der tiefsten Finsternis,
es wächst in der Finsternis,
das pochende Mark des Lebens,
aus den Schatten schält sich ein noch so zarter Lichtstrahl,
schöpferische Kraft,
erste Ekstase, die das Leben kennt,
voll Lust, sich zu wandeln von der Lautlosigkeit zum Laut,
und so füllte das Geschlecht des Großen Verbreiters
die Weiten der Himmel,
der Chor des Lebens hob an und erscholl in Ekstase,
dann hielt er still in einer Lust der Ruhe.
(Dies Gedicht kam aus Polynesien nach Neuseeland.)
Alles war dunkel im Kosmos.
Der Raum war voll von Elektronen,
die das Licht nicht hindurchließen.
Bis die Elektronen sich vereinten mit den Protonen
und der Raum durchsichtig wurde
und das Licht sich ergoss.
Und das Universum begann
wie in dem Oratorium von Haydn.

Ernesto Cardenal

- *Der christliche Dichter Ernesto Cardenal aus Nicaragua versucht in seinen großen »Gesängen des Universums« naturwissenschaftliches und mythisches Sprechen vom Anfang der Welt zu verbinden. Welche Verse beziehen sich auf naturwissenschaftliche Erkenntnisse? Welche auf Mythen der Völker?*

Eine Auslegung von Gen 1,28

Der Wendung, die gewöhnlich mit »macht euch die Erde untertan!« übersetzt wird, liegt ein Bild zugrunde, wonach jemand den Fuß auf einen Gegenstand oder auf ein Lebewesen setzt. Diese Geste muss keineswegs immer Unterdrückung bedeuten. Im Gegenteil: Altorientalische Bilder zeigen, dass sie ein Symbol des Schutzes und der Fürsorge sein kann. »Seinen Fuß setzen auf ...« kann also durchaus meinen, jemanden oder etwas schützen (vgl. im Deutschen: Über jemanden seine Hand halten; vgl. Ps 8,7: »Alles hast du [Gott] ihm [dem Menschen] unter die Füße gelegt«).
Den zweiten Aspekt übersetzen wir gewöhnlich mit »herrschet über die Fische ... die Vögel .... jedes Tier!« Auch hier gab es immer wieder die Versuchung, dieses Herrschen nach dem Modell rücksichtsloser Diktatoren und brutaler Schlächter zu verstehen. Achtet man auf das Bild, das mit dem hebräischen Wort gemeint ist, legt sich ein anderes Verständnis nahe. Das hier für »herrschen« gebrauchte Wort bezeichnet eigentlich das Umherziehen des Hirten mit seiner Herde, der seine Herde auf gute Weide führt, der die Tiere gegen alle Gefahren schützt, sie vor Raubtieren verteidigt und die schwachen Tiere seiner Herde gegen die starken Tiere schützt und dafür sorgt, dass sie auch genügend Wasser und Nahrung finden. Dass ein solcher Hirte seit alters ein Bild für die Amtsführung eines guten und gerechten Königs war, der sich ganz für sein Volk einsetzt, vor allem die Rechte der Schwachen schützt und so glückliches Leben für alle garantiert, wird nicht verwundern. Und genau dieses Bild des guten Hirten und guten Königs beschreibt in Gen 1,28 den Auftrag des Menschen, dafür Sorge zu tragen, dass diese Erde Lebensraum für alle Lebewesen bleiben soll.
So zu leben, d. h. die Erde als Lebensraum für alle zu schützen und nicht auf Kosten anderer zu leben, ist die entscheidende Verpflichtung, die das alttestamentliche Israel aus dem Geschenkcharakter seines Landes ableitete: die Erde ist ein Geschenk Gottes an die Menschen, das verpflichtet.

Erich Zenger, Der Gott der Bibel. Sachbuch zu den Anfängen des alttestamentlichen Gottesglaubens, Stuttgart ³1986, S. 148f.

- *Unterstreiche die missverstandenen Merkmale eines Herrschers und die eigentlich gemeinten (positiven) Merkmale mit verschiedenen Farben.*
- *Schreibe einen kurzen Kommentar: Was bedeutet die positive Sicht des Herrschers für das Verständnis von Gen 1,28?*
- *Vgl. Gen 1,28 mit Gen 2,15:* »Gott der Herr nahm also den Menschen und setzte ihn in den Garten Eden, damit er ihn bebaue und behüte.«

Wasser!

Das Pressefoto aus »DIE ZEIT« zeigt einen Jungen, dem das Hochwasser bis zum Hals steht und der versucht, einen Krug mit sauberem Trinkwasser zu seiner Familie zu bringen. Das Foto wurde im August 2002 in Bangladesh aufgenommen. Bangladesh, eines der ärmsten Länder weltweit, liegt sehr niedrig und ist daher in besonderem Maß von der Klimaveränderung als Folge von der Umweltverschmutzung bedroht.

- *Betrachte das Bild in aller Ruhe und versetze dich in die mögliche Geschichte des Jungen hinein.*
- *Schreibe im Namen des Jungen einen offenen Brief an die verantwortlichen Politiker der UNO, mit der Bitte, endlich mehr zur Bewahrung der Schöpfung zu tun.*

Grundsätze der Erdcharta

I. Achtung vor dem Leben und Sorge für die Gemeinschaft des Lebens

1. Achtung haben vor der Erde und dem Leben in seiner ganzen Vielfalt.

a. Erkennen, dass alles, was ist, voneinander abhängig ist und alles, was lebt, einen Wert in sich hat, unabhängig von seinem Nutzwert für die Menschen.
b. Das Vertrauen bekräftigen in die unveräußerliche Würde eines jeden Menschen und in die intellektuellen, künstlerischen, ethischen und spirituellen Fähigkeiten der Menschheit.

2. Für die Gemeinschaft des Lebens in Verständnis, Mitgefühl und Liebe sorgen.

a. Anerkennen, dass mit dem Recht auf Aneignung, Verwaltung und Gebrauch der natürlichen Ressourcen die Pflicht verbunden ist, Umweltschäden zu vermeiden und die Rechte der Menschen zu schützen.
b. Bekräftigen, dass mit mehr Freiheit, Wissen und Macht auch die Verantwortung für die Förderung des Gemeinwohls wächst.

3. Die Fülle und Schönheit der Erde für heutige und zukünftige Generationen sichern.

a. Erkennen, dass die Handlungsfreiheit jeder Generation durch die Bedürfnisse zukünftiger Generationen begrenzt ist.
b. Künftigen Generationen Traditionen, Werte und Institutionen weitergeben, die ein langfristiges Gedeihen der Menschheit und der Erde fördern.

[...]

■ *Was bedeuten die einzelnen Forderungen für den Umgang mit den Mitmenschen und der Schöpfung?*

Die letzten sieben Tage der Erde

Am Anfang schuf Gott Himmel und Erde.
Aber nach vielen Jahrmillionen war der Mensch endlich klug genug.
Er sprach: Wer redet hier von Gott? Ich nehme meine Zukunft selbst in die Hand!
Er nahm sie, und es begannen die letzten sieben Tage der Erde.

Am Morgen des ersten Tages beschloss der Mensch, frei zu sein und gut, schön und glücklich. Nicht mehr Ebenbild eines Gottes, sondern ein Mensch. Und weil er etwas glauben musste, glaubte er an die Freiheit und an das Glück, an Zahlen und Mengen, an die Börse und den Fortschritt, an die Planung und seine Sicherheit. Denn zu seiner Sicherheit hatte er den Grund zu seinen Füßen gefüllt mit Raketen und Atomsprengköpfen.

Am zweiten Tage starben die Fische in den Industriegewässern, die Vögel am Pulver aus der chemischen Fabrik, das den Raupen bestimmt war, die Feldhasen an den Bleiwolken von der Straße, die Schoßhunde an der schönen roten Farbe der Wurst, die Heringe am Öl auf dem Meer und an dem Müll auf dem Grunde des Ozeans. Denn der Müll war aktiv.

Am dritten Tage verdorrte das Gras auf den Feldern und das Laub an den Bäumen, das Moos an den Felsen und die Blumen in den Gärten. Denn der Mensch machte das Wetter selbst und verteilte den Regen nach genauem Plan. Es war nur ein kleiner Fehler in dem Rechner, der den Regen verteilte. Als sie den Fehler fanden, lagen die Lastkähne auf dem trockenen Grund des schönen Rheins.

Am vierten Tage gingen drei von vier Milliarden Menschen zugrunde. Die einen an den Krankheiten, die der Mensch gezüchtet hatte, denn einer hatte vergessen, die Behälter zu schließen, die für den nächsten Krieg bereitstanden. Und ihre Medikamente halfen nichts. Die hatten zu lange schon wirken müssen in Hautcremes und Schweinelendchen. Die anderen starben am Hunger, weil etliche von ihnen den Schlüssel zu Getreidesilos versteckt hatten. Und sie fluchten Gott, der ihnen doch das Glück schuldig war.
Er war doch der liebe Gott!

Am fünften Tag drückten die letzten Menschen den roten Knopf, denn sie fühlten sich bedroht. Feuer hüllte den Erdball ein, die Berge brannten, die Meere verdampften, und die Betonskelette in den Städten standen schwarz und rauchten. Und die Engel im Himmel sahen, wie der blaue Planet rot wurde, dann schmutzig braun und schließlich aschgrau. Und sie unterbrachen ihren Gesang für zehn Minuten.

Am sechsten Tag ging das Licht aus. Staub und Asche verhüllten die Sonne, den Mond und die Sterne. Und die letzte Küchenschabe, die in einem Raketenbunker überlebt hatte, ging zugrunde an der übermäßigen Wärme, die ihr gar nicht gut bekam.

Am siebten Tag war Ruhe. Endlich. Die Erde war wüst und leer, und es war finster über den Rissen und Spalten, die in der trockenen Erdrinde aufgesprungen waren. Und der Geist des Menschen irrlichterte als Totengespenst über dem Chaos. Tief unten, in der Hölle, aber erzählte man sich die spannende Geschichte von dem Menschen, der seine Zukunft in die Hand nahm, und das Gelächter dröhnte hinauf bis zu den Chören der Engel.

Jörg Zink

- *Schreibe den Text von Jörg Zink um, indem du eigene letzte sieben Tage erfindest. Schlage dazu noch einmal Orientierung 4* (**20f.**) *und die dazugehörige Bibelstelle Gen 1 sowie Pinnwand* (**12**) *»Umweltprobleme« nach.*

Naturwissenschaft und Schöpfungsglaube – kein Widerspruch!

Die Sprache der Bibel ist keine naturwissenschaftliche Faktensprache, sondern eine ______________.

Die beiden biblischen Schöpfungsberichte geben keine Auskunft über ________________________ im modernen naturwissenschaftlichen Sinn.

Aber: Sie geben ________________________________ über sein letztes Woher, das die Naturwissenschaft weder ________________ noch ________________ kann.

Und dies ist die Botschaft der ersten Seite der Bibel:

Der gute Gott ist der ____________ von allem und jedem.

Er steht mit keinem bösen oder dämonischen ____________________________ in Konkurrenz.

Die Welt im Ganzen und im Einzelnen, auch die Nacht, auch Materie, auch niedriges Getier, auch Menschenleib und Geschlechtlichkeit sind grundsätzlich ________________.

Gottes Schöpfung bedeutet seine ____________________________________ zu Welt und Mensch.

Der Mensch also ist das Ziel des Schöpfungsprozesses, und gerade deshalb ist er für _____________ ____ verantwortlich.

■ *Fülle die Lücken im Text sinnvoll.*

2 Konflikte – Schuld – Versöhnung

Das Thema im Schulbuch

Die Pubertät löst bei Jugendlichen manche innere und äußere Krise aus. Veränderungen im Denken und Handeln, auch Abgrenzung von und Auseinandersetzung mit Autoritäten im familiären und schulischen Bereich stehen oft auf der Tagesordnung. So baut sich die Persönlichkeit auf, die mit ihren menschlichen Existenzialen umgehen lernen muss. Konflikte sind dabei kein notwendiges Übel, sondern Lernfelder. Andererseits dürfen Konflikte auch nicht verharmlost werden, sind sie doch auch Orte von Schuld.
Schuld und Konflikte im Unterricht zu thematisieren, hat also den Sinn, Sch bei ihrer Identitätssuche zu unterstützen, ihnen Hilfen und Handlungsalternativen zu zeigen.

Das *Titelbild* (**31**) verbindet die Themenbereiche des Kapitels und führt sie weiter. Die Augen des Vielsehers können den vorwurfsvollen Blick eines Klägers, den nachdenklichen Blick eines bereuenden Menschen oder einen beobachtenden Blick symbolisieren. Der Vielseher deutet auf die vielen Aspekte des nun folgenden anthropologischen Themas hin.

Kontext (**32f.**) zeigt mehrere Konfliktfelder von Sch in Familie und Schule. Mittels verschiedener Gattungen werden Gesprächsanlässe gegeben und erste Einsichten über die Bedeutung von Konflikten im eigenen Leben ermöglicht.

Die Anregungen der *Pinnwand* (**34f.**) sind kreativer, informativer und projektartiger Natur. Dabei sollen Sch über die zeitlichen Grenzen der Unterrichtsstunde hinaus Aspekte des Themas aufarbeiten.

Mit den Elementen auf *Orientierung 1* (**36f.**) kann der Konflikt-Begriff vertieft erarbeitet werden. Theorie und Praxis sind hier nebeneinandergestellt und laden zur gegenseitigen Ergänzung ein.

Orientierung 2 (**38f.**) führt den praktischen Teil weiter aus. Mittels Dilemmasituationen werden Sch zum Trainieren eigener Entscheidungen herausgefordert. Sie erkennen dabei, dass bei einem echten Dilemma keine eindeutige und »schmerzfreie« Lösung möglich ist.

Orientierung 3 (**40f.**) greift mit Schuldgefühlen die Innenperspektive von Schuld- bzw. Konfliktsituationen auf. Die Installation von Ottmar Hörl ermöglicht eine Vertiefung des Themas und macht zugleich einen Schritt auf den biblischen Hintergrund zu, der auf den folgenden Orientierungsseiten vertieft wird.

Orientierung 4 (**42f.**) bietet parallel zu *Orientierung 1* (**36f.**) den fachlichen Aufriss des Schuldbegriffs. Mittels Sachinformation, philosophischen und biblischen Texten sowie Karikaturen erhalten Sch einen mehrdimensionalen Zugang zu den verschiedenen Aspekten von Schuld.

Mit Lk 15,11-32. dem »Gleichnis vom verlorenen Sohn«, wird auf *Orientierung 5* (**44f.**) eine biblische Dilemmageschichte in verschiedenen Perspektiven erarbeitet. Dabei lernen Sch die »Methode« Perspektivenwechsel kennen, die in ihren eigenen täglichen Konflikten hilfreich sein kann.

Jesus verhilft der Sünderin in Joh 8,1-11 zu einer befreienden Erfahrung. *Orientierung 6* (**46f.**) zeigt christlichen Umgang mit Sünde-Situationen und führt zur Vertiefung des Konfliktbegriffs.

Auf *Perspektiven 1* (**48f.**) lernen Sch Hilfen für eigene Konflikte kennen und können sie einüben. Dabei werden sie angeregt, die Sachinhalte zu reflektieren.

Perspektiven 2 (**50f.**) zeigt an einem Beispiel aus dem schulischen Leben, wie bei Konflikten geholfen werden kann. Sch lernen das Schlichterwesen kennen, denken darüber nach und vertiefen daran ihr Wissen zum Thema Konflikt und Versöhnung.

Mit den Inhalten von *Perspektiven 3* (**52f.**) lernen Sch die Versöhnungsangebote der Kirche kennen. Sie vergleichen diese und reflektieren dabei den theologischen Hintergrund des Themas.

Einen spielerischen Abschluss bietet *Akzent* (**54**) mit dem »Spiel der unvollkommenen Welt«. Dabei werden Sch noch einmal miteinander ins Gespräch gebracht und wesentliche Kapitelinhalte wiederholt.

Vernetzung mit anderen Themen im Schulbuch

Kapitel 1 Schöpfung:
»Entwicklung der Menschheit« (*Kontext1*, **8**) thematisiert die Menschheit ohne jede Moral.
Im Projekt »Ernährung und Gesundheit« auf *Pinnwand* (**12**) wird auf die Verantwortung für sich selbst verwiesen.
Mit *Perspektiven* (**26f.**) und dem dazugehörigen AA »Grenzen überschreiten« auf *Pinnwand* (**26**) erarbeiten die Sch konflikt- und schuldträchtige Situationen im Rahmen der Machbarkeit.
»Freispruch für Eva« (*Orientierung 5*, **23**) setzt eine Schuldsituation voraus, die als fragwürdig erkennbar ist.
Die Elemente von *Perspektiven 3* (**28f.**) können auch unter dem Aspekt der globalen Schuldverstrickung betrachtet werden.

Kapitel 3 Martin Luther – die Sehnsucht nach »Heil«:
Mit *Orientierung 2* (**64f.**) erarbeiten Sch den Missbrauch des Ablasshandels und damit einen fragwürdigen Umgang mit Schuld.
Von Martin Luthers inneren Konflikten handelt *Orientierung 3* (**66**).
Die Kirchenspaltung am Beginn der Neuzeit (vgl. *Orientierung 5*, **70f.**) und ökumenische Bemühungen heute (vgl. *Perspektiven 1*, **72**) können unter dem Aspekt von Konfliktlösungsmethoden untersucht werden.

Kapitel 4 Kirche so fern – und doch so nah?:
Der AA »Einem anderen Glauben begegnen« (*Pinnwand*, **84**) fußt auf den Versöhnungsgesten des Papstes gegenüber anderen Religionen.
Der AA »Papst und Jugend« (*Pinnwand*, **85**) bedarf in der Vorbereitung eines guten Kommunikationstrainings, damit konstruktive Ergebnisse herauskommen.

Das Gedicht von Jörg Zink auf *Orientierung 1* (**86**) vermittelt ein Menschenbild, das Schwächen und Ängste des Menschen einbezieht.
Die Eine-Welt-Beispiele auf *Orientierung 5* und *6* (**94 ff.**) stellen ein Projekt vor, bei dem die Verantwortlichkeit der Kirche in Hilfe mündet. Dabei kann strukturelle Schuld angesprochen werden.

Kapitel 5 Esoterik und Lebensdeutung:
Tanyas »Erfahrungen« (*Orientierung 3*, **115**) beschreiben, wie das Mädchen in eine Dilemmasituation gerät.
Perspektiven 3 (**122**) thematisiert eine Situation, in der Angehörige mit gefährdeten Personen Konfliktgespräche führen müssen. Dabei können die Gesprächsregeln von *Perspektiven 1* (**148f.**) angewendet werden.
»Der Schrei« von Edvard Munch (vgl. *Perspektiven 3*, **123**) eignet sich auch für eine Bildbetrachtung zum Thema »Schuld macht Angst« (vgl. hierzu auch den Text von Sören Kierkegaard auf *Orientierung*, **42f.**)

Vernetzung mit den unteren Jahrgangsstufen

5.1 Miteinander leben, glauben, lernen:
Auf *Orientierung 4* (**20f.**) wird Einsamkeit in der Gemeinsamkeit thematisiert. Sch machen sich Gedanken darüber, warum jemand innerhalb einer Gruppe einsam wird.

5.3 Erinnerung und Verheißung – Die Bibel:
In diesem Kapitel wird u. a. der Konflikt zwischen Jakob und Esau thematisiert (vgl. *Orientierung 1* und *2*, **58ff.**).

5.4 Jesus fasziniert:
Jesus erregte Anstoß und provozierte damit so manchen öffentlichen Konflikt (vgl. *Orientierung 5* und *6*, **90ff.**).

6.2 Kinder in der Einen Welt:
Auf *Kontext 2* (**36f.**) wird über Kinder im Krieg berichtet, auch Kinderarbeit (*Kontext 3*, **38f.**) und Straßenkinder (*Kontext 4*, **40f.**) kommen zur Sprache.

6.3 »Gesichter der Macht«:
Sehr gute Verknüpfungsmöglichkeiten ergeben sich mit diesem Kapitel, da es in Konfliktsituationen immer auch um Machtverhältnisse und Schuldfragen geht.

6.4 Aus dem Dunkel zum Licht:
In 6.4. gibt es mehrere Bezugspunkte, z. B. die Thematik von Lk 7,36-50 auf *Orientierung 2* (**92f.**) oder der Kreuzweg Jesu (*Orientierung 3*, **94f.**)

7.1 GesICHt zeigen:
Die in 7.1 verhandelte Identitäts-Thematik wird in 8.2 unter der theologischen Sichtweise des Menschen als ein in Schuld verstricktes und auf Versöhnung angewiesenes Subjekt fortgeführt.

7.2 Eine bessere Welt in Sicht:
Der Kern der Reich-Gottes-Botschaft, die 7.2 verhandelt wurde, ist die Versöhnung Gottes mit dem Menschen, die dessen Umgang mit dem Mitmenschen beeinflussen soll.

7.4 »Ihr seid das Salz der Erde«:
Perspektiven 2 (**96f.**) in 7.4 wirft die Frage nach der Schuld der Kirche bei den Kreuzzügen auf.

Vernetzung mit anderen Fächern

Evangelische Religionslehre: 8.2 Leben in vielfältigen Familienformen, hier: Familienleben zwischen Geborgenheit und Konflikthaftigkeit, Nähe und Distanz; das Problem familiärer Gewalt.

Ethik: 8.3 Verantwortung für sich und andere, hier: Umgang mit Erwartungen anderer (Eltern, Gleichaltrige, Schule).

Deutsch: 8.1 Sprechen, hier: Üben mündlicher Darstellungsformen: schildern, informieren, zusammenfassen, argumentieren ..., und: Zuhören: Zuhören trainieren, körpersprachliche Aufmerksamkeit entwickeln;
8.4 Sich mit Literatur und Sachtexten auseinandersetzen, hier: Interaktion der Figuren und den Konflikt in einem poetischen Text herausarbeiten.

Englisch: 8.3 Interkulturelles Lernen und Landeskunde, hier: Situation und Lebensweise Jugendlicher im UK und in den USA: Rolle der Jugendlichen in Familie und Gesellschaft.

Französisch: 8.3 Interkulturelles Lernen und Landeskunde, hier: Lebensumfeld, Familie, Freundeskreis: Rolle der *Peergroup*, Konfliktbewältigung.

Geografie: 8.6 Nord-Süd-Konflikt im Zeitalter der Globalisierung, hier: Armut und Reichtum, wirtschaftliche Verflechtung.

Kunst: 8.1 Bildnerische Praxis, hier: Gestalten zu Themen, z. B. wirklichkeitsnahe, symbolische, witzige oder übertreibende Darstellung von Aspekten aus dem eigenen Umfeld.

Musik: 8.3 Musik im Kontext, hier: Musik und Jugendkultur.

Konflikte – Schuld – Versöhnung

Titelseite 31

1. Hintergrund

Mutsuo Hirano (geb. 1952)
Der Priester einer japanischen religiösen Gruppierung Mutsuo Hirano sehnt sich nach Propheten. Er beobachtet heute eine Zeit, in der oft einziges Ziel ist, es sich »schön« zu machen, und die dabei der naiven Rückwärtsgewandtheit und Erstarrung verfällt. Ein Prophet, den der heute in Berlin und Italien lebende Künstler ersehnt, ist Grenzgänger in Raum und Zeit, der mit seinen explosiven Visionen den Weg in die Zukunft öffnet. Dabei ist er sich im Klaren, ungeliebt und Außenseiter zu sein.
Hirano versteht seinen eigenen Lebensweg als Weg zu sich selbst. Er sucht die Frage nach dem Sinn des Lebens von der Zukunft her und versteht sich gleichermaßen als Prophet und Künstler. Terrakotta eignet sich demnach besonders gut für seine Kunstwerke, weil es als formbare Masse symbolisch für die Erinnerungen eines Menschenlebens steht, das rückblickend auf die Spur der Zukunft führt. Auch der Brennvorgang ist mit der inneren Reinigung für die Verwirklichung eines prophetischen Anspruchs vergleichbar.

Mutsuo Hirano: »Der Vielseher«, 1999
»Der Vielseher« von Mutsuo Hirano ist eine 1999 entstandene 42 cm große Terrakotta-Büste, die eigentlich mit den beiden Büsten »Der Vielsager« und »Der Hinaufblickende« zusammengesehen werden sollte. Dennoch bietet die Figur allein vielfältige Interpretationsmöglichkeiten: Neben Neugier und Interesse ist der erste Anblick oft ekelerregend. Die Augenhöhlen sind wie tiefe Schnittwunden über den Körper verteilt und diese werden von den Augäpfeln offen gehalten. (Wunden offen zu halten, ist eine gängige Methode der Medizin, wenn eine bakterielle Infektion vorliegt.) So gesehen haben die Wundöffnungen reinigende und damit heilende Funktion. Es ergibt sich auch schnell die Assoziation mit Geschwüren. Die Blicke sind starr: Angstvoll oder lauernd, anklagend oder traurig ob der eigenen Schuld. Im Zusammenhang mit der Kapitelüberschrift könnte man aber auch wohlwollende Blicke entdecken. In der anatomischen Unmöglichkeit bleibt die Frage, um wessen Augen es sich handelt. Menschen, die »überall Augen und Ohren« haben, die sich überall einmischen, sind denkbar. Aber es könnten auch die Blicke der anderen sein, die den Vielseher zu einem Vielgesehenen machen? Was sieht der Vielseher in der Welt, was sehen die anderen an ihm?
(Das Bild ist als Folie enthalten *in Bilder aus Religion vernetzt 7 und 8. 36 Farbfolien*, München 2006, ISBN 3-466-50717-0)

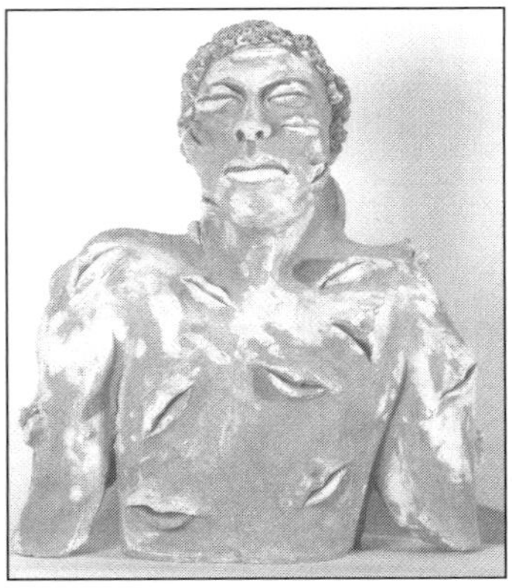

Der Vielsager

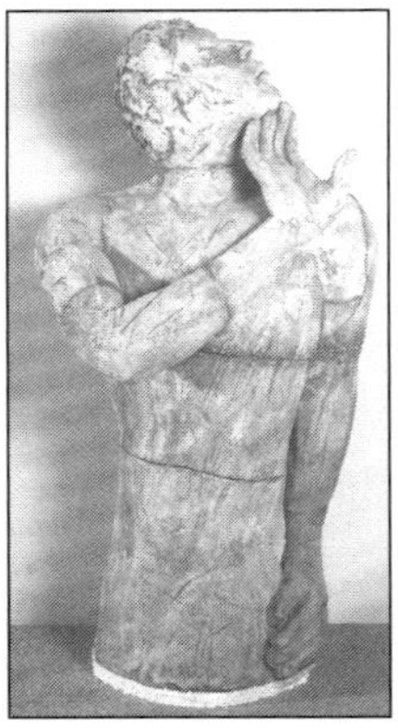

Der Hinaufblickende

2. Einsatzmöglichkeiten im RU

Viel sehen und verletzten PINNWAND [34]

- Sch betrachten das Bild; der L liest langsam die folgenden Fragen vor:
- – Was empfinde ich, wenn ich das Bild ansehe?
- – Was sieht der Mann?
- – Wie bewertet er, was er sieht? – Wohlwollend oder feindlich?
- – Empfindet er seine vielen Augen als Vorteil oder sind sie ihm eine Last?
- – Sind die Augenhöhlen Wunden? Wer hat ihn verwundet? Tut es noch weh?
- Nach einer kurzen Stille folgt ein Austausch.
- Skulpturen leben davon, dass man sie umkreisen kann. Sch überlegen sich, wie die Rückseite des »Vielsehers« aussehen könnte, und begründen ihre Vermutung.

Ein Interview mit dem Vielseher führen

- Sch werden mit dem Bild des Vielsehers konfrontiert, erst nachdem die Themen Konflikte oder Schuld (oder beide) bereits durchgenommen wurden.
- Sch schreiben ein Interview mit dem Vielseher (mögliche Anknüpfungspunkte sind das Eskalationsmodell auf *Orientierung 1*, **36**, und die Zitate von Kierkegaard und Ceelen auf *Orientierung 4*, **43**).

Konflikte in Familie und Schule

Kontext [32] [33]

1. Hintergrund

Mit den Elementen der *Kontext*-Seite wird Sch der Einstieg in das Thema mit Bildern und Texten aus ihrer Lebenswelt ermöglicht.
Der **Comic** »Calvin & Hobbes« von Bill Watterson (geb. 1958) handelt von einem kleinen Jungen und seinem Stofftiger, der zum lebendigen Spielgenossen wird, wenn die Eltern nicht da sind. Die Bilderfolge auf *Kontext* (**32**) zeigt eine klassische Situation, in der Calvin und sein (hier lebendiger) Freund herumtoben. Die genervte Mutter ermahnt zunächst und schließlich platzt ihr der Kragen. Im letzten Bild beweist die Antwort Calvins, dass die erste Botschaft der Mutter überhaupt nicht bei ihm angekommen ist (Hobbes ist hier – in Anwesenheit der Mutter – als Stofftier abgebildet!). Der Comicstrip eignet sich für kontrastierenden Vergleich mit dem Kati-Vater-Dialog, in dem die Kommunikation ebenfalls gründlich schief- geht.
Der **Kati-Vater-Dialog** ist Thomas Gordons »Familienkonferenz« entnommen. Dieser interpretiert die Antworten, die der Vater seiner zwölfjährigen Tochter gibt, so: Der Vater versucht mit Logik zu überreden, macht einen Vorschlag, forscht nach Katis Beweggründen und befiehlt ihr schließlich. Mit all diesen Maßnahmen ermittelt er jedoch nicht den wirklichen Grund, warum Kati nicht essen möchte. Gordon schlägt stattdessen aktives Zuhören vor, bei dem der Vater Katis Aussagen zusammenfassen und damit signalisieren müsste, dass er seine Tochter verstehen möchte.
Die **Sprechblasen auf der linken Doppelseitenhälfte** enthalten einerseits sachliche Diskussionsbrennpunkte wie *Piercing*, doppelte Badnutzung am Morgen und Taschengeld, andererseits wird auch jeweils eine Kritik an den beteiligten Personen deutlich: Eltern, die sich durch endloses Diskutieren vor einer Entscheidung drücken, die schreiende Schwester (und offensichtlich nicht eingreifende Eltern) sowie die Eltern, die zwar Regeln aufstellen, diese jedoch nicht nachvollziehbar gemacht haben.
Die einzelne **Sprechblase der namenlosen Schülerin** auf der rechten Doppelseitenhälfte bringt einen inneren Konflikt zur Sprache. Der Text verdeutlicht, welche Gefühle es erzeugt, wenn Jugendliche zwischen Leistungsprinzip und Fremdinterpretationen gefangen sind und dabei alleine gelassen werden.
Die **Partnerarbeit mit Ralf** schlägt einen kindischen Ton an, der ironisch verstanden werden muss. In einem knappen Schlagabtausch geraten der Erzähler und Ralf in einen schon leicht eskalierenden Konflikt.
Das **Schulmäppchen mit den Aufschriften** ermöglicht die Besprechung von Konflikten innerhalb einer Klassengemeinschaft, in der – nicht selten in der achten Jahrgangsstufe – nach äußerlichen Kriterien entschieden wird, ob jemand *in* oder *out* ist. Dabei entscheiden Äußerlichkeiten wie Kleidung, Frisur,

gepflegtes Aussehen, aber auch, mit wem man sich abgibt oder schlichtweg: Neid.
Die Illustration einer **Tafelabfrage** rundet das Panorama der Schulkonflikte ab. Der Schüler grübelt und verzweifelt schier an einer Konjugieraufgabe. Die Lehrerin deutet in ihrer Körperhaltung Desinteresse an. Dieses offene »Quälen« eines Sch beschämt diesen vor der Klassengemeinschaft, wobei gefragt werden kann, was Sch als Gemeinschaft gegen vermeintliche Unterdrückung im Unterricht tun können. Zur vertieften Einarbeitung in Kommunikationstheorien empfiehlt sich die Lektüre der Werke von Thomas Gordon, Familienkonferenz und Lehrer-Schüler-Konferenz.

2. Einsatzmöglichkeiten im RU

Calvin & Hobbes aus verschiedenen Perspektiven erzählen
- Sch lesen den Comic und gestalten die Aussagen sprachlich möglichst überzeugend.
- Sch beschreiben, wie Mutter ihr Erlebnis abends dem Vater erzählt.

Kommunikation verstehen
- Sch lesen den Kati-Vater-Dialog und ermitteln Gründe, wieso die Kommunikation zwischen Kati und ihrem Vater misslingt.
- Bei einer späteren Behandlung des Dialogs kann er auch als Beispielgeschichte verwendet werden, an dem die Inhalte von *Perspektiven 1* (**48f.**) überprüft werden.

Eltern Tipps geben, einen Brief schreiben
- Sch erarbeiten mithilfe der Sprechblasen des Kati-Vater-Dialogs und des Comics einen Katalog von Tipps, wie Eltern akzeptable Anweisungen geben können.
- Sch schreiben einen Brief an ihre eigenen Eltern. Betreff: Unser letzter Streit.
- Wenn es die Klassensituation erlaubt, tauschen sich Sch darüber aus, ob sie mit ihren Eltern offen über Konfliktsituationen reden können.

Anschauen, Wegschauen, Beschreiben
- Sch betrachten still das Tafelabfrage-Bild auf Kontext (**33**); dann schließen sie die Bücher.
- Sch wählen eine Person aus dem Bild und erzählen die Situation aus ihrer Sicht.

Hinweis: Das Schließen der Bücher hat den Sinn, dass Sch beim Erzählen leichter biografische Elemente einstreuen können.

Out-Sein nachfühlen
- Sch werden unter Schreibzwang gesetzt, d. h. sie müssen ohne Unterbrechung fünf Minuten schreiben. Dabei wird ihnen als Thema »Out sein« vorgegeben.
- Die Ergebnisse können freiwillig vorgelesen werden.

Vorurteile bearbeiten
(Vgl. *Perspektiven 1*, **48f.**)
- L teilt die Klasse in geschlechtsgetrennte Gruppen ein.
- L hängt drei Wandzeitungen (in doppelter Ausführung) auf:
  »Mädchen können nicht ...«
  »Jungen können nicht ...«
  »Alte Menschen können nicht ...«
- Sch laufen gruppenweise in zwei Teilen des Klassenzimmers (Mädchen und Jungen getrennt) herum und vervollständigen die Plakate. Proteste sind mündlich, nicht aber schriftlich erlaubt.
- Im Klassengespräch werden Antworten, die nicht unbedingt oder immer stimmen, gestrichen, Ausnahmebeispiele erörtert.

Rollenverteilungen in der Klasse wahrnehmen
Der Anfang und das Ende eines Schuljahres sind besondere »Schwellen« im Leben der Sch, die sich meist nicht ohne Angst oder Unsicherheit meistern lassen. Sich z. B. in eine neue Klassengemeinschaft einfinden zu müssen, ist eine soziale Aufgabe, die oftmals nicht ohne Konflikte vonstatten geht.
- Sch erarbeiten am Beispiel Chelseas auf **M 8.2.1, Lehrerkommentar S. 95**, wie sich das Mädchen in der Geschichte mit den Alternativen, sich völlig aufzugeben oder sich zum Außenseiter zu machen, konfrontiert sieht.
- Das Kernwort dieser Geschichte ist »Existenzberechtigung«. Was Chelsea in ihrer neuen Schule erlebt, nämlich, dass sie ihren Platz (noch) nicht findet, bewegt im Kleinen »normale« Sch auch während des Schuljahres, z. B. bei der Einteilung zur Gruppenarbeit oder im Sport. Sch spüren durch Einfühlung Konfliktpotenzial auf, sprechen bestehende Konflikte an und unternehmen so Bewältigungsversuche.

Zeugnis als Konfliktherd
Mit dem Abschlusszeugnis am Ende des Schuljahres erhalten Sch die »Quittung« für ihre Leistungen. Dabei liegt das Zeugnis im Brennpunkt zwischen mehreren Personengruppen, die oftmals Konflikte miteinander austragen: Sch, L, Eltern, Direktorat, ja sogar Politiker.
- Sch diskutieren über die Leistungsbemessung mit Noten und das darin enthaltene Konfliktpotenzial:
  - Kann man mit sechs Zahlen die schulischen Leistungen eines/einer Sch differenziert genug bewerten? Welche Alternativen wären denkbar?
  - In welchen Situationen empfinden Sch die Noten-

vergabe als Machtmittel der L? Fühlen sie sich bei der Notenvergabe fair behandelt?
- Wie reagieren Sch selber, ihre Eltern und Freunde, wenn sie schlechte Noten geschrieben haben?
- An Zeugnistagen appellieren Medien und Politiker/innen, Zeugnisnoten nicht überzubewerten. Bei schlechten Noten sollen Sch und Eltern einen kühlen Kopf bewahren und gemeinsam überlegen, was zu tun ist, damit sich die schulischen Leistungen verbessern. **M 8.2.2., Lehrerkommentar S. 96**, enthält solche Tipps an die Eltern.
- Sch schreiben zu jedem der vier Tipps eine kurze Erläuterung auf das AB, indem sie den Satzanfang vervollständigen.
- Im Plenum tauschen sie ihre Erläuterungen aus und diskutieren, welches Verhalten der Eltern bei einem guten bzw. schlechten Zeugnis hilfreich bzw. weniger hilfreich ist.

Klassengemeinschaft stärken
- L liest als Einleitung die Impulsgeschichte auf **M 8.2.3, Lehrerkommentar S. 97**, vor.
- Jede/r Sch schreibt seinen/ihren Namen auf ein Blatt.
- Dann werden die Blätter herumgegeben und jede/r andere Sch schreibt etwas Positives über den Kameraden/die Kameradin.

Im Familienalbum blättern PINNWAND 34
- Sch erarbeiten Teile der (Familien-) Geschichte, indem sie Interviews führen über Geschwisterkonflikte und deren Verklärung im Laufe der Zeit.

3. Weiterführende Anregungen

Konflikte in der Schule zeigen
- Sch fotografieren echte oder gestellte Konflikt-Szenen. Dabei wird darauf geachtet, dass immer die Perspektive des Opfers eingenommen wird.
- Sie entwerfen daraus eine Fotostory.
- Die Bilder werden auf einer Stellwand gezeigt.
- Eventuell kann ein Kummerkasten für Sch daneben installiert werden.

Scheinfrieden aufdecken PINNWAND 35
- Sch erarbeiten sich die Situation Martin Luther Kings und erklären seine Einstellung zu Konflikten.
- Sch lesen Mt 10,34f. und finden Parallelen zwischen dem biblischen Text und Martin Luther Kings Einstellung.
- Sch suchen weitere Beispiele von Menschen und Institutionen, die Konflikte im Bewusstsein der Menschen halten und diese dadurch lösen wollen (z. B. Mahatma Gandhi oder Greenpeace).

Pinnwand 34 35

Folgende Arbeitsimpulse und Projekte der *Pinnwand* (**34f.**) werden im Lehrerkommentar vertieft:

Viel sehen und verletzen:	S. 72
Gewitterstimmung einfangen:	S. 76
Im Familienalbum blättern:	S. 74
Amok:	S. 76
Konflikttagebuch schreiben:	S. 76
Umkehren:	S. 93
Scheinfrieden aufdecken:	S. 74
Streitkultur untersuchen:	S. 91
Über den Tellerrand hinausschauen:	S. 82

Wer weiß noch ...
Auf dem »Wer-weiß-noch«-Schriftzug von www.religionvernetzt.de können Sch Folgendes recherchieren:

Frage 1: Die Kinderrechte sind am 20. November 1959 in einer UN-Konvention festgelegt worden. Die zehn wichtigsten dieser Rechte sind: Gleichheit, Bildung, elterliche Fürsorge, Gesundheit, Schutz vor wirtschaftlicher und sexueller Ausbeutung, gewaltfreie Erziehung, Betreuung bei Behinderung, Spiel und Freizeit, Schutz im Krieg und auf der Flucht, freie Meinungsäußerung, Information und Gehör.
(Vgl. Religion vernetzt 6.2, *Orientierung 2,* **46f.**)
Frage 2: Das Wort »Mobbing« kommt aus dem Englischen *(to mob)* und bedeutet »über jemanden herfallen, ihn angreifen, anpöbeln, attackieren«. Mobbing kommt auch in der Schule vor, Opfer sind meistens die Schwächeren und Außenseiter. Weil Mobbing ein feiges Verhalten ist, sollte es von niemandem geduldet werden und Mobbingopfer vor ihren Verfolgern geschützt werden. (Vgl. Religion vernetzt 6.3, *Kontext,* **58f.** und *Pinnwand,* **60f.**)

Frage 3: Die Zeitgenossen Jesu erwarteten, dass ein frommer Rabbi mit einer stadtbekannten Dirne keinen Umgang hat. Jesus aber akzeptierte sie, denn er sah ihre Liebe und ihre Reue, und vergab ihr sogar alle Sünden. Damit stieß er bei den frommen Pharisäern auf Unverständnis.
(Vgl. Religion vernetzt 6.4, *Orientierung 2,* **92f.**).

Frage 4: Propheten sind von Gott eingesetzte Mahner und Rufer, die die Stimme erheben, wenn Macht missbraucht wird.
(Vgl. Religion vernetzt 6.3, *Orientierung 3,* **66f.**)

1. Hintergrund

Mit ihren verschiedenen Elementen dient *Orientierung 1* (**36f.**) dazu, ein vertieftes Verständnis des Konfliktbegriffs zu erarbeiten.
Im **Definitionskasten** werden die Begriffe Konflikt und Streit differenziert. Um das Lernziel zu erfüllen, Konflikte grundsätzlich als etwas Konstruktives betrachten zu können, ist die genaue Unterscheidung zwischen Konflikt und Streit notwendig.
Mithilfe der **Konflikt-Aussagen** erhält die Definition Tiefenschärfe und wird dadurch konkreter. Man unterscheidet: Sachkonflikt, Verhaltenskonflikt, Sozialkonflikt, Konflikt in der Gesellschaft, Einstellungskonflikt, Konflikte gegen Vorurteile/Klischees. Die Folgen eines umstrittenen (!) Sachverhalts können das eigene Umfeld oder die Gesellschaft betreffen, aber auch weltweite Folgen haben.
Die **Eskalationsstufen eines Konfliktes** sind der Konfliktmanagement-Theorie Friedrich Glasls entnommen und vereinfacht. Das Schaubild dient der Klärung, dass ein Konflikt verschiedene Phasen bzw. Stufen durchmacht. So können Konflikte verschieden beurteilt bzw. dargestellt und damit von Fall zu Fall passende Auswege gefunden werden. Auch im Hinblick auf das behutsame Eingreifen eines neutralen Dritten in einen Konflikt von zwei Parteien (wie im Schlichterverfahren, vgl. *Perspektiven 2*, **51**) ist eine Differenzierung der Konfliktstadien wichtig.
Paul Watzlawicks berühmte »**Geschichte mit dem Hammer**« ermöglicht die Erarbeitung eines eskalierenden Konflikts anhand eines narrativen Textes. Der 1921 in Österreich geborene Kommunikationstheoretiker beschreibt einen stark fantasiebegabten Mann. Dieser malt sich im Vorfeld des eigentlichen Gesprächs mit dem Nachbarn den Verlauf desselben so fatal aus, dass er den Nachbarn für eine Reaktion beschimpft, die dieser noch gar nicht geäußert hat. Dies führt natürlich zu einer Störung der Kommunikation und damit zu einem Konflikt. Die Komik, dass der Mann in der Geschichte seine Bedenken nicht ausspricht, sondern mit für den Nachbarn unerklärlicher Aggression spricht, zeigt, dass Konflikte einen für eine der beiden Parteien unsichtbaren Vorspann haben können.
Daher hilft das **Eisbergmodell** nach Christoph Besemer, die oft unausgesprochenen Hintergründe eines Konfliktes zu analysieren. Tritt ein Konflikt auf, können diese Punkt für Punkt durchleuchtet werden, mit dem Ziel, die Motive der Konfliktpartner/innen besser zu verstehen und gegenseitiges Verständnis zu ermöglichen.

2. Einsatzmöglichkeiten im RU

Missverständnisse aufdecken
- Sch erhalten in der Stunde, bevor die Konfliktdefinition durchgenommen wird, die HA, möglichst viele Mitmenschen zu befragen, was sie unter einem Konflikt verstehen.
- Die Umfrageergebnisse werden gesammelt und mit der Definition im Buch verglichen.
- In Nachhinein entwickeln Sch einen Fragebogen zum Thema Konflikte, der in anderen Klassen oder Jahrgangsstufen ausgegeben werden kann.

Tafelbild erfinden
- Sch lesen die Konflikt-Definition in dem grauen Kasten auf *Orientierung 1* (**36**) und entwerfen in PA einen TA bzw. Hefteintrag dafür.

Konflikt-Aussagen in Geschichten umdichten
- Sch wählen in EA eine der Konflikt-Aussagen auf *Orientierung 1* (**36**) aus und verfassen (evtl. mithilfe des Eisbergmodells) eine ausführliche Geschichte dazu.

Alternative: Sch schreiben einen Brief oder ein Gedicht zu einer Konflikt-Aussage.

Über eigene Konflikte ins Gespräch kommen
- Sch setzen sich ins Kugellager (d. h. zwei konzentrische Stuhlkreise, die inneren Stühle mit Blick nach außen, die äußeren mit Blick zum Mittelpunkt; je zwei Stühle gegenüber).
- Je zwei Sch unterhalten sich je eine Minute über einen selbst erlebten Konflikt und ob es einen Ausweg zur Vermeidung gegeben hätte. Dann rückt der äußere Kreis um einen Stuhl nach rechts und die Sch tauschen sich mit dem neuen Partner/der neuen Partnerin aus usw.

Das Eskalationsschema erklären
- Sch erklären in PA kurz dem/der rechts von ihnen sitzenden Mit-Sch das Schema.
- Wechsel nach einer Minute; jede/r sollte einmal selbst erklärt haben.

Die Geschichte mit dem Hammer vorspielen
- Ein/e freiwillige/r Sch spielt die Geschichte vor wie einen klassischen Monolog.
- Eine kleine Gruppe kann die Geschichte auch inszenieren mit einer Gruppe diskutierender »Teufelchen«.

Alternative:
- Sch überlegen zu jeder negativen Aussage bzw. Mutmaßung eine positive. Jeweils ein »Engelchen«

und ein »Teufelchen« flüstern abwechselnd dem Spieler/der Spielerin ihre Argumente ein.
- Sch werten die Bedeutung von Vorurteilen in ähnlichen Situationen aus.

Eisbergmodell mit eigenen Worten erklären und Beispiele finden
- Sch erklären in GA jeden Begriff im Eisbergmodell und finden Beispiele (Hindergrund und der folgende sichtbare Konflikt).
- Im Klassengespräch werden die Beispiele gesammelt. Mithilfe von Klebepunkten werden die besten Beispiele ausgewählt und Plakate dazu gestaltet.

Amok – Eskalation in der Schule PINNWAND [34]
- Die Sch recherchieren über Amokläufe in Deutschland und auf der ganzen Welt mithilfe von **M 8.2.4, Lehrerkommentar S. 98**, oder im Internet.
- Sch gestalten Stellwände, auf denen auch die möglichen Auswege erfasst werden.

Inneren Konflikten Farben geben
- Sch erhalten **M 8.2.5, Lehrerkommentar S. 99**, und färben es nach eigenem Geschmack ein. Dabei sollte L so viele Freiheiten wie möglich und verträglich zulassen.
- Als Begleitmusik kann harte E-Gitarre vorgespielt werden.
- Bei der Auswertung ist darauf zu achten, dass alle Sch mit im Boot sind; möglicherweise müssen nach dem Unterricht manche Sch noch einmal angesprochen werden.

3. Weiterführende Anregungen

Konfliktgeschichten analysieren und vorstellen
- Sch sammeln in der Jugendliteratur Werke, in denen Konflikte vorkommen z. B. »Ich knall euch alle ab« von Morton Rhue und stellen das Buch ausgehend vom Konflikt in der Klasse vor.

Gewitterstimmung einfangen PINNWAND [34]
- L liest zur Einstimmung auf das Bild:
Mirko erzählt: »Das Bild entstand am Fluss ›Dnister‹, zwanzig Kilometer flussaufwärts der alten Königsstadt Halicz in der Westukraine. Zehn Minuten nachdem ich auf den Auslöser gedrückt hatte, wurde unser erster Versuch an diesem Sommerabend, eine warme Mahlzeit über dem Feuer zuzubereiten, in einer dicken Dusche ›ersäuft‹. Zum Glück hatte mein Kollege das restliche Holz rechtzeitig unter unser Auto geschafft – spät am Abend gab es doch noch was zu essen.«
- Sch lesen auf der Pinnwand den entsprechenden Eintrag und betrachten das Bild.
- Sch fotografieren, malen oder suchen im Internet Bilder über Gewitterphasen.
- Jedes Bild wird in seinem Symbolgehalt für Konflikte erschlossen.

Konflikttagebuch schreiben PINNWAND [34]
- Sch erhalten den Auftrag, zu Hause zwei Wochen lang ein Konflikttagebuch zu schreiben.
- Die Auswertung kann bei einer kommunikativen Gruppe in einem Kugellager (vgl. Lehrerkommentar S. 75 »Über eigene Konflikte ins Gespräch kommen«) oder in KG geschehen.

Dilemmasituationen – Wie würdest du entscheiden? Orientierung 2 [38] [39]

1. Hintergrund

Die Bewältigung von Konfliktsituationen und Schulderfahrungen ist kein kognitiver Lerninhalt. Daher schlägt der LP die Arbeit mit Dilemmageschichten vor, anhand derer Kriterien zur Konfliktbewältigung erarbeitet werden sollen.
Orientierung 2 (**38f.**) bietet ein breites Panorama an Dilemmageschichten aus der Lebenswelt der Sch.
Eine religionspädagogische Hilfe zum Umgang mit Dilemmageschichten im RU bietet der Lehrerkommentar zu Religion vernetzt 6, S. 74f.
Die **Wintersportwoche** spielt vor dem Hintergrund des Erfahrungsbereichs Schule, verknüpft mit dem Freundeskreis. Die beiden Mädchen geraten in einen Werte-/Güterkonflikt zwischen ihrem (nicht ausgesprochenen) Versprechen und den Verlockungen eines schönen Erlebnisses.
Das Dilemma des **Verkehrsunfalls** zeigt den Konflikt zwischen dem Wert Freundschaft, auch der damit verbundenen Loyalität, und der Verpflichtung zur Wahrheit.
Die **Disco-Dampferfahrt** auf dem Main zeigt ein klassisches Dilemmamerkmal: Es gibt keinen Kompromiss und kein vorzeitiges Aussteigen. Philipp gerät erst in den Zwiespalt zwischen der Lust auf ein (einmalig empfundenes) Erlebnis und der Ehrlichkeit zu den Eltern, als Cousin Max als potenzieller Aufdecker bzw. Mittäter auftaucht.
Aus dem Erfahrungsbereich der Schule stammt die Geschichte **Hilfe im Schulalltag**. Die Schülerin zeigt hilfsbereites Verhalten und stört in den Augen der Physiklehrerin den Unterricht. Die eigentliche Dilemmafrage betrifft den Klassleiter, der nun entscheiden muss zwischen Kollegialität und Abweichen von seiner eigenen These.

Tims Zwickmühle ist die Entscheidung zwischen Cliquennorm und Zivilcourage/Ehrlichkeit.
Ganz im privaten Erfahrungsbereich der Sch beginnt die Geschichte vom **Grillen**. Letztlich befindet sich der Fahrer im Konflikt zwischen Leben und Leben. Alkoholisiert Fahren ist kein Kavaliersdelikt, denn es gefährdet Menschenleben. Andererseits ist eine Blutvergiftung auch lebensgefährlich. Hier öffnet sich diese letzte Dilemmageschichte thematisiert Verantwortung in der Gesellschaft.
Das populäre **Bild** von Keith Haring zeigt das Zerrissenheitsgefühl mitten in einem Dilemma (Das Bild ist als Folie enthalten in *Bilder aus Religion vernetzt 7 und 8. 36 Farbfolien,* München 2006, ISBN 3-466-50717-0).

Keith Haring (1958-1990)
Bekannt wurde der US-Amerikaner Keith Haring in den frühen Achtzigerjahren durch seine Kreidezeichnungen, die er in der New Yorker U-Bahn mit raschen Strichen auf die schwarz überklebten Werbetafeln warf. Bereits 1984 war er in die angesehensten Museen und Galerien der Welt vorgedrungen. Als er 1990 an den Folgen von Aids starb, hatte seine Kunst einen immens großen internationalen Kreis von Bewunderern gefunden, unter denen sich Kinder, sozial Engagierte bis hin zu Medienstars und andere große Künstler befanden. Haring erfand eine geistreiche, ausdrucksstarke Formensprache mit leicht wiedererkennbaren Elementen und allgemein verständlichen Symbolen wie Heiligenschein, Kreuz, Pyramide und Herz, die in unserem mediengeprägten Zeitalter unmittelbar anspricht.

2. Einsatzmöglichkeiten im RU

Comics zeichnen
- Sch erhalten den Auftrag, eine der angebotenen Dilemmageschichten in einen Comic umzusetzen. Dazu müssen sie zunächst die wesentlichen Handlungsschritte abgrenzen und direkte Rede bzw. Gedanken formulieren.

Eigene Dilemmageschichten erfinden
- Sch wählen sich aus der unten stehenden Konfliktliste einen aus, entwerfen eine Dilemmafrage und schreiben dazu eine eigene Dilemmageschichte.

Infrage kommende Konflikte:
- Familie vs. Freunde;
- Ehrlichkeit vs. Privatsphäre;
- Sportlicher Erfolg vs. Freundschaft;
- Gleichberechtigung vs. eigener Vorteil.

Rollenspiele
- Sch wählen eine Dilemmageschichte aus oder schreiben eine eigene und setzen diese szenisch um.
- L bereitet Rollenkärtchen vor und lässt das Rollenspiel offen laufen.

Alternative zur Mindmap: Zwei-Felder-Tafel
- Sch erhalten das abgebildete Schema auf einem Plakat vorbereitet und füllen es für eine Dilemmasituation aus.

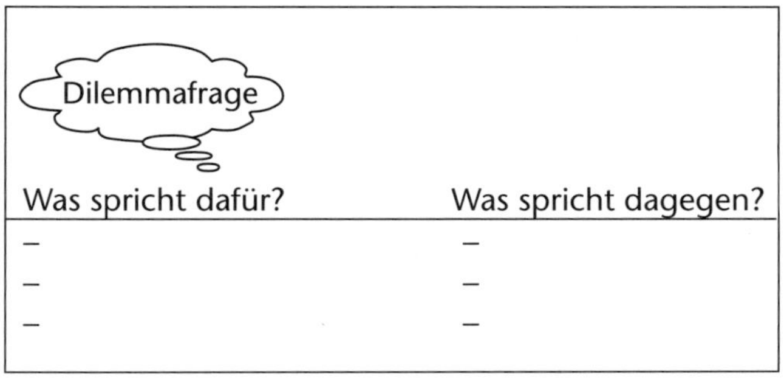

Schreibgespräch
- Sch betrachten das Bild von Keith Haring. Es ist als Folie enthalten in *Bilder aus Religion vernetzt 7 und 8. 36 Farbfolien,* München 2006, ISBN 3-466-50717-0.
- L legt mehrere große Blätter aus (evtl. nochmals mit Kopie des Bildes in der Mitte).
- Sch wählen in Stille ein Blatt, setzen sich dazu und schreiben ihre Gedanken zum Bild darauf. Kommentare sind erwünscht.
- Zur Auswertung werden alle Plakate in die Mitte eines gemeinsamen Stuhlkreises gelegt.
- Sch berichten, wie es ihnen ergangen ist.

3. Weiterführende Anregung

Dilemma suchen
- Die täglich gesendeten Fernsehserien sind voller echter und unechter Dilemmata. Sch nehmen als HA Videosequenzen auf (Zeit begrenzen!) und entwerfen dazu ein Schaubild, worin das Dilemma sichtbar wird.

1. Hintergrund

Orientierung 3 (**40f.**) ist dem thematischen Übergang vom Dilemmakonflikt zu Schuld gewidmet. Dabei wird der Einstieg in die bekanntermaßen problematische Schuldthematik weniger philosophisch, als vielmehr psychologisch gewählt: Zu welchem Umgang mit Schuld sind Menschen in der Lage?

Thomas Lange (geb. 1957)
Mit seinem künstlerischen Ansatz versucht der Berliner Künstler Thomas Lange Vergangenheit, Gegenwart und Zukunft in Gemälden zusammenzubinden. Seit 1988 lehrbeauftragt an der Hochschule der Künste in Berlin, lebt er – wie er auch seine Kunst in die Tradition der italienischen Renaissance stellt – nicht nur dort, sondern auch zeitweise in Torre Alfina/Italien.

Thomas Lange: »Adam Oggi I«, 1996/97
Thomas Lange zitiert das 1425 geschaffene Fresko »Die Vertreibung aus dem Paradies« von Masaccio (s. u.) in einer gleichnamigen Installation aus dem Jahr 1996/97; in dieser Phase seines Schaffens fesselte ihn die Vertreibung aus dem Paradies in Gen 3,24. So zeigt das Gemälde *Adam Oggi I* (ital.: Adam heute) eigentlich Adam, der in leidvoller Erkenntnis mit Eva das Paradies verlässt. Zudem zielt Lange aber auch auf die Darstellung des menschlichen Leids an sich ab, indem er die menschliche Grundsituation des Leidens und der Paradieslosigkeit aufgreift. Er holt das biblisch-traditionelle Thema in die Gegenwart und hebt so die Grenze der Zeit auf. Es ist somit interpretatorisch legitim, für den abgebildeten Adam Gründe für sein Leiden frei zu fantasieren. Dabei ist festzuhalten, dass es dem Künstler nicht um Depressionsgefühle geht, sondern um die Hoffnung auf ein paradiesisches Leben jenseits der Welt. So ist die Verzweiflung des abgebildeten Adam (= Menschen) Folge seiner Erkenntnis und der Auflehnung gegen Gott. Der Künstler macht dem/der Betrachtenden damit ein Angebot, hinter die Zeit der Vertreibung zurückzublicken.

Masaccio: »Die Vertreibung aus dem Paradies«, 1425

Der im Anschluss gedruckte **Text** spricht Schuldgefühle genauso direkt aus, wie sie Thomas Langes Bild zeigt. Trotz fehlender Zeugen bereut ein Täter hier seine Tat und spürt dies sogar körperlich. Psychosomatische Folgen von Schuldgefühlen sind in unserer Welt allgemein anerkannt. Die Konsequenzen einer bösen Tat erschrecken gleichermaßen wie die Erkenntnis, zu welcher Brutalität ein Mensch fähig ist.
Ein anderes Gefühl von Beteiligung bzw. Schuld formuliert Reinhard Mey in seinem **Liedtext**. Der erfolgreiche, 1942 geborene Berliner erzählt in dem 1973 veröffentlichten Chanson von der Zweigespaltenheit des Menschen. In ihm ringen ein rühriges Gewissen und eine sich gegen Mitmenschen abschottende Seele miteinander. Letztlich – so sagt es der Titel des Liedes – bleibt der Sänger in der Unruhe gefangen, wobei das Lied deutlich mögliche Auswege aufzeigt.
Die künstlerische Installation der **Unschuldsseife** von Ottmar Hörl stellt den Ausspruch des Pontius Pilatus »Ich wasche meine Hände in Unschuld« (Mt 27,24) gegenständlich dar. Das Objekt ist ein *Multiple*. Unter »Multiple« versteht man »Originale in Serien«, d. h. die in hohen Stückzahlen angefertigten Objekte sind nicht einem Original nachgebaut, sondern verstehen sich selbst als Original. Das Multiple gilt als eine eigene Kunstgattung. Hörl hat seine »Unschuldsseife« auf 82 Millionen Stück limitiert. Ziel des Künstlers ist es, möglichst viele Bürgerinnen und Bürger dazu zu bringen, ihre Hände in Unschulds(seifen) zu waschen, und zwar nicht primär aus Profitgründen. Die Abbildung der Unschuldsseife ist als Folie enthalten in *Bilder aus Religion vernetzt 7 und 8. 36 Farbfolien,* München 2006, ISBN 3-466-50717-0.

Ottmar Hörl (geb. 1950)
Ottmar Hörl wurde 1950 in Nauheim geboren und ist seit 2005 Präsident der Akademie für Bildende Künste in Nürnberg. Mit seinen Installationen greift der Bildhauer öfter Redewendungen oder religiöse Motive (etwa der betende Gartenzwerg, die Speisung der Fünftausend) auf. Kontakt über www.ottmarhoerl.de.

2. Einsatzmöglichkeiten im RU

Schuldgefühlen nachgehen

- Sch betrachten das Gemälde von Thomas Lange und äußern spontan ihre Ideen, Assoziationen und Gefühle.
- Anschließend erhalten sie **M 8.2.6, Lehrerkommentar S. 100**, und schreiben die Gedanken nieder.
- Sch geben dem Bild eine Überschrift.

Das Lied gemeinsam singen und erschließen

- Sch und L singen gemeinsam Reinhard Meys Lied.
- Sch sortieren in PA die Textinhalte nach guten und schlechten Gefühlen und Gedanken.
- Sch sammeln weitere Abwehrsätze (z. B. Das geht mich nichts an) und diskutieren in GA, warum diese bei dem Liedsänger nicht wirksam genug sind.

Dichtung und Wahrheit

- Sch erhalten **M 8.2.7, Lehrerkommentar S. 101**, beschriften in EA die beiden Seiten des abgebildeten Männchens:
  - Der Schatten enthält die Schuldgefühle, das schlechte Gewissen und die ehrlichen Gedanken.
  - Der Holzkörper steht für die »Fassade«, die den anderen Menschen gezeigt wird, das, was auch manchmal dazugedichtet wird.
- Sch überlegen, wem gegenüber sie ehrlich sind: Gibt es jemanden, dem sie auch das, was für sie selbst schlimm, peinlich oder böse ist, anvertrauen können?
- Sch schreiben ein Gebet mit der Bitte darum, dass die beiden Seiten, die sie auf dem AB gestaltet haben, in Kontakt miteinander und mit Gott kommen.

Alternative:

- In GA wird das Innen und Außen einer Klasse oder Clique auf dem AB dargestellt.

Umgang mit Schuld

- Sch erhalten **M 8.2.8, Lehrerkommentar S. 102**, und tragen die passenden Begriffe ein.

Lösung:

1. Sie ertragen die Schuld;
2. sie wehren die Schuld ab;
3. sie bürden jemand anderem die Schuld auf;
4. sie färben ihre Schuld schön;
5. sie geben jemandem allein die Schuld;
6. sie versuchen, die eigene Schuld zu verbergen;
7. sie tragen die Schuld eines anderen mit;
8. sie bittenjemand um Entschuldigung.

- In GA erstellen sie ein Ursache-Wirkungs-Diagramm (vgl. **M 8.2.9, Lehrerkommentar S. 103**) zu einer der Umgangsformen mit Schuld.
- Sch erklären, warum die auf **M 8.2.8, Lehrerkommentar S. 102**, dargestellten Umgangsformen nicht weiterhelfen, und überlegen sich Möglichkeiten für einen hilfreichen Umgang mit der eigenen Schuld.

Rap dichten

- Sch dichten in PA den Text unter dem Bild von Thomas Lange in einen Rap oder ein Gedicht um und tragen es vor.

Die rechte Mitte finden

- Sch werden mit dem Spruch »Sein Gewissen war rein, er benutzte es nie.« konfrontiert. Sie machen ein Brainstorming zu einer Person, die ohne Schuldgefühle lebt (TA links).
- Sch machen ein zweites Brainstorming zu einer Person mit überwachem Gewissen (TA rechts).
- Sch dichten einen Zweizeiler über ein »gesundes« Gewissen.

Oberflächlicher Umgang mit Schuld

- Sch werden mit dem auf Folie kopierten **M 8.2.10, Lehrerkommentar S. 104**, mit einer fiktiven Internetseite und der Buchwerbung von Dr. Ohnesorg konfrontiert.
- Sch äußern ihre Meinung über die Werbung und das Internet als Ort für Schuldbewältigung.
- Sch gestalten am PC eine eigene Seite mit ironisch gemeinten Tipps zum Umgang mit Schuld und stellen dabei Kommerz in den Vordergrund.
- Im Klassenverband wird diskutiert, in welcher Situation ein solches Angebot nutzt, wann nicht.

Hände in Unschuld waschen

- Sch betrachten Unschuldsseife (auch als Folie enthalten in *Bilder aus Religion vernetzt 7 und 8. 36 Farbfolien,* München 2006, ISBN 3-466-50717-0) und äußern ihre Gedanken. Dies ist auch als Schreibgespräch möglich.
- Die Herkunft der Redewendung und Ansinnen des Künstlers wird geklärt.
- Sch sammeln Beispiele aus ihren Erfahrungsbereichen, wo die Redewendung benutzt wird, und erstellen eine Rangliste der Dringlichkeit.
- Sch sammeln in Zeitungen oder im Internet aktuelle Beispiele, wo Menschen ihre »Hände in Unschuld waschen«, und gestalten eine Wandzeitung.

Ethisches Lernen – christliches Menschenbild

Zwei Geschäftsleute befinden sich auf einer Safari in Afrika. Man hört Trommeln im Urwald. Der Safariführer sagt nur, bevor er davonläuft: »Ein Löwe kommt in unsere Richtung.« Darauf zieht sich der eine Geschäftsmann Rennschuhe an. »Was machst du da?«, fragt der andere: »Du kannst doch nicht schneller rennen als ein Löwe!« – »Muss ich ja auch nicht«, sagt der erste. »Ich muss nur schneller rennen als du!«

Angesichts solcher Entsolidarisierungstendenzen in der Gesellschaft und der Selbstverwirklichungsorientierung des Einzelnen erscheint ethisches Lernen, das Jugendliche fit machen will für das Überleben im Berufsalltag, sie aber gleichzeitig zu sensibilisieren sucht für die Nöte und Leiden anderer, wie die Quadratur des Kreises. Antwortversuche auf ethische Fragestellungen, etwa in den zwischenmenschlichen Beziehungen der Jugendlichen oder in Politik und Wirtschaft, Umwelt und Medizin, reichen von der eher resignativen Haltung eines unbegrenzten Relativismus in einer Welt des Wertepluralismus bis hin zur Forderung nach der Vermittlung eines festen Wertekanons, ohne sich die Notwendigkeit der Auswahl und damit die Gefahr der Indoktrination eingestehen zu wollen.

Trotz dieser Problematik wird es unaufgebbarer Anspruch der Schule allgemein und des RU im Besonderen bleiben, Jugendlichen jenseits extremer Positionen Wege elementarer ethischer Verbindlichkeiten anzubieten, die Toleranz- und Dialogfähigkeit mit einer Standortbezogenheit zu verbinden vermögen.

Um Sch in der Entwicklung einer zunehmend eigenständigen und reifen Urteils- und Handlungskompetenz zu unterstützen, kann es nicht um das Einpauken fertiger Lösungen gehen, sondern um die Auseinandersetzung mit konkreten Dilemmata und Konflikten, die Menschen anregt, bisherige Handlungsweisen zu hinterfragen, sich für neue Argumente und Positionen zu öffnen, den eigenen Standpunkt zu festigen oder zu korrigieren (vgl. religionspädagogik kompakt »Dilemmageschichten – Lernen aus Widersprüchen«, Lehrerkommentar zu Religion vernetzt 6, S. 74). Gerade Formen partnerschaftlicher Interaktion und Kooperation können im Gegensatz zur bloßen Vorgabe von Normen durch Autorität die Notwendigkeit der gemeinsamen Suche nach dem richtigen und verantwortlichen Handeln verdeutlichen und einüben. Wesentlich ist aber auch, dass Sch lernen, sich in die Situation anderer hineinzuversetzen (Entwicklung von Fantasie und Empathie) und vom anderen her zu denken (Fähigkeit zum Perspektivenwechsel) sowie Wirklichkeit und die daraus erwachsende Verantwortung adäquat wahrzunehmen. Dies setzt die Vermittlung einer entsprechenden Sachkompetenz und Möglichkeiten zur vertieften Reflexion voraus.

Ziel eines diskursethischen Ansatzes ist die Förderung grundlegender ethischer Haltungsbilder, die die Basis für die ethische Urteils- und Handlungskompetenz bilden und die mit in die eigenständige verantwortliche Entscheidung einfließen. Zu unterscheiden ist dabei zwischen individuellen Haltungsbildern, wie Selbstannahme, -findung und -distanz, und sozialen Haltungsbildern, wie beispielsweise Weltoffenheit, Glaubwürdigkeit oder Hilfsbereitschaft. Zu einer nachhaltigen Entwicklung solcher Haltungen tragen neben der Auseinandersetzung mit Dilemmasituationen, dem »Durchspielen« von Streitgesprächen oder sittlichen Urteilsfindungen (Sehen, Urteilen, Handeln) vor allem auch längerfristige *Compassion*-Projekte als Formen des sozialverpflichtenden Lernens bei.

Grundgelegt und motiviert sind diese Haltungen im christlichen Menschenbild, insbesondere in der Gottebenbildlichkeit, Gleichheit und Freiheit aller Menschen. Gerade in einer leistungsorientierten Schullandschaft erscheint es mit Blick auf die Gesellschaft notwendig, auf der Basis des christlichen Glaubens auch Erfahrungen von Schuld, Scheitern und Versagen des Menschen und die Möglichkeit der Umkehr und des Verzeihens zu vermitteln, weil jeder Mensch sich und die anderen als von Gott angenommene und geliebte Wesen begreifen darf.

Besonders prägnant und einprägsam begegnet der ethische Anspruch des christlichen Menschen- und Gottesbildes im Doppelgebot der Liebe, verbunden mit dem Gleichnis vom barmherzigen Samariter (Lk 10,25-37): Die theoretische Frage, wer der Nächste ist, wird aus der Perspektive dessen gestellt, der das Richtige tun will, um das ewige Leben zu erlangen, und der mit der Möglichkeit einer klaren Definition und Grenzziehung (Ausgrenzung) rechnet. Jesus hingegen nimmt die unhinterfragbare Perspektive des Hilfsbedürftigen ein, wenn er fragt, wer diesem zum Nächsten wurde.

M. S.

Literatur

Adam, Gottfried, Ethisches und Soziales Lernen, in: Bitter, Gottfried u.a. (Hg.), Neues Handbuch religionspädagogischer Grundbegriffe, München 2002, 238-243
Adam, Gottfried/Schweitzer, Friedrich (Hg.), Ethisch erziehen in der Schule, Göttingen 1996
Ernst, Stephan/Engel, Ägidius, Grundkurs christliche Ethik. Werkbuch für Schule, Gemeinde und Erwachsenenbildung, München 1998
Dies. (Hg.), Christliche Ethik konkret. Werkbuch für Schule, Gemeinde und Erwachsenenbildung, München 2001
Metz, Johann Baptist/Kuld, Lothar/Weisbrod, Adolf (Hg.), Compassion. Weltprogramm des Christentums, Freiburg i.Br. u.a. 2000
Ziebertz, Hans-Georg, Ethisches Lernen, in: Hilger, Georg u.a., Religionsdidaktik. Ein Leitfaden für Studium, Ausbildung und Beruf, München 2001, 402-419

Was ist Schuld? Was ist Sünde?

Orientierung 4 [42] [43]

1. Hintergrund

Die Begriffe »Schuld« und »Sünde« sind philosophisch-theologische Grundbegriffe, deren Bedeutung bis heute nichts an Brisanz verloren hat: Einerseits sind es Arbeitsbegriffe und man ist gut beraten, Sch keine allgültige Definitionen vorzugeben. Andererseits dürfen die Begriffe aber nicht in Beliebigkeit verschwimmen.
Orientierung 4 (**42f.**) bietet eine Fülle unterschiedlicher Zugangsweisen zu den beiden Begriffen, die nicht Stück für Stück abgearbeitet werden müssen. Es gilt vielmehr, die Bedeutungsbreite von Schuld und Sünde sowie ihre existenziale Bedeutung für den Menschen hervorzuheben. Mit den angebotenen Materialien von *Orientierung 4* (**42f.**) können sich Sch selbst auf der Basis eines christlichen Menschenbildes tragfähige Definitionen erarbeiten.
Man beachte bei der Auseinandersetzung mit Schuld und Sünde, dass außerhalb des (katholischen) RU ein offenes Interesse am Sündenbegriff besteht, der jedoch auf große Empfindlichkeiten treffen kann, weil er eben an eine einseitige Gottesvorstellung gekoppelt ist.
Der 1990 verstorbene Populärkünstler Keith Haring (Biografie siehe Lehrerkommentar S. 77) hatte sich als Ziel gesetzt, verstehbare Kunst für Massen zu schaffen. So ist sein **Sündenbock-Gemälde** ein eindrückliches Beispiel davon und führt zugleich auf eine Anwendung des Sündebegriffs hin, der in unserer Umgangssprache seinen Platz hat, seine Herleitung jedoch aus dem AT: In Lev 16 wird das Ritual für den *Yom Kippur*, den jüdischen Versöhnungstag, beschrieben. Ein Jungstier wird geopfert und das Haus Aaron dadurch gesühnt. Ein Ziegenbock wird in einem bestimmten Ritual mit der Sünde des Volkes Israel beladen und danach in die Wüste gejagt.
Das Zitat des Schriftstellers **Wolfdietrich Schnurre** (1920-1989) wägt zwei Schuldbegriffe gegeneinander ab: den juristischen und den moralischen. Im juristischen Sinne schuldig ist nur, wer schuldfähig ist. Laut §19 StGB sind Kinder nicht schuldfähig; nach §20 StGB liegt bei seelischer Störung ebenfalls Schuldunfähigkeit vor. Eine schuldhafte Tat, in diesem Sinne eine Straftat, liegt dann vor, wenn ein vorsätzlicher bzw. fahrlässiger Verstoß gegen ein geltendes (!) Gesetz begangen wird. Der Staat hat sich mit dem Strafgesetzbuch (StGB) ein Hilfsmittel geschaffen, womit Schuld scheinbar in den Griff zu bekommen ist. Jedoch ist der moralische Begriff von Schuld viel vager und weitreichender.
Der Freisinger Moraltheologe **Johannes Gründel** (geb. 1929) meldet sich gesellschaftskritisch zu Wort. Seine Gedanken zum Thema Schuld betreffen vor allem den Umgang mit dieser in unserer Leistungsgesellschaft. Damit bindet sich sein Gedanke zurück an Inhalte, die im Rahmen der Leistungsorientierung der Schule (vgl. *Kontext,* **33**, und »Amok« auf *Pinnwand,* **34**) schon gestreift wurden. Schuld wird mit Schwäche und diese eben mit mangelnder Leistungsfähigkeit assoziiert.
Der **Definitionskasten »Schuld«** ist im Vielklang der verschiedenen Zitate ein Leitfaden. Darin werden einige Attribute zugeordnet und – im Rückgriff auf *Orientierung 3* (**40f.**) – Schuldgefühle und Schuldbewusstsein gegeneinander abgegrenzt. Die Einordnung in die christliche Weltsicht findet hier ihren Platz.
Der gegenübergesetzte **Definitionskasten »Sünde«** führt der Natur des Begriffes nachkommend tiefere theologische Gedanken an und mündet bereits in das Thema Vergebung, das *Orientierung 5* und *6* (**44ff.**) sowie *Perspektiven 3* (**52f.**) vertieft wird.
Paulus schreibt in **Röm 7,19-23** von den Gesetzen, die den Menschen umgeben. Dabei steht im griechischen Urtext *nomos*, d. h. die Norm. Paulus meint hier nicht das jüdische Gesetz im buchstäblichen Sinn, sondern ein moralisches Gesetz. Er vermittelt das Bild eines Menschen, der (eigentlich) das Gute will, dessen Leib aber das Böse tut. Dabei empfindet Paulus sein eigentliches Wesen als etwas anderes als die Sünde, die wie ein Parasit »in ihm wohnt«.

Die **Karikatur** bildet – thematisch offener – zusammen mit dem Haring-Sündenbock eine Klammer. Die von Lasten niedergedrückte Welt schleppt sich, die Frohe Botschaft in der Tasche, der Erlösung entgegen. Ein Anknüpfungspunkt zum Thema Schuld bzw. Sünde ist in der Verantwortlichkeit der Menschen für die Welt als Schöpfung Gottes zu sehen. Durch den Wegweiser zur Erlösung wird die Frage aufgeworfen, welchen spezifisch christlichen Beitrag wir zu leisten haben.
Der Philosoph und Theologe **Sören Kierkegaard** (1813-1855) setzt sich mit Sünde und Angst auseinander. Für ihn sind sie in einem Ursache-Wirkung-Teufelskreis miteinander verquickt. Er bindet sich einerseits zurück an die Gründelsche Kritik am Umgang mit Schuld in der Leistungsgesellschaft, andererseits psychologisiert er Sünde. Trennung von Gott und damit Trennung vom letzten Urgrund, also Sünde, kann nur aus der Angst passieren, man selbst zu werden.
Klaas Huizing, 1958 geboren und Professor für Systematische Theologie der evangelischen Fakultät in Würzburg, definiert Sünde als *Coolness*. Gefühlskälte trifft Sch als Teil unserer (Leistungs-)Gesellschaft ins Mark. Miteinander und füreinander da sein sind nicht der einzig denkbare Gegensatz; auch die Kälte im Umgang mit sich selbst ist hier als Sünde bezeichnet.
Petrus Ceelen, geboren 1943, ist katholischer Theologe und Gesprächstherapeut und arbeitet seit 12 Jahren als Seelsorger im Vollzugskrankenhaus Hohenasperg. Ein Mann, der von Berufs wegen tiefen Einblick in Menschenseelen hat, kann die innere Dynamik einer sündhaften Situation passend in Szene setzen: Im Dialog der zwei Ichs, die miteinander innerhalb einer Person im Konflikt liegen. Die Person im ständigen Dilemma mit sich selbst birgt gleichermaßen den Weg zu Gott wie auch den Eisernen Vorhang zu ihm.

2. Einsatzmöglichkeiten im RU

Eine Umfrage durchführen
- Sch befragen Mit-Sch, Lehrkräfte und Eltern nach ihrem Verständnis von Sünde und Schuld.
- In KG werden die Ergebnisse der Umfrage ausgewertet.

Definitionen lesen und vergleichen
- Sch lesen die beiden Definitionskästen und grenzen Sünde und Schuld durch Textvergleich gegeneinander ab.
- Sch erstellen dazu ein Schaubild.

Schuld in unserer Leistungsgesellschaft?
- Sch erhalten **M 8.2.11, Lehrerkommentar S. 105,** und füllen dieses aus.
- Anschließend tauschen sie sich darüber aus, wie sie selbst zur eigenen Schuld stehen können.

Sich mit prominenten Aussagen zum Schuld-Thema auseinandersetzen (*)
- Sch verfassen in PA einen Dialog zwischen den beiden Ichs im Ceelen-Text.
- Sch lesen den Text von Kierkegaard und verfassen in EA einen Brief an die Angst.
- Sch erarbeiten den Textauszug aus der Rede von Johannes Rau auf **M 8.2.12, Lehrerkommentar S. 106,** anhand der dort erwähnten Leitfragen.

Eine Schuld-Collage gestalten (*)
- Jede/r Sch wählt sich eine Person auf dem Haring-Bild aus und zeichnet sie vergrößert ab.
- In die Figur werden mögliche Gedanken der betreffenden Person geschrieben.
- Alle Figuren werden auf einer Stellwand zusammengeheftet und im Plenum werden die Stellungnahmen erörtert.

Auszählreime
- Ein/e Sch liest die Auszählreime von Christine Nöstlinger auf **M 8.2.13, Lehrerkommentar S. 107,** laut vor.
- Sch schreiben Fragen, Kritik oder andere Bemerkungen neben die betreffende Stelle im Gedicht.
- Sch schreiben eine begründete Stellungnahme dazu, ob das Gedicht die Wirklichkeit trifft.

3. Weiterführende Anregungen

Eine Ausstellung gestalten
- Manche Ergebnisse der mit (*) gekennzeichneten Einsatzformen sind geeignet, sie als Textausstellung der Schule zu präsentieren. Um Missverständnisse und unerwünschte Provokation zu vermeiden, sollten die Originalzitate (und Kurzbiografien) dazugruppiert werden.

Über den Tellerrand hinausschauen PINNWAND 37
- Sch informieren sich in einem Internetprojekt über Sinn von Strafen im Jugendstrafrecht.

Elementarisierung am Beispiel von Lukas 15

Im RU wird zu Recht versucht, komplexe Inhalte biblischer Texte auf wesentliche Aspekte hin zu vereinfachen, zu elementarisieren, um Sch das Verständnis zu erleichtern. Problematisch wird diese Vorgehensweise allerdings, wenn es sich um die Reduzierung auf ein abfragbares Wissen handelt und damit eine weitere Auseinandersetzung mit dem Original überflüssig erscheint. Bei einem elementarisierenden Zugang zu einem Text wie Lk 15,11-32 ist es daher wesentlich, immer wieder deutlich zu machen, dass es sich nur um ein Deutungsangebot handeln kann, das offen bleiben muss für neue, überraschende Perspektiven und sich im Laufe der Jahre – auch für Religions-L – verändern wird.

Um Sch bei einer elementarisierenden »Entdeckungsreise« in die Textlandschaft von Lk 15,11-32 nicht zu über- oder zu unterfordern, sondern ihre Neugierde wachzuhalten, sind ihre kognitiven und emotionalen Voraussetzungen zu berücksichtigen, und zwar so, dass ein altersadäquater Zugang möglich wird, der aber mit Blick auf die weitere Entwicklung mitwachsen kann und nicht später als zu kindlich abgelehnt wird.

Neben dieser Doppelbewegung zwischen elementaren Strukturen (Text) und elementaren Zugängen (Rezipient) ist immer auch nach den elementaren Erfahrungen zu fragen. Dabei können sich die in Lk 15 geschilderten Erfahrungen mit heutigen überschneiden, aber auch in ihrer Fremdheit irritierend und damit nicht nur für Jugendliche herausfordernd sein. Vor der eigentlichen methodisch-didaktischen Umsetzung (elementare Lernwege) ist unter theologischem Blickwinkel noch zu erwägen, was Sch an wesentlichen Aussagen der Perikope zumutbar erscheint, was sie für sich als lebensbedeutsam entdecken können.

Ziel ist es, die fünf Fragerichtungen möglichst in gleicher Weise zu berücksichtigen und nicht zugunsten eines Aspektes das zum Teil spannungsreiche Gleichgewicht aufzulösen:

Elementare Zugänge: Unter Berücksichtigung der Entwicklung des moralischen Urteils, insbesondere des Gerechtigkeitsverständnisses (L. Kohlberg), bleibt es fraglich, ob man bei jüngeren Sch die Auseinandersetzung des Vaters mit dem älteren Sohn weglassen sollte, da Kinder das Verhalten des Vaters als ungerecht empfinden könnten und damit die theologische Aussage der alles überbietenden Liebe Gottes überlagert werden könnte. Andererseits verbietet es sich unter sachorientiertem Blickwinkel, einen biblischen Text auf ein »verständliches« Maß zu reduzieren, zumal Kinder im Jugendalter fragen werden, warum sie nur die halbe Parabel kennengelernt haben.

Elementare Strukturen: Im Kontext der Gleichnistrilogie (Lk 15,1-32) über das Verlieren, Wiederfinden und Sich-(zu Recht) darüber-freuen setzt sich die Parabel in Lk 15,11-32 mit dem unkonventionellen Verhalten Jesu gegenüber den gesellschaftlich religiös ausgegrenzten Sündern und Zöllnern (vgl. jüngerer Sohn als Hauptfigur des ersten Teils) und den kritischen Einwänden der Pharisäer und Schriftgelehrten (vgl. älterer Sohn als Kontrahent und Kontrastfigur im zweiten Teil) auseinander (Lk 15,1-3). Der Vater als »Handlungssouverän« lässt den jüngeren Sohn seine (Grenz-)Erfahrungen machen, kommt aber dem in Not und in eine Krise Geratenen mit uneingeschränkter Freude entgegen. Ebenso geht er auch auf den Älteren zu, der zwar zu Hause geblieben ist, aber dessen Beziehung zum Vater offenbar weniger von der Liebe als vom Pflichtgefühl geprägt war.

Elementare Wahrheiten: Die zweimalige Betonung der Kernaussage »Er war (fast) tot und lebt wieder, er war verloren und wurde wieder gefunden« (V. 24; V.32) macht deutlich: Ganz gleich wie der Mensch kommt, wenn er nur kommt, wird Gott ihm vergeben. Damit verweist das »Evangelium im Evangelium« ganz im Sinne lukanischer Theologie auf das wiedergefundene Heil und Leben, auf Errettung vom Tod und auf die Auferstehung.

Elementare Erfahrungen: Die Parabel eröffnet neben der theologischen Blickrichtung eine breite Palette existenzieller Fragen, wie etwa nach den eigenen Träumen vom Leben, nach der Sehnsucht nach Anerkennung und Gemeinschaft, aber auch nach der eigenen Fähigkeit zur Umkehr und eigenen (Vor-)Urteilen. So kann die Erzählung in Lk 15,1-32 auch als miss- bzw. gelungene Konfliktbewältigung bzw. Kommunikation gelesen werden: Beispielsweise wird über die Forderung des Erbes und den Aufbruch in die Ferne gar nicht groß diskutiert. Bei der Rückkehr fällt dem jüngeren Sohn nicht mehr ein als das, was er sich zuvor zurechtgelegt hat. Der Vater dagegen fällt ihm ins Wort, spricht aber dann nicht mit ihm, sondern mit dem Knecht. Der ältere Sohn wird nicht zum Fest eingeladen, vielmehr sieht er sich wieder einmal vor vollendete Tatsachen gestellt. Statt zum Vater und Bruder zu gehen und seinen Zorn loszuwerden, frisst er ihn in sich hinein. Erst als der Vater vor das Haus tritt, kommt es – nach Jahren – zu einer ersten Aussprache. Der ältere Sohn scheint die familiären Be-

ziehungen aus dem Blick verloren zu haben, wenn er den Vater nicht direkt anspricht
und seinen Bruder nur als »deinen Sohn« bezeichnet. Der Vater dagegen spricht ihn mit »mein Sohn« an und redet von »deinem Bruder«. Völlig offen bleibt, ob es noch zu einem Gespräch zwischen den beiden Brüdern kommt. Die Geschichte weiterzuschreiben, bietet sich damit als spannende Lernchance.
Elementare Lernwege: Neben Zugängen über unterschiedliche Rezeptionsformen, etwa Gemälde von Rembrandt bis Slevogt oder literarische Texte von Kafka bis Marti, kann auch ein Vergleich mit dem Märchen »Hänsel und Gretel« zu überraschenden Perspektiven führen: Die notwendige, aber in der Regel konfliktreiche Loslösung vom Elternhaus verlangt die Aufgabe des Paradieses der Kindheit. »Hexenhäuser« und »Freudenhäuser« können nur scheinbar den Hunger und Durst nach Leben stillen. Erst die Überwindung innerer und äußerer Widerstände und Hindernisse erlaubt die Rückkehr in das wiedergefundene Haus der Geborgenheit und Liebe, das jetzt aber auch Freiheit zulassen kann. Reizvoll wäre es zu fragen, was geschehen wäre, wenn der ältere Bruder, der ansonsten »draußen vor der Tür« bleibt, sich mit dem jüngeren auf den Weg des Erwachsenwerdens begeben hätte.

M. S.

Literatur

Bauschke, Martin, Abraham und Aschenputtel. Brückenschlag zwischen Bibel und Märchen, Stuttgart 2006

Diefenbach, Manfred, Zum 24. Sonntag im Jahreskreis (C) Lk 15,1-32, www.perikopen.de

Fenske, Wolfgang, Ein Mensch hatte zwei Söhne. Das Gleichnis vom verlorenen Sohn in Schule und Gemeinde (Theologie für Lehrerinnen und Lehrer – Thema), Göttingen 2003

Müller, Peter/ Büttner, Gerhard/Heiligenthal, Roman/ Thierfelder, Jörg, Die Gleichnisse Jesu. Ein Studien- und Arbeitsbuch für den Unterricht, Stuttgart 2002, 137-155

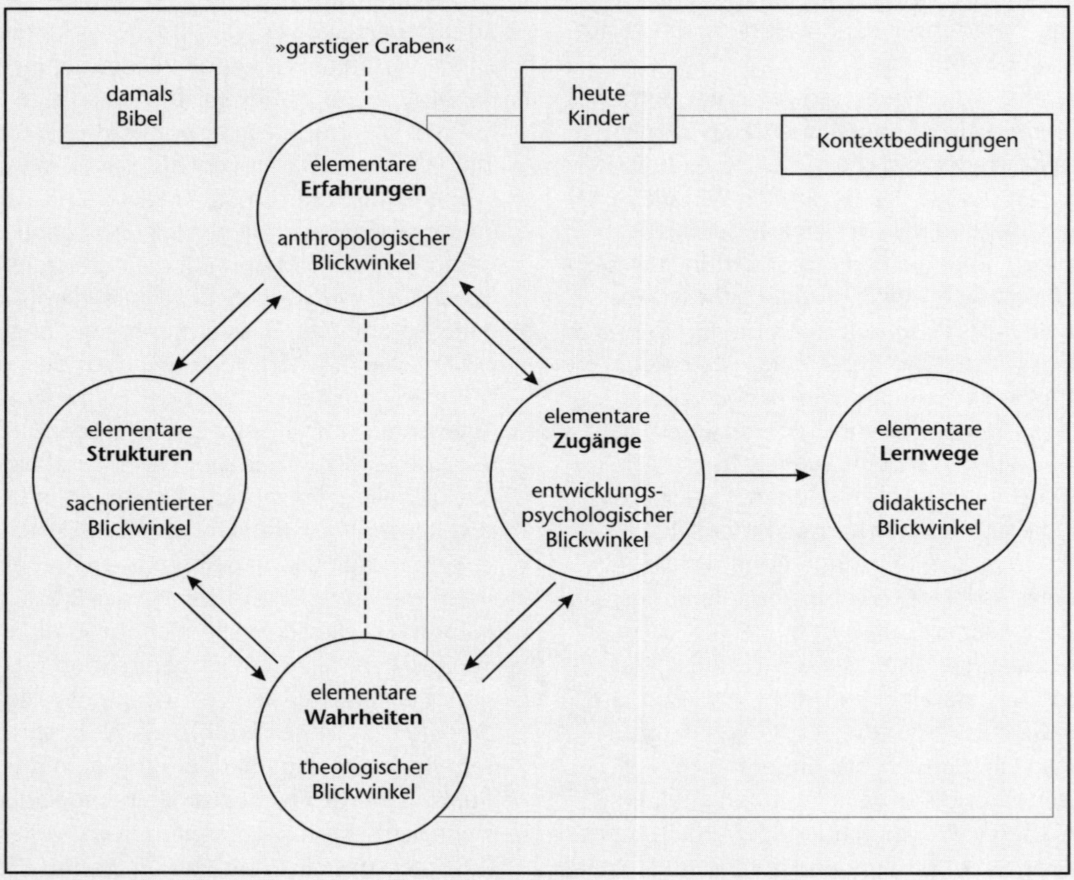

1. Hintergrund

Eine indianische Weisheit rät: »Urteile nie über einen anderen, bevor du nicht wenigstens einen Tag in seinen Mokassins gelaufen bist.« Die Perspektive eines anderen einzunehmen, übt den flexiblen, geschärften Blick und führt ihn auf neue Bahnen. In diesem Sinne wird eine gut bekannte Parabel des Neuen Testaments, die Parabel vom barmherzigen Vater (Lk 15, 11-32), auf *Orientierung 5* (**44f.**) mit anderen Augen betrachtet.
Optische Einladung bietet hierzu die Gestaltung im Web-Design. Die Darstellungsform in verschiedenen Fenstern, die angeklickt werden können, sind den Schülern als solche vertraut. Nun können sie lernpsychologisch genutzt werden, indem ein Primärfokus (angeklicktes, ausgewähltes Fenster) vor einem Hintergrundpanorama aus anderen (nicht angeklickt bedeutet nicht unbedingt weggeklickt) Fenstern gewählt wird. Auch die von anderen Doppelseiten gewöhnten Fragekästen sind dem Design unterworfen. Insgesamt wird damit angedeutet, dass die Geschichte von ganz unterschiedlichen Blickwinkeln her betrachtet und gedeutet werden kann. Dies dient der Förderung des Denkens in Komplementarität.
Der **Einleitungstext** führt vom biblischen Rahmen, der ja ohnehin knapp ist (Lk 15,11a), direkt auf den bekanntesten Konflikt der Bildebene. Gleichzeitig wird deutlich, dass eine genauere Beschäftigung mit dem Text angeboten wird.
Im **Perspektivenwechsel**-Fenster wird das Gleichnis von hinten aufgerollt und damit in eine verfremdete Sicht gerückt: Der Bruder beschreibt die Forderung des Sohnes an den gemeinsamen Vater aus seiner Sicht. Lk 15,11-32 thematisiert den Bruderzwist nur indirekt und gegen Ende der Parabel.
Der Bibeltext der Parabel, Lk 15,11-32, gehört zum lukanischen Sondergut. Die Perikope gliedert sich in drei Szenen, was außer an der äußeren Handlung auch grammatikalisch an den Satzsubjekten abzulesen ist. Während der ausbezahlte Sohn sich immer weiter von zu Hause entfernt, bleibt sein Bruder (zwar auch außer Haus, jedoch) immer in der Nähe. Die Hauptschuld des »verlorenen« Sohns liegt im unverantwortlichen Verschleudern des Vermögens. Sein Umdenken wird angezeigt durch das Prädikat *»in sich gehen«*. Es gehörte zum religiösen Vokabular der frühchristlichen Zeit und meinte die Reue, die einer Umkehr vorausgeht. Passend dazu erfahren die Leserinnen und Leser, was den Sohn bewegt, in einem inneren Monolog.
Das Überraschende der Parabel ist, wie der Vater reagiert: Er eilt seinem Sohn entgegen, umarmt und küsst ihn. Das seine Rolle erschließende Verbum ist *»Erbarmen haben«*. Die Auszeichnungssymbole sprechen für sich: Der Sohn erhält ein Ehrenkleid (eigentlich Ehrengästen vorbehalten), den Ring (als Zeichen der Macht) und Schuhe (Abschreiten eines Feldes mit Schuhen bedeutet Besitz erlangen). Nicht ganz so emphatisch, jedoch nicht minder herzlich behandelt der Vater seinen anderen Sohn (V. 28b).
Dennoch reagiert der Bruder auf die Neuerungen mit Neid; er *wird zornig*, weil er sich ungerecht behandelt fühlt. Konsequenterweise benutzt er eine abwertende Sprache. Mit seiner Antwort in V. 31b (egal, ob juristisch oder affektiv gemeint) bleibt des Vaters Verhalten auch für ihn einladend. Die Parabel entbehrt eines eindeutigen Schlusses ob der Reaktion des Bruders im Gespräch mit seinem Vater.
Das **Deutungsangebot** setzt bei der vom Bruder empfundenen Ungerechtigkeit an und führt die Leserinnen und Leser zu der Unbegreiflichkeit Gottes: Die Botschaft des Textes wird nicht geglättet, das Ärgernis bleibt stehen. Mit dem Attribut »weltfremd« ist ausgedrückt, dass Christ-Sein Anders-Sein bedeutet.

Rembrandt (1606-1669)
Rembrandt, eigentlich Rembrandt Harmensz van Rijn, ist die stärkste und vielseitigste Erscheinung der holländischen Malerei des 17. Jahrhunderts, und zwar sowohl als Maler wie Radierer. Seine Kunst umfasst alle Stoffgebiete seiner Zeit, in erster Linie aber beschäftigten ihn biblische Inhalte und Porträts. Rembrandts Werk umfasst insgesamt etwa 700 Gemälde, 300 Radierungen und 1600 Handzeichnungen.

Rembrandt: »Der verlorene Sohn«, 1662
Die Heimkehr des verlorenen Sohns malte Rembrandt kurz vor seinem Tod. Wahrscheinlich wurde es sogar erst von einem Schüler vollendet. Das düstere, farbenarme Gemälde (Öl auf Leinwand 262 x 206 cm, Eremitage, St. Petersburg) leuchtet die Wiederaufnahmesituation punktuell aus. Das Gesicht des Vaters strahlt liebende Zärtlichkeit aus, was die Gestik seiner Hände unterstreicht. Der Sohn mag sich in schrankenloser Reue hingekniet haben, aus seiner Körperhaltung wird durch das Entgegenkommen des Vaters ein beruhigtes Sich-Anlehnen an den Vater – fast wie in einem mütterlichen Schoß sich bergend (wie Jes 49,14-16). So »klickt« Rembrandt Emotionen und Güte in den Vordergrund.
Die zwei Seiten-Beobachter blicken betroffen zustimmend drein, während der mittlere aufs schwächste beleuchtet um die Ecke späht. Diese Figur wird oft

mit dem Bruder identifiziert. Wegen der schwachen Ausleuchtung sind ihr keine eindeutigen Gefühlszüge zu entnehmen, was der Fantasie Freiheit lässt.
Das Bild ist als Folie enthalten in *Bilder aus Religion vernetzt 7 und 8. 36 Farbfolien,* München 2006, ISBN 3-466-50717-0.

2. Einsatzmöglichkeiten im RU

Perspektivenwechsel üben

- Sch lesen den Text »Perspektivenwechsel« und vergleichen ihn mit seinem Haftpunkt Lk 15,11-32.
- Orientiert am Vorbild dieses Textes schreiben Sch eigene innere Monologe der beteiligten Personen (Vater, Sohn, Bruder, Bürger, Knecht).
- Sch, welche dieselbe Figur gewählt haben, setzen sich in KG zusammen und vergleichen ihre Texte. Sie erarbeiten, was ihre neue Sicht für das Verständnis von Lk 15,11-32 gebracht hat.
- Im nächsten Schritt kann die Geschichte in einem Rollenspiel neu gespielt werden. Dabei sollten die Kommunikationsregeln von *Perspektiven 1* (**48f.**) beachtet werden.

Gottes Heilsangebot entdecken

- Sch erhalten **M 8.2.14, Lehrerkommentar S. 108,** und erarbeiten in PA Assoziationen zu den Verben »Erbarmen haben«, »in sich gehen«, »zornig werden« (das Dreieck bleibt frei).
- Sch lesen Lk 15,11-32 und entnehmen ihm, wie das Erbarmen des Vaters dem Zorn bzw. der Reue begegnet. Sie formulieren dazu in EA jeweils einen Satz in wörtlicher Rede (die Sätze werden in das Dreieck geschrieben).
- Sch schreiben ihre eigene Definition von Erbarmen Gottes in den Kasten.

Alternative: Sch überlegen Situationen, in denen eine erwartete Strafe nicht eingetreten ist, und tauschen sich darüber aus.

Den Bibeltext bearbeiten

- Sch erarbeiten eine Gliederung von Lk 15,11-32 mit Überschriften.

Alternative 1: Sch überlegen, wo der Text ergänzungsbedürftig ist, um den weiteren Verlauf der Geschichte besser verstehen zu können, und wie sie selbst diese Leerstellen im Text füllen würden.

Alternative 2: Sch »übersetzen« Lk 15,11-32 in ihre Jugendsprache.

Lk 15,11-32 als Dilemmageschichte

- Sch erarbeiten aus dem Bibeltext möglichst viele Dilemmafragen (vgl. *Orientierung 2*, **38f.**). Diese werden an der Tafel gesammelt.
- Sch wählen für GA je eine Frage aus und erstellen ein Mindmap (vgl. *Orientierung 2*, **38**) dazu.
- Sch entscheiden sich und bedenken die Konsequenzen ihrer Entscheidung.
- Sch stellen der Klasse ihre Ergebnisse vor.

Weltfremdheit

- Sch lesen das »Deutungsangebot« auf *Orientierung 5* (**45**) und vergleichen den dort genannten Anspruch Gottes auf Erbarmen mit der von ihnen real erfahrenen Welt.
- Sch stellen in GA kontrastierend auf Plakaten dar, wie der Anspruch Gottes auf Realitäten trifft.

Alternative: Sch ergänzen den Satzanfang: »Wenn die Welt so wäre, wie im Gleichnis, dann ...«

Rembrandts Gemälde beschreiben und interpretieren

- Sch betrachten Rembrandts Gemälde und beschreiben, was zu sehen ist (Komposition, Figuren, Farben). Das Bild ist als Folie enthalten in *Bilder aus Religion vernetzt 7 und 8. 36 Farbfolien,* München 2006, ISBN 3-466-50717-0.
- Sch interpretieren das Bild (ohne vorherige Wiederholung von Lk 15,11-32).

Alternative 1: Sch interpretieren das Bild mithilfe von Lk 15,11-32 und erklären, was genau Rembrandt betonen wollte.

Alternative 2: L kopiert **M 8.2.15, Lehrerkommentar S. 109**, mehrfach auf Folie; Sch beschriften die Sprechblasen und stellen ihre Ergebnisse der Klasse vor.

Bild nachbauen

- Sch stellen mittels Requisiten und Taschenlampen die Rembrandt-Szene nach und fotografieren sie (evtl. auch mit verschiedenen Darstellerinnen und Darstellern). Die darstellenden Sch verharren im Standbild; weitere Sch treten hinzu und formulieren Gedanken/Gefühle/Aussagen der dargestellten Personen.
- Im zweiten Schritt kann das Bild verfremdet werden, z. B. durch modernere Kleidung, andere Mimik.

»Verfremdungen« des biblischen Textes, die das Leben schreibt

- Sch wiederholen, dass ein konkretes Ärgernis in Lk 15,11-32 die vordergründige Ungerechtigkeit zwischen den Brüdern ist.
- Sch vergleichen dazu die Zeitungsnotiz auf **M 8.2.16, Lehrerkommentar S. 110.**
- Sch suchen im Internet per Suchmaschine (Stichwort: »verlorener Sohn«) weitere Aktualisierungen der Parabel und stellen diese vor.

Metaebene des Lernens verstehen

- In einer Rückschau wiederholen die Sch alle Methoden und Lernschritte bezüglich Lk 15,11-32.
- Sch erörtern, welchen Sinn die verschiedenen Zugänge hatten, erklären die Gestaltung von *Orientierung 5* (**44f.**) und formulieren ihren eigenen Erkenntnisgewinn.
- L kann ggf. im Sinne der Einleitung über das Web-Design Informationen ergänzen.

3. Weiterführende Anregungen

Predigtgespräch zum Gleichnis

- Sch bereiten für den Schulgottesdienst ein Predigtgespräch vor, bei dem die Erkenntnisse der Beschäftigung mit Lk 15 einfließen.

Umfrage zum Gleichnis

Man kann davon ausgehen, dass viele Menschen Lk 15 kennen. Deshalb können Sch ohne allzu große Erläuterungen eine Umfrage machen (evtl. als Gruppenreferat).

- Sch befragen Eltern, Nachbarn, Passanten etc. zum Verhalten des »gütigen Vaters«.
- Sch präsentieren das Ergebnis ihrer Umfrage (evtl. mit statistischer Auswertung).
- Die Lerngruppe diskutiert das Ergebnis.

Jesus ermöglicht neues Leben

Orientierung 6 46 47

1. Hintergrund

Mit biblischen Beispielen sollen Anregungen zur Konflikt- und Schulbewältigung gegeben werden. *Orientierung 6* (**46f.**) begegnet diesem Anspruch des LP, indem verschiedene Zugänge zu der Perikope **Joh 8,1-11** angeboten werden. Dabei wird die befreiende Wirkung von Jesu Handeln deutlich.
Bei Joh 8,1-11 handelt es sich überlieferungsgeschichtlich um eine sekundäre Textstelle, in der sich verschiedene Konfliktebenen überlagern (Frau/Pharisäer und Schriftgelehrte und Jesus/Pharisäer und Schriftgelehrte). Die Pharisäer kommen mit einem nach dem Gesetz des Mose (vgl. Lev 20,10) eindeutigen Delikt zu Jesus. Ihr Ziel ist es, ihn persönlich herauszufordern. Jesu Dilemma ist klar: Entweder muss er dem mosaischen Gesetz, und damit Gott widersprechen oder seinen eigenen Grundsätzen der Menschenfreundlichkeit. Oft wird Jesu Schreiben in den Sand als »Zeitschinden« interpretiert. Denkbar ist aber auch, dass Jesus sich als Aussteiger zeigt, der sich nicht in den bewusst inszenierten Konflikt ziehen lässt, sondern besonnen reagiert. Seine »clevere« Antwort hält allen Anwesenden einen Spiegel vor und verurteilt nicht. So ermöglicht er Selbsterkenntnis. Offen bleibt, ob die Ankläger beschämt oder verärgert das Feld räumen. Die Schlussszene zeigt, dass Jesus die Frau nicht richtet, sie wohl aber mit einer Mahnung ins weitere Leben schickt. Jesus löst den Konflikt nicht nur friedlich, sondern ermöglicht auch einen Neuanfang.
Um Sch den Einstieg in den Text und damit die Identifikation mit einzelnen Figuren zu ermöglichen, wird dieser in Form eines **Textsoziogramms** dargestellt. Kreisförmig sind dabei die Personen/Personengruppen der Erzählung angeordnet und durch Pfeilscharen aufeinander bezogen. Dabei wird durch die Anführungszeichen und Kursivierung nach Dialogen und Handlungen unterschieden. Das Soziogramm ist eine Momentanaufnahme der Beziehungen, d. h. es ist keine Lesereihenfolge vorgeschrieben. So ist ein Einstieg an jeder »Ecke« – auch an der, an der man mit der eigenen Schuldhaftigkeit konfrontiert wird – möglich und führt im Zentrum zum Angebot der Umkehr.
Die **drei perspektivischen Einwürfe** sind passend zu den Personengruppen angeordnet. Die Beschränkung auf je eine Sichtweise verfremdet Joh 8,1-11 und spitzt die Positionen zu.
Walter Rupp (geboren 1926) legt die Worte einem Pharisäer in den Mund, der am Ende der Perikope nicht weggegangen ist, sondern bleibt und Jesus konfrontiert. Er verteidigt die mosaische Tradition und argumentiert mit dem Recht der Öffentlichkeit auf Information zu Themen der Moral. Der Konflikt mit der jesuanischen Menschenfreundlichkeit wird hier nicht vorschnell entschieden, sondern Verständnis für die »pharisäische« Perspektive geweckt.
Das moderne Gedicht des Schweizer Schriftstellers *Franz Fassbind* (1919-2003) stellt die Ruhe Jesu dar, aus der heraus er Vergebung und Neuanfang ermöglicht.
Helmut Anselm trägt einen inneren Monolog der Frau, die der Verurteilung entgangen ist, bei. Der Text ist offen: Es wird nicht klar, ob die Frau ertappt, erschreckt oder ergriffen zittert. Immerhin formuliert die so oft als »die Sünderin« Bezeichnete ein Gebet, das als Umkehrbereitschaft trotz ihrer Neigung, Schuld zu verdrängen, gedeutet werden kann.

Max Beckmann (1884-1950)
Max Beckmann wurde 1884 in Leipzig geboren. Zu einem scharfen Umdenken wurde er durch seine traumatischen Erfahrungen als freiwilliger Sanitäter im Ersten Weltkrieg gezwungen: Sich als Einzelperson einer größeren Gesamtheit unterzuordnen, so erkannte er, löst nur größere Isolation und Einsamkeit aus. In seinen Gemälden verarbeitet er diese Erkenntnis: Die Menschen sind wie Marionetten absurden, gewalttätigen Kräften ausgesetzt und daher ihrer Vernichtung ausgeliefert. Beckmann starb 1950 in New York.

Max Beckmann: »Christus und die Sünderin«, 1917
Mit fahler Farbgebung und nur wenigen Farbakzenten stellt Max Beckmann »Christus und die Sünderin« dar – 1917 und damit unter dem tiefen Eindruck der Grausamkeit des Krieges geschaffen. Das Bild (Öl auf Leinwand, 151x129 cm, St. Louis Museum) ist durch die Christusfigur als Mittelachse gegliedert. Die grotesk verzerrten Mimiken der karikaturhaften Hintergrundfiguren spiegeln Bosheit, Aggression, Wut und blanken Hohn wider. Unterstützt wird die unfriedliche Grundstimmung durch Gesten und Waffen, die eine teilweise unzusammenhängende Collage bilden. Auch das Gesicht Christi, mit dem er sich souverän und direkt der anonymen Masse zuwendet, wirkt befremdlich und bizarr. Seine linke Hand wehrt Angreifer der Frau und damit auch seine ab; die rechte formt eine Schale. Zwischen Abwehr und Angenommensein/Schutz findet die Frau ihren Platz. Ihr Gesicht ist nicht verzerrt; in ihrer Entblößtheit und mit geschlossenen Augen schmiegt sie sich an Christus. So entsteht für sie in einer lebensgefährlichen Situation ein Schutzraum, für den Christi Segen garantiert.

2. Einsatzmöglichkeiten im RU

Joh 8,1-11 nacherzählen
- Sch erzählen mithilfe des Textsoziogramms Joh 8,1-11 nach und lesen dann die Fassung im Neuen Testament.
- Sch lesen Joh 8,1-11 und erstellen ein eigenes Textsoziogramm.
- Sch vergleichen ihr Soziogramm mit *Orientierung 6* (**46**); die Klasse kommt über individuelle Unterschiede ins Gespräch.

Den biblischen Text perspektivisch wahrnehmen
Der biblische Text sollte den Sch bekannt sein.
- Sch lesen den Text von Walter Rupp und diskutieren die Frage, warum der Pharisäer meint, Jesus ginge zu weit.
- L (!) liest das Gedicht von Franz Fassbind vor.
- Sch beschreiben Form und Sprache des Gedichts. Sie versuchen eine Interpretation entlang der Frage: Was bewirkt die Bedenkzeit? Eigene Erfahrungen zu dieser Frage können ergänzt werden.
- Sch lesen den inneren Monolog der Frau von Helmut Anselm und versuchen mit eigenen Worten ihre Gefühle zu beschreiben. Als Erschließungsfrage dient z. B.: Warum geht die Frau nicht einfach weg?

Bilder zu Joh 8,1-11 recherchieren
- Sch recherchieren möglichst viele Darstellungen von Jesus und der Sünderin.
- Sch wählen zwei Bilder aus und erarbeiten ihre Unterschiede in Darstellung und Technik.

Verzögerte Bildbetrachtung
- Sch erhalten **M 8.2.17, Lehrerkommentar S. 111**, mit Bildausschnitten von Beckmanns Gemälde, das ihnen nicht bekannt ist.
- Sch beschriften in EA das AB.
- Sch betrachten das ganze Gemälde auf *Orientierung 6* (**47**) und erarbeiten mithilfe ihrer AB Jesu Haltung gegenüber der Frau und den Männern im Hintergrund.

Kreatives Schreiben
- Sch bringen Jesus mit dem Pharisäer aus Walter Rupps Text ins Gespräch.
- Sch schreiben den inneren Monolog der Frau von Helmut Anselm weiter und setzen die äußere Szene fort, z. B.: *Die Frau geht nach Hause. – Und dann?*
- *Jesus begegnet der Frau ein Jahr später wieder:* Sch schreiben eine Geschichte von dieser Begegnung.

Ein Bildpuzzle legen
- Sch erhalten **M 8.2.18, Lehrerkommentar S. 112**, und ordnen die Bildteile aus Max Beckmanns Gemälde für sie sinnvoll an.
- Sch begründen ihre Anordnung und vergleichen sie mit dem Original auf *Orientierung 6* (**47**).

3. Weiterführende Anregung

Todesstrafe Steinigung
- L legt einen faustgroßen Kieselstein mit dem Kommentar in die Mitte, dies sei eine Waffe.
- Sch werden eingeladen, ruhig ihre Gedanken zu äußern.
- L erklärt, dass Steinigung eine grausame Todesstrafe war (und ist), bei der nach einem Urteil (manchmal auch ohne) alle Anwesenden an der Vollstreckung beteiligt waren bzw. sind. So ist niemand allein der Vollstrecker bzw. die Vollstreckerin.

- Im Gespräch wird die Unmenschlichkeit thematisiert, zu der die Vollstrecker einer Steinigung in der Lage sind.
- Sch erhalten nun Gelegenheit, ihre Gedanken auf Zettel zu schreiben und offen um den Stein zu legen.
- Sch recherchieren Fakten zur Steinigung und erstellen Infoplakate. Dazu verfassen Sch eine moralische Stellungnahme aus christlicher Sicht.

Konfliktkultur

Perspektiven 1 48 49

1. Hintergrund

Der mit **Icons optisch gegliederte Text** umläuft die Gesprächsszene in der Mitte von *Perspektiven 1* (**48f.**). Dieser Text enthält klassische Regeln und Tipps für eine »gute« Kommunikation. Wie am Eisbergmodell (vgl. *Orientierung 1*, **37**) erarbeitet wurde, bringen Konfliktparteien unsichtbare Motive mit. Damit diese nicht die Kompromissfindung behindern, ist es wichtig, die Wahrnehmung zu versachlichen. Oft genügt es, die Andersartigkeit des anderen nicht als Angriff auf die eigene Person zu verstehen. So verschieden wie die Menschen sind, ist auch das, was sie akzeptieren können. Es gibt innerhalb von Beziehungen kaum feste Regeln, die von außen vorgeschrieben sind. Daher ist es nötig zu prüfen, was für die einzelnen Personen annehmbar ist und was nicht. Reizvoll daran ist, dass die Personen sich gegenseitig besser kennenlernen.
Klassische Methode dazu ist das »aktive Zuhören«. Dabei darf immer eine/r aussprechen und der/die andere fasst das Gehörte noch einmal zusammen. Was zunächst hölzern und lehrbuchartig wirkt, zeigt sich in der Praxis als nützlich, denn es ist überraschend, wie oft Inhalte missverstanden werden.
In der deutschen Sprache schwierig umzusetzen, aber sicherlich besser als Du-Anklagen sind Ich-Botschaften. Zusätzlich zur Grammatik ist aber auf einen nicht-anklagenden Ton zu achten. Ein Kompromiss bedeutet, dass keiner ganz seinen Willen bekommt. Daher schmerzt ein Kompromiss mehr oder weniger. Wenn jedoch ein Konflikt konstruktiv gelöst werden soll, sollten alle interessiert daran sein, möglichst eine gute Mitte zu finden. Mehr noch: Es gibt sogar die *Win-Win*-Strategie, die verfolgt, dass alle Parteien aus der Konflikt-Kompromiss-Arbeit einen Gewinn ziehen.
Der gelbe Kasten bietet **Übungen zur Konfliktlösung**, mittels derer die Beziehungssprache und der Umgang miteinander wie in einem Kommunikationsseminar verbessert werden können.
Das **Bild** in der Mitte zeigt Personen, vielleicht eine Familie, die sich an einen Tisch gesetzt haben, um einen Konflikt zu lösen. Dabei werden in den Sprechblasen Aussagen formuliert, die verschiedene Gewinnstrategien zeigen. Die Mutter zeigt Gesprächsbereitschaft, was auch heute noch oft dem Klischee der Weiblichkeit entspricht. Dagegen zeigt der sitzende Vater eine autoritative Einstellung, die kaum einladend zu einem Gespräch ist. Das sitzende Mädchen beruft sich auf bereits errungene bzw. geltende Kompromisse oder Regeln und führt damit eine Fremdautorität auf höherer Ebene ein. Der Junge zeigt unterwürfige Haltung. Dahinter kann Angst stehen, aber auch Resignation oder echte Beliebigkeit.

2. Einsatzmöglichkeiten im RU

Rollenspiele

- Das Rollenspiel ist die klassische Methode, Kommunikation zu üben und dadurch zu verbessern. Dabei können nicht nur die Schauspieler/innen lernen, sondern auch die Zuschauenden. Spielanlass kann das Bild auf *Perspektiven 1* (**48f.**) sein.

Es empfiehlt sich das *Fishbowl-Setting*:

- Die zuschauenden Sch setzen sich im Halbkreis. Gespielt wird in der Mitte.
- Nach dem Spiel setzen sich die »Schauspiel-Sch« in die Mitte und dürfen als Erste mitteilen, wie sie das Spiel empfunden haben. (L achtet darauf, dass nicht nur Selbstkritik geübt wird, sondern auch ausgesprochen wird, was gut war.)
- Danach dürfen die »Zuschauer-Sch« Feedback üben. (Auch hier auf Lob und Kritik achten!)
- Zum Schluss kommen noch einmal die Schauspiel-Sch zu Wort, ob sie das Gesagte annehmen (!) können.

- Als Fundgrube für Rollenspiele empfiehlt sich als Lektüre: Bildungsteam Berlin-Brandenburg e.V. (Hg.), Alltagskonflikte durchspielen, Rollenspiele für den Mediationsprozess, Mülheim/Ruhr 2001.

Schlecht zuhören

- Sch erzählen einer Partnerin/einem Partner in der Klasse ein spannendes oder lustiges Ereignis aus dem eigenen Leben. Der/die andere Sch soll mit möglichst vielen Methoden versuchen zu zeigen, dass er/sie sich nicht interessiert.
- L sammelt Zeichen für schlechtes Zuhören an der Tafel.

- Sch lesen Abschnitt vom aktiven Zuhören auf *Perspektiven 1* (**48f.**).
- Sch wiederholen die Erzählphase, diesmal mit gutem Zuhören. Dabei darf der/die Erzählende den/die Zuhörende im Bedarfsfall korrigieren.
- Im Auswertungsgespräch werden Erfahrungen mitgeteilt und an der Tafel gesammelt.

Gefühle benennen und erkennen
- In GA sammeln Sch Gefühle, schreiben diese auf und lesen sie danach der Klasse vor.
- L sammelt die Vorschläge ein und schreibt jeden auf einen Zettel.
- In der folgenden Unterrichtsstunde erhält jede/r Sch ein Gefühl und muss dieses pantomimisch vorspielen, wobei die anderen raten.
- Im Auswertungsgespräch wird auf Schwierigkeiten bei der Darstellung und auf Unterschiede in der Darstellung von Jungen und Mädchen sowie daraus resultierende Konsequenzen eingegangen.

Annehmbarkeitsbereiche kennenlernen
- L lädt Sch zu einem Experiment ein und betont die Wichtigkeit, dass eigene Antworten gegeben werden.
- L bietet in Form von kurzen Sätzen Situationen an, die erfahrungsgemäß nicht immer akzeptabel sind, z. B., wenn meine Banknachbarin einfach in meine Büchertasche greift oder wenn Oma durch meine Haare wuschelt.
- Nach jedem Satz notieren sich Sch, ob es für sie annehmbar wäre.
- Im Klassengespräch wird diskutiert, wie man reagieren kann oder warum es einen nicht stört.

Alternative:
- Sch bilden eine lebende Skala: Ein Seil wird als Grenze auf den Boden gelegt. Rechts stehen bedeutet Annahme, links Nicht-Annahme.
- Auswertung wie oben.

Wutinterview
- In PA befragen sich Sch gegenseitig mithilfe von **M 8.2.19, Lehrerkommentar S. 113.**
- Das Auswertungsgespräch sollte nicht den Vortrag einzelner Antworten zum Ziel haben, sondern aufdecken, wie Sch die Übung fanden, ob sie Unterschiede zwischen Jungen und Mädchen wahrgenommen haben.

Von Eseln lernen: *Win-Win*
- Sch erhalten **M 8.2.20, Lehrerkommentar S. 114,** und bringen die Bilder in eine sinnvolle Reihenfolge.
- Bei der Vorstellung erfinden sie spontan eine Geschichte dazu.
- L zeichnet eine Tabelle an die Tafel (den Eseln können dazu Namen gegeben werden); gemeinsam erarbeitet die Klasse die verschiedenen Lösungen.

TA:

	Esel 1 gewinnt	Esel 1 verliert
Esel 2 gewinnt		
Esel 2 verliert		

- Sch analysieren Alltagskonflikte zu Hause oder in der Schule nach diesem Schema in Dreiergruppen.

3. Weiterführende Anregung

Kommunikations- und Konflikttraining anbieten
- Kommunikations- und Konflikttraining motiviert erfahrungsgemäß Sch aller Altersgruppen. Gemeinsam gestalten Sch einen Trainingsnachmittag oder ein Wochenende, zu dem auch Sch anderer Konfessionen oder Religionsgruppen problemlos eingeladen werden können.

1. Hintergrund

Klassenverbände und Schulfamilien sind Zwangsgemeinschaften völlig verschiedener Individuen. Daher ist es vorprogrammiert, dass es in Schulen zu Konflikten und Streit kommt. Schulen verfolgen neben der wissenschaftlichen Bildung der Jugendlichen auch eine Förderung der Sozialkompetenzen. In diesem Rahmen werden oft Streitschlichter/innen unter Sch ausgebildet, die bei Konfliktfällen als Mediatoren eingesetzt werden können. Neben den traditionellen pädagogischen Mitteln der Konflikt- und Streitbewältigung hat sich dieses Verfahren oft bewährt, weil die Zerstrittenen in Augenhöhe mit einer neutralen vermittelnden Person ihrer Sozialgruppe anders verhandeln können.
In den Schlichtergesprächen kommen natürlich die Kommunikationsregeln von *Perspektiven 1* (**48f.**) zum Einsatz. Den äußeren Ablauf einer Mediation kann man auf *Perspektiven 2* (**50f.**) verfolgen.
Die **Fotostory** zeigt einen Streit zwischen zwei Schülerinnen, der sehr schnell eskaliert. Dabei kommt es zu Verbalattacken, körperlichen Übergriffen und Lästereien. Der Anlass zeigt, dass die Schülerinnen in eine Klasse gehen und sich damit noch länger gegenseitig ausgesetzt sind. Anscheinend sind sie doch interessiert an einer Beilegung ihres Streits.
Die **Streitschlichterin** stellt ihre Ausbildung in einem extra Kasten vor. Mit der abgetrennten Einführung wird verdeutlicht, dass sie eine neutrale Haltung einnehmen wird. Dabei spielen Alter und Geschlecht keine Rolle.
Die **Phasen der Streitschlichtung** (Mediation) werden ohne Sprechblasen dargeboten, jedoch mit Bildunterschriften. Dies soll die Abstraktion auf andere Streitfälle für Sch erleichtern. Den Gesichtern sieht man nach wie vor ihre Gefühle an: Bemühung um Sachlichkeit bei der Schlichterin und eindringliche, verteidigende Haltung, später Neugier und Sicherheit bei den Streitenden. Das Versöhnungsbild zeigt neutrale Gesichter. In welcher Stimmung reichen sich die Mädchen die Hände?

2. Einsatzmöglichkeiten im RU

Streitschlichtung kennenlernen
- Sch erarbeiten mit **M 8.2.21, Lehrerkommentar S. 115**, Fakten zur Streitschlichtung in EA.

Sich einfühlen
- Sch finden sich in Paaren zusammen.
- Sch lesen die Fotostory mit verteilten Rollen und formulieren genau, welche Gefühle Julia bzw. Isabel gerade bewegen.
- Sch ersetzen ein Mädchen durch einen Jungen und diskutieren, wie die Geschichte jetzt verlaufen würde.
- Sch ersetzen beide Mädchen durch Erwachsene. Wie verläuft die Geschichte nun?

Rollenspiel
Natürlich soll im RU nicht der Eindruck entstehen, dass Sch mit der Information Mediation bereits als Streitschlichter/innen eingesetzt werden können. Dennoch kann in einem Rollenspiel die Neutralität eines Schlichters nachgespielt werden.
- Sch erhalten je eine Rollenkarte **M 8.2.22, Lehrerkommentar S. 116**, und einige Minuten Zeit, um sich einzufinden. Der Schlichter/die Schlichterin kann in dieser Zeit noch einmal *Perspektiven 1* (**51**) durchschauen.
- Gespielt wird spontan vor der Klasse.
- Zur Auswertung kann das *Fish-Bowl-Setting* sinnvoll sein (vgl. »Rollenspiele«, Lehrerkommentar S. 89).

3. Weiterführende Anregung

Streitkultur untersuchen PINNWAND [36]
- Sch laden Schlichterinnen und Schlichter der eigenen Schule in den RU ein und bereiten dafür Interview-Fragen und ein Rollenspiel vor.
- Sch forschen im Internet nach anderen Schulen und deren Schlichterprogrammen.

1. Hintergrund

Die Trias der Perspektivenseiten schließt die »Kultur der Versöhnung« ab. Damit wird das gesamte Kapitel in den religiösen Horizont gerückt, durch den das Thema »Konflikte und Schuld« heilsam sein kann.
Das **Handy-Foto** greift eine weitverbreitete Art des Umgangs mit Schuld auf: Auf eine oberflächliche, unpersönliche, gar emotionslose Art wird die Schuld quasi weggeschoben in ein passivisch zu beschreibendes Ereignis (»Dumm gelaufen!«). So wird die Frage aufgeworfen, inwieweit ein solches Friedensangebot annehmbar ist.
Der umlaufende **Text von Frère Roger Schutz** knüpft dagegen bei der Wirklichkeit Gottes an, der umfassend verzeiht. Gleichzeitig eröffnet er dadurch den Weg der Menschen zueinander, die niemals in ihrer Einsamkeit gefangen bleiben sollen. Frère Roger verbindet in einzigartiger Weise traditionelle Begriffe wie Erbarmen, Umkehr und Güte mit den für Sch leichter verständlichen theologischen Prinzipien Verzeihen und Vertrauen.
Der mit **vier Fotografien** (Beichtstuhl, Beichtgespräch, kniende Kinder, Lektorin am Ambo) bestückte **Sachtext** liefert einen Überblick über die »Dienstleistungsangebote der Kirche« im Rahmen des Versöhnungsangebots Gottes. Die Sprache des Textes ist vermittelnd und informierend. So werden auch Unterschiede in der äußeren Gestaltung der Beichte aufgezeigt: Es wird herausgestellt, dass das Sakrament der Versöhnung das zentrale Angebot ist, es aber daneben auch andere (nicht sakramentale) Formen und Anlässe zur Versöhnung gibt, etwa Bußgottesdienste oder Bußakte im Wortgottesdienst.

2. Einsatzmöglichkeiten im RU

ABC der Versöhnung
- Sch lesen Frère Rogers Text »Aus dem Verzeihen leben« und schreiben theologische Fachbegriffe heraus.
- Sch ergänzen diese zu einem ABC der Versöhnung.

Handy-Telefonat
- Sch schreiben nach der Betrachtung des Handy-Bildes den Dialog des folgenden Antwort-Telefonats oder des ersten Treffens.

Bildbetrachtung
- Sch betrachten das Bild auf **M 8.2.23, Lehrerkommentar S. 117**, und äußern ihre Gedanken dazu.
- Sch lesen den Text auf dem AB und schreiben ihre Gedanken dazu auf.

Sprechakt zur Versöhnung
- Sch erhalten **M 8.2.24, Lehrerkommentar S. 118**, und verteilen die Leserollen.
- Es können mehrere Varianten ausprobiert werden.
- Sch erfinden Körperbewegungen dazu, sodass alle eingebunden sind.

Erfahrungen erzählen
- Sch erzählen sich gegenseitig in KG von eigenen Erfahrungen mit dem Sakrament der Versöhnung.
- Eine/r in der Gruppe verfolgt das Gespräch und berichtet (ohne Namen) danach der Klasse davon.

Vertrauen und Geborgenheit spüren
- Sch stellen sich im Kreis auf. In der Mitte liegt eine Decke. Ein/e Freiwillige/r legt sich auf die Decke und wird nun von den anderen vorsichtig hochgehoben.
- Sch können den/die Freiwillige/n vorsichtig wiegen, aber immer mit Rücksprache, und alles muss freiwillig sein!
- L achtet darauf, dass alle mithelfen.

Panorama meines Lebens
- Jede/r Sch erhält einen großen Papierbogen und hat Farbstifte dabei.
- L führt in die Übung mit folgenden Worten ein: *»Wie erleben in unserem Leben Höhen und Tiefen. Da gibt es Hügel und Berge, die wir mühsam erklettert oder im Flug erobert haben. Es gibt Täler, durch die wir wanderten; Brücken, die wir benutzt haben, die uns gebaut wurden. Versucht, eure bisherige Lebensgeschichte in Form einer Landschaft zu malen. Beginnt auf dem Blatt ganz links und geht dann nach rechts weiter, so wie man ein Buch liest.«*
- Die Bilder werden aufgehängt und gemeinsam angeschaut.

Standbild formen
- Acht bis zehn Sch formen ein Standbild zum Thema »Versöhnung mit Gott und den Menschen« (zwei bis vier Minuten stehen).
- L befragt die einzelnen Sch nach ihrem Befinden in ihrer Rolle.
- L befragt die zuschauenden Sch, was sie wahrnehmen, und bittet sie, einen Titel zu finden.
- Beim Auflösen des Standbildes auf Applaus achten!
- Im UG werden Gedanken und Gefühle zur Sprache gebracht. Die Standbild-Sch dürfen zuerst sprechen.

Wortbild erstellen
- Sch erhalten eine Kopie von **M 8.2.25, Lehrerkommentar S. 119,** und formen ein Wortbild, das ihre Gedanken zum Thema zum Ausdruck bringt.

3. Weiterführende Anregungen

Die Krise des Bußsakraments diskutieren
- Sch machen eine (anonyme) Umfrage zur Beichthäufigkeit in der Klasse und diskutieren das Ergebnis.
- Sch suchen Menschen (in ihrer Umgebung, im Internet), die begründen, wieso sie zur Beichte gehen, stellen die Motive zusammen und diskutieren sie.
- Sch laden einen Priester in den RU ein und überlegen sich vorher Interviewfragen zu seinen Erfahrungen mit Beichte und Beichtgeheimnis.

Bußfeier veranstalten
- Sch bereiten gemeinsam mit L eine Bußfeier vor. Gute Anregungen bietet Hoffsümmer, Willi, Umkehr. 25 Bußfeiern mit Gegenständen aus dem Alltag, Mainz 1996.

Umkehren PINNWAND 36
- Sch veranstalten eine Umfrage zum Thema »Sünde, Schuld und Umkehr«.
- Sie versuchen auch Informationen über andere Weltreligionen zu bekommen.

Spiel der unvollkommenen Welt

Akzent 54

1. Hintergrund

Der LP vermittelt ein Bild von Konflikten, nach dem es sinnvoll ist, Konflikte zu bewältigen und sie nicht zu scheuen. Durch die Verkoppelung mit dem Thema Schuld wird klar, dass der Mensch niemals konflikt- oder schuldfrei ist oder bleibt. So leitet der LP auch zuerst den Blick auf die Unvollkommenheit der Welt. Die Welt ist unübersichtlich, komplex und uneindeutig; die Menschen sehnen sich nach klaren Regeln und gleichzeitig größtmöglicher Freiheit.
Die klar definierten Regeln eines Spiels ermöglichen den Teilnehmerinnen und Teilnehmern eine Übersicht und einen »geordneten« Kampf gegeneinander. Im gesicherten Rahmen eines Spiels können Neid, Missgunst, Schadenfreude, Glück und Pech empfunden werden. Spielen ist ein weitgehend entschärfter Konflikt. Im **Spiel der unvollendeten Welt** können Sch ihr Wissen aus dem Kapitel wiederholen. Gleichzeitig führen die dazu notwendigen Sozialformen (PA, GA) wieder zueinander und in Kommunikation miteinander. Zudem kontrollieren sich die Spielteilnehmerinnen und -teilnehmer gegenseitig und sind damit moralische Instanz, die auf die Qualität der Antworten achtet.

2. Einsatzmöglichkeiten im RU

Spiel der unvollkommenen Welt spielen
- Sch finden sich in Vierergruppen zusammen und spielen das Spiel.
- Vorher müssen sie Regeln festlegen, nach denen die Richtigkeit einer Antwort festgestellt wird. Denkbar wären die Alternativen: Immer der vorherige Spieler entscheidet/Die Restgruppe entscheidet/Es gibt einen neutralen Beobachter/in (mit Buch), der/die entscheidet.
- Sch reflektieren nach dem Spiel ihre Entscheidungsmethode und variieren diese.

Spiel erweitern
- Sch denken sich zu dem »Spiel der unvollkommenen Welt« Erweiterungen aus.
- Sch können auch ein Memory oder ein anderes Kartenspiel zum Thema Konflikte und Schuld herstellen.

Sportliche Konflikte
- Wenn eine/r der Spielenden nicht wirklich gewinnen will, ist spielen mit ihm/ihr langweilig. Sch suchen Beispiele für sportliche Wettkampfkonflikte und sortieren sie nach »sportlich« und »unsportlich«.

Unvollkommenheit wahrnehmen
- Sch versuchen zu erklären, warum die Menschheit trotz gelöster Konflikte, ehrlich gemeinter Schuldbekenntnisse und wahrer Versöhnung unvollkommen ist.
- Sch wiederholen die Begründung aus Gen 3 (vgl. Kapitel 1, *Perspektiven 2*, **26f.**).

Bemerkung:
Ziel ist, die Gruppe der Spielenden zu einem kritischen, aber nicht überkritischen Zuhören zu bringen. Die Gruppe muss eine Methode entwickeln, wie sie eine Antwort als richtig akzeptiert. Daher kann das Austeilen eines Lösungsblattes kontraproduktiv sein.

1. *Erkläre, wie ein Konflikt eskaliert:*
   Verhärten – Bedrohen – Zuschlagen, vgl. *Orientierung 1* (**36**).
2. *Nenne vier Fehler, die man bei der Konfliktlösung vermeiden sollte:*
   z. B. nicht gut zuhören, Anklage statt Ich-Botschaft, Sachargumente und persönliche Vorwürfe vermischen, Vorurteile reiten, vgl. *Perspektiven 1* (**48f.**).
3. *Nichts geht mehr! Was ist das Schlichterverfahren?*
   Zwei oder mehr Streitparteien suchen einen neutralen Dritten auf, der vermitteln soll, ohne Partei zu beziehen. In Schulen übernehmen oft extra ausgebildete Schüler diese Rolle (vgl. *Perspektiven 2,* **50f.**).
4. *Welche Streitthemen zu Hause fallen dir ein?*
   Z. B. Zimmer aufräumen, toben, Schlafenszeit aushandeln, Discobesuch, rauchen, Hausarbeit, Hausaufgaben, schulische Leistungen, Bruderzwist etc. (vgl. *Kontext,* **32f.**).
5. *Spiele mit einem Partner/einer Partnerin deiner Wahl eine Versöhnungssituation:*
   Vgl. *Perspektiven 3* (**52f.**).
6. *Wie gehen Menschen heute mit Schuld um?*
   Verdrängen, prahlen, vertuschen, auf andere abwälzen (vgl. **M 8.2.9, Lehrerkommentar S. 103**).
7. *Welchen Umgang mit Schuld können wir von Jesus lernen?*
   Jesus verurteilt niemanden; jeder hat wieder eine Chance auf einen Neubeginn. Er vergibt nicht nur Schuld, sondern ermöglicht ein neues Leben danach (vgl. *Orientierung 6,* **46f.**).
8. *Was bedeutet Versöhnung für Christen (Lk 15, 11-32)?*
   Das christliche Verständnis von Schuld lässt Gott nicht außen vor. Versöhnung bedeutet, sich zugleich mit Mitmenschen wieder zu verstehen, aber auch mit Gott. Und der kommt einem immer einen Schritt schneller entgegen, als man selbst in Reue auf ihn zu tut (vgl. *Orientierung 5,* **44f.**; *Orientierung 4,* **42f.**; *Perspektiven 3,* **52f.**).
9. *Gehen oder Stehen?*
   Es handelt sich um einen Konflikt zwischen dem strikten Befolgen der StVO bzw. Vorbild für ein Kind sein und dem Zeitsparen ohne Geduld. Dabei handelt es sich um ein unechtes Dilemma (vgl. *Orientierung 2,* **38f.**).

Neu in der Klasse

Wir sind am Ende des neunten Schuljahres nach Middletown gekommen und ich bin dann in der zehnten Klasse eingestiegen. Das war alles schon sehr anders als auf meiner alten Schule: Hier war alles viel strenger festgelegt. Es geht nur um eine einzige Frage: Gehörst du zur angesagten Clique? Auf meiner alten Schule gab es auch so eine Clique, aber die waren größtenteils trotzdem noch halbwegs freundlich zu den meisten anderen. Die haben sich zumindest nicht aufgeführt, als hätte man eigentlich gar keine Existenzberechtigung, wenn man nicht zu ihnen gehört.
Ich weiß noch, wie ich nach der ersten Woche nach Hause gekommen bin und zu meiner Mutter gesagt habe, dass ich mich total unwohl fühlen würde. Einige von den neuen Mitschülern haben andere auf dem Flur herumgeschubst und beschimpft, und von den Lehrern hat sich keiner die Mühe gemacht, da mal dazwischenzugehen. Mum hat mir geraten, mich aus allem rauszuhalten. Sie sagte, ich müsse ja nur noch drei Jahre da hingehen. Damals kam mir das wie eine Ewigkeit vor.

Chelsea Baker, neue Schülerin an der Middletown-Highschool

- *Vergleicht Chelseas Situation als »Neue« mit eurer eigenen Situation am Anfang des Schuljahres.*
- *Welche Fragen beschäftigen Chelsea wohl nach zwei Monaten an der Schule? Schreibe ihren Gedankenmonolog, während sie sich vor dem Spiegel zurechtmacht.*
- *Nach welchen Kriterien suchen sich Schülerinnen und Schüler Partner für eine Arbeitsgemeinschaft im Unterricht aus? Wonach richtet man sich in der Pause oder der Freizeit bei der Personenwahl?*
- *Spielt oder dreht mit der Videokamera einen Spot zum Thema »Neu in der Klasse – Tipps zum Schulanfang!«*

Elternratgeber am Zeugnistag

Im Juli, wenn alle denken, dass in der Schule nichts mehr los ist, beginnt für viele Schülerinnen und Schüler ein großer Stress: Das Jahreszeugnis steht vor der Tür. Die Angst vor schlechten Noten bzw. hinter den eigenen Erwartungen zurückzubleiben, können den Genuss der Sommerzeit und den Ausklang des Schuljahres ganz schön verderben.

Wie sollten sich Eltern verhalten? Hier folgen einige Tipps:

1. Fragen Sie sich, welche Informationen die Noten die Leistung ihres Sohnes bzw. ihrer Tochter bieten. Helfen Sie Ihrem Kind, sein Zeugnis zu verstehen und was in Zukunft zu tun ist.

Sie erreichen dies, indem Sie ______________________________

____

____

2. Achten Sie bei Ihrer Reaktion die Gefühle und das Selbstwertgefühl ihres Kindes.

Dabei sollten Sie folgendes Verhalten vermeiden: ______________________________

____

____

3. Entscheiden Sie bei einem schlechten Zeugnis gemeinsam: Seien Ihrer Familie Ferien und Erholung gegönnt oder stellen Sie einen Lernplan auf?

Argumente für oder gegen diese beiden Alternativen lauten wie folgt: ______________________________

____

____

4. Unterstützen Sie Ihr Kind, indem sie gemeinsame Vorsätze für das folgende Schuljahr machen!

Wichtig dabei ist, dass ______________________________

____

____

- *Schreibt zu jedem der vier Tipps einen erläuternden Satz, was genau gemeint ist.*
- *Beschreibt mit eigenen Worten: Welches Verhalten von Eltern ist bei einem guten bzw. schlechten Zeugnis hilfreich? Welches nicht?*

Die Liste

Eines Tages bat eine Lehrerin ihre Schüler, die Namen aller anderen Schüler in der Klasse auf ein Blatt Papier zu schreiben und ein wenig Platz neben den Namen zu lassen. Dann sagte sie zu den Schülern, sie sollten überlegen, was das Netteste ist, das sie über jeden ihrer Klassenkameraden sagen können, und das sollten sie neben die Namen schreiben. Es dauerte die ganze Stunde, bis jeder fertig war und bevor sie den Klassenraum verließen, gaben sie ihre Blätter bei der Lehrerin ab.

Am Wochenende schrieb die Lehrerin jeden Schülernamen auf ein Blatt Papier und daneben die Liste der netten Bemerkungen, die ihre Mitschüler über den Einzelnen aufgeschrieben hatten.

Am Montag gab sie jedem Schüler seine oder ihre Liste. Schon nach kurzer Zeit lächelten alle. »Wirklich?«, hörte man flüstern ... »Ich wusste gar nicht, dass ich irgendjemandem was bedeute!« und »Ich wusste nicht, dass mich andere so mögen«, waren einige der Kommentare.

Niemand erwähnte danach die Listen wieder. Die Lehrerin wusste nicht, ob die Schüler sie untereinander oder mit ihren Eltern diskutiert hatten, aber das machte nichts aus. Die Übung hatte ihren Zweck erfüllt. Die Schüler waren glücklich mit sich und mit den anderen.

Einige Jahre später war einer der Schüler im Krieg gefallen und die Lehrerin ging zum Begräbnis dieses Schülers. Die Kirche war überfüllt mit vielen Freunden. Einer nach dem anderen, der den jungen Mann geliebt oder gekannt hatte, ging am Sarg vorbei und erwies ihm die letzte Ehre. Die Lehrerin ging als Letzte und betete vor dem Sarg. Als sie dort stand, sagte einer der Soldaten, die den Sarg trugen, zu ihr: »Waren sie Marks Mathelehrerin?« Sie nickte: »Ja.« Dann sagte er: »Mark hat sehr oft von Ihnen gesprochen.«

Nach dem Begräbnis waren die meisten von Marks früheren Schulfreunden versammelt. Marks Eltern waren auch da und warteten offenbar sehnsüchtig darauf, mit der Lehrerin zu sprechen. »Wir wollen Ihnen etwas zeigen«, sagte der Vater und zog eine Geldbörse aus seiner Tasche. »Das wurde gefunden, als Mark gefallen ist. Wir dachten, Sie würden es erkennen.« Aus der Geldbörse zog er ein stark abgenutztes Blatt, das offensichtlich zusammengeklebt, viele Male gefaltet und auseinandergefaltet worden war. Die Lehrerin wusste ohne hinzusehen, dass dies eines der Blätter war, auf denen die netten Dinge standen, die seine Klassenkameraden über Mark geschrieben hatten. »Wir möchten Ihnen so sehr dafür danken, dass Sie das gemacht haben«, sagte Marks Mutter. »Wie Sie sehen können, hat Mark das sehr geschätzt.«

Alle früheren Schüler versammelten sich um die Lehrerin. Charlie lächelte ein bisschen und sagte: »Ich habe meine Liste auch noch. Sie ist in der obersten Lade in meinem Schreibtisch.« Chucks Frau sagte: »Chuck bat mich, die Liste in unser Hochzeitsalbum zu kleben.« – »Ich habe meine auch noch«, sagte Petra: »Sie ist in meinem Tagebuch.« Dann griff Vicki in ihren Taschenkalender und zeigte ihre abgegriffene und ausgefranste Liste den anderen. »Ich trage sie immer bei mir«, sagte sie und meinte dann: »Ich glaube, wir haben alle die Listen aufbewahrt.«

Die Lehrerin war so gerührt, dass sie sich setzen musste und weinte. Sie weinte um Mark und für alle seine Freunde, die ihn nie mehr sehen würden.

Im Zusammenleben mit unseren Mitmenschen vergessen wir oft, dass jedes Leben eines Tages endet und dass wir nicht wissen, wann dieser Tag sein wird. Deshalb sollte man den Menschen, die man liebt und um die man sich sorgt, sagen, dass sie etwas Besonderes und Wichtiges sind. Sag es ihnen, bevor es zu spät ist. Wenn du es nicht tust, wirst du eine wunderbare Gelegenheit verpassen, etwas Nettes und Schönes zu tun.

Denk daran, du erntest, was du säst. Was man in das Leben der anderen einbringt, kommt auch ins eigene Leben wie ein Lichtstrahl zurück. Dieser Tag soll ein gesegneter Tag sein und genau so etwas Besonderes wie du es bist. Zögere nicht, fang einfach damit an, Licht und Hoffnung in das Leben deiner Freunde, Verwandten, Mitschüler und Mitmenschen hineinzutragen. Du wirst spüren, was geschieht: Nicht nur dein Leben, sondern auch das der anderen wird heller und freundlicher. Wir haben damit schon etwas von dem Licht in uns, an dem wir uns am Ende dieser Woche, an Weihnachten, in seiner vollendeten Helligkeit erfreuen dürfen.

Amok

»Ich werde sie alle umbringen!«

Gericht verurteilt Berufsschüler wegen Morddrohung zu empfindlicher Strafe

Würzburg. Wegen Morddrohungen gegen seine Prüfer ist ein in 23-jähriger Berufsschüler aus dem Landkreis Würzburg nach drei Wochen Untersuchungshaft zu einer Geldstrafe in Höhen von 2250 Euro verurteilt worden.

Der junge Mann hatte eine Prüfung nicht bestanden. Die Begründung der Prüfungskommission, die aus drei Lehrern bestand, war für ihn nicht nachvollziehbar. In einem Telefonat mit einem Klassenkameraden explodierte er: »Ich werde sie alle umbringen!« Den Gesprächspartner beunruhigte diese Aussage so sehr, dass er die Schulleitung informierte, die wiederum Strafanzeige erstattete.
Nach dem Massaker an einem Erfurter Gymnasium am 26. April 2002 regiert die Justiz empfindlich und streng auf Drohungen, die durch Schüler gegen Mitschüler oder Lehrer ausgesprochen werden ...

6. September 2003

- *Die Richter bezogen sich ausdrücklich auf ein Ereignis, das am 26. April 2002 in einem Erfurter Gymnasium stattfand. Recherchiert selbst, was passiert ist.*

Entsetzen über Amoklauf

17 Tote am Erfurter Gutenberg-Gymnasium

Erfurt (sog) – Der Amoklauf von Erfurt, bei dem ein 19 Jahre alter ehemaliger Schüler des Gutenberg-Gymnasiums gestern 16 Menschen und auch ...

27. April 2002

Amokschütze von Lehrer aufgehalten

17 Tote an Erfurter Gymnasium.
Ein ehemaliger Schüler wollte Rache nehmen

Erfurt (eob) – Die Erfurter Polizei hat die Zahl der Opfer berichtigt, die ein ehemaliger Schüler im Gutenberg-Gymnasium bei seinem Amoklauf am ...

28. April 2002

Neues Littleton?

Die Tat von Erfurt weckt Erinnerungen an amerikanische Amokläufe

München (roh) – Der Amoklauf in einem Erfurter Gymnasium weckt Erinnerungen an das Verbrechen von Littleton im amerikanischen Bundesstaat ...

27. April 2002

»Wir sehen ihn eher als Außenseiter«

... Der Amokläufer hat eine Stadt unter Schock zurückgelassen. Erklären kann sich die Bluttat niemand ...

28. April 2002

- *Wenn wir die Zeitung aufschlagen, sind wir oft mit Straftaten und Gerichtsurteilen konfrontiert. Manchmal wird in der Gesellschaft heftig diskutiert, welchen Sinn richterliche Strafen haben:*
  - *Wie streng sollen sie ausfallen, damit der Verurteilte sich bessert und damit wir sicher leben können?*
  - *Wieweit müssen Absicht des Täters, gefühlte Reue und die objektiven Folgen der Tat berücksichtigt werden?*
- *Oft berücksichtigen wir nicht, dass Gerichtsurteile auch zukünftige Täter von einem schlimmen Fehler abzuhalten versuchen oder für mögliche Fehltritte sensibel machen wollen. Diskutiert über die verschiedenen Funktionen von*

Rede nicht herablassend mit mir

REDE NICHT HERABLASSEND MIT MIR. SEI NICHT HOEFLICH ZU MIR. VERSUCHE NICHT, MIR ZU GEFALLEN. BERUHIGE DICH NICHT. ICH WERDE DIR DAS LAECHELN AUS DEM GESICHT SCHNEIDEN. DU DENKST, ICH WEISS NICHT, WAS GESPIELT WIRD. DU DENKST, ICH SEI ZU FEIGE ZU REAGIEREN. DU BIST DER DUMME. ICH WARTE NUR AUF DEN RICHTIGEN MOMENT, WENN DU EINEN FEHLER MACHST. DU DENKST, NIEMAND KANN AN DICH HERAN, KEINER KANN HABEN, WAS DU HAST, DOCH ICH HABE GEPLANT, WAEHREND DU GESPIELT HAST. WAEHREND DU VERSCHWENDET HAST, HABE ICH GESPART. DAS SPIEL IST BEINAHE AUS UND ES WIRD ZEIT, DASS DU MICH ERKENNST. WILLST DU FALLEN, OHNE JE ZU ERFAHREN, WER DICH GESCHLAGEN HAT?

Jenny Holzer

■ *Gestalte den Kasten in den für dich zum Text passenden Farben und Formen!*

Gedanken und Gefühle

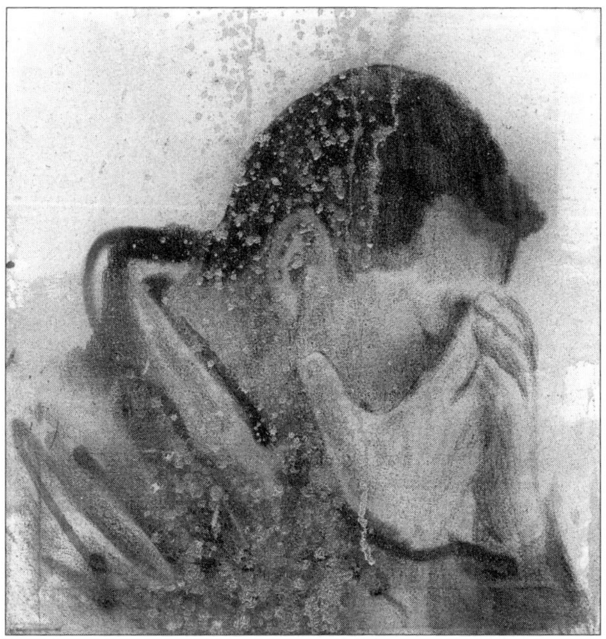

- *Schreibe in einem kurzen Text die Gedanken und Gefühle auf, die den abgebildeten Menschen bewegen könnten.
  Du kannst auch darauf eingehen, was ihm passiert sein könnte: Passt seine Wahrnehmung zu dem, was wirklich passiert ist? Lass deiner Fantasie freien Lauf!*

Vom ehrlichen Umgang mit sich selbst

■ *Beschrifte die beiden Seiten des abgebildeten Männchens:*
- *Der Schatten enthält die Schuldgefühle, das schlechte Gewissen und die ehrlichen Gedanken.*
- *Der Holzkörper steht für die »Fassade«, die den anderen Menschen gezeigt wird, das, was auch manchmal dazugedichtet wird.*

Wohin mit der Schuld?

■ *Wie gehen die abgebildeten Menschen mit ihrer Schuld um?*

Beispiel für ein Ursache-Wirkung-Diagramm

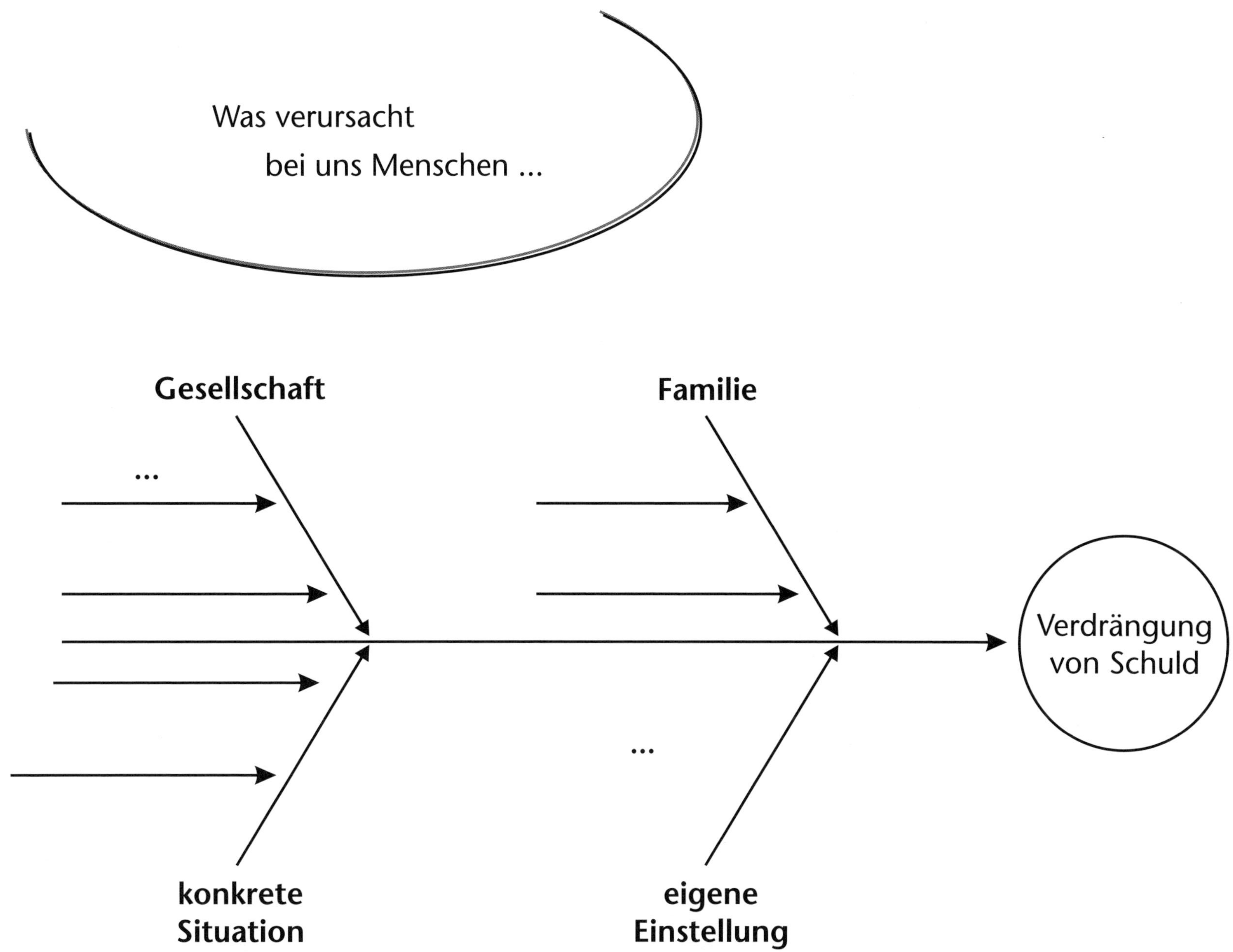

Take it easy!

Datei Bearbeiten Ansicht Favoriten Extras ?

Adresse www.wegmitschuld.de.vu\Satire

TAKE IT EASY!

Was Sie tun können, um Ihre Selbstvorwürfe loszuwerden:

1. Nehmen Sie Ihre Fehler zur Kenntnis und übernehmen Sie einfach Verantwortung dafür. Dann ist es doch kein Fehler mehr. Beispiel: »Ich habe eine Delle im Auto, weil ich den Laternenpfahl nicht beachtet habe.«
2. Wenn Sie sich im Verlauf des Tages bei Selbstvorwürfen ertappen, dann beruhigen Sie sich: »Ich bin bereit, die Situation so zu akzeptieren. Ich habe mein Bestes gegeben. So schlecht bin ich gar nicht.«
3. Rechnen Sie mit Ihrer menschlichen Unvollkommenheit. Wir alle lernen bis zum Zeitpunkt unseres Todes und werden doch niemals perfekt sein. Sie können also ganz beruhigt mit dem nächsten Fehler rechnen. Die anderen tun das doch auch!

Weitere Strategien, wie Sie Ihre Schuldgefühle abbauen können,
finden Sie in dem Buch
Schluss mit der leidigen Selbstquälerei!
von Dr. Simon Ohnesorg (20 Euro)

■ *Schaut euch die fiktive Website kritisch an: In welchen Situationen kann sie hilfreich sein? Wann nicht? Wozu verführt sie dann?*

Was bedeutet Schuld?

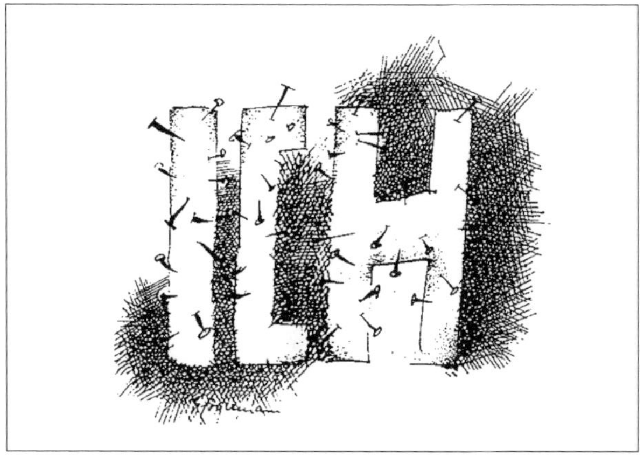

»Es gibt grundsätzlich
ein schlechtes
Gewissen!«

- *Ordne jedem Bild jeweils einen passenden Text von Orientierung 4 (**42f.**) zu.*
- *Begründe deine Auswahl und trage den wichtigsten Textabschnitt hier ein.*
- *Diskutiere mit deinem Banknachbarn:*
  - *Hat Johannes Gründel recht, wenn er schreibt, dass es eine Angst davor gibt, die eigene Schuld zuzugeben?*
  - *Habt ihr selbst schon Erfahrungen damit gemacht? Wenn ja, berichtet davon.*

»Lassen wir einander nicht allein«

Der damalige Bundespräsident Johannes Rau äußerte sich am 3. Mai 2002 zu dem Amoklauf eines Schülers am Erfurter Gutenberg-Gymnasium in Erfurt:

Die Nachricht hat in ganz Deutschland und in vielen Teilen der Welt Entsetzen, Trauer und Mitgefühl ausgelöst. Wir sind ratlos ... Wir verstehen diese Tat nicht ... Wie kann ein Mensch so etwas tun? Viele aus der Umgebung des Täters haben gesagt: Wir kannten ihn eigentlich nicht sehr gut. In diesem Satz zeigt sich eine Entwicklung unserer Gesellschaft insgesamt. Wir leben miteinander und kennen uns häufig nicht. Wir gehen miteinander zur Schule oder zur Arbeit, und wir kümmern uns oft nicht um den anderen.
Wenn unsere Gesellschaft zusammenhalten soll, wenn unsere Familien, unsere kleinen Gemeinschaften, unsere Schulen, unsere Betriebe, unsere Vereine zusammenhalten sollen, dann müssen wir uns umeinander kümmern. Wir brauchen zweierlei: Wir müssen einander achten, und wir müssen aufeinander achten.
... Wir dürfen unseren Kindern nicht vorgaukeln, die Welt sei heil. Aber wir sollten in ihnen Zuversicht wecken, dass die Welt nicht unheilbar ist. Kinder brauchen die Erfahrung, dass sie Konflikte lösen, dass sie Enttäuschungen überwinden können und dass Anstrengungen sich lohnen. Wer dieses Vertrauen mit auf den Weg bekommen hat, der wird auch als Erwachsener den Mut haben, Schwierigkeiten anzugehen und nach vernünftigen Lösungen zu suchen. ... Unsere Kinder und Schüler müssen sich aneinander messen. Sie müssen lernen, Konkurrenz auszuhalten. Ohne Leistung, ohne Leistungsbereitschaft wäre jede Schule wirklichkeitsfremd. Immer muss aber klar sein, dass die Beurteilung einer Leistung kein Urteil über eine Person ist. ...

Johannes Rau

- *Johannes Rau hat unsere Gesellschaft kritisiert und Forderungen an Schule und Schüler gestellt. Markiert diese im Text.*
- *Welche Erfahrungen hinsichtlich Leistung und Umgang mit täglichen Enttäuschungen könntest du dem Politiker aus deiner Schulwirklichkeit mitteilen?*
- *Wenn nun ein Schüler dem Leistungsdruck nicht mehr standhält und zusammenbricht oder andere gefährdet, sind wir dann alle schuld daran? Diskutiert darüber in Kleingruppen.*

Auszählreime

Einer ist reich
und einer arm,
einer erfriert
und einer hat's warm.

Einer stiehlt
und einer kauft,
einer schwimmt oben
und einer ersauft.

Einer springt
und einer hinkt,
einer fährt weg
und einer winkt.

Einer stinkt
und einer duftet,
einer ist faul
und einer schuftet.

Einer hat Hunger
und einer hat Brot,
einer lebt noch
und einer ist tot.

Einer hat's lustig
und einer hat Sorgen,
einer kann schenken
und einer muss borgen.

Zu den einen zählst du,
zu den andern zähl ich,
ich hab's lustig und warm,
also pfeif ich auf dich!

Ich bin lebendig,
und faul und reich,
und ob du schon tot bist,
ist mir doch ganz gleich!

Christine Nöstlinger

Stellungnahme:

- *Lies den Text leise noch einmal durch und markiere Stellen, zu denen dir eine Frage einfällt. Formuliere die Frage dann schriftlich.*
- *Wie findest du das Gedicht? Passt es zur Wirklichkeit? Begründe deine Meinung.*
- *Was könnte man dagegen tun, dass die Welt so ist, wie im Gedicht beschrieben?*

Gottes Angebot

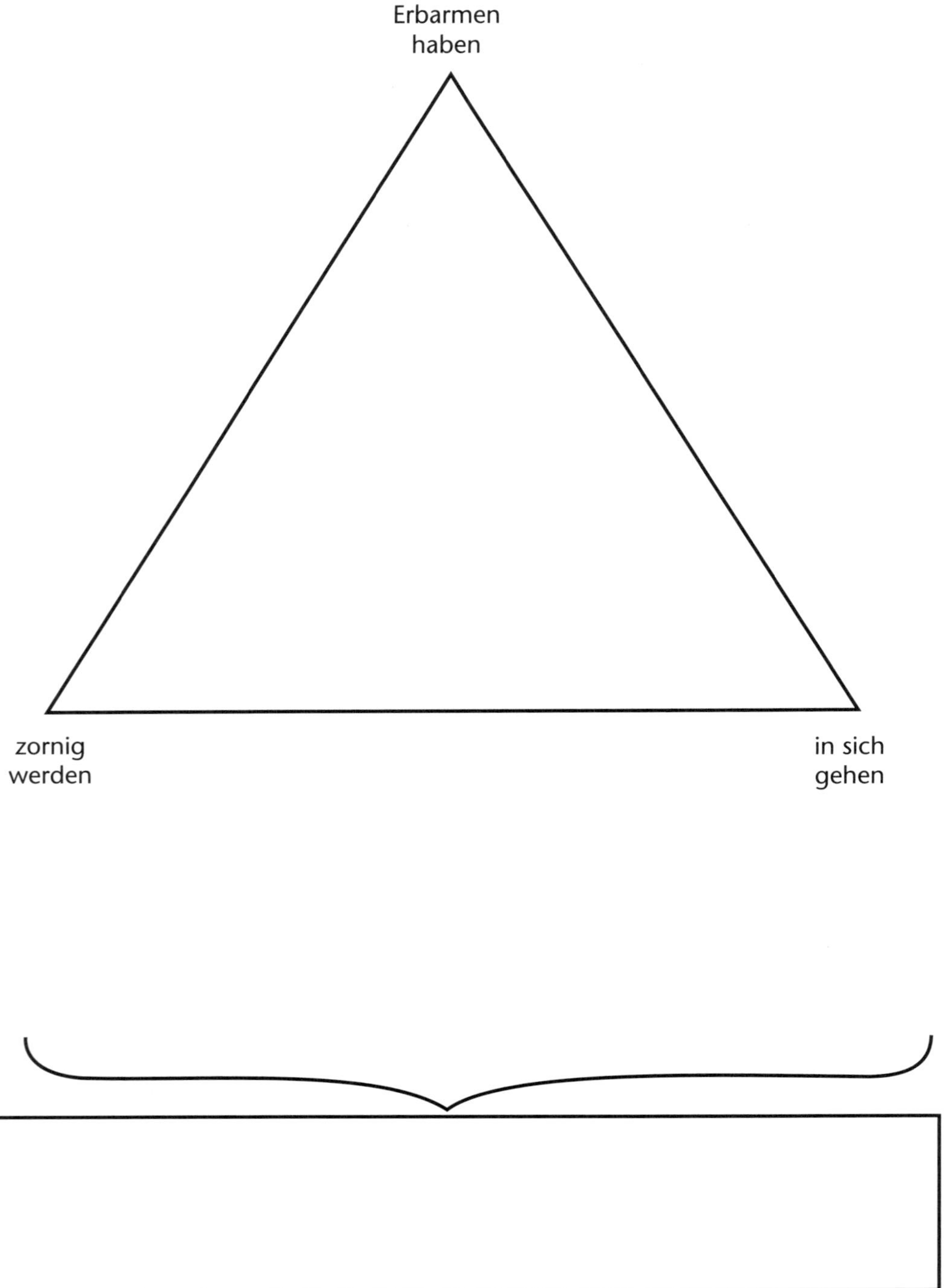

Worte und Gedanken

- *Beschriftet die Sprech- und Denkblasen.*
- *Tragt die Ergebnisse der Klasse vor.*

Eltern müssen auch für verlorenen Sohn zahlen

Lüneburg (dpa) – Eltern müssen die Beerdigung ihres Sohnes auch dann bezahlen, wenn das Verhältnis seit Jahrzehnten zerrüttet war. Mit dieser Entscheidung hat das Lüneburger Oberverwaltungsgericht eine Rentnerin zur Übernahme von 1000 Euro Bestattungskosten verpflichtet. Die Mutter hatte die Bezahlung abgelehnt, weil der Sohn ihr vor 30 Jahren rund 4000 Mark gestohlen hatte. Das Gericht stellte fest, dass Eltern den Sarg auch zahlen müssen, wenn sie keine Erben des Sohnes sind.

- *Vergleicht diese Zeitungsnotiz mit dem »Deutungsangebot« auf Orientierung 5 (**45**) im Schulbuch. Was fällt auf?*
- *Sucht nach anderen Aktualisierungen der Parabel in der Literatur, im Internet, in Zeitungen und Illustrierten.*

Hände

■ *Beschrifte die beiden Bildausschnitte:*
- *Was sagen die Gesten aus?*
- *Welche Geste spricht dich mehr an?*
- *Welche innere Haltung hat ein Mensch, zu dem beide Hände gehören?*
- *Was könnte der Mensch, dem diese Hände gehören, wohl für dich tun?*

Beckmann-Puzzle

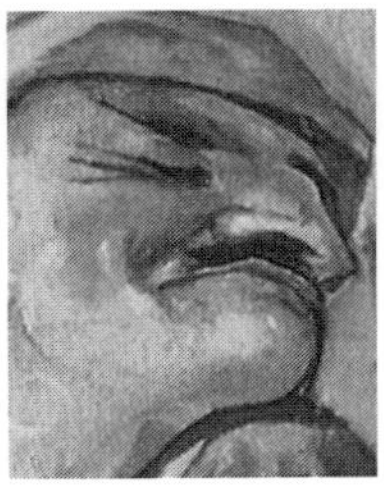
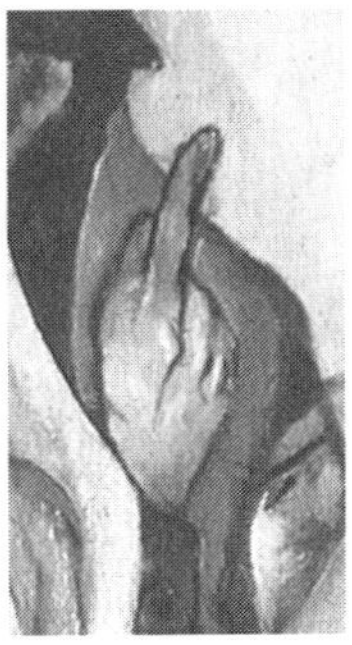

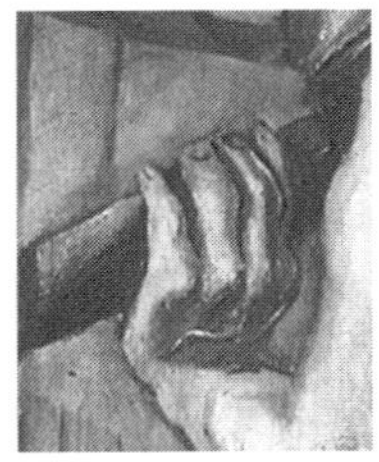

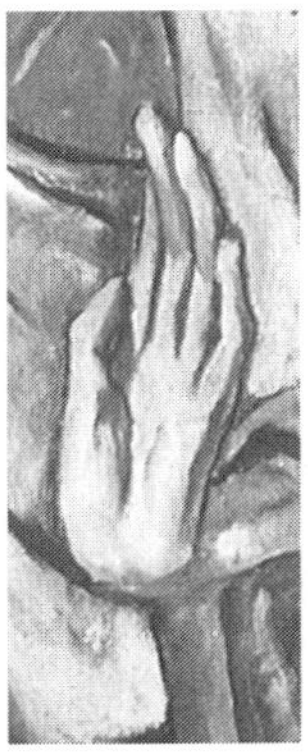
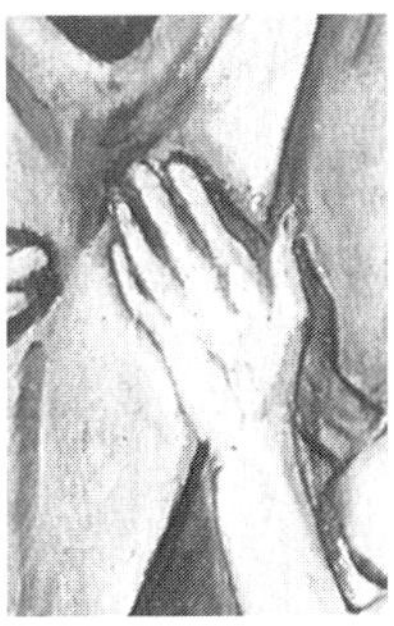

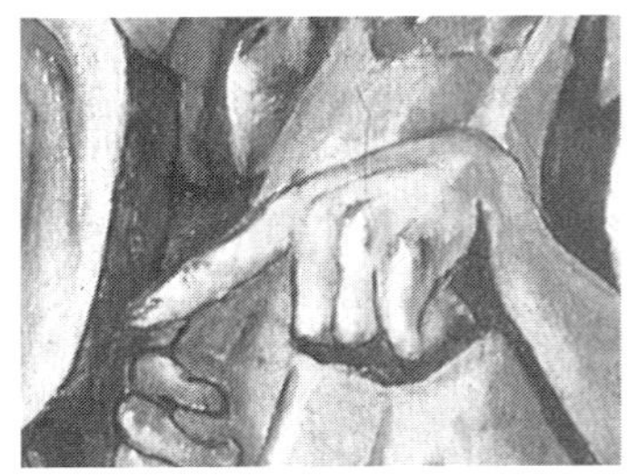

- *Schneide die hier abgedruckten Gesichter und Hände aus und ordne sie zu einem sinnvollen Bildausschnitt an.*
  (Achtung! Die Größenverhältnisse stimmen nicht und es ergibt sich auch nicht das ganze Gemälde.)

Aus rechtlichen Gründen drucken wir hier noch einmal das Gesamtbild »Christus und die Sünderin« (1917) von Max Beckmann ab. Bei der Verwendung des AB im Unterricht trennen Sie bitte diesen Teil ab, bevor Sie das AB Sch aushändigen.

Wutinterview

Name: ______________________________

1. Was macht die wütend bzw. was ärgert dich? Nenne drei Dinge.
   (a) ______________________________
   (b) ______________________________
   (c) ______________________________

2. Was tust du, wenn du auf deine Geschwister wütend bist?
   ____
   Wie reagieren sie?
   ____
   Was tust du, wenn du auf deine Eltern wütend bist?
   ____
   Wie reagieren sie?
   ____
   Was tust du, wenn du auf eine/n Mitschüler/in wütend bist?
   ____
   Wie reagiert er/sie?
   ____
   Was tust du, wenn du auf eine/n Lehrer/in wütend bist?
   ____
   Wie reagiert er/sie?
   ____

3. Bist du gerne mal wütend? ☐ Ja ☐ Nein
   Warum oder warum nicht?
   ____

4. Kannst du und darfst du immer Wut zeigen?
   ☐ Ja ☐ Nein
   Wann kannst und darfst du keine Wut zeigen? ______________________________

5. Wann ist es deiner Meinung nach richtig und wichtig, wütend zu werden?
   ____
   ____

Von den zwei Eseln

Christine

Julia und Isabel haben sich gestritten und hatten das Gefühl, nichts mehr miteinander zu tun haben zu wollen. In ihrer Schule gibt es Streitschlichterinnen und Streitschlichter wie Christine. Nachdem Christine den Termin mit Julia und Isabel ausgemacht hat, setzt sie sich zu Hause an ihren Schreibtisch und macht sich zunächst klar, ob die beiden überhaupt bei ihr richtig aufgehoben sind.

Eine Mediation ist nur notwendig, wenn die Streitenden nicht mehr direkt miteinander ins Gespräch kommen können, weil die Fronten verhärtet sind. Das fühlt sich an wie eine Sackgasse. Dennoch müssen beide ein grundsätzliches Interesse an einer zukünftigen Beziehung zueinander haben. Beispielsweise, weil sie sich in einer Klasse nicht aus dem Weg gehen können oder wollen. Keiner kann zum Streitschlichter gezwungen werden, alle müssen freiwillig da sein. Und natürlich müssen alle da sein, keiner kann sich vertreten lassen, sonst macht das Gespräch keinen Sinn.

Christine kann all diese Kriterien abhaken, sie sind erfüllt. Gut, dass sie genügend Zeit für morgen eingeplant hat, damit das Gespräch auch nicht unterbrochen werden muss, bis eine einvernehmliche Lösung erarbeitet ist.

Aber sie weiß, dass es nicht einfach wird, schließlich ist zwischen Isabel und Julia schon so lange Zoff.

Christine grinst. Konflikte sind normal, das hat sie erst lernen müssen. Es gibt einfach verschiedene Meinungen unter der Sonne. Aber einen Konflikt nicht zu lösen, ist dumm, weil man danach viel besser lebt. Aber sie hat oft die Erfahrung gemacht, dass viele nicht wissen, wie sie ihr Problem miteinander lösen sollen, obwohl sie es wollen. Natürlich wird sie sich auch morgen mit vermeintlich klugen Ratschlägen zurückhalten; die Betroffenen wissen immer besser darüber Bescheid, was für sie annehmbar ist. Manchmal fällt es ihr schwer, sich zurückzuhalten. Aber bis jetzt hat's immer geklappt. Und nur so kann sie als Schlichterin neutral bleiben und die Verantwortung bleibt bei ihren »Kunden«. Sonst fühlen sie sich nicht allzu verantwortlich für das Stück Papier mit der Übereinkunft.

Noch einmal kramt Christine den Prinzipienzettel heraus und liest ihn durch:

- Ausreden lassen;
- Unterbrechungen unterbinden;
- Gefühle und Hintergründe nachfragen;
- beide zu Wort kommen lassen;
- verschiedene Lösungsmöglichkeiten sammeln (schriftlich);
- Vereinbarung unterschreiben lassen.

- *Welche Kriterien müssen erfüllt sein, damit ein Besuch beim Streitschlichter sinnvoll ist?*
- *Welche Haltung muss der Schlichter/die Schlichterin grundsätzlich einnehmen?*
- *Welchen Sinn hat jedes einzelne Schlichterprinzip?*
- *Welche Konsequenzen würde es haben, wenn Christine eines vergisst?*

Rollenspiel zur Mediation: Daniel und Stefan

Zum wiederholten Male muss die Klassenlehrerin, Frau Müller, Daniel und Stefan bei einer Prügelei trennen. Daniel ist dem beinahe zwei Jahre jüngeren Stefan körperlich haushoch überlegen. Den Hintergrund ihrer Prügeleien konnte Frau Müller bisher nicht in Erfahrung bringen, doch ist ihr klar: So wie diese beiden miteinander im Streit liegen, muss es einen tiefer gehenden Hintergrund geben. Als sich die Jungen wieder einigermaßen beruhigt haben, schlägt sie ihnen vor, zu einem Streitschlichter der Schule zu gehen.

Rollenkarte Daniel

Daniel ist ein groß gewachsener Junge, der die achte Klasse wiederholen musste. Vor allem die Fremdsprachen machen ihm Mühe, doch in Sport ist er mit Leidenschaft dabei. Schon bald hatte er sich in der neuen Klasse eingelebt und eine eigene Clique um sich geschart.
Daniel hat ein neues Handy bekommen und ist mächtig stolz darauf. Die Spiele und Funktionen, die es besitzt, und das ultraflache Metallic-Design werden von allen seinen Mitschülerinnen und Mitschülern bestaunt. Kein Wunder, das Handy war auch ganz schön teuer!
Eines Tages ließ er sein Handy unbeaufsichtigt im Klassenzimmer. Als er nach der Pause wieder an seinen Platz kam, entdeckte er auf dem Gehäuse des Handys eine deutlich sichtbare Schramme. Offensichtlich hatte jemand das Handy auf den Boden geworfen. Der einzige, der sich in der Pause noch länger im Klassenzimmer aufgehalten hatte, war Stefan. Er ist eher ein Außenseiter und besitzt überhaupt kein eigenes Handy. Wahrscheinlich hat er sich an Daniels Telefon zu schaffen gemacht und es auf den Boden geworfen, doch er streitet es vehement ab.

Rollenkarte Stefan

Stefan ist einer der Jüngsten in der Klasse und eher schüchtern und unauffällig. Er besitzt kein Handy. Seine Eltern finden, dass er und seine drei Geschwister so etwas nicht brauchen. Natürlich ist Stefan darüber nicht glücklich und beneidet alle Mitschülerinnen und Mitschüler, die ein Handy besitzen.
Als er neulich nach einer kurzen Besprechung mit der Deutschlehrerin noch länger im Klassenzimmer war und Daniels neues Handy auf der Schulbank liegen sah, konnte er der Versuchung nicht widerstehen und sah es sich genauer an. Darüber vergaß er die Zeit. Plötzlich kam die Pausenaufsicht in den Raum und bat ihn, auf den Schulhof zu gehen. Stefan war so erschrocken, dass er das Handy auf den Boden fallen ließ. Als er es aufhob, hatte es eine deutlich sichtbare Macke im Gehäuse. Was soll er jetzt tun und Daniel sagen? Stefan legte das Telefon wieder an Daniels Platz und ging in die Pause.

Gott der Versöhnung

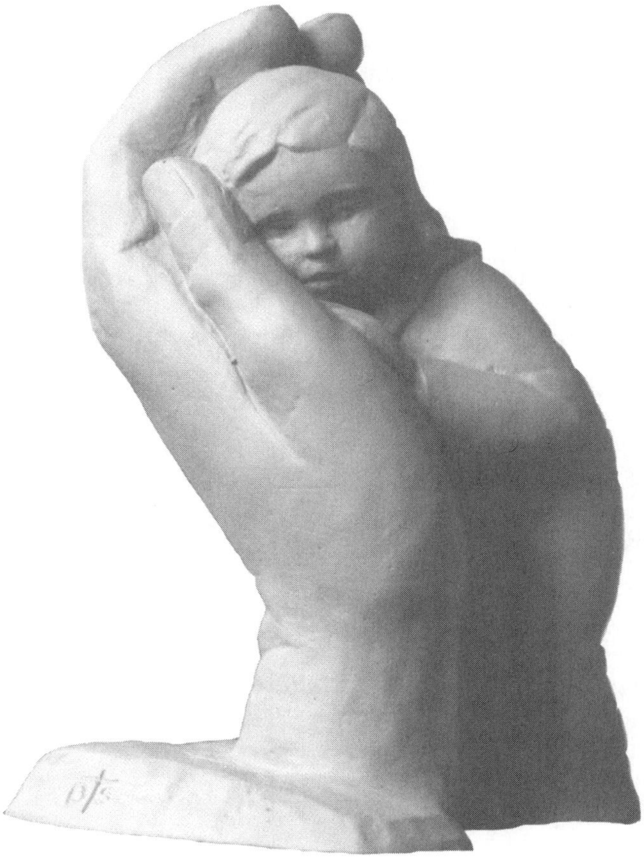

»Schwamm drüber!«, sagen wir manchmal.
Aber diese Floskel spricht nicht die Sprache christlicher Vergebung.
Denn diese wischt die Schuld nicht fort.
Sie weiß, dass zum Menschen immer seine Schuld dazugehört.

Vergebung, wie Gott sie meint, sagt:
»Ich nehme dich an mit deiner Schuld.
Sie ist vergeben,
nicht vergessen.«

Versöhnung

Alle: Versöhnung!
Erster: Versöhnung?
Zweiter: Warum?
Um jeden Preis?
Wie? Wann? Wie oft?
Vergeben und vergessen?
Alle: Versöhnung!
Zweiter: Warum?
Dritter: Ich will in Gemeinschaft leben.
Vierter: Ich möchte, dass meine Beziehungen zu den Menschen um mich herum gelingen.
Erster: Gott vergibt schließlich auch.
Alle: Versöhnung!
Zweiter: Um jeden Preis?
Dritter: Nicht, wenn es mich zerstört!
Vierter: Nicht bis zur Selbstaufgabe.
Alle: Versöhnung!
Erster: Wie? Wodurch?
Zweiter: Streit ansehen. Konflikt benennen.
Dritter: Verantwortung übernehmen. Schuld eingestehen.
Vierter: Lösungen suchen. Verzeihen.
Alle: Versöhnung!
Erster: Wann?
Alle: Wenn du spürst, dass der Zeitpunkt da ist.
Zweiter: Versöhnung?
Dritter: Wie oft?
Vierter: Immer wieder, solange meine Kraft reicht.
Alle: Versöhnung!
Erster: Vergeben und vergessen?
Zweiter: Vergeben – ja.
Vergessen – nein.
Aber ich möchte dabei nicht verhärten.
Alle: Versöhnung!
Dritter: Mit Gott versöhnt.
Vierter: Gott und ich – wir gehen aufeinander zu.
Alle: Versöhnung!
Erster: Mit mir selbst versöhnt.
Zweiter: Ich freue mich an mir. Gott hat mich gemacht und liebt mich so wie ich bin.
Alle: Versöhnung!
Dritter: Botschafter der Versöhnung.
Vierter: Ich ruhe in Gott. Ich habe festen Grund unter den Füßen. Gott schenkt mir Mut und Kraft. Als Versöhnte(r) kann ich versöhnen.
Alle: Als Versöhnte reichen wir uns die Hand.

- *Verteilt die Leserollen.*
- *Überlegt euch eine Inszenierung: Wie lest ihr und wie stellt ihr euch im Raum auf?*
- *Probiert verschiedene Aufstellungen und Räume aus.*
- *Erfindet für weitere Rollen Körperhaltungen dazu.*

Wortbild

Furcht	*Erbarmen*	**Güte**	rhekmU
Furcht	*Erbarmen*	**Güte**	rhekmU
Furcht	*Erbarmen*	**Güte**	rhekmU
Furcht	***Verzeihen***	Geist	rhekmU
Furcht	***Verzeihen***	Geist	rhekmU
Furcht	***Verzeihen***	Geist	Vertrauen
Strafe	***Verzeihen***	Geist	Vertrauen
Strafe	***Verzeihen***	Geist	Vertrauen
Strafe	***Verzeihen***	Geist	Vertrauen
Strafe	***Verzeihen***	*einfaches Herz*	Vertrauen
Strafe	***Verzeihen***	*einfaches Herz*	Vertrauen
Strafe	***Verzeihen***	*einfaches Herz*	Vertrauen
Strafe	*Evangelium*	**Herz**	Befreiung
Strafe	*Evangelium*	**Herz**	Befreiung
Ehrfurcht	*Evangelium*	**Herz**	Befreiung
Ehrfurcht	*Evangelium*	**Herz**	Befreiung
Ehrfurcht	*Evangelium*	**Herz**	Befreiung
Ehrfurcht	*Evangelium*	Umkehr	*Verstehen*
Ehrfurcht	*Evangelium*	Umkehr	*Verstehen*
Ehrfurcht	FROHE	Umkehr	*Verstehen*
Erbarmen	BOTSCHAFT	Umkehr	*Verstehen*
Erbarmen	**Güte**	Umkehr	*Verstehen*
Erbarmen	**Güte**	Umkehr	*Verstehen*
Erbarmen	**Güte**	Umkehr	*???*

■ *Hier findest du einige Schlagworte aus dem Text von Frère Roger Schutz. Schneide aus und forme ein Wortbild daraus.*

3 Martin Luther und die Sehnsucht nach »Heil«

Das Thema im Schulbuch

Der LP geht das kirchengeschichtliche Thema der Reformationszeit ausdrücklich vom anthropologischen Befund der »Sehnsucht nach Heil« an und formuliert folgenden Gedankenschritt: »Von der Heilsbedürftigkeit des Menschen ausgehend wird die historische Epoche der Reformation betrachtet, um die heutige konfessionelle Situation verstehen und die gemeinsame ökumenische Weltverantwortung der Christen erkennen zu können.«
Das Thema legt eine ökumenische Kooperation mit den evangelischen L dringend nahe, da auch im evangelischen RU das Thema Reformation behandelt wird. *Team-teaching*, Lernen durch Lehren und gemeinsame Projekte bieten sich didaktisch wie methodisch als besondere Lernchancen an.

Das *Titelbild* (**55**) zeigt die Skulptur *Man Walking To The Sky* von Jonathan Borofsky. Ein Mensch geht entschlossenen Schrittes einen ansteigenden Weg hinauf, der freilich irgendwann abbricht. Dieses zeitgenössische Kunstwerk (Documenta, Kassel 1992) setzt bewusst im Kontext der Gegenwart ein und bietet sehr offene Zugänge zum Thema über die Assoziationen Lebensweg, Richtung, Ziel, Himmel, Sehnsucht, Sinn, Angst, Tod, Hoffnung, Transzendenz.

Kontext 1 (**56f.**) lässt Raum für die »Leerstellen« und Sehnsüchte der Sch, die über den Alltag hinausreichen. Sch sind eingeladen, eigene Sehnsüchte zu spüren, aber auch die Anziehungskraft neuartiger »Sehnsuchtsorte«, die eine Bedürfnisbefriedigung versprechen, kritisch zu reflektieren. Einen andersartigen zweiten anthropologischen Zugang zur Problematik der Reformationszeit bietet der Ausgangspunkt vom Bedürfnis nach umfassender Absicherung gegen die Risiken der Existenz in einer säkularen Gesellschaft. Analogien zur Problematik des ausgehenden Mittelalters und seiner Alltagsmentalität lassen sich hier anschließen.

Kontext 2 (**58f.**) gibt anhand eines historischen Gemäldes einen ersten Überblick über die Thematik der Reformationszeit, von dem aus die UE weitergeplant werden kann. Sch bemerken die Problematik des Zugangs zu dem kirchengeschichtlichen Thema, der stark vom je eigenen Standpunkt abhängt.

Die *Pinnwand* (**60f.**) enthält Arbeitsimpulse, Vorschläge für Exkursionen und Projekte, die sich nicht nur auf eine bestimmte Doppelseite bzw. Unterrichtsstunde beziehen, sondern begleitend zum Kapitelthema, z. T. arbeitsteilig in Sch-Gruppen umgesetzt werden können. Die Planung insbesondere ökumenischer Projekte bedarf der Absprache mit den evangelischen L. Die jeweiligen Aufträge werden im Lehrerkommentar an passender Stelle erläutert.

Die Orientierungsseiten widmen sich der historischen Epoche der Reformation. *Orientierung 1* (**62f.**) führt anhand von Schlagzeilen aus verschiedenen Themenkomplexen ein in die historische Aufbruchs- und Umbruchssituation am Übergang vom 15. zum 16. Jahrhundert. Die exemplarisch angerissenen Daten und Themen können von Sch vertieft werden. Ein Vergleich mit der gegenwärtigen Epoche schlägt die Brücke vom einführenden Kontextteil zum historischen Schwerpunkt des Kapitels.

Orientierung 2 (**64f.**) fokussiert das Bewusstsein der Vergänglichkeit und greift unter der provokanten Frage »Eine Lebensversicherung für das Jenseits?« die Problematik von *Kontext 1* (**56f.**) auf. Dem heutigen säkularen Bedürfnis nach Sicherheit steht das spätmittelalterliche Streben nach Absicherung des ewigen Lebens durch Ablässe, Reliquienkult usw. entgegen. Historische Quellentexte geben Einblick in die von Luther kritisierten Missstände. Der Name Luther taucht zum ersten Mal auf.

Orientierung 3 (**66f.**) führt in Leben und Gedankenwelt Luthers ein und konzentriert sich auf das »Turmerlebnis«. Liedtext, Quellentext und Rätsel helfen den Sch, die reformatorische Wende Luthers gedanklich nachzuvollziehen und im Rahmen des vorher angerissenen Zeitkontextes verstehen zu können.

Orientierung 4 (**68f.**) informiert im Überblick über Luthers Biografie, auch gespiegelt aus der Perspektive der Katharina von Bora. Luthers theologisches wie literarisches Lebenswerk wird gewürdigt. Sch setzen sich, angeregt durch Filmbilder, anhand von handlungsorientierten Aufgaben mit Luther auseinander und gelangen u. a. zu einer reflektierten Einschätzung der Luther-Rezeption im Medium Film.

Orientierung 5 (**70f.**) weist über die Biografie Luthers hinaus und zeichnet den Fortgang der Reformation bis zum Augsburger Religionsfrieden 1555 nach. Mit Papst Hadrian IV. und dem Bemühen um eine innerkirchliche katholische Reform scheinen denkbare Alternativen zur Kirchenspaltung auf.

Perspektiven 1 (**72f.**) führt die historische Thematik in die Gegenwart fort und verankert sie in der Lebenswelt der Sch. Ein vertieftes Verständnis für die Anliegen und Bedeutung der Ökumene kann zu konkreten ökumenischen Projekten anregen (vgl. *Pinnwand,* **61f.**).

Perspektiven 2 (**74f.**) vertieft in Dorothee Sölles Bild des gemeinsamen Weges der Konfessionen zu Gott die Vision der gelebten Ökumene. Das Beispiel der Wiederbelebung der Wallfahrtstradition nach Santiago de Compostela zeigt, dass die Volksfrömmigkeit des Mittelalters nicht einseitig zu kritisieren ist, sondern deren überkommene Formen nach wie vor religiöse Bedürfnisse des heutigen Menschen treffen können.

Perspektiven 3 (**76f.**) schlägt den Bogen zu den anfangs formulierten Sehnsüchten der Sch und ermutigt dazu, im Namen des gnädigen Gottes, den Luther gesucht hat, den Sehnsüchten zu trauen und sich auf den persönlichen Weg der Gottsuche zu machen.

Luthers Wappen dient auf der abschließenden *Akzent*-Seite (**78**) dazu, das erarbeitete kognitive Wissen über Luthers Glauben noch einmal umzuwälzen und im Transfer anzuwenden. Daneben können Sch kreativ tätig sein und ein persönliches Wappen mit einem Motto für das eigene Leben entwerfen.

Vernetzung mit anderen Themen im Schulbuch

Kap 1 Gottes Schöpfung:
»Was ist der Mensch?« Biblische Antworten auf anthropologische Grundbedingungen und Grundfragen des Menschen;
»Ein Zeitalter im Aufbruch« *Orientierung 1* (**62f.**): Wandel der Weltbilder zum Beginn der Neuzeit (kopernikanische Wende).

Kap 2 Konflikte und Schuld:
Eine »Kultur der Versöhnung« (*Perspektiven 3,* **52f.**) als Beitrag auch zum ökumenischen Dialog, der hilft, die historische Trennung der Konfessionen zu überwinden.

Kap 4 Die Kirche – so fern und doch so nah:
Die spezifische Struktur der katholischen Kirche (*Orientierung 2,* **88**); das Petrusamt (*Orientierung 2,* **89**); ökumenische Bewegungen (z. B. Taizé, *Orientierung 4,* **92f.**); Wallfahrten heute (z. B. Jugendwallfahrten, *Kontext 1,* **82**); Thesenanschlag heute (vgl. *Pinnwand,* **85**).

Kap 5 Esoterik und Lebensdeutung:
Woher – wohin? (*Kontext 1,* **104f.**) Wie bedient der Markt der esoterischen Angebote die Sehnsüchte und Bedürfnisse der Menschen heute? Was das Christentum ausmacht (*Perspektiven 2,* **120f.**).

Vernetzung mit den unteren Jahrgangsstufen

5.3 Erinnerung und Verheißung – Die Bibel:
Die Bibel und ihre Übersetzungen (*Orientierung 6,* **68**);
5.4 Jesus fasziniert:
Heil im religiösen Sinn (vgl. *Perspektiven 1,* **96f.**);
5.5 Kirche erleben:
Meine »Heiligtümer« (*Kontext 1,* **105f.**); Rom – Kirche im Blickpunkt der Welt (*Perspektiven 2,* **126f.**).

6.1 Alltag bewältigen – Orientierung finden:
Umgang mit Freizeit (v. a. *Orientierung 4* und *5,* **20ff.**)

7.1 GesICHt zeigen:
SehnSUCHT wonach? (*Orientierung 3,* **18f.**).
7.3 (Un-)Sichtbares:
Sakramente und heilige Zeichen (vgl. *Orientierung 2* bis *5,* **66ff.** und *Perspektiven,* **75f.**);
7.4 »Ihr seid das Salz der Erde«:
Klöster (vgl. *Orientierung 5* und *6,* **92ff.**); Kirche im Verbund mit der weltlichen Macht (*Perspektiven 2,* **96f.**).

Vernetzung mit anderen Fächern

Vorrangiges ökumenisches Kooperationsthema: Evangelische Religion: 8.3 Reformation.
Fächerverknüpfende Themen für 8: Sucht und Sehnsucht; Die Neue Welt; Welterschließung im Zeitalter der Renaissance.
Geschichte 7.3: Neue geistige und räumliche Horizonte (1350-1650).
Deutsch 8: Literatur des Barock.

1. Hintergrund

Jonathan Borofsky (geb. 1942)
Jonathan Borofsky ist Bildhauer, Maler und Grafiker. Er wurde in Boston (USA) geboren. 1964 schloss er an der Carnegie Mellon University in Pittsburg mit *Bachelor of Fine Arts* ab und studierte weiter an der *Ecole de Fontainebleau* und an der *Yale University*. Borofskys Skulpturen und Installationen sind international bekannt. Der Künstler lebt in Maine (USA).

Jonathan Borofsky: »Man walking to the sky«, 1992
Das **Titelbild** ist eine Fotografie der Skulptur *Man Walking To The Sky*, welche der amerikanische Künstler Jonathan Borofsky 1992 für die *documenta* in Kassel auf dem Friedrichsplatz installiert hat. Borofsky hatte schon 1982 mit der Skulptur *Hammering Men* auf der *documenta* Aufsehen erregt. Der »Himmelsstürmer« gefiel den Kasselern so gut, dass sie eine Spendensammlung organisierten und die Skulptur kauften. Die 25 Meter hohe Figur steht heute auf dem Platz vor dem Kulturbahnhof in Kassel. Das Stahlrohr, auf dem der Himmelsstürmer voranschreitet, ragt mit 65 Grad Neigung in den Himmel hinein. Seine Verankerung im Boden ist nicht zu erkennen. Viele Kasseler deuten sie als Symbol für die optimistische, aufwärtsstrebende Entwicklung ihrer Stadt. Weniger bekannt ist die »Schwester« des Himmelsstürmers: In Straßburg steht die kurz darauf von Borofsky geschaffene *Woman Walking To The Sky*. Borofsky erklärt dazu auf seiner Website (www.borofsky.com), er habe den Plan gehabt, die beiden Figuren durch Lichtinstallationen miteinander zu verbinden, was aber nicht zu realisieren war. Im Nachhinein bedauere er, die Frau mit Jeans ausgestattet zu haben, wie ihm alle weiblichen Bekannten geraten hätten. Heute würde er ihr lieber ein Kleid anziehen, um die femininen Körperformen besser betonen zu können. Es reizt zu vergleichen, wie sich die Wirkung und Ausstrahlung des Kunstwerkes verändert, je nachdem, ob ein Mann oder eine Frau energisch himmelwärts stürmen.
Das Bild ist als Folie enthalten in *Bilder aus Religion vernetzt 7 und 8. 36 Farbfolien,* München 2006, ISBN 3-466-50717-0.

2. Einsatzmöglichkeiten im RU

Das Bild befragen
- Sch betrachten in Ruhe die Skulptur auf der *Titelseite* (**55**): Was drückt es für sie aus?
- Sch probieren aus, wie sich die Bildwirkung verändert, wenn sie das Buch drehen und den Mann horizontal gehen lassen.
- Sch formulieren einen Titel für die Skulptur. Mögliche Assoziationen können sein: Lebensweg, Richtung, Ziel, Himmel, Sehnsucht, Sinn, Angst, Absturz, Tod, Hoffnung, Transzendenz etc.

Das Bild betrachten
Das Bild lässt sich als Folie (enthalten in *Bilder aus Religion vernetzt 7 und 8. 36 Farbfolien,* München 2006, ISBN 3-466-50717-0) u. a. als Einstiegsmeditation verwenden.
- In Stille oder mit ruhiger Hintergrundmusik können Gedanken zum Bild (vgl. **M 8.3.1, Lehrerkommentar S. 151**) langsam vorgelesen werden. Das AB bietet (fakultativ) eine verzögerte Bildpräsentation an, in der man erst nur die Figur des Mannes, dann das Rohr und schließlich erst das ganze Bild aufdeckt.
- Zur Vertiefung sammeln Sch danach die Assoziationen und malen die Körperhaltung des Mannes oder stellen sie nach als Standbild.

Bilder vergleichen
- Anhand von **M 8.3.2, Lehrerkommentar S. 152**, oder als Folie vergleichen Sch den männlichen Himmelsstürmer mit seinem weiblichen Pendant: Wirken sie je anders? Warum? Welche Skulptur würden sie in ihrer Stadt lieber aufstellen?

Geschichten erfinden
- Sch schreiben Geschichten zum »Himmelsstürmer« bzw. zur »Himmelsstürmerin«:
  - Aus welcher Situation brechen sie auf?
  - Wohin gehen sie?
  - Wie lautet ihre Sehnsucht?
  - Werden sie ihr Ziel erreichen?
  - Wird ihr Weg sie zu einem guten oder bösen Ende führen?
- Realistische und irreale Stilebenen sind denkbar.

Einen Bezug zum Kapitelthema herstellen
- Zum Abschluss einer ersten Phase des Umgangs mit dem *Titelbild* (**55**) stellen Sch Vermutungen an, was das Bild mit der Kapitelüberschrift »Martin Luther – die Sehnsucht nach Heil« zu tun haben könnte. Hier kann schon Vorwissen aus der

Behandlung der Reformation in Geschichte (7. Klasse) mit einfließen.

Assoziative Anknüpfungen können sein:
- die Sehnsucht nach dem »Himmel«;
- die Unmöglichkeit, sich auf dem irdischen Weg den Himmel zu verdienen;
- die Verbindung von Diesseits und Jenseits;
- ein Mann, der allein und konsequent seinen Weg geht etc.

3. Weiterführende Anregung

Borofsky im Internet
- Im Internet lassen sich beide Bilder per Bildersuche oder über www.borofsky.com finden.
- Sch arbeiten kreativ mit den Bildern, erstellen eine Collage dazu oder montieren die beiden Skulpturen zusammen. Denkbar wäre es auch, den Künstler per Mail über seine Gedanken dazu direkt zu befragen.

Sehnsucht nach mehr

Kontext 1 56 57

1. Hintergrund

Eine Collage aus Bildelementen und literarischen Texten führt an die vom LP als Einstieg vorgegebene Thematik von »Sehnsucht« einerseits und dem »Bedürfnis nach Absicherung« andererseits heran. Nicht alles auf *Kontext 1* (**56f.**) muss behandelt werden, sondern es ist auch möglich, sich auf einzelne Elemente der Collage zu konzentrieren.

Der **Zitatsplitter von Eduard Mörike** aus dem Gedicht »Im Frühling« setzt mit der Unbestimmtheit von Sehnsuchtsgefühlen ein, denen im Folgenden nachgegangen werden soll. Das Gedicht ist in seiner Langfassung auf **M 8.3.3, Lehrerkommentar S. 153**, abgedruckt.

Eduard Mörike (1804-1875)
Geboren in Ludwigsburg, wurde Eduard Mörike am Evangelischen Stift in Tübingen zum Pfarrer ausgebildet. Neben seiner Tätigkeit an wechselnden Orten im Schwäbischen schrieb er Gedichte, die ihn zum bedeutendsten deutschen Lyriker zwischen Romantik und Realismus machten. Daneben war er auch als Erzähler produktiv (»Mozart auf der Reise nach Prag«; »Maler Nolten«). Nach dem frühen Rückzug aus dem Pfarrdienst und einer unglücklichen Ehe lebte er zurückgezogen in Stuttgart, wo er auch starb.

Auch das Gedicht von **Wolf Biermann** ist ein Sehnsuchtstext: Der Dichter empfindet Ungenügen am Alltag eines »normalen« Erwachsenen, der bestimmt ist von Arbeit (»Überstunden«), Geldknappheit und wenig Freizeit (»das bisschen Sonntag«). Er durchschaut die Versprechungen der Fernsehwelt als irreale Vorgaukelung eines scheinbaren Paradieses und fragt: »Das soll nun alles gewesen sein?« Das »Nein« des Dichters ruft als Absage an diese vorgegebene Sinnlosigkeit auf, »Leben ins Leben« zu bringen. Wo geht es hin? Was soll noch kommen? Diese Fragen des Gedichts laden dazu ein, der eigenen Sehnsucht als dem »siech«, d. h. krank sein und leiden am Ist-Zustand, nachzuspüren.

Wolf Biermann (geb. 1936)
Biermanns Vater wurde als antifaschistischer Widerstandskämpfer im KZ Auschwitz ermordet. Als engagierter Kommunist siedelte Biermann 1953 von seiner Geburtsstadt Hamburg in die DDR über. Der kritische Dichter, Komponist und Sänger erhielt 1965 Auftrittsverbot in der DDR. Nach einer Konzertreise durch die Bundesrepublik Deutschland 1976 wurde ihm die Wiedereinreise in die DDR verwehrt und die Staatsbürgerschaft entzogen. Seitdem lebt Biermann, Vater von zehn Kindern, mit seiner Frau in Hamburg. Er erhielt u. a. den Büchner-Preis, den Heinrich-Heine-Preis und den Mörike-Preis (1991).

Die Fotos illustrieren auf der linken Seite mögliche Assoziationen von Jugendlichen zum Thema Sehnsucht: ein **einsamer Strand** am Meer (das Foto zeigt die Ostsee); ein **Rockkonzert**, bei dem sich jede/r wünscht, ein Star zu sein oder doch zumindest, dem umschwärmten Star nahe zu kommen (das Foto wurde bei »Rock im Park« 2003 in Nürnberg aufgenommen); ein **Brautpaar**, stehen doch Liebe und gelingende Partnerschaft bei den Jugendlichen wieder hoch im Kurs, wie die Shell-Jugendstudie 2002 zeigt; **sportlicher Triumph** (Michael Ballacks Siegerpose beherrschen auch schon Spieler/innen der Jugendmannschaften, und Fußballstadien gelten zu Recht als die Arenen kollektiver Sehnsüchte heute). Der **Bungee-Springer**, fotografiert in Nürnberg (im Hintergrund das Frankenstadion), verkörpert den Risiko-Sucher schlechthin, der ein hohes Risiko eingeht, um intensiv »etwas zu erleben«. Auch hier steckt eine große Sehnsucht nach Glück hinter dem riskanten Sprung. Der Springer verkörpert die Haltung dessen, der sich – buchstäblich – erhebt und das Risiko bejaht, allerdings mit Seil!

Diese Haltung ist die eine der beiden Alternativen, welche Eva Strittmatter in ihrem Gedicht »**Risiko**« beschreibt. Provokativ stellt sie denjenigen, die allein nach Sicherheit suchen, diejenigen entgegen, die »nicht auf Sicherheit, auf Sinn eingestellt« seien. Diese Sucher und Finder müssen sich ihren eigenen Entwurf von der Welt machen. Freilich: Gibt es wirklich nur diese beiden Extreme?

Eva Strittmatter (geb. 1930)
Geboren in Neuruppin, veröffentlichte Eva Strittmatter nach dem Studium der Germanistik, Romanistik und Pädagogik in Berlin als freiberufliche Schriftstellerin und Literaturkritikerin zahlreiche Gedichte und Kinderbücher, z. B. »Die eine Rose überwältigt alles« (1977) oder »Ich mach ein Lied aus Stille« (1973). Sie war mit dem Schriftsteller Erwin Strittmatter (1912-1994) bis zu dessen Tod verheiratet. 1975 wurde sie mit dem Heinrich-Heine-Preis ausgezeichnet. Für sie sind ihre Gedichte, wie sie selbst erklärt, Kompensation ihrer »Sehnsucht nach Freiheit und Urnatur«.

2. Einsatzmöglichkeiten im RU

Als Einstieg in die Thematik »Sehnsucht nach Heil« sind mehrere Alternativen vorstellbar, die bei der Lebenswelt der Sch ansetzen, z. B.:

Sehnsuchtsbilder
- Sch betrachten die Fotos auf der Seite und suchen Bildunterschriften.
- Sch suchen bzw. erstellen eigene Sehnsuchtsbilder oder eine Collage zu Luthers Sehnsuchts-Satz »Woran du nun dein Herz hängst, das ist eigentlich dein Gott«.
- Sch analysieren Sehnsuchtsbilder in der Werbung, z. B. in Reisekatalogen:
  - Welche »Paradiese« werden versprochen?
  - Warum wird immer öfter noch *»more«* angekündigt, z. B. *»miles and more«*?

Sehnsuchtstexte
- Das Mörike-Gedicht wird in seiner Langfassung (**M 8.3.3, Lehrerkommentar S. 153**) als Textgrundlage für eine Meditation bzw. Fantasiereise verwendet.
- Sch schreiben das Mörike-Zitat weiter:
  - Was denkst du über deine Sehnsucht?
  - Das Zitat entstammt einem Frühlingsgedicht. Fühlt sich die Sehnsucht in anderen Jahreszeiten anders an?
- Sch erfinden eine Geschichte zu dem Sehnsuchts-Lied von Wolf Biermann:
  - Stellt euch die Person vor, die diese Zeilen geschrieben haben könnte. Was wird sie tun?
- Sch schreiben eine eigene Definition von »Sehnsucht« bzw. »Heil« und vergleichen sie mit dem Lexikonartikel.

No risk – no fun?
- Sch sammeln Zeitungsüberschriften, die zeigen, mit welchen Risiken wir leben müssen (z. B. Verkehrsunfälle, Naturkatastrophen usw.): Warum bezeichnet man unsere Gesellschaft zu Beginn des 21. Jahrhunderts als »Risiko-Gesellschaft«?
- Sch diskutieren in der Gruppe darüber, ob ein Bungee-Sprung für sie in Frage käme. Sie überlegen dabei auch, was sie von dem Spruch *»no risk, no fun«* halten.
- Sch bauen ein Standbild zum Gedicht »Risiko«, das die beiden beschriebenen Lebenshaltungen zeigt.
- Sch lesen die Satire von Axel Hacke über die Angebote der Versicherer auf **M 8.3.4, Lehrerkommentar S. 154**, und lösen **M 8.3.5, Lehrerkommentar S. 155**, über den Sinn und Unsinn von Versicherungen.

3. Weiterführende Anregungen

Eigene Sehnsüchte
- Sch bringen Songs, Texte, Bilder, Düfte mit, die ihre eigene Sehnsucht ausdrücken, und erstellen daraus Plakate für eine Ausstellung zum Thema »Sehnsucht nach mehr«.
- Die Sch kommunizieren ihre Gedanken über ihre Sehnsucht im Schülerforum von www.religionvernetzt.de

Alte und moderne Reliquien PINNWAND 61
- Sch setzen sich mit dem Begriff Reliquien auseinander, besichtigen alte Reliquien in Kirchen und sammeln heutige »Reliquien« in einer Art modernem »Reliquiar«.

»Sehnsucht nach mehr«

Wenn man der Religiosität von Jugendlichen nicht nur mit Defizithypothesen begegnet (vgl. Religionspädagogik kompakt: Religionspädagogische Konsequenzen aus der Religionssoziologie, Lehrerkommentar S. 171), entdeckt man durchaus Spuren einer jugendlichen »Sehnsucht nach mehr«, das Bedürfnis nach Ritualen und Sicherheit im Alltag, die Suche nach Sinn und die Reflexion von Leben in Gemeinschaft.

»Stimmen der Sehnsucht« im Klassenraum: Der direkten pädagogischen Intervention sind diese jugendlichen Suchbewegungen nur eingeschränkt zugänglich, vor allem kaum unter den Modalitäten konventionellen schulischen (Religions-)Unterrichts. Eine Motivierung entsprechender Reflexions- und Gestaltungsprozesse kann auf der Basis eines entsprechenden Klassenklimas dann gelingen, wenn primär auf individualisierende Lernformen zurückgegriffen wird (vgl. Dietz, Mendl) und autobiografische Zeugnisse respektvoll präsentiert werden.

»Stimmen der Sehnsucht« im Rahmen außerunterrichtlicher Projekte: Zugänge zu jugendlichen Lebenswelten und Prozessen der Sinnsuche ergeben sich in Projekten außerhalb des RU: z.B. Besinnungstagen, Früh- und Spätschichten, Wallfahrten, Exkursionen, Bibelnächten. Religions-L sind hier nicht als Lehrende, sondern als Zuhörende und Dialogpartner gefragt.

Kriteriologische Funktion des RU: Dem RU kommt im Feld der Sinnsuche aber auch eine kriteriologische kognitive Funktion zu: Der Markt der weltanschaulichen Sinndeuter im Bereich des Esoterik- und Wellness-Szene ist unübersichtlich. Eine »Unterscheidung der Geister« (Ignatius von Loyola) wird z. B. die Wirkmechanismen (kurzfristige Erfolge, einfache Kausalzusammenhänge, Preis-Leistungs-Verhältnis) unter die Lupe nehmen, die zugrunde liegenden Weltdeutungsmuster analysieren, die Tragfähigkeit des Sinnangebots für den Einzelnen, Gruppen und die Gesellschaft sowie die Vereinbarkeit mit dem christlichen Glauben überprüfen.

H. M.

Literatur

Dietz, Walter, Dem Religionslehrer einen Brief schreiben, in: KatBl 129 (2004), 278-280

Mendl, Hans, Im Mittelpunkt der Mensch. Prinzipien, Möglichkeiten und Grenzen eines schülerorientierten Religionsunterrichts, Winzer 2004,74-82

Sauer, Ralph, Mystik des Alltags, Jugendliche Lebenswelt und Glaube, Freiburg u. a. 1990

Zweierlei Predigt? – Ringen um das Heil in der Reformation

Kontext 2 [58] [59]

1. Hintergrund

Lucas Cranach der Jüngere (1515-1586)

Lucas Cranach wurde am 4. Oktober 1515 in Wittenberg geboren. Wie sein berühmter Vater Lucas Cranach der Ältere (vgl. Lehrerkommentar S. 135) und sein älterer Bruder Hans, der 1537 starb, wurde er Maler. Auch er verschrieb sich der künstlerischen Umsetzung des reformatorischen Programms wie sein Vater, in dessen Werkstatt er mitarbeitete, bis er sie ab 1550 ganz übernahm. 1541 heiratete er Barbara Brück, die Tochter des kursächsischen Kanzlers Georg Brück, und wurde 1549 Ratsherr der Stadt Wittenberg. Er führte das Werk seines 1553 gestorbenen Vaters fort und schuf berühmte Holzschnitte und Gemälde, darunter einige Luther-Porträts. Lucas Cranach starb am 27. Januar 1586 in Weimar.

Lucas Cranach d. J.: »Zweierlei Predigt«, 1546

Der **abgebildete Holzschnitt** mit dem vollen Titel »Unterscheid zwischen der waren Religion Christi vnd falschen Abgöttischen lehr des Antichrists in den fürnemsten stücken« (d. h. »Unterschied zwischen der wahren Religion Christi und der falschen abgöttischen Lehre des Antichristen in den wichtigsten Punkten«) wurde 1546, im Todesjahr Luthers, geschaffen.

Cranach teilt seinen Holzschnitt durch eine markante Säule programmatisch in zwei Bildhälften, wobei die linke Hälfte »die wahre Religion Christi« und die rechte Hälfte die »falsche abgöttische Lehre des Antichristen« darstellen. Beide Hälften sind parallel aufgebaut, wodurch der scharfe Kontrast zwischen ihnen klar wird. Im Zentrum des Bildes stehen die beiden Prediger auf ihren Kanzeln, weswegen der Holzschnitt auch »Zweierlei Predigt« genannt wurde. Inhalt und Auswirkung der Predig-

ten zeigen eindringlich, wo sich die wahre Religion befindet.
Während über dem Prediger Martin Luther der Geist in Form einer Taube schwebt, bläst dem feisten predigenden Mönch rechts eine teuflische Figur Böses ins Ohr. Der Zeigefinger des Mönches weist nach unten auf das verderbliche Treiben der Menschen und letztlich auf die Figur des Papstes in der rechten unteren Ecke, während nur der Zeigefinger Luthers – betont in einem Schriftbogen – auf Jesus, das Lamm Gottes und letztlich auf Gott selbst zeigt. Auf dem Schriftband ist zu lesen: »Es ist nur ein Mittler« (bezogen auf Jesus), und die johanneischen Versanfänge »Ich bin der weg/Niemant etc.« und »Sihe, ds ist ds Lamb Gottes etc.« Zwischen Jesus und Gottvater steht: »Vater, heilige sie/Ich heilige und Opffere mich für sie Mit meinen Wunden etc.«, darunter: »So wir sündigen, haben wir einen Vorsprecher (= Fürsprecher) beim Vater. Darumb lass uns getrost zu dem gnadenstuhl treten.«
Die obere Bildhälfte links zeigt eine friedliche himmlische Sphäre voller Engel, harmonischen Wolkengebilden und ist strukturiert durch den Bogen der Trinität Vater – Sohn – Geist. Dagegen ist die rechte Himmelsphäre in Aufruhr. Gott schmettert zum Erschrecken der Mönchsfigur neben ihm seinen Zorn aus den Wolken in Form von Blitzen und Feuerregen auf die Anhänger des Antichristen herab. In kolorierten Fassungen des Holzschnittes dominiert hier die Farbe blutrot.
Christus befindet sich nur auf der linken lutherischen Bildhälfte (dort gleich zwei Mal, nämlich im Himmel und am Altarkreuz), nicht aber rechts im Reich des Antichristen. Das lutherische Prinzip des *solus Christus* wird schon bildnerisch stark betont und noch unterstrichen durch das Schriftzitat auf der Kanzel: »Alle Propheten zeugen von diesem/ds kein ander name vnter dem Himel sey. (Act 4,10)« Luther bezieht sich »nur auf die Schrift/*sola scriptura*«, die er aufgeschlagen vor sich hat und auf der seine Linke ruht. Seiner Schriftauslegung hören die Bürgerinnen und Bürger interessiert und gläubig zu, kommt es doch nur auf den Glauben an *(sola fides)*. Außerdem demonstriert Cranach, welche Sakramente Luther allein anerkennt: die Taufe, die in der Mitte der linken Bildhälfte in einer Gruppe dargestellt wird, und die Eucharistie in der Austeilung des Abendmahls in beiderlei Gestalten am linken Bildrand.
Unter dem Gekreuzigten steht als Betonung des erlösenden Opfertodes Jesu der Schriftbezug des Gedächtnismahles: »Trincket alle daraus. Matthe. 26«. Ob die kleine Rose auf dem Taufbecken und am Kapitell der Mittelsäule die Lutherrose sein soll, lässt sich nicht mit Gewissheit erkennen, jedenfalls präsentiert Cranach mit der linken Bildhälfte den theologischen Kern und die kirchliche Praxis des Luthertums.
Ganz anders die Szene auf der rechten Bildhälfte: Unter einer erzürnten Gottheit sammelt Cranach alle seines Erachtens verderblichen Praktiken des falschen römischen Glaubens: Prozessionen (um die Kirche links oben auf der rechten Bildhälfte), Wallfahrten (rechts neben der Prozession sind Pilger mit typischem Stock und Hut zu erkennen), Segnung mit Weihwasser (rechts oben Segnung einer Glocke durch einen Bischof). In der Bildmitte zelebriert rechts ein Priester mit dem Rücken zu den Gläubigen eine lateinische Messe, während die dabeistehenden Ordensleute und Laien in Gespräche vertieft sind und wenig Glauben zeigen. Die dämonische Figur in der Mitte steht wohl für die Pest. Der Predigt lauschen Mönche und hohe Kleriker, die offensichtlich wohlgenährt und prunkvoll gekleidet sind. Dem Mönch im Vordergrund fallen gar Spielkarten aus dem Habit, Demonstration der Verderbtheit der Repräsentanten des römischen Katholizismus. Rechts daneben lugt eine Narrenfigur aus dem Gewand des Zuhörers und der Mönch, der – dem Betrachter zugewandt – am Tisch steht, ist beladen mit »Beute«. Als Kommentar steht auf dem Sack am Boden darunter: »Sie sind Schande und laster/prangen von euern Almosen etc.« Die Truhe enthält wohl all das Geld aus dem Ablasshandel, das an dem Tisch umgesetzt wird. Auf dem Tisch befinden sich Ablassurkunden und Geldsäcke, und zur Erklärung steht auf dem Schild vor der Nonne der abgewandelte Spruch: »Weil der Grosch noch klingt, feret die Seel in Himel.« Es steht somit zu vermuten, dass der Prediger der katholischen Hälfte einer der Ablassprediger, evtl. gar Tetzel selbst sein soll, zumal er auf die Ablassbriefe zeigt. Mit Ironie legt Cranach dem »altgläubigen« Prediger die Wort in den Mund, die über der Säule stehen: »Sehet/da habt ihr viel Römische Catholische vnd nicht Ketzerische wege zur seligkeit. Ich MEINE ja, ihr könnt leichtlich selig werden.«
Das Bild ist als Folie enthalten in *Bilder aus Religion vernetzt 7 und 8. 36 Farbfolien,* München 2006, ISBN 3-466-50717-0.

2. Einsatzmöglichkeiten im RU

Das Bild betrachten

- Der Cranach-Holzschnitt wird auf Folie (enthalten in *Bilder aus Religion vernetzt 7 und 8. 36 Farbfolien,* München 2006, ISBN 3-466-50717-0) betrachtet, und zwar von links nach rechts. Zunächst ist die rechte Seite abgedeckt.
- Sch beschreiben die linke Hälfte, entschlüsseln dann die Überschrift und mutmaßen nun, was auf der rechten Seite zu sehen sein könnte.
- Erst dann betrachten sie das komplette Bild im Schulbuch.

TA zu »Das Bild erschließen«:

	Lucas Cranach 1546 über	
die wahre Religion ein gnädiger Gott Luther Glaube an Jesus als einziger Weg zu Gott Sakramente: Taufe + Abendmahl neues reformiertes Christentum	versus	*die falsche Religion* ein zürnender strafender Gott Ablassprediger falsche Wege, z. B. Ablasshandel, Prozessionen, Wallfahrten ... korrupter römischer Katholizismus
⇨ der einzige Weg zum ewigen Leben?		⇨ ein Irrweg?

- Von der Bildbetrachtung aus kann die weitere UE anhand der Frage geplant werden, welche Bildelemente Sch noch nicht verstehen.

Die Bildhälften ergänzen
- Alternativ zur Bildbetrachtung (s. o.) erhalten Sch in GA jeweils nur eine Hälfte des Bildes **M 8.3.6, Lehrerkommentar S. 156**, das den Holzschnitt zeigt (kopieren und zerschneiden).
- Sch schreiben in ihre Hälfte interpretierende Stichworte hinein. Zusätzlich kann die Bildhälfte in passenden Farben koloriert werden.
- In einem zweiten Schritt finden sich jeweils Paare mit den beiden verschiedenen Hälften zusammen, erklären sich gegenseitig ihre Bildhälfte und versuchen Gegensatzpaare aus den beiden Hälften zu finden.

Das Bild erschließen
- Beide oben genannten Methoden oder aber eine konventionelle Bildanalyse anhand des Bildes im Schulbuch können zu einer analytischen Erschließung des Bildes führen, die in einem Tafelanschrieb festgehalten wird.

Das Bild neu gestalten
- Sch zeichnen unter dem alten Titel »Unterscheid zwischen der wahren Religion Christi und der falschen Lehre« Skizzen, die sich auf ihre Gegenwart beziehen: Welche Elemente gehören für sie zur »wahren Religion«, welche sind »Götzendienst«?
- Wem es an zeichnerischem Talent mangelt, kann sich an einer Bild- oder Textcollage zu diesem Thema versuchen.

Das Bild verfremden
Zum Abschluss der UE kann das Bild noch einmal herangezogen werden.
- Sch schneiden aus dem kopierten **M 8.3.6, Lehrerkommentar S. 156,** Kernelemente aus (Luther, Jesus am Kreuz, Gott) und gruppieren sie zu einem neuen Bild zum Thema »Ökumene«, das sie anhand von Zeitungs- und Internetmaterial als Collage gestalten.

Leitfrage: Wie stehen heute evangelische und katholische Kirche zueinander?

3. Weiterführende Anregung

Das Leben und Werk von Lucas Cranach Vater und Sohn
Eine Bilderrecherche nach weiteren Werken der beiden Cranachs per Internet (www.cranach.de) oder Fachliteratur kann die Sch intensiv in die Fragestellung der Reformation einführen. Evtl. können Passagen aus dem historischen Roman »Lucas, der Maler« vorgestellt bzw. gemeinsam gelesen werden:
Ursula Sachau, Lucas der Maler. Biografischer Roman, Gießen 2004.

Folgende Arbeitsimpulse und Projekte der *Pinnwand* (**60f.**) werden im Lehrerkommentar vertieft:

Ein Bild befragen:	S. 122
Reisen auf Luthers Spuren:	S. 138
Schmökern:	S. 138
Stiftungen:	S. 134
Zeitzeugen:	S. 139
Steinerne Spuren:	S. 147
Ökumene in der Schule ausprobieren:	S. 146
Alte und moderne Reliquien:	S. 124
Ökumene weltweit kennen lernen:	S. 147

Wer weiß noch ...
Bei einem Klick auf den »Wer-weiß-noch«-Schriftzug von www.religionvernetzt.de können Sch folgende Informationen recherchieren:

Frage 1: Wall- oder Pilgerfahrten zu heiligen Stätten gibt es im Islam (nach Mekka), im Judentum (nach Jerusalem) und im Christentum (z. B. nach Lourdes, Fatima, Santiago de Compostela, Rom u. a.). Wallfahrten sind bewusste Auszeiten und symbolisieren, dass Menschen in ihrem Glauben immer auf dem Weg sind. (Vgl. Religion vernetzt 7.5, *Orientierung 5*, **116f.**)

Frage 2: Zeichen und Symbole sind für den einen vordergründig und ohne große Bedeutung, für den anderen haben sie aber einen tieferen Sinn. Symbole der Alltagswelt sind z. B. der Ehering oder die Rose. Beide verweisen auf die Liebe zweier Menschen. Das wichtigste christliche Symbol ist das Kreuz. In der Liturgie, d. h. in den Gottesdienstfeiern, gibt es zahlreiche symbolische Handlungen (sich bekreuzigen, knien, mit Wasser übergießen, mit Öl salben etc.). (Vgl. Religion vernetzt 7.3, ganzes Kapitel)

Frage 3: Im Reich Gottes wird vollendet sein, was wir unter »Heil« im religiösen Sinne verstehen: Frieden, Gerechtigkeit, Gesundheit und Leben für alle. Wenn wir also am Reich Gottes mitbauen, heißt dies, uns für das Heil in unserer Welt einzusetzen. (Vgl. Religion vernetzt 5.4, *Perspektiven 1*, **96f.**)

Ein Zeitalter im Aufbruch

Orientierung 1 62 63

1. Hintergrund

Das Zentrum von *Orientierung 1* (**62f.**) nimmt der »**Erdapfel**« des Nürnberger Kosmografen Martin Behaim ein, dessen Rezeptionsgeschichte die Perspektivenerweiterung und die Aufbrüche des Zeitalters um 1500 veranschaulichen kann. Behaim gehörte möglicherweise zum Bekanntenkreis des Christoph Kolumbus und lieferte diesem »Beweise«, den Seeweg nach Indien auch auf westlichem Kurs erreichen zu können. Behaims Globus war auch Magellan bekannt und ermutigte diesen mit vagen Hinweisen auf die Existenz einer »Südwestpassage« zur ersten Weltumsegelung (vgl. Bitterli, Die Entdeckung Amerikas, 129). Der 1492/93 entstandene Globus ist ein erstes Modell der Erde als Kugel, jedoch noch ohne den Kontinent Amerika, dessen Existenz ja in Europa unbekannt war. Der »Erdapfel« zeigt also in aufschlussreichen Details das Weltbild vor der Entdeckung Amerikas und ist heute im Germanischen Nationalmuseum in Nürnberg zu sehen.
Die Fragestellung der Reformation wird eingebettet in den historischen Kontext, der Sch als Grundwissen aus dem Geschichtsunterricht der siebten Klasse bekannt sein sollte (Geschichte 7.3: Neue geistige und räumliche Horizonte, 1350-1650). Die **Schlagzeilen** regen dazu an, einzelnes historisches Faktenwissen aufzurufen und in einem deutenden Zusammenhang zu betrachten. Die aufgeführten Stichwörter verstehen sich im Sinne einer Elementarisierung nicht als vollständige Liste, sondern als mögliche Ansatzpunkte, von denen aus sich die Aufbruchszeit der beginnenden Neuzeit beleuchten lässt. Selbstverständlich sind alternative bzw. ergänzende und weiterführende Stichwörter denkbar.
Das Zeitalter der Renaissance und des Humanismus, mit dem das Mittelalter zu Ende geht und die Neuzeit sich anbahnt, ist die Zeit bahnbrechender Erfindungen. Am wirkmächtigsten gerade auch für die Luther-Rezeption war wohl die Erfindung des Buchdrucks durch *Johannes Gutenberg* (1397/1400-1468) aus Mainz. Künstler und Erfinder zugleich war *Leonardo da Vinci* (1452-1519), der eine neuartige Synthese von Kunst und Wissenschaft erstrebte. Seiner Fhantasie und seinem Genie verdanken sich neben berühmten Gemälden und Zeichnungen auch Pläne von Flugmaschinen, Brennspiegeln, Kränen und Schleudern.
Die Entdeckung des Thorner Domherrn *Nikolaus Kopernikus* (1473-1543), dass das geozentrische

Modell unzureichend sei und durch ein neues, heliozentrisches Weltbild ersetzt werden müsse, war derart einschneidend, dass man auch von »kopernikanischer Wende« bzw. einem Paradigmenwechsel spricht. Kopernikus stützte seine Überlegungen von der Sonne als ruhendem Zentrum des Planetensystems auf die Idee des Aristarchos von Samos und wagte sein Hauptwerk mit dem Titel *De revolutionibus orbium coelestium libri VI* (Sechs Bücher über die Kreisbewegungen der Weltkörper) erst kurz vor seinem Tod zu veröffentlichen. Es wurde 1616 auf den Index der verbotenen Bücher gesetzt und sollte doch unser Weltbild maßgeblich prägen.
Martin Behaim (1459-1506/7) mit seinem ersten Globus lieferte einem *Christoph Kolumbus* (1451-1506) das Rüstzeug für sein Wagnis, Indien auf dem Westweg erreichen zu wollen und mittels dieses historischen Irrtums auf eine völlig neue Welt zu stoßen. Glaubte sich Kolumbus zunächst noch in »Westindien« und bezeichnete die indigenen Bewohner daher als »Indios«, so erkannte man erst nach seinem Tod die Tragweite seiner Entdeckung: der ganze amerikanische Kontinent war den Europäern vorher unbekannt, Behaims Globus schon wieder überholt. Die Entdeckung dieser neuen Welt und ihrer Kulturen und Religionen bedeutete im Denken eines *Bartolomé de Las Casas* (1484-1566) eine radikale Herausforderung an europäische Theologie und das Christentum.
Den seefahrerischen Beweis für die länger schon bekannte Kugelform der Erde lieferte der Portugiese *Fernão Magalhães* (1480-1521, eingedeutscht Fernando Magellan) mit seiner ersten Erdumsegelung im Jahr 1521. Finanziert von Kaiser Karl V., reiste Magellan von Portugal nach Brasilien durch die von ihm entdeckte und nach ihm benannte Magellanstraße zwischen dem südamerikanischen Festland und Feuerland vom Atlantik in den Pazifik. Seine Reise führte ihn bis auf die Philippinen, von denen Europa ebenfalls nichts wusste. Da Magellan auf der Philippineninsel Mactan gewaltsam ums Leben kam, vollendete erst sein Nachfolger Juan Sebastián Elcano mit der Rückreise nach Europa die Erdumseglung.
Kolumbus hatte Indien nie erreicht. Erst dem portugiesischen Seefahrer *Vasco da Gama* (1468/69-1524) glückten die Umsegelung des Kaps der Guten Hoffnung und der Seeweg nach Indien. Portugal und Spanien etablierten sich als neue Kolonialmächte und Verteidiger des Katholizismus.
Unter den »Katholischen Königen« Ferdinand und Isabel wird in Spanien die *Reconquista* des Landes aus der Hand der Mauren vollendet. 1492 wird mit der *Alhambra* in Granada die letzte muslimische Bastion in Spanien erobert. Mauren und Juden werden zwangskatholisiert und fliehen aus Spanien vor der Verfolgung durch die Inquisition.

Neben der rigiden Katholisierung in Spanien sind weite Teile der katholischen Kirche bewegt von der Sehnsucht nach neuen Formen der *vita evangelica*. *Armutsbewegungen* (vgl. Lexikon im Schulbuch), wie die Waldenser (12. Jh.) und im innerkirchlichen Bereich die Franziskaner (13. Jh.), hatten ihr Gedankengut von einer armen Kirche wirkmächtig verbreitet. In Prag griff der auch dort umstrittene Theologe *Jan Hus* (um 1370-1415) die Gedanken des Engländers John Wyclif auf (Autorität des Gewissens, Kritik am weltlichen Besitz der Kirche, Armutsideal) und forderte die Reform der Kirche an Haupt und Gliedern. Das *Papsttum* ist spätestens seit dem Abendländischen Schisma im späten 14. Jahrhundert in der Krise. Konrad von Gelnhausen lehrte das Notrecht des Konzils, wenn die Existenz der Kirche bedroht ist, kann sich damit aber nicht durchsetzen. Das *Konzil von Konstanz* 1414 beendet zwar mit der Wahl von Martin V. das Schisma, vereint die Kirche wieder unter einem Papst und beschließt die Superiorität des Konzils über den Papst, doch verurteilt es die vorreformatorischen Vorstellungen von John Wyclif (um 1320-1384) und Jan Hus. Der tschechische Reformator wird gar auf dem Scheiterhaufen wegen hartnäckiger Weigerung als Ketzer verbrannt. Die Bewegung der Hussiten rebelliert daraufhin in Böhmen. Neben politischen Forderungen verlangen die Hussiten u. a. die Einführung des Laienkelchs. Die *Nachfolgekonzilien von Basel und Florenz* (1431/38) streben zwar eine Kirchenreform an, die aber durch die Kurie bewusst verhindert wird. Mit Nikolaus V. (Papst von 1447-1455) beginnt die Zeit der *Renaissancepäpste* (vgl. Artikel im Lexikon des Schulbuchs) und ihrer Bautätigkeit bis hin zum Bau der Peterskirche, die unter Papst Julius II. (Papst von 1503-1513) begonnen wird.
Orientierung 2 (**64f.**) widmet sich genauer der Volksfrömmigkeit und dem Lebensgefühl der Laien, das von den hier unter »Regionales« (*Orientierung 1*, **63**) aufgeführten historischen Eckdaten geprägt ist.

2. Einsatzmöglichkeiten im RU

Den Behaim-Globus betrachten

- Zum Einstieg in das Thema bringt L einen Globus mit.
- Sch spekulieren, seit wann man weiß, dass die Erde eine Kugel und keine Scheibe ist.
- L kann die Hintergrundinformation geben, dass sich in dem bekannten Werk *Ymago Mundi* des französischen Bischofs Pierre d'Ailly von 1410 die Vermutung finden lässt: »Man muss annehmen, dass die Erde kugelförmig ist.«
- Ausgehend von diesen Vorüberlegungen betrachten Sch den ersten Globus des Martin Behaim und

werden Europa und Afrika in einigermaßen vertrauten Umrissen entdecken. Ein Vergleich mit dem heutigen Globus bietet sich an.
- Sch überlegen, wie wohl die nicht abgebildete Seite des Globus aussieht, und vermuten, ob Amerika darauf zu sehen ist oder nicht. Die Begrenztheit und Offenheit des Weltbildes des endenden 15. Jahrhunderts wird so spürbar.

Geschichtliches Grundwissen aktualisieren und visualisieren
- Sch sammeln das aus der siebten Klasse vertraute Grundwissen, um anhand einzelner Mosaiksteine das Porträt eines Zeitalters erstellen zu können. Hier bietet sich eine arbeitsteilige Vorgehensweise an, wobei diverse Methoden möglich sind.
- Nach gemeinsamer Lektüre der Schlagzeilen erarbeiten Sch in EA, PA oder GA einzelne der etwa 15 möglichen Stichwörter, indem sie in Lexika oder Internet-Nachschlagewerken recherchieren.
- Die Ergebnisse werden visualisiert, indem Sch z. B.
  - Plakate zu ihrem Thema bzw. einer historischen Persönlichkeit erstellen und diese in Kurzreferaten präsentieren;
  - einen Geschichtsfries bzw. einen Zeitstrahl entwerfen, in den auch noch Daten der Folgestunden eingetragen werden können;
  - eine Zeitung zusammenstellen: die Partner/innen bzw. Gruppen gestalten die im Buch formulierten Überschriften grafisch ansprechend und schreiben dazu auf der Basis der von ihnen recherchierten Information einen Artikel, den sie auch mit Illustrationen versehen können; die entstandenen Einzelseiten werden als Wandzeitung präsentiert.
- Auf **M 8.3.7, Lehrerkommentar S. 157**, werden die Ergebnisse der arbeitsteiligen Erarbeitungsphase gesichert.
- Alternativ dazu kann ein zusammenfassender TA erstellt werden (vgl. Lehrerkommentar S. 131).

Lösungsvorschlag zu M 8.3.7, Lehrerkommentar S. 157:

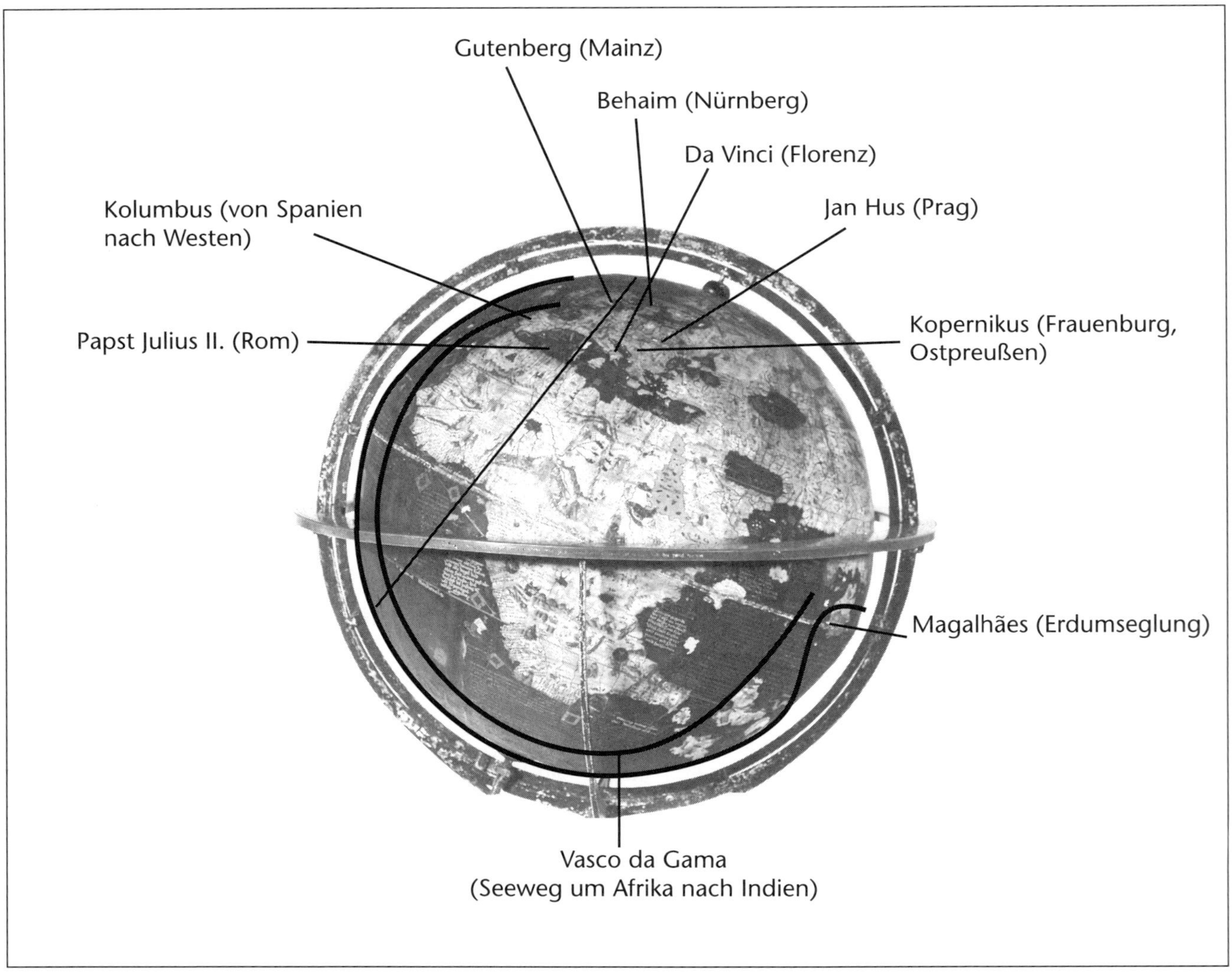

TA zu »Geschichtliches Grundwissen aktualisieren ...« (Lehrerkommentar S. 130):

Ein Zeitalter im Aufbruch (um 1500)

NEUZEIT ↑ MITTELALTER

Neue Horizonte

in der Geografie:	im Weltbild:	in der Kirche:
Entdeckung Amerikas Seeweg nach Indien Weltumsegelung	die Erde als Kugel das heliozentrische Weltbild des Kopernikus	Evangelisierung der »entdeckten« Völker Reformgedanken (Armutsbewegungen; Wyclif, Hus)

Die eigene Gegenwart betrachten und vergleichen

- Der zweite AA auf *Orientierung 2* (**63**), wonach Sch für unsere Gegenwart ähnlich markante Schlagzeilen verfassen sollen, schlägt die Brücke in die Lebenswelt der Sch und ermöglicht den Transfer, das eigene Weltbild ebenfalls als begrenzt und vom Zeitgeist geprägt zu erkennen (vgl. Kap. 1, *Orientierung 2*, **16f.**). Zur Erleichterung der Aufgabe können Themenkreise wie »Wissenschaft und Technik«, »Politik«, »Aus aller Welt«, »Kirche«, »Natur und Umwelt« u. a. vorgegeben werden.
- Die im Buch um den Globus angeordneten Stichwörter beschreiben z. T. die Befindlichkeit der Menschen im ausgehenden 15. Jahrhundert zwischen Verunsicherung und Neugier, Angst vor Neuem und Veränderungswillen. Die postmoderne Gegenwart wird gemeinhin mit den Schlagworten Globalisierung, neue »Unübersichtlichkeit«, Informationsflut und daraus resultierender Orientierungslosigkeit etikettiert. Sch diskutieren, ob solche pauschale Zuschreibungen hilfreich sind.
- Zusammenfassend wird der Begriff der Aufbruchs- bzw. Übergangszeit in die Neuzeit thematisiert. Auch hier ist die Übertragung auf die Gegenwart denkbar:
  - Stehen auch wir am Beginn einer neuen Epoche?
  - Wohin werden die Aufbrüche führen?
  - Welche Zukunftsszenarien werden diskutiert?
- Evtl. stellen Sch Science-Fiction-Romane vor, die solche Zukunftsszenarien ausmalen (z. B. »Die Mars-Chroniken« von Ray Bradbury oder »Der Schwarm« von Frank Schätzing).

3. Weiterführende Anregungen

Fächerübergreifender Unterricht

Da die angesprochene Thematik bereits zum Grundwissen in Geschichte gehört, bietet sich hier eine fächerübergreifende Zusammenarbeit dringend an.

- Die Zusammenarbeit kann in der Erarbeitung der für Jahrgangsstufe 8 vorgeschlagenen fächerübergreifenden Projekte geschehen (»Die Neue Welt«; »Welterschließung im Zeitalter der Renaissance«).
- Alternativ dazu ist auch eine jahrgangsübergreifenden Kooperation interessant: Sch der siebten Klasse präsentieren ihre Ergebnisse des im Geschichtsunterricht ausführlich behandelten Themas »Europa auf dem Weg in die Neuzeit« den Sch der achten Klasse.

Schmökern PINNWAND **60**

- In Zusammenarbeit mit dem Fach Deutsch ist die Behandlung des Themas »Buchdruck« möglich. Ein Vorleseprojekt aus historischen Romanen und Erzählungen, die in der Epoche der beginnenden Neuzeit spielen, bietet reizvolle Lernchancen (vgl. die »Schmöker«-Hinweise auf der Pinnwand bzw. im Lehrerkommentar zu *Orientierung 4*, **69f.**).

Ein Museum besuchen

- Besonders anschaulich ist ein Besuch im Germanischen Nationalmuseum mit Besichtigung des Behaim-Globus. Das Kunst- und Kulturpädagogische Zentrum der Museen in Nürnberg (www.kpz-nuernberg.de) bietet themenorientierte Führungen und Seminare für Schulklassen an.
  Kontakt: KPZ, Kunst- und Kulturpädagogisches Zentrum der Museen in Nürnberg
  Geschäftsstelle im Germanischen Nationalmuseum, Kartäusergasse 1, 90402 Nürnberg, Tel. 0911/1331-241, E-mail: schulen@kpz-nuernberg.de

1. Hintergrund

Ein gedanklicher Dreischritt strukturiert *Orientierung 2* (**64f.**): Ausgehend vom Lebensgefühl der *Sterblichkeit* wird die *spätmittelalterliche Volksfrömmigkeit* beschrieben, welche sich Heilung im Diesseits und – durch den Ablass – Erlass der Sündenstrafen im Jenseits erhoffte, um schließlich mit *Luthers Kritik am Missbrauch* dieser Praxis den Bogen zum eigentlichen Thema der Reformation zu schlagen.
Das Material der Doppelseite kann daher in folgendem Dreischritt behandelt werden:

1. Das Lebensgefühl des Spätmittelalters
Das Lebensgefühl des Spätmittelalters illustrieren **zwei Bilder aus dem »Berner Totentanz«** des Malers Niklaus Manuel, genannt Deutsch (ca. 1484-1530). Die drastischen Verse dazu sollen den Betrachter genauso schockieren wie die Bilder. »Der Tod, personifiziert als dürres Gerippe, küsst ein blühendes Mädchen, fasst mit den dürren Fingern der linken Hand nach ihrer linken Brust, während die rechte den Oberkörper weiter entblößt. Das Mädchen klagt: Greulich greife der Tod sie an, das Herz wolle ihr im Leib zergehen; dabei sei sie doch einem jungen Burschen versprochen! Der Tod holt alle: Papst und Kaiser, König und Bischof…« (Ohler, 263).
Der Tod als der große Gleichmacher ist das eine Motiv der Totentänze, das ermahnende *memento mori* das zweite. Norbert Ohler schreibt über die Tradition der Totentänze: »Als künstlerische und literarische Gattung war der ›Totentanz‹ vor allem im Spätmittelalter beliebt. Er erlaubte, den Schrecken des Todes in Wort und Bild zu fassen und dadurch zu beherrschen. Von seiner Entstehungsgeschichte her lässt er sich auch als eine Art Bild- und Abwehrzauber gegen die Pest als die am meisten gefürchtete Ausprägung des Todes verstehen. Auf die Pest als (mit)auslösenden Faktor für Darstellungen des Totentanzes könnte die Tatsache verweisen, dass in den begleitenden Texten viele Menschen überrascht sind, dass der Tod so jäh erscheint … Mehr noch als die Große Pest Mitte des 14. Jahrhunderts dürfte die Menschen erschüttert haben, dass diese Geißel wellenförmig wiederkehrte. Zu Tausenden fielen ihr Kinder und Menschen in der Blüte der Jahre zum Opfer. Die Menschen sahen sich daher mit ganz anderer Eindringlichkeit als im Hochmittelalter mit der Frage nach dem Sinn des Todes konfrontiert.« (a. a. O., S. 268)

Niklaus Manuel, eigtl. Alleman, genannt Niklaus Manuel Deutsch (1484-1530)
Berner Maler und Dichter, dessen Dichtungen (Fastnachtsspiele und Dialoge) im Dienst der Reformation standen. Seine künstlerischen Werke (Altartafeln, Holzschnittfolgen, mythologische Gemälde) zählen zu den wichtigsten Kunstwerken der Schweizer Renaissance und sind u. a. von Dürer beeinflusst. Sein Berner Totentanz entstand von 1516-1520.

2. Die Volksfrömmigkeit des Spätmittelalters
Die Reformation wurzelt natürlich in der Situation von Kirche und Volksfrömmigkeit im ausgehenden Mittelalter: einem schlecht ausgebildeten Klerus steht eine klerikale Oberschicht von (Fürst-)Bischöfen gegenüber, deren Lebensführung mit dem jesuanischen Armutsgebot nichts zu tun hatte. Die Volksfrömmigkeit prägte nach den Bedürfnissen der verarmten Massen Riten und Praktiken aus, die sich an der Grenze zum Aberglauben bewegten. Der viel zitierte **anonyme Quellentext eines Franziskaners** beschreibt leicht verständlich die Zustände in der Kirche im deutschsprachigen Raum.
Illustriert wird er durch die zeitgenössische **Darstellung von Kranken, welche vor einem erhöhten Heiligenschrein um Genesung flehen** (Nationalgalerie Rom). Zahlreiche Reliquienschreine könnten hier ebenso zur Veranschaulichung dienen, wie etwa der berühmte Schrein der Heiligen Drei Könige in Köln (vgl. weitere Darstellungen in Angenendt, siehe Literaturverzeichnis am Schluss des Kapitels).
Die für Sch nur schwer nachvollziehbare Ablasspraxis als Versuch, das Heil nicht nur im Diesseits, sondern auch im Jenseits zu sichern, wird in einem **Infokasten** erklärt.

Johannes Tetzel (1465-1519)
Dominikaner, Prior in Glogau und Polen, ehe er Ablassprediger wurde. In Wittenberg selbst durfte er nicht auftreten, zog aber die Menschen in Scharen in die Gegend von Magdeburg. Tetzel wurde bekannt durch seine pompösen und marktschreierischen Auftritte als Ablassprediger, auch wenn manche Historiker meinen, Luther habe seine Aussagen z. T. zugespitzt. Überliefert ist ein versöhnlicher Brief Luthers, der den Dominikaner auf dem Sterbebett erreichte.

3. Luthers Kritik
Die komplizierte wissenschaftliche Diskussion darüber, ob der Thesenanschlag an der Schlosskirche zu Wittenberg tatsächlich so am 31. Oktober 1517 stattgefunden hat, muss Sch im Sinne einer Elementarisierung nicht ausführlich nahegebracht werden. Die vorsichtige Formulierung im Schulbuch basiert aber auf der durch den katholischen Kirchenhistoriker Erwin Iserloh aufgebrachten Frage, ob der Thesenanschlag historisch oder legendarisch zu verstehen ist, schließlich wird dieses Ereignis erstmals fast 30 Jahre später von Melanchthon erwähnt. Weitgehend einig ist sich die Forschung darüber, dass der Thesenanschlag von Luther nicht unbedingt als Signal zum reformatorischen Aufstand gedacht war. (Die hilfreichste Zusammenfassung der Diskussion findet sich nach wie vor in Pesch, 307-309: Zum Stand der Debatte um den ›Thesenanschlag‹)
In Frakturschrift sind einige zentrale **Thesen Luthers** (These 21, 27f., 32, 36, 86) abgedruckt, die u. a. jenes eingängige, Tetzel zugeschriebene Diktum enthalten: »Wenn die Münz im Kasten klingt, die Seele aus dem Fegfeuer springt.« Die ausgewählten Thesen kritisieren sowohl die Theologie des Ablasses als auch ihren kirchen- und finanzpolitischen Missbrauch. Die vollständigen 95 Thesen sind nachzulesen in der hier verwendeten Ausgabe von Luthers Schriften, hg. v. Karin Bornkamm und Gerd Ebeling, Bd. 1, 28-37; eine andere Übersetzung bei Oberman, 18-23.
Worterklärung: »der reiche Crassus« – der Reichtum des mit Cäsar im 1. Triumvirat verbündeten Konsuls Marcus Licinius Crassus Dives (ca. 115-53 v. Chr.) war sprichwörtlich.

2. Einsatzmöglichkeiten im RU

Sich in Bilder hineinschreiben

- Sch formulieren Gedanken der Menschen auf den zeitgenössischen Darstellungen (schriftlich, ggf. auch mündlich). Insbesondere die Gedanken der Menschen des Berner Totentanzes, die vom Tod überrascht werden, können das Lebensgefühl des Spätmittelalters nachvollziehbar machen.

Die Jenseitsvorstellung der Frühen Neuzeit betrachten

- Mit **M 8.3.8, Lehrerkommentar S. 158**, lernen Sch die Ängste und Hoffnungen der Menschen des Spätmittelalters bzw. der Frühen Neuzeit zu verstehen, indem sie eine bildliche Darstellung des Jüngsten Gerichtes betrachten und sich erschließen.

Lösungsvorschlag für M 8.3.8, Lehrerkommentar S. 158:

Hoffnungen	**... im Blick auf das Jenseits**	**Ängste**
ewiges Leben im Himmel		Angst vor ewigen Qualen in der Hölle
Himmel als Ort der Belohnung		Hölle als Ort der Bestrafung
⇩		⇩
	Auswirkungen auf das Leben im Diesseits:	
Vertröstung auf Glück im Jenseits		Frommes Leben aus Angst
Vergänglichkeit irdischen Glücks		Versuche, der Strafe zu entgehen

Historische Quellen lesen
Orientierung 2 (**54f.**) bietet zwei Quellentexte: den Reisebericht eines Franziskaners und zentrale Passagen aus Luthers 95 Thesen.

- Sch lesen und analysieren die Quellen.
- Die Ergebnisse werden in einem TA gesichert.
- Der im letzten AA des Schulbuchs auf *Orientierung 2* (**65**) angezielte Vergleich zwischen Absicherung durch Ablass und dem Kauf einer Versicherung schlägt den Bogen in die Gegenwart.

Vorschlag für einen TA:

Zur Lage der Kirche um das Jahr 1517	Luthers Kritik in den 95 Thesen vom 31. Oktober 1517
• Angst der Menschen vor Tod und ewiger Verdammnis • Ablasshandel für den Neubau der Peterskirche in Rom, z. B. durch Tetzel • Missstände in der Kirche (schlecht ausgebildeter Klerus, reiche Fürstbischöfe)	• Das ewige Heil hängt ab von der echten Reue und Glauben • Der Ablasshandel kann nicht die ewige Seligkeit verkaufen • Kritik am Reichtum des Papstes und am Ablasshandel als Geldquelle

Eine Spielszene entwickeln

- Falls wenig Zeit zur Bearbeitung von *Orientierung 2* (**64f.**) zur Verfügung steht, bietet **M 8.3.9, Lehrerkommentar S. 159**, einen fertigen fiktiven Dialog Luthers mit einem Ordensbruder über den Ablass, der zur Veranschaulichung von Sch vorgetragen wird.
- Steht mehr Zeit zur Verfügung, entwickeln Sch selbst eine kleine Szene zur Debatte um die Ablässe, nachdem sie den Infokasten »Ablass« gelesen haben. **M 8.3.10, Lehrerkommentar S. 160**, dient mit seinem Bildimpuls der Vorbereitung einer solchen Szene ggf. in Gruppenarbeit.

Stiftungen PINNWAND 60

- Sch lernen die Praxis der frommen Stiftungen kennen, indem sie sich zunächst im Lexikon des Schulbuches über den Begriff informieren.
- Per Internet oder Recherche vor Ort forschen Sch in Gruppen nach, welche spätmittelalterlichen Stiftungen es in ihrer Region gibt. Möglicherweise lassen sich auch Inschriften oder Porträts frommer Stifter ausfindig machen.

3. Weiterführende Anregung

Das Jüngste Gericht in der Kunst

- In einem interdisziplinären Projekt suchen Sch nach künstlerischen Darstellungen des Jüngsten Gerichtes und vergleichen die Bilder. Sie werden feststellen, dass viele dieser Darstellungen im Spätmittelalter entstanden sind.
- Eine solche Suche lässt sich im Internet per Bildersuche realisieren. Es liegt aber auch der eindrückliche Bildband vor: Martin Zlatohlávek/Christian Rätsch/Claudia Müller-Ebeling, Das Jüngste Gericht. Fresken, Bilder und Gemälde, Zürich/Düsseldorf 2001.
- Reizvoll ist eine Exkursion zu einer Kirche, in der sich z. B. ein Reliquienschrein findet. Eindrücklich auch z. B. in St. Sebald in Nürnberg die Darstellung der Vergänglichkeit alles Irdischen in Form einer Skulptur des »Fürsten der Welt«.

Ein Gottsucher – Martin Luther

Orientierung 3 66 67

1. Hintergrund

Bewusst wurde ein zeitgenössisches **Porträt Luthers** gewählt, das ihn als jungen Mann zeigt. Lucas Cranach der Ältere hat Luther als Augustinermönch porträtiert. Das kleinformatige Original ist heute im Germanischen Nationalmuseum in Nürnberg zu sehen.
Die Biografie Luthers wird den Sch in zwei Teilen präsentiert: Auf *Orientierung 3* (**66f.**) geht es zunächst um seinen Werdegang bis zur reformatorischen Wende, die man gemeinhin das »Turmerlebnis« nennt und auf das Jahr 1518 datiert. Otto Hermann Pesch definiert die in der Luther-Forschung umstrittene Begrifflichkeit so: »Unter ›reformatorischer Wende‹ versteht man … jenen Zeitpunkt in Luthers theologischer Entwicklung, an dem sich ihm eine neue theologische Einsicht erschließt, die, im Unterschied zu allem Neuen, das er bisher schon erarbeitet hat, im Rahmen der damals in der Kirche festgehaltenen Lehre nicht mehr vertretbar ist. Diese neue Einsicht drängt Luther in dem Maße aus der Kirche

Lucas Cranach der Ältere (1472-1553)
Das Luther-Bild wurde gemalt von dem Maler der Reformation, Lucas Cranach der Ältere. Er gilt zusammen mit Albrecht Dürer als bedeutendster Maler der Renaissance.
Als Sohn eines Malers wurde er 1472 im fränkischen Kronach geboren. Nach einem Aufenthalt in Wien bringt er es 1505 zum Hofmaler des Kurfürsten Friedrichs III. von Sachsen. Sein Wirkungsort Wittenberg und sein Auftraggeber Friedrich der Weise (1486-1525), der zum klugen Gönner und Beschützer Luthers wird, bringen ihn in engste Nähe zu Martin Luther. Zusammen mit seiner Frau Barbara, geb. Brengebier, ist er Trauzeuge auf Luthers Hochzeit und er porträtiert mehrmals Luther und auch seine Ehefrau Katharina von Bora. Cranach, dessen Söhne Lucas d. Jüngere und Hans ebenfalls als Maler bekannt werden, wird 1537/38 Bürgermeister von Wittenberg.
Viele seiner Gemälde sind geradezu bildliche Programme der Reformation und versuchen, Luthers Theologie zu veranschaulichen, z. B. das Bild »Gesetz und Gnade« (vgl. *Lexikon*, **136**).
Auch als Kupferstecher und Buchkünstler erlangte Cranach Berühmtheit. Lucas Cranach stirbt am 16. Oktober 1553 in Weimar, sein gleichnamiger Sohn führt die Werkstatt weiter.

heraus, als ihre Konsequenzen fortschreitend bedacht und zur Wirkung gebracht werden, und führt schließlich zur Bildung eines eigenen lutherischen Kirchentums, das sich gegen die alte Kirche auch institutionell abgrenzt ... Diese Wende ist eine wirkliche Wende, die Luthers frühere Auffassungen überwinden lässt ... Andererseits kommt diese Wende nicht von heute auf morgen, vielmehr ist sie ein entscheidender neuer Schritt auf einem Wege, den Luther seit langem gegangen ist. Im Blick darauf spricht man auch vom ›reformatorischen Durchbruch‹ ... ›Reformatorische Wende‹, ›reformatorischer Durchbruch‹ und ›Turmerlebnis‹ bedeuten also nach der üblichen Sprachregelung der Lutherforschung ein und dasselbe Ereignis, aber benannt unter verschiedenen Gesichtspunkten.« (Pesch, 81)
Luther beschreibt diese Wende im Alter selbst in einem zentralen Text, der auch »das große Selbstzeugnis« genannt wird. In der Vorrede zur Gesamtausgabe seiner Werke erklärt der alte Luther seinen Leserinnen und Lesern, warum in seinem Frühwerk noch manch »papistischer« Zug enthalten sei. Im Rückblick und zeitlichen Abstand von über 25 Jahren schildert Luther 1545 seine reformatorische Wende als Erlebnis der Einsicht beim nächtlichen Studium in seinem Turmzimmer. Das **Foto** zeigt das Luther-Haus in Wittenberg mit dem Turm, in dem sich Luthers Studierzimmer befand.
Den Sch sei hier die **originale Quelle** zugemutet, auch wenn der Text sperrig sein mag. Verschiedene Medien sollen helfen, den schwierigen Text verständlich zu machen und Luthers Grundfrage nach dem gnädigen Gott zu erschließen. Das Rätsel veranschaulicht Luthers Kernaussage. Das **Lied** »Aus tiefer Not schrei' ich zu dir« (eine Einspielung des Liedes befindet sich auf der beigefügten CD) hat Luther 1524 nach Psalm 130 getextet und komponiert. Ein Vergleich mit dem Psalm zeigt Luthers besondere Akzentuierung der Gnade Gottes und der Angewiesenheit des sündigen Menschen auf diese Gnade.

2. Einsatzmöglichkeiten im RU

Einen Brief Luthers schreiben
- Auf der Basis des Informationstextes auf *Orientierung 3* (**66**) sowie des Liedtextes schreiben Sch einen Brief des jungen Luther an seine Eltern. So versuchen sie, die Perspektive Luthers einzunehmen und seine möglicherweise befremdlichen Ängste und Fragen nachzuvollziehen.
- Schon hier ist es möglich, eine Szene aus dem Luther-Film einzusetzen, um den jungen Luther anschaulich werden zu lassen.

Ein ökumenisches Luther-Lied
- Sch analysieren den Text des Liedes »Aus tiefer Not schrei' ich zu dir« mithilfe von **M 8.3.11, Lehrerkommentar S. 161**.
- Da auch die Melodie von Martin Luther stammt, spiegelt das gesamte Lied etwas von Luthers Lebensgefühl. Um diesem nachzuspüren, wird das Lied gemeinsam gesungen oder instrumental vorgespielt (eine Einspielung des Liedes befindet sich auf der beigefügten CD).
- Auch in das katholische Gotteslob ist »Aus tiefer Not« aufgenommen worden, woran Sch die heutige ökumenische Nähe erkennen können. Aufschlussreich ist jedoch ein Textvergleich der Versionen im Evangelischen Gesangbuch und im Gotteslob: Welche reformatorischen Kernsätze sind in der Gotteslob-Version nicht zu finden?

Den Quellentext erschließen
- Der Quellentext auf *Orientierung 3* (**67**) lässt sich anhand des dritten AA auf der Seite als TA auflösen (vgl. Lehrerkommentar S. 136):

TA zu »Den Quellentext erschließen« (Lehrerkommentar S. 135):

Luthers »Turmerlebnis« – eine neue Sicht Gottes

Gottesrede in der Bibel	nicht bloß formal verstehen,	sondern im Blick auf den Menschen:
»Gottes Gerechtigkeit«	≠ Gott straft gerecht	= Gott macht uns gerecht
»Gottes Kraft«	≠ Gott ist kräftig	= Gott macht uns kräftig
»Gottes Weisheit«	≠ Gott ist weise	= Gott macht uns weise
»Gottes Werk«	≠ Gott wirkt	= Gott wirkt an uns

Ein Rätsel lösen

- Das Rätsel »Vor Gottes Richterthron« von Werner »Tiki« Küstenmacher ist für Luthers Theologie eindeutig zu lösen: Nichts kann die Schuld des Menschen aufwiegen außer der Gnade Gottes.
- Die alternativen »Gewichte« können als »typisch katholische« Lösungen erkannt und in ihrer Bedeutung mit Sch diskutiert werden.

Eine Predigt schreiben

- Sch schlagen Röm 9,16 und/oder Röm 5,8f. nach und sammeln in KG Ideen für eine entsprechende Predigt Luthers nach seinem Turmerlebnis. Möglichst viele konkrete Beispiele veranschaulichen das Gesagte.
- Wenn **M 8.3.8, Lehrerkommentar S. 158**, über die Jenseitsvorstellungen der vorreformatorischen Zeit bearbeitet wurde, kann es als Kontrastfolie für den Prediger dienen.
- Ein/e Gruppensprecher/in trägt die ausformulierte Kurzpredigt vor.

3. Weiterführende Anregung

Luther als Liedermacher

- Im Evangelischen Gesangbuch finden sich zahlreiche Luther-Lieder. Vertiefend suchen Sch nach weiteren Luther-Liedern, analysieren ihre Texte und studieren evtl. einige zusammen mit den evangelischen Sch ein.
- Sch erstellen moderne Textvarianten bzw. Neuvertonungen.

Geächtet, gejagt, geliebt – Luthers Leben

Orientierung 4 68 69

1. Hintergrund

Luthers Leben wird auf *Orientierung 4* (**68f.**) in knapper Form zusammengefasst (vgl. auch Lehrerkommentar S. 137).

Nachdem die Ehefrau Luthers, **Katharina von Bora**, in der Geschichtsschreibung lange nur am Rande vorkam, richtet sich im Zusammenhang mit einer gender-bewussten Kirchengeschichtsschreibung inzwischen ein großes Interesse auf ihre Lebensgeschichte (vgl. z. B. die reichhaltige Literatur über sie im Pinnwandimpuls»Schmökern«). Bewusst soll den Sch daher – in narrativer Form – auch *»her-story«* dargeboten werden, um nicht nur die männliche Perspektive von Geschichte, *»hi(s)-story«*, als dominante und einzig gültige zu erfahren, zumal Katharina eine beeindruckende Persönlichkeit gewesen sein muss, deren Einfluss auf Luther sich keineswegs nur auf die Haushaltsführung beschränkte.
Die **Bilder** auf *Orientierung 4* (**69**) sind Fotos aus dem von der evangelischen Kirche unterstützten, erfolgreichen Kinofilm »Luther«. Dieser kam zum Reformationstag 2003 in die deutschen Kinos (als DVD erhältlich seit 2004). Regie führte Eric Till, der auch schon einen Kinofilm über Bonhoeffer gedreht hatte. Einen feinfühligen, asketischen Luther spielt Joseph Fiennes in dem international besetzten Streifen (Sir Peter Ustinov in seiner letzten Rolle als Friedrich der Weise, Bruno Ganz als Staupitz), während Katharina von Bora (gespielt von Claire Cox) erst gegen Ende des Filmes eine untergeordnete Rolle spielt. Die Handlung des Filmes erstreckt sich von der Gewitterszene und dem Klostereintritt bis zum Augsburger Reichstag (von 1505 bis 1530) und kann so Luther als einen nachdenklichen, entschlossenen und standhaften Helden zeigen, dessen Silhouette in der problematischen Schlussszene mit der Freiheitsstatue verschmilzt.
Aus dramaturgischen Gründen verzichtet der Film nicht auf die Szene des Thesenanschlages und auf inzwischen als unhistorisch erkannte Zitate wie »Hier stehe ich und kann nicht anders«. Problematischer als eine gewisse Tendenz zur Heroisierung Luthers scheint freilich kirchenhistorisch betrachtet die recht einseitige Darstellung der katholischen Fraktion.
(Fortsetzung S. 138)

Luthers Biografie im Überblick

10. Nov.1483	Geburt in Eisleben (Thüringen) als Sohn des Hans Luther und seiner Frau Margarethe
1484	Umzug der Familie nach Mansfeld
1488-97	Besuch der strengen Lateinschule
1497	Besuch der Schule »Brüder vom gemeinsamen Leben« in Magdeburg
1498	Umzug zu Verwandten nach Eisenach, Besuch der städtischen Pfarrschule
Ab 1501	Student der *Artes liberales* an der Universität Erfurt
1502	Bakkalaureat (erster akademischer Grad)
1505	Magisterprüfung; Studium der Rechte
2. Juli 1505	legendarisches Gewittererlebnis; Gelöbnis, Mönch zu werden
Sommer 1505	Eintritt in das Kloster der Augustiner-Eremiten in Erfurt gegen den Willen der Eltern
1506	Mönchsgelübde
3. April 1507	Priesterweihe in Erfurt; Beginn des Theologiestudiums
1510	Magister der Theologie; Romreise
Oktober 1512	Promotion zum Doktor der Theologie; Beginn der Lehrtätigkeit als Professor der biblischen Wissenschaften in Wittenberg; Berufung als Prediger in der Wittenberger Stadtkirche
1514/15	Psalmenvorlesung
1515/16	Römerbriefvorlesung
1516/17	Galaterbriefvorlesung
1517/18	Hebräerbriefvorlesung
31. Okt. 1517	Veröffentlichung seiner 95 Thesen gegen den Ablass (legendarisch: Thesenanschlag an der Tür der Schlosskirche zu Wittenberg) in Schreiben an den Ortsbischof sowie an Albrecht von Mainz
1518	Eröffnung des Ketzerprozesses gegen Luther in Rom
12.-15. Okt. 1518	Verhör Luthers in Augsburg durch den päpstlichen Legaten Kardinal Cajetan; Weigerung zu widerrufen, Flucht nach Wittenberg
27. Juni-16. Juli 1519	öffentliche Disputation Luthers in Leipzig mit Johannes Eck
28. Juni 1519	Wahl Karls V. zum Kaiser
15. Juni 1520	In der Bulle *Exsurge Domine* wird Luther der Bann angedroht
10. Dez. 1520	Luther verbrennt die Bulle öffentlich in Wittenberg, was seinen endgültigen Bruch mit Rom bedeutet
3. Januar 1521	Verhängung des päpstlichen Bannes über Luther
1520/21	Niederschrift der großen reformatorischen Schriften »Von der babylonischen Gefangenschaft der Kirche«, »An den christlichen Adel deutscher Nation von des christlichen Standes Besserung« und »Von der Freiheit eines Christenmenschen«
April 1521	Luther wird vor den Reichstag nach Worms geladen, wo er erneut den Widerruf verweigert.
4. Mai 1521	Kurfürst Friedrich der Weise lässt Luther auf der Rückreise von Worms »entführen«; Luther hält sich, getarnt als »Junker Jörg« auf der Wartburg versteckt, wo er in nur elf Wochen das Neue Testament ins Deutsche übersetzt.
25. Mai 1521	Im Wormser Edikt wird Reichsacht über ihn verhängt.
6. März 1522	Luther kehrt nach Wittenberg zurück, wo die reformatorischen Ideen durch Philipp Melanchthon vorangebracht wurden. Mit seinen »Fastenpredigten« schlägt Luther einen weniger radikalen Kurs ein als etwa die »Bilderstürmer« um Andreas Karlstadt. Der Bann gegen Luther wird zwischenzeitlich als undurchführbar aufgehoben.
Sept. 1522	Die Übersetzung des NT wird veröffentlicht und findet reißenden Absatz (»September-Testament«).
1522-24	Predigtreisen Luthers
1524-1526	Auseinandersetzung Luthers mit Erasmus von Rotterdam über den freien Willen
1523-1534	Übersetzung und Druck einzelner Teile des Alten Testaments; mit der Schrift »Wider die räuberischen und mörderischen Rotten der Bauern« grenzt sich Luther scharf von den Anführern der Bauernkriege ab.
13. Juni 1525	Luther heiratet die ehemalige Nonne Katharina von Bora, die aus dem Kloster Nimbschen bei Grimma geflohen war und in Wittenberg Zuflucht gefunden hatte.
1526	Geburt des Sohnes Johannes (Hans)
1526	»Das Taufbüchlein verdeutscht«
1527	Geburt der Tochter Elisabeth; Pest in Wittenberg
1528	Früher Tod von Elisabeth
1529	»Kleiner Katechismus« und »Großer Katechismus«
1529	Geburt der Tochter Magdalene
1529	Marburger Religionsgespräch nach Streitigkeiten Luthers mit Karlstadt und Zwingli über das Abendmahl
1530	Luther kann am Augsburger Reichstag als Geächteter nicht teilnehmen, verfolgt aber von der Veste Coburg aus mit, wie sein Freund Philipp Melanchthon dort die *Confessio Augustana* verliest, die erste Zusammenfassung des reformatorischen Bekenntnisses.
1531	Geburt des Sohnes Martin
1533	Geburt des Sohnes Paul
1534	Geburt der Tochter Margarete
1534	Erscheinen der ersten vollständigen Luther-Bibel, die Luther jedoch immer wieder überarbeiten wird. Predigt- und Lehrtätigkeit
1542	Tod von Luthers Tochter Magdalene mit 14 Jahren; häufige Krankheiten Luthers
1543	»Von den Juden und ihren Lügen«
1545	»Wider das Bapsttum zu Rom vom Teuffel gestifft«
17. Januar 1546	Letzte Reise nach Eisleben; dort schwere Erkrankung
18. Februar 1546	Tod Luthers in seiner Geburtsstadt Eisleben
22. Februar 1546	Beisetzung Luthers in der Schlosskirche Wittenberg

Katharina von Bora (1499-1552)
Geboren am 29. Januar 1499 wurde das Mädchen, das dem sächsischen Landadel entstammte, nach dem Tod der Mutter schon mit fünf Jahren ins Kloster gegeben, zunächst ins Benediktinerinnenkloster Breda, später zu den Zisterzienserinnen des Klosters Mariathron bei Nimbschen in der Gegend von Grimma, wo sie von 1509 bis 1523 zurückgezogen lebte. Im Zuge der Reformation floh sie an Ostern 1523 zusammen mit elf anderen Nonnen in Fässern heimlich aus dem Kloster, begeistert von Luther und seinen flammenden Schriften. Katharina lebte im Haus des Malers Lucas Cranach der Ältere, verliebte sich in Martin Luther und heiratete den Reformator am 13. Juni 1525. Das Ehepaar bezog das alte Augustinerkloster in Wittenberg, das Kurfürst Johann ihnen überlassen hatte. Katharina wusste, dass Luther mit Geld schlecht umgehen konnte, und verwaltete Luthers großen Haushalt, in dem immer zahlreiche Personen – Verwandte, Studenten, Gäste – lebten. Sie ließ sich selbst von der Pest nicht aus Wittenberg vertreiben, sondern pflegte Pestkranke. Zeitgenossen und auch Luther selbst nannten sie wegen ihrer Entschlossenheit und Tüchtigkeit oft »Herr Käthe«. Katharina gebar sechs Kinder: Johannes (geb. 1526), Elisabeth (1527-1528), Magdalene (1529-1542), Martin (geb. 1531), Paul (geb. 1533) und Margarete (geb. 1534). Der frühe Tod von Elisabeth und Magdalena traf das Ehepaar tief. Nach Luthers Tod lebte Katharina in schwierigen finanziellen Verhältnissen, musste vor dem Schmalkaldischen Krieg nach Magdeburg, später nach Braunschweig fliehen. Nach ihrer Rückkehr fand sie ihr Anwesen zerstört. 1552 musste sie Wittenberg endgültig verlassen und flüchtete nach Torgau. Auf dem Weg dorthin verletzte sie sich bei einem Kutschunfall schwer und starb am 20. Dezember 1552 in Torgau an den Folgen ihrer Verletzungen. Sie ist in der Torgauer Stadtkirche St. Marien begraben.

Die positive Figur Papst Hadrians VI., der auf dem Reichstag zu Nürnberg 1523 ja ein Schuldbekenntnis und eine Erklärung der innerkirchlichen Reform verlesen ließ, wird ganz gestrichen, indem der Tod Leos X. von 1521 auf das Jahr des Bauernkrieges (1525) verlegt wird. Ebenso wird die bekenntnishafte Antwort Karls V. auf Luthers Bekenntnis vor dem Reichstag zu Worms weggelassen, sodass Luthers Weg insgesamt als alternativlos erscheint.
(vgl. auch das Buch zum Film: Guido Dieckmann, Luther. Roman, Berlin 2003)

2. Einsatzmöglichkeiten im RU

Eine Biografie erstellen
- Sch gestalten selbst einen Hefteintrag über die Biografie Luthers. Neben den Daten aus dem Buch recherchieren sie unter www.luther.de.

Ein Luther-Quiz entwerfen
- Zur Sicherung des erarbeiteten Wissens über Luther formulieren Sch Fragen zu einem Luther-Quiz und treten in Teams gegeneinander an.

Luthers Lehre wiederentdecken
- Auf **M 8.3.12 Lehrerkommentar S. 162**, können Sch anhand einer Passage aus Hans Sachs' »Wittenbergische Nachtigall« und eines programmatischen Cranach-Gemäldes die Kernelemente der Lehre Luthers wiederentdecken.
- Sie identifizieren die vier »sola« im Text und bringen sie in einen sinnvollen grafischen Zusammenhang.
- Diese Aufgabe dient der Vertiefung bzw. Sicherung der Informationen von *Orientierung 3* (**67**) und *Orientierung 4* (**69**).

Übersetzungen vergleichen
- Anhand von **M 8.3.13, Lehrerkommentar S. 163**, erfahren die Sch mehr Hintergrundwissen über Luthers Übersetzungsleistung und vergleichen verschiedene deutsche Fassungen einiger Psalmverse, um so Luthers Leistung für eine verständliche Übersetzung der Bibel erspüren zu können, aber auch zu verstehen, warum für heutige Leser/innen der Luthertext nicht immer verständlich erscheint.

Reisen auf Luthers Spuren planen PINNWAND **60**
- Anhand der Karte mit wichtigen Stationen aus Luthers Leben planen Sch eine Reiseroute für eine Studienfahrt auf Luthers Spuren.
- Per Internet (z. B. www.luther.de) informieren sie sich in Gruppen über einzelne Orte und sammeln Text- und Bildmaterial, das zum Schluss zu einem kleinen Reiseprospekt zusammengestellt werden kann.

Schmökern PINNWAND **60**
- Als Einzelauftrag für interessierte Sch bietet sich die Lektüre von historischen Nacherzählungen des Lebens von Martin Luther und Katharina Bora an, von denen inzwischen einige veröffentlicht wurden:
  - Für jugendliche Leser/innen gedacht ist die Erzählung »Kinder des Ungehorsams« von Asta Scheib, München, 2. Aufl. 1996.

- Eine sehr persönliche Annäherung an Katharina von Bora auf dem Weg einer Reise hat die evangelische Schriftstellerin Eva Zeller geschrieben: Die Lutherin, München 2002.
- Jüngst erschienen ist: Rosen im Schnee. Katharina Luther, geborene von Bora – Eine Frau wagt ihr Leben, von Ursula Koch, Gießen 2004.
- Sehr umfangreich, aber lohnend ist der historische Roman von: Karin Jäckel: Die Frau des Reformators. Das Leben der Katharina von Bora, Reinbek 2006.

• Die Lektüre kann in Form von Referaten, Lesungen oder kleinen szenischen Spielen für die ganze Lerngruppe fruchtbar gemacht werden.

Zeitzeugen PINNWAND 62

• Sch informieren sich in Kleingruppen (mittels Lexikon, Bibliothek usw.) über wichtige Persönlichkeiten der Zeit Luthers. Im Internet helfen dabei vor allem die Seiten www.luther.de und www.melanchthon.de.
• Zur anschaulichen Präsentation bauen Sch aus den Bildern und Informationen, die sie zu einer Person finden, eine Pappfigur. Diese Figuren werden zu Gruppen zusammengerückt, um so anschaulich zu machen, wer zu den Freunden, wer zu den Gegnern Luthers gehört. Einfacher zu erstellen sind Plakate oder Powerpointpräsentationen zu den Figuren.

Alternative: Sch schreiben auch Texte, in denen sich die Personen in der Ich-Form vorstellen. Ein Sch aus der Gruppe tritt dann als historische Person auf und stellt sich anhand dieses Textes vor. Folgende Auswahl bietet sich an:
Katharina von Bora, Ex-Nonne, Ehefrau Luthers;
Johannes Calvin, Reformator;
Johannes Cochläus, Theologe;
Lucas Cranach (d. Ä.), Maler;
Jakob Fugger, Kaufmann;
Johann Eck, Theologe;
Erasmus von Rotterdam, Gelehrter;
Karl V., Kaiser;
Leo X., Papst;
Philipp Melanchthon, Luthers Freund;
Thomas Müntzer, Rebell;
Caritas Pirckheimer, Äbtissin;
Huldrych (Ulrich) Zwingli, Reformator.

• Die genannten Personen können alternativ auch in Referaten vorgestellt werden. Als jugendgemäße vertiefte Lektüre dazu bieten sich z. B. an:
  - Julia von Grünberg, Caritas Pirckheimer und das Zeitalter der Reformation, Weinheim/Basel 2001
  - Ursula Sachau, Lucas, der Maler. Biografischer Roman, Gießen 2004.

Film(szenen) betrachten

Der Kinofilm »Luther« steht am besten am Abschluss der UE, setzt er doch eine Reihe von Vorkenntnissen voraus. Neben dem Betrachten der Vollversion können auch Höhepunkte daraus ausgewählt werden, z. B. die Ablassszenen oder der Wormser Reichstag.

• Zur Vorbereitung bearbeiten Sch dritten AA im Buch. Evtl. können sie ihre Besetzung wichtiger Rollen mit aktuellen Schauspielerinnen und Schauspielern diskutieren.
• Nach dem Betrachten des Films überlegen Sch, inwiefern ihre Vorerwartungen erfüllt wurden.
• Die Frage, warum Papst Hadrian VI. nicht im Film vorkommt, führt die Sch auf die Spur einer möglichen Alternative zur Kirchenspaltung (vgl. *Orientierung 5*, **70**).

Filme vergleichen

• Sch vergleichen verschiedene Versionen von Luther-Filmen: Die zweiteilige ZDF-Produktion »Martin Luther« von 1983 (DVD 2004) zeigt mit Lambert Hamel einen kantigen Luther und lässt sich sehr viel mehr Zeit, die theologische Entwicklung Luthers herauszuarbeiten. Dieser Vergleich der beiden Luther-Darsteller und ihrer Wirkung führt Sch zu mehr medienkritischer Kompetenz.

Bilder vergleichen

• Im Anschluss an den Filmvergleich oder unabhängig davon vergleichen Sch die im Schulbuch über das Kapitel verteilten bildlichen Darstellungen Luthers und überlegen, welche Facette im Leben Luthers jeweils betont wird. Dazu suchen sie weitere historische Porträts Luthers im Internet, in Lexika und Sachbüchern zum Thema.

Die weibliche Perspektive kennenlernen und sich hineinschreiben

• Der narrative Text über Katharina von Bora auf *Orientierung 4* (**69**) ermöglicht, sich in die Lebenswelt der Familie Luther hineinzudenken und Geschichte auch einmal aus weiblicher Perspektive kennenzulernen.
• Als kreative Vertiefung verfassen Sch selbst Briefe Luthers an seine Frau bzw. von Katharina an ihren Mann. Ein fiktiver Schreibanlass ist z. B., das Ehepaar einander Abschiedsbriefe schreiben zu lassen, in denen jede/r ausdrückt, was der/die andere für ihn/sie bedeutet.
• Ein solcher fiktiver Abschiedsbrief findet sich z. B. in: Asta Scheib, Kinder des Ungehorsams, München 1996, 284.

Einen Nachruf schreiben

- Sch schreiben eine Würdigung Luthers in Form eines Nachrufs. Als historisches Beispiel wird ein Auszug aus dem Nachruf seines Freundes Philipp Melanchthon an der Totenbahre vorgelesen: »Jeder, der ihn genauer gekannt hat und oft in seiner Nähe gewesen ist, muss bezeugen, dass er ein sehr gütiger Mann war, im Verkehr mit anderen in allen Reden milde, freundlich und sanft und gar nicht frech, stürmisch, eigensinnig oder zänkisch. Und doch lag gleichzeitig Ernst und Festigkeit in seinen Worten und Gebärden, wie es einem solchen Manne zukommt ... Daher ist es offenkundig, dass die Härte, die er gegen die Feinde der einen Lehre anwandte, nicht auf ein zänkisches und boshaftes Gemüt zurückzuführen war, sondern auf ein großes ernstes Streben nach Wahrheit. Das müssen wir und viele andere, die ihn gesehen und gekannt haben, von ihm als Zeugnis ablegen.« (zitiert nach Lilje, 130)

3. Weiterführende Anregung

Projekte zu Luthers Leben

- Ideal wäre es natürlich, wenn aus der Beschäftigung mit den Wegstationen Luthers und dem Erstellen eines Reiseprospektes eine tatsächliche Exkursion an einen der Orte erwachsen könnte, die mit Luthers Vita verbunden sind. Innerhalb Bayerns bieten sich Augsburg oder die Veste Coburg an, aber auch die Wartburg oder Wittenberg sind ggf. in einem Tagesausflug – gemeinsam mit den evangelischen Sch?! – erreichbar.
- Eine Filmvorführung des Filmes »Luther« für die Jahrgangsstufe kann zu einer kooperativen Lernform werden, wenn sie gemeinsam mit den evangelischen Sch und L geplant und vorbereitet wird. Einführungsreferate von Sch als »Expertinnen« und »Experten« für bestimmte Themen oder Personen und ein nachbereitendes Podiumsgespräch zwischen L und Sch füllen einen ganzen Projekttag.

religionspädagogik kompakt

Ganzschriften im Religionsunterricht

Die Reduzierung eines literarischen Werkes auf einen oder wenige zentrale Textausschnitte ermöglicht die Konzentration auf die für den RU wesentlich erscheinenden Inhalte und damit eine zeitlich überschaubare Auseinandersetzung. Eine solche Auswahl läuft aber immer auch Gefahr, Texte religiös zu vereinnahmen, fremde oder irritierende Positionen von vornherein auszugrenzen und Sch mit fertigen Antworten zu konfrontieren, ohne dass diese vorher entsprechende Fragestellungen entwickeln konnten.
Im Gegensatz zur Präsentation von Texthäppchen, auf die sich auch ein Schulbuch notwendigerweise beschränken muss, bietet die Lektüre eines ganzen Buches, einer sogenannten Ganzschrift, gerade auch im RU Sch die Chance, sich Schritt für Schritt in eine Textwelt einzuleben und innerhalb dieser fiktiven Wirklichkeit Freiräume für die Fantasie zu gewinnen, den Erfahrungshorizont zu erweitern sowie eigene Probleme gespiegelt zu finden und benennen zu können, ohne sie vor den Mit-Sch unbedingt auf sich selbst beziehen zu müssen.
Im Sinne des fächerübergreifenden Unterrichts und literaturdidaktischer Zielvorstellungen kann der RU damit zur Förderung der Freude am Lesen, aber auch zur Texterschließungskompetenz und literarischen Bildung beitragen. Lesen kann dabei insgesamt als Schlüsselqualifikation für eine bewusstere und wahrnehmungsintensivere Medienrezeption verstanden werden. Die Lektüre eines (Jugend-) Buches unterstützt bei Sch zudem die Fähigkeit, innere Bilder und Vorstellungen zu entwerfen *(Imagination)*, sich probehalber mit einer Position zu identifizieren, zugleich aber in Distanz zu sich selbst zu treten *(Identitätssuche)*, Perspektiven zu wechseln, die Welt auch mit den Augen anderer wahrzunehmen *(Empathie)* und verschiedene Erfahrungsweisen miteinander in Beziehung zu setzen, und erweist sich damit als wesentlicher Beitrag zum ästhetischen Lernen (vgl. Lehrerkommentar zu *Religion vernetzt 7*, S. 271). Insbesondere der produktive Umgang mit Texten trägt zur Förderung der Kreativität bei und ermöglicht das Durchbrechen gewohnter Routinen und Normen und den Entwurf von Gegenwelten zur bestehenden Wirklichkeit. Neben der Schärfung des Wirklichkeitssinnes, der danach fragt, was geschieht, geschehen ist oder wird, muss es im Kontext der Schule und insbesondere im RU immer auch um die Förderung eines Möglichkeitssinnes gehen, der, um mit Robert Musil zu sprechen, in der Fähigkeit zu sehen ist, »alles, was ebenso gut sein könnte, zu denken und das, was ist, nicht wichtiger zu nehmen als das, was nicht ist«, und Letzteres hingegen als »noch nicht erwachte Absichten Gottes« begreifen zu können (vgl. Textausschnitt, Lehrerkommentar S. 141).
Zwar stellen Religion und Literatur je eigene Ebenen der Reflexion und (Letzt-)Begründung dar, können

sich aber korrelierend durchdringen, gegenseitig erhellen und interpretieren. Gerade im Bereich anthropologischer Fragestellungen der individuellen und gesellschaftlichen Existenz des Menschen bieten literarische Texte die Möglichkeit, dass sich Heranwachsende – etwa mit Blick auf das ethische Lernen – zur selbstständigen Auseinandersetzung mit grundlegenden Lebensfragen angeregt sehen. Zugleich kann Literatur Spiegel der Zeit- und Kulturgeschichte, aber auch Mentalitätsgeschichte sein und unter der Voraussetzung kritischer Reflexion ein Baustein kirchengeschichtlichen Lernens werden. Bei der Auswahl eines passenden Jugendbuches oder -romans für den RU wird man vor allem auf die Entwicklung des Textverständnisses der Sch zu achten haben, aber ebenso auf den Umfang und die Qualität der Klassenlektüre, etwa die Sprache, den Symbolgehalt oder die künstlerische Gesamtheit. Man kann Sch aber auch selbst wählen lassen, indem man ihnen eine Bücherkiste zu einem bestimmten Thema zur Verfügung stellt und ihnen die Möglichkeit gibt, in verschiedene Aufarbeitungen hineinzuschmecken und eventuell das eigene Lieblingsbuch vorzustellen. Die eigentliche Erarbeitung der Lektüre kann über das vorbereitende Lesen zu Hause, das Lesen verbindender Texte mit verteilten Rollen im Unterricht bis hin zum Hören ausgewählter Szenen aus einem Hörbuch reichen. Das Anlegen eines Lesetagebuches kann dazu dienen, sowohl eigene Überlegungen als auch die Arbeitsergebnisse festzuhalten und individuell zu gestalten. Insbesondere sogenannte Leerstellen fiktiver Texte bieten die Chance, Jugendliche zum kreativen Schreiben anzuregen, etwa Tagebucheinträge, Briefe an Angehörige oder mögliche Fortsetzungen der Erzählung zu formulieren.

M. S.

Literatur

Langenhorst, Annegret, Jugendbücher über Sterben und Tod, in: KatBl 127 (2002), 212-217

Langenhorst, Georg, Literarische Texte im Religionsunterricht? Grenzziehungen, Orientierungshilfen und Verdeutlichungen, in: KatBl 119 (1994), 318-324

Merkelbach, Valentin (Hg.), Romane im Unterricht. Lektürevorschläge für die Sekundarstufe I, Baltmannsweiler 1998

Ders. (Hg.), Romane im Unterricht. Lektürevorschläge für die Sekundarstufe II, Baltmannsweiler 2000

Spinner, Kaspar H., Kreativer Deutschunterricht. Identität – Imagination – Kognition, Seelze 2001.

Zimmermann, Mirjam (Hg.), Religionsunterricht mit Jugendliteratur. Sek. I, Göttingen 2006

Robert Musil: Der Mann ohne Eigenschaften, Aus dem 1. Buch, 1. Teil – Eine Art Einleitung, 4. Kapitel

Wenn es Wirklichkeitssinn gibt, muß es auch Möglichkeitssinn geben

Wenn man gut durch geöffnete Türen kommen will, muss man die Tatsache achten, dass sie einen festen Rahmen haben: dieser Grundsatz, nach dem der alte Professor immer gelebt hatte, ist einfach eine Forderung des Wirklichkeitssinns. Wenn es aber einen Wirklichkeitssinn gibt, und niemand wird bezweifeln, daß er seine Daseinsberechtigung hat, dann muss es auch etwas geben, das man Möglichkeitssinn nennen kann.

Wer ihn besitzt, sagt beispielsweise nicht: Hier ist dies oder das geschehen, wird geschehen, muss geschehen; sondern er erfindet: Hier könnte, sollte oder müsste geschehn; und wenn man ihm von irgendetwas erklärt, dass es so sei, wie es sei, dann denkt er: Nun, es könnte wahrscheinlich auch anders sein. So ließe sich der Möglichkeitssinn geradezu als die Fähigkeit definieren, alles, was ist, nicht wichtiger zu nehmen als das, was nicht ist. Man sieht, dass die Folgen solcher schöpferischen Anlage bemerkenswert sein können, und bedauerlicherweise lassen sie nicht selten das, was die Menschen bewundern, falsch erscheinen und das, was sie verbieten, als erlaubt oder wohl auch beides als gleichgültig. Solche Möglichkeitsmenschen leben, wie man sagt, in einem feineren Gespinst von Dunst, Einbildung, Träumerei und Konjunktiven; Kindern, die diesen Hang haben, treibt man ihn nachdrücklich aus und nennt solche Menschen vor ihnen Fantasten, Träumer, Schwächlinge und Besserwisser oder Krittler.

Wenn man sie loben will, nennt man diese Narren auch Idealisten, aber offenbar ist mit alledem nur ihre schwache Spielart erfasst, welche die Wirklichkeit nicht begreifen kann oder ihr wehleidig ausweicht, wo also das Fehlen des Wirklichkeitssinns wirklich einen Mangel bedeutet. Das Mögliche umfasst jedoch nicht nur die Träume nervenschwacher Personen, sondern auch die noch nicht erwachten Absichten Gottes.

1. Hintergrund

Die abgebildete **Landkarte** zeigt die konfessionelle Situation Deutschlands bis 1546. Die im **Text** genannten wichtigen Zentren der Reformation (Wittenberg, Straßburg, Genf) sind der Karte ebenfalls zu entnehmen. Die rasante Ausbreitung reformatorischer Ideen wird so geografisch veranschaulicht und dient zur Erklärung der heutigen konfessionellen Landkarte Deutschlands.
In notwendigerweise äußerst verknappter Form beschreibt der Schulbuchtext den Fortgang der reformatorischen Bewegung samt ihrer wichtigsten Vertreter. Vertiefende Erklärungen zu Personen und Sachen können (von Sch) im Lexikon des Schulbuchs nachgeschlagen werden (vgl. zur Begrifflichkeit besonders den Artikel »Gegenreformation«). Jedem darstellenden Textstück ist ein historisches Zitat in Kursivschrift nachgestellt, damit eine gewisse, wenn auch rudimentäre Quellenarbeit möglich wird. Das **erste Zitat** vermittelt eine knappe zeitgenössische Beschreibung der Situation in Deutschland. Am Beispiel Zwinglis können Sch den kühnen Tonfall eines Reformators kennenlernen und vom **Zwingli-Zitat** nach dem katholischen Begriff von Sakramenten als Zeichen wirksamer Gnade zurückfragen (vgl. Artikel »Sakrament« im Lexikon).
Das **dritte Zitat** ist einer Instruktion Papst Hadrians VI. entnommen, welche er 1522 seinem päpstlichen Nuntius Francesco Chieregati (1478-1539) auf den Nürnberger Reichstag mitschickte. Sie enthält sowohl ein freimütiges Bekenntnis über die zu reformierende »Krankheit der Kirche an Haupt und Gliedern als auch eingangs einen unüberhörbaren Appell an den Reichstag, unnachgiebig und zielstrebig gegen Luther einzuschreiten« (Oberman, 92). Mehrere Reichstage hatten sich mit der Sache Luthers auf politischer Ebene befasst: 1521 der Reichstag in Worms, drei Reichstage in Nürnberg (1522 sowie Ende 1522-1523 und 1524) und die Reichstage zu Speyer 1526 und 1529 bis zum endgültigen Scheitern aller Einigungsversuche auf dem Reichstag zu Augsburg 1530.
Das längere Zitat aus dem – auch vom Trienter Konzil aufgegriffenen – **Schuldbekenntnis Papst Hadrians VI.** hat eine doppelte Funktion: Es belegt, dass Luthers Reformanliegen innerhalb der katholischen Kirche keineswegs nur auf taube Ohren gestoßen sind, sondern es auch innerkirchliche Reformbestrebungen gab. Somit eröffnet es die Frage, ob die Spaltung der Kirche im 16. Jahrhundert notwendig und unumgänglich war, und führt zur Thematik der katholischen Reform im Gefolge des *Tridentinums*. In den Passagen, die auf das ausgewählte Zitat folgen, erklärt der niederländische Papst, er wäre lieber Privatgelehrter geblieben als Papst zu werden und begründet sein Verständnis vom Petrusamt aus der stetigen Notwendigkeit der Reform der katholischen Kirche. (Von hier aus wäre ein Exkurs zur Kirchenreform im 20. Jahrhundert und ein Einstieg in das vierte Kapitel des Schulbuches denkbar, vgl. *»Ecclesia semper reformanda«, Kontext 2*, **82f.**) Somit gilt es an dieser Stelle, Kirchengeschichte nicht bloß als reine Kenntnisnahme von Faktengeschichte zu betreiben, sondern die historischen Entwicklungen kritisch zu betrachten und in größere Zusammenhänge einordnen zu können.
Die selbstkritische Perspektive Hadrians (vgl. **M 8.3.14, Lehrerkommentar S. 164**), des vormaligen Erziehers Kaiser Karls V., wurde von seinem Nachfolger Clemens VII. zwar nicht weiterverfolgt, aber später von Reformpäpsten wie Marcellus II. (1555) und Pius IV. (1559-66) und vor allem vom in der Amtszeit des Letztgenannten zu Ende geführten Trienter Konzils – z. T. in analoger Formulierung – wieder aufgenommen, wenn die Konzilsväter bekennen: »Erhabene Väter! Wenn wir die Ursache des gegenwärtigen Übels sorgfältig erforschen und alles unvoreingenommen abwägen wollen und wenn jeder von uns ein unbestechlicher Richter sein will, so werden wir leicht einsehen, dass wir sozusagen vor aller Augen selbst die Ursache gegeben haben. Wir, die wir von Gott als Hirten der Kirche eingesetzt sind, haben dies getan. Wir haben nämlich den unsterblichen Gott und das christliche Volk so sehr beleidigt, dass wir – kurz gesagt – nicht einmal im Geringsten unsere Pflicht getan haben. Ja, ich möchte sagen, die jetzige Ketzerei der Lutheraner haben wir in gewisser Weise verursacht durch unsere verdorbenen und verkehrten Sitten: wir sind der Ursprung, wir die Ursache. Denn es ist ja allen bekannt, dass sich die Menschen der unteren Stände immer mit aller Kraft darum bemühen, die Sitten der höheren anzunehmen. Um es deshalb mit Paulus zu sagen: ›Wenn wir uns nun selber richteten, so würden wir wenigstens nicht gerichtet.‹« (Oberman, 228)
Auf *Orientierung 5* (**71**) wurden für die Gegenüberstellung der **Confessio Augustana** (CA) mit der Antwort des **Tridentinums** Kernsätze zur Frage der Rechtfertigung zitiert. Während die CA die Rechtfertigung allein aus Gnade (*sola gratia*) begründet, warnt das Trienter Konzil davor, sich allzu sorglos auf diese Rechtfertigung »ohne Verdienst« zu verlassen. Das Konzil grenzt sich sowohl von der reinen Werkgerechtigkeit (Lehrsatz 1) als auch von der lutherischen reinen Rechtfertigung durch Glauben allein ab (Lehrsatz 9), um für einen in der Praxis der ethischen For-

derungen der Zehn Gebote und des Evangeliums gelebten Glauben zu plädieren.
Neben dem Trienter Konzil sind die vor allem aus Spanien und Italien kommenden prägenden Reformbemühungen herausragender katholischer Persönlichkeiten treibende Momente der katholischen Reform: Der italienische *Theologe Karl Borromäus* (1538-1584) engagierte sich für die Umsetzung der vom Konzil eingeleiteten Reformen und gründete u. a. in Mailand ein Priesterseminar und mehrere Schulen. Der baskische Offizier *Ignatius (Iñigo) von Loyola* (1491-1566) erlebte nach einer schweren Verwundung seine Bekehrung, entwickelte seine Form der Geistlichen Übungen (»Exerzitien«) und gründete 1541 mit dem Jesuitenorden eine weltweit wirkende geistliche Elite im Dienst der katholischen Reform. Auch der berühmte Indien-Missionar *Franz Xaver* (1506-1552) gehörte zu den ersten spanischen Jesuiten und bemühte sich um die Inkulturation des Christentums in der asiatischen Welt. Als große Kirchenlehrerin wirkte die Mystikerin *Teresa von Ávila* (1515-1582) und reformierte ihren Orden der Karmeliterinnen in Spanien.
Mit dem **Augsburger Religionsfrieden 1555** endet im Schulbuch die Darstellung der Epoche der Reformation und Konfessionalisierung.
Das **Foto** zeigt das originale Pergamentlibell, auf dem der Religionsfriede in Augsburg festgeschrieben wurde und das im Jahr 2005 auf der Ausstellung »Als Friede möglich war. 450 Jahre Augsburger Religionsfriede« in Augsburg zu sehen war. Die Ausstellung ist im Internet hervorragend präsentiert unter: www.religionsfrieden.sewobe.com.

Lehrsätze des Tridentinums über die Rechtfertigung

1. Wenn jemand behauptet, dass der Mensch durch seine Werke, die durch die Kräfte der menschlichen Natur oder durch die Lehre des Gesetzes geschehen, ohne die göttliche Gnade, die da ist durch Christus Jesus, vor Gott gerechtfertigt werden könne: der sei im Bann [*anathema sit*] …
9. Wenn jemand behauptet, dass der gottlose Mensch allein durch den Glauben gerechtfertigt werde, und es so versteht, nichts anderes werde erfordert, wodurch er zur Erlangung der Rechtfertigungsgnade mitwirkt, und in keiner Weise sei notwendig, dass er sich mit der Bewegung seines Willens bereite oder vorbereite: der sei im Bann …
19. Wenn jemand behauptet, nichts sei im Evangelium vorgeschrieben außer der Glaube, alles andere sei weder gut noch böse [*indifferentia*], weder geboten noch verboten, sondern freigestellt [libera]; oder dass die Zehn Gebote die Christen nichts angingen: der sei im Bann.
20. Wenn jemand behauptet, ein gerechtfertigter Mensch – mag er noch so vollkommen sein – werde nicht zur Beobachtung der Gebote Gottes und der Kirche gehalten, sondern bloß zum Glauben, als wäre das Evangelium eine reine und unbedingte Verheißung des ewigen Lebens, ohne die Bedingung der Beobachtung der Gebote: der sei im Bann. (*Oberman, 222-224*)

TA zu »Elementarisieren des historischen Prozesses …« (Lehrerkommentar S. 144):

Der Prozess der Kirchenspaltung und Konfessionalisierung

Katholizismus:
Rom als Zentrum
Innere Reform im Konzil von Trient (1545-1563)

⇧

Calvinismus:
Strenge Genfer Kirchenordnung
Lehre von der Prädestination
»Reformiert«

⇦ Die Reformation sprengt die westliche christliche Kirche auf in neue und »altgläubige« Konfessionen; Formel des Augsburger Religionsfriedens ⇨

Zwinglianismus:
Zürich
Streit mit Luther um das Abendmahl;
»Reformiert«

⇩

Evangelisch-Lutherisches Bekenntnis
Wittenberg = »das deutsche Rom!«
Confessio Augustana (1530)

2. Einsatzmöglichkeiten im RU

Historische Quellen verstehen und auswerten

- *Orientierung 5* (**70f.**) bietet schon historische Quellenzitate, deren Lektüre vertieft werden kann anhand der Quellentexte auf **M 8.3.14, Lehrerkommentar S. 164**.
  Hinweis: Man muss genau lesen, um z. B. die versteckte Kritik Hadrians VI. an seinen Vorgängern zu entdecken!

Elementarisieren des historischen Prozesses der Konfessionalisierung

- Ein stark verkürztes Tafelbild sichert die wichtigsten Namen, Orte und Daten (siehe Lehrerkommentar S. 144).

Eine Fantasiereise durch die Historie unternehmen

- »Was wäre geschehen, wenn …?« ist eine Frage, die strenger Geschichtswissenschaft verpönt ist, für Sch aber durchaus reizvoll sein kann, weil sie den Raum für eigene Visionen eröffnet: Was wäre geschehen, wenn der reformoffene Papst Hadrian VI. nicht so früh verstorben wäre, sondern die im zitierten Brief angesprochene Reform der katholischen Kirche hätte durchführen können?
- Nach dem Bearbeiten von **M 8.3.14, Lehrerkommentar S. 164**, spekulieren Sch in KG über mögliche Folgen für die Kirche von heute und schreiben Sätze weiter nach dem Schema: »Wenn Hadrian VI. länger gelebt hätte, hätte er die katholische Kirche wohl reformiert. Dann würde Kirche heute so aussehen …«

Lernen durch Lehren: Persönlichkeiten der katholischen Reform vorstellen

- Einzelne Sch informieren sich genauer über Ignatius von Loyola, Franz Xaver sowie Teresa von Ávila und präsentieren ihre Ergebnisse.

Zu den christlichen Konfessionen recherchieren

- Der erste AA im Buch kann per Internet oder Lexikon anhand von **M 8.3.15, Lehrerkommentar S. 165**, von den Sch selbst recherchiert werden.

Lösungsvorschlag zu M 8.3.15, Lehrerkommentar 165:

1. allumfassend, alle einschließend
2. dem Evangelium folgend, auf das Evangelium (= die Frohe Botschaft) ausgerichtet
3. Weil die evangelischen Landesherren 1529 auf dem Reichstag von Speyer gegen das Wormser Edikt protestiert haben, das die Reformation geächtet hat.
4. Johannes Calvin (1509-1564) vertrat eine strenge reformierte Kirchenordnung: der Gottesdienst wird zur Pflicht, auch das Privatleben und der Arbeitseifer sollen das Reich Gottes auf Erden verwirklichen. Im Unterschied zu Luther vertritt Calvin die Lehre von der »Prädestination«, d. h. der Vorhersehung.
5. Im Unterschied zu den lutherischen Christen vertreten die reformierten Christen noch stärkere Reformation: der Gottesdienst enthält weniger liturgische Elemente und ist ganz auf das Wort der Predigt ausgerichtet; Bilder sind in der Kirche ganz verboten; das Abendmahl wird verstanden als reine Gedächtnisfeier des Todes Christi.

Bundesland	Katholische Bevölkerung	Evangelische Bevölkerung	Konfessionslos/ Sonstige
Baden-Württemberg	38,7%	34,6%	26,7%
Bayern	59,2%	22,5%	18,6%
Berlin	9,1%	22,8%	68,1%
Brandenburg	3,5%	19,9%	76,6%
Bremen	12,1%	45,4%	42,5%
Hamburg	10,3%	33,4%	56,4%
Hessen	26,1%	42,1%	31,8%
Mecklenburg-Vorpommern	3,6%	19,3%	77,1%
Niedersachsen	18,2%	53,0%	28,8%
Nordrhein-Westfalen	43,7%	29,2%	27,1%
Rheinland-Pfalz	47,3%	32,4%	20,3%
Saarland	66,6%	19,8%	13,6%
Sachsen	4,3%	22,6%	73,1%
Sachsen-Anhalt	5,9%	16,0%	78,1%
Schleswig-Holstein	6,1%	58,0%	35,9%
Thüringen	8,3%	26,8%	64,9%

Übersicht zu »Eine konfessionelle Landkarte Deutschlands zeichnen« (Lehrerkommentar S. 145), Stand: 2002

6. »Uniert« heißt »vereinigt« und meint den Zusammenschluss von reformierten und lutherischen Kirchen.
7. Die anglikanische Kirche entstand am Anfang des 16. Jahrhunderts durch den persönlich bedingten Bruch Heinrichs VIII. mit dem Papst. Heute untersteht sie als *Church of England* dem Erzbischof von Canterbury sowie der englischen Königin und enthält »katholische« wie »reformierte« Elemente.
8. Hugenotten (franz. = »Eidgenossen«) sind französische Protestanten, die den Genfer Calvinismus angenommen haben und im katholischen Frankreich verfolgt wurden.

Eine konfessionelle Landkarte Deutschlands zeichnen

- Nach der genauen Betrachtung der historischen Karte auf *Orientierung 5* (**70**) entwerfen Sch eine aktuelle konfessionelle Landkarte Deutschlands (vgl. Lehrerkommentar S. 144). Schon im Lehrerkommentar von *Religion vernetzt 7* wird dazu ein Arbeitsblatt angeboten (M 7.4.2, Lehrerkommentar S. 225).
- Sch vergleichen die Landkarten von damals und heute und sprechen über die Auswirkungen der Reformation bis heute.

Eine Spielszene entwickeln

- Anhand der Landkarte auf *Orientierung 5* (**70**) stellen Sch fest, welche Konfession in ihrer Region zur Zeit der Reformation dominiert hat.
- In KG bereiten Sch eine Spielszene vor, in der Untertanen darüber diskutieren, ob sie wirklich die Konfession ihres Landesherren annehmen wollen. Als Landesherr kann die jeweils für die Sch entsprechende historische Figur angenommen werden. In der KG gibt es Anhänger/innen des »alten« Glaubens sowie Verfechter der reformatorischen Neuerungen Luthers.
- Sch sammeln Überlegungen, wie sich der Alltag der Menschen ändert, wenn sie gezwungen werden, die Konfession zu wechseln.
- In einer Auswertung der Spielszenen kann bereits überlegt werden, wann sich heute die Frage nach der Konfessionszugehörigkeit stellt.

3. Weiterführende Anregung

Einen virtuellen Ausflug unternehmen

- Sch unternehmen einen virtuellen Ausflug zur Ausstellung »Als Frieden möglich war. 450 Jahre Augsburger Religionsfrieden« über die informative Präsentation auf: www.religionsfrieden.sewobe.com.

Die Trennung überwinden

Perspektiven 1 72 73

1. Hintergrund

Das Thema Ökumene wird mit Absicht von einem lebensgeschichtlichen Ansatz aus angegangen. Die Frage »Seit wann weißt du eigentlich, dass du katholisch bist?« als Ausgangspunkt (»Lest mich zuerst!«), vorgeschlagen im Rahmen eines ökumenischen Schulprojekts, ergibt in der Praxis Erfahrungen der Separation (»die Evangelischen sind in einem anderen Klassenzimmer«; »nur die Katholischen dürfen Erstkommunion feiern«), der Etikettierung, aber auch der Identitätszuschreibung. Reizvoll ist es auch, wenn Sch diese Frage an Eltern bzw. Großeltern weitergeben und von den Ergebnissen berichten. Möglicherweise sind vielen Sch die Unterschiede der Konfessionen nicht oder nur vage bewusst, sodass ein Klärungsbedarf erkennbar wird. Spätestens hier wird klar, dass das Thema Ökumene einseitig bleibt, wenn es nicht im tatsächlichen Dialog mit der evangelischen Lerngruppe geführt wird (vgl. Bosold/Reinert, 51-54).
Die **Texte »Typisch evangelisch/Typisch katholisch«** setzen bewusst bei Etiketten und Stereotypen an, um dann den Blick zu weiten für eine Versöhnung der Konfessionen, wenn doch die äußerlichen Unterschiede nicht das Wesen beider Konfessionen beschreiben. Die Texte sind gekürzte Fassungen aus einem gemeinsamen ökumenischen Buchprojekt der Theologen Michael Meyer-Blank und Walter Fürst (siehe Literaturverzeichnis am Ende dieses Kapitels) und schlagen zusammen mit der **Karikatur** ein freundlich-respektvolles Aufeinanderzugehen der Konfessionen vor. Möglicherweise hilft Sch die Metapher, dass »katholisch« und »evangelisch« verschiedene (und verschieden alte) Dialekte der einen christlichen Sprache sind.
Die Vision von Ökumene als »gelebter Einheit in der Vielfalt« wird auf *Perspektiven 1* (**73**) überschrieben mit dem Zitat **Joh 17,20f.**, das gerade in ökumenisch ausgerichteten Bewegungen verschiedener Couleur (z. B. Taizé, Fokolare) von besonderer Bedeutung ist und auf dem Hans Küngs Forderung »Wahres Christsein bedeutet heute ökumenisches Christsein« basiert. **Das Foto vom ersten ökumenischen Kirchentag** dient als Illustration dieser Vision von der Ökumene als einer Gesinnung, wie sie auch der **Text »Ökumene«** aus dem Evangelischen Gesangbuch beschreibt.

Ökumenisches Lernen – konfessionell-kooperativer RU

Im Unterschied zur »großen« Ökumene – dem interreligiösen Dialog der großen Weltreligionen – versteht man unter der »kleinen« Ökumene den Verständigungsprozess und die Bewegung der christlichen Kirchen aufeinander zu.

Für viele Sch ist bereits diese kleine Ökumene ein »Fremdwort« (Scheidler), zumal dann, wenn sie die eigene Kirche nur als fremde Heimat kennen. Deshalb kann das Interesse an ökumenischen Fragen weniger durch die Sache an sich, sondern über Beziehungen zu Sch mit einer mehr oder minder ausgeprägten konfessionellen Prägung und den im RU entstehenden kognitiven Konflikten entwickelt werden. Ein solches »Lernen in Gemeinschaft« im Sinne einer kommunikativen Didaktik fördert die Begegnungs- und Verständigungsfähigkeit der Beteiligten sowie ihre Identitätsentwicklung und konfessionelle Beheimatung. In diesem kommunikativen Geflecht kommt auch L als jeweils authentischem/r Zeugen oder Zeugin ihrer Konfession und gleichzeitig ökumenisch offenen Christenmenschen eine entscheidende Vorbild-Funktion zu. Insofern spricht vieles für die zeitweilige Öffnung des konfessionellen RU im Sinne eines »konfessionell-kooperativen Religionsunterrichts«.

Als besonders ertragreich erscheinen kooperative Unterrichtsvorhaben bei Themenfeldern bzw. Teilthemen, wenn folgende Kriterien berücksichtigt werden:

=> *Gemeinsame Glaubensbasis:* Das Themenfeld erstreckt sich auf Fragen des gemeinsamen Glaubens und der Glaubenspraxis (Liturgie, Sakramente, Bibel, Alltagsleben ...).

=> *Unterschiedliche Perspektiven:* Die verschiedenen Konfessionen entfalten diese gemeinsame Basis in Lehre und Leben auf unterschiedliche Weise.

=> *Handlungsorientierung:* Die Fragestellung lässt sich handlungsorientiert und dialogisch (kirchenraum- oder museumspädagogische Exkursion, Expertenbefragung, aktuelle historische Ausstellung ...) angehen.

Ein konfessioneller RU in Pluralität wird den ökumenischen Blickwinkel im Umgang mit anderen Konfessionen und Religionen über thematische Fragen hinaus durchaus auch als durchgängiges Unterrichtsprinzip berücksichtigen.

H. M.

Literatur

Leimgruber, Stephan, Ökumenisches Lernen, in: Hilger, Georg/Leimgruber, Stephan/Ziebertz, Hans-Georg, Religionsdidaktik. Ein Leitfaden für Studium, Ausbildung, Beruf, München 2001, 420-432

Scheidler, Monika, Didaktik ökumenischen Lernens – am Beispiel des Religionsunterrichts in der Sekundarstufe, Münster 1999

Sekretariat der Deutschen Bischofskonferenz (Hg.), Die bildende Kraft des Religionsunterrichts. Zur Konfessionalität des katholischen Religionsunterrichts, Bonn 1996

2. Einsatzmöglichkeiten im RU

Anmerkung: Das Thema Ökumene bietet sich als Kooperationsthema zwischen katholischem und evangelischem RU nachhaltig an. Der neue LP wünscht die Kooperation in mindestens einem Thema pro Jahrgang, wie sie hier in Einzelstunden, Unterrichtsbausteinen oder Projekten ideal umgesetzt werden kann. All die auf der Doppelseite vorgeschlagenen Aufgaben sind wesentlich reizvoller in Kooperation mit einer evangelischen Lerngruppe zu lösen, sodass nicht nur über Ökumene gesprochen wird, sondern auch Ökumene praktiziert wird. Neben den auf den Seiten vorgeschlagenen Aufgaben und evtl. dem Bearbeiten des zu *Orientierung 5* (**70f.**) gehörigen Arbeitsblattes **M 8.3.15, Lehrerkommentar S. 165**, sind die folgenden Ideen für eine Kooperation im Rahmen des Kapitels möglich.

Ökumene in der Schule ausprobieren PINNWAND 63

- *Lernen durch Lehren*: die Sch einer Konfession informieren die Sch der anderen Konfession über zentrale Themen.
  (*Vorsicht:* kein Identifizierungszwang!)
- *Lehrer/innentausch*: evangelische/r und katholische/r Religions-L tauschen für eine oder mehrere Stunden die Lerngruppe.
  (*Wichtig:* inhaltlich klare Absprachen!)
- *Interviews*: Sch führen mit konfessionsverschiedenen Familien ein Interview über ihre Erfahrungen und erstellen Plakate über gemeinsame Glaubensinhalte.
- *Typisch katholisch/evangelisch*: Anhand der Texte und Interviews sowie eigener Erfahrungen/Vorurteile füllen Sch **M 8.3.16, Lehrerkommentar S. 166**, aus.

Ökumene weltweit kennenlernen PINNWAND 61

- Sch lernen per Internet unter www.wcc-coe.org den Ökumenischen Rat der Kirchen (ÖRK) kennen: Für welche Themen fühlen sich Christen dort gemeinsam verantwortlich?
- Sch recherchieren nach weiteren ökumenischen Organisationen und Projekten.
- Sch lesen die Gemeinsame Erklärung zur Rechtfertigungslehre in Auszügen auf **M 8.3.17, Lehrerkommentar S. 167f.**, und bearbeiten die Fragen auf dem AB.

3. Weiterführende Anregung

Steinerne Spuren PINNWAND 61

- Sch besuchen eine katholische und eine evangelische Kirche in ihrer Ortschaft. Die katholischen Sch führen durch eine katholische Kirche, die evangelischen Sch durch eine evangelische Kirche.
- Sch stellen eine Liste zusammen mit Gemeinsamkeiten und Unterschieden, die ihnen auffallen, und tauschen sich darüber aus.

Den Weg wagen

Perspektiven 2 74 75

1. Hintergrund

Das **Weg-Motiv** verweist einerseits auf den Weg der ökumenischen Bewegung, zum anderen auf den persönlichen Glaubensweg eines jeden. Hier bietet sich eine handlungsorientierte Vertiefung an im Blick auf das Thema Wallfahrt: eine von den Reformatoren ob ihres magischen Denkens kritisierte Praxis wird heute als gelebte Volksfrömmigkeit wieder entdeckt und – zum Teil in säkularer Form – wieder praktiziert.
Etwas vom Geist einer Wallfahrt vermittelt das **Gedicht von Dorothee Sölle.** Bewusst wurde ein Text einer evangelischen Theologin ausgewählt, um Sch Elemente heutiger evangelischer Theologie kennenlernen zu lassen.

Pilger- oder Wallfahrt
Pilger- oder Wallfahrten zu heiligen Stätten kannten schon die Ägypter, Perser, Griechen und Römer. Im Judentum waren Wallfahrten zum Tempel nach Jerusalem anlässlich des Passa- oder Laubhüttenfestes üblich. Im Christentum gab es seit dem 4. Jahrhundert Wallfahrten ins Hl. Land oder zu den Stätten der Märtyrer. Das Mittelalter gilt als Blütezeit des Pilger- und Wallfahrtwesens. Im Islam ist die Wallfahrt nach Mekka eine der fünf Säulen der Religion.
Heute ist Guadalupe in Mexico mit ca. 14 Mio. Pilgern im Jahr der meist besuchte katholische Wallfahrtsort. Weitere berühmte Wallfahrtsziele sind neben Santiago de Compostela in Spanien, Aparecida in Brasilien, Lourdes in Frankreich, Tschenstochau in Polen, Fatima in Portugal, Assisi und Loreto in Italien. Auch die bayerischen Diözesen pflegen regionale Wallfahrten wie etwa die nach Altötting oder Vierzehnheiligen. Jugendwallfahrten erleben wieder neuen Aufschwung.

Dorothee Sölle (1929-2003)
Die Kölnerin Dorothee Sölle, geb. Nipperdey, arbeitete nach dem Studium der Philosophie, Theologie und Literaturwissenschaft zunächst als Lehrerin für Religion und Deutsch an einem Kölner Gymnasium. Mit ihrem Mann, dem Maler Dietrich Sölle, hatte sie drei Kinder. Die Ehe wurde nach 10 Jahren geschieden. 1969 heiratete Dorothee Sölle den ehemaligen Benediktinerpater Fulbert Steffensky, 1970 wurde die gemeinsame Tochter Mirjam geboren. 1972 habilitierte sie an der Universität Köln. Als Professorin für Systematische Theologie lehrte sie viele Jahre lang in New York. In ihrer Theologie hat sie zwei Schwerpunkte verfolgt: einmal, ausgelöst durch ihre Verarbeitung des Holocaust und die Erfahrungen mit den »Politischen Nachtgebeten«, eine politisch und feministisch orientierte Befreiungstheologie und zum anderen eine von Meister Eckhart geprägte Mystik. Zur Theologie gehörte für Sölle immer auch die Poesie. Mit mehreren Gedichtbänden hat sie selbst ihrer Gottsuche poetischen Ausdruck verliehen. 2003 starb die kämpferische Theologin an einem Herzinfarkt. In einem Abschiedsbrief schrieb sie ihren Kindern mit Blick auf die Gottesliebe: »Vergesst das Beste nicht!«

Marianne Storz ist eine der jährlich 10 Millionen von Santiago-Pilgerinnen und beschreibt ihre Erfahrungen in dem Text »**Ein Pilgerweg heute**«. Seit den 90er-Jahren »boomt« der *Camino de Santiago* geradezu und alte Pilgerwege wurden neu hergerichtet. Religiöse Bedürfnisse, Sehnsüchte und der Erlebnishunger des (post-)modernen Menschen mischen sich unter den Santiago-Pilgern auf bemerkenswerte Weise.

2. Einsatzmöglichkeiten im RU

Wallfahrten heute

- Sch lesen den Erfahrungsbericht der Santiago-Pilgerin und erarbeiten daraus die Motivation, heute auf Pilgerreise zu gehen.
- L informiert kurz über das Wallfahrtswesen (vgl. 1, *1. Hintergrund*).
- Sch informieren sich über die Wallfahrten in ihrer Diözese. Informationen zu diversen Wallfahrten finden sie unter: www.katholisch.de (Stichworte Spiritualität => Wallfahrten); vgl. auch das Kapitel 8.4 im Schulbuch.
- **M 8.3.18, Lehrerkommentar S. 169**, bietet einen Lückentext mit zusätzlichen Informationen zum Hl. Jakobus und dem Pilgerweg nach Santiago de Compostela.

Lösung von M 8.3.18, Lehrerkommentar S. 169: Johannes; Donnersöhne; enthaupten; Märtyrer; Spanien; Sternenfeld; Sonntag; Maurentöter; Pilgerhut; Jakobsmuschel.

Das Gedicht meditieren

- Das Gedicht von Dorothee Sölle kann für eine Wortmeditation verwendet werden. Evtl. kann dazu eine Folie bzw. ein Foto mit einem Wegmotiv gezeigt werden.

Meinen Lebens-/Glaubensweg zeichnen

- Sch gestalten in ruhiger Atmosphäre (leise Musik im Hintergrund!) als EA den Weg, den sie im Leben und Glauben gegangen sind: Sie zeichnen einen Weg bzw. eine Landkarte mit Wegkreuzungen, Wegweisern, notieren evtl. Wegbegleiter/innen.
- Die symbolische Bedeutung von Steigungen, Aussichtspunkten usw. können sie auf Anregung von L mit aufnehmen.

3. Weiterführende Anregung

Sich über das Santiago-Pilgerwesen informieren

- Interessierte Sch können sich auf der offiziellen Website von Santiago de Compostela in mehreren Sprachen, darunter auch in Deutsch, umfassend und anschaulich über das Santiago-Pilgerwesen informieren: www.xacobeo.es.
- Sch, die Spanisch ab der achten Klasse als dritte Fremdsprache belegen, behandeln im Spanischunterricht ausführlich den *Camino de Santiago* und geben ihr Wissen weiter.

Der Sehnsucht trauen

Perspektiven 3 [76] [77]

1. Hintergrund

Perspektiven 3 (**76f.**) bietet eine spirituelle Vertiefung und Abrundung des Leitthemas »Sehnsucht nach Heil«, indem sie einen Bogen schlägt von *Kontext 1* (**56f.**) hin zu einer Ermutigung der Sch, ihrer Sehnsucht nicht nur nachzuspüren, sondern ihr auch spirituell-religiös in ihrem Leben Raum und Ausdruck zu geben.
Daher enthält die Seite nur zwei Elemente, um Sch die Möglichkeit der Konzentration zu geben: Der **Text** von Hanns Dieter Hüsch, entnommen dem um religiöse Fragen kreisenden Textband Hanns Dieter Hüsch, Das Schwere leicht gesagt. Düsseldorf ^{4}1997, kann als moderner Segenstext gelesen werden. Hüsch beginnt seine für Liturgien geschriebenen Segenstexte mit einem *Ceterum censeo* und deutet damit sein Bestehen auf dem an, was ihm lebenswichtig ist: die Suche nach Gott. Hüsch verwendet den biblischen Gottesnamen »Der mit uns ist« und beschreibt Gott – in Anlehnung an Luther – als gnädig: »Gott ist die Gnade und die Freiheit, ist Trost und Vergebung.« Doch nicht nur Gnade, auch das »gute Werk« ist dem Protestanten Hüsch ein Anliegen. So lässt sich sein poetischer Text sowohl sehr individuell lesen und beten als auch im Bezug auf alle ökumenischen Bemühungen (... »noch

Hanns Dieter Hüsch (1925-2005)
Der Kabarettist Hanns Dieter Hüsch wurde am 6. Mai 1925 in Moers geboren. Sein Geburtsort am Niederrhein hat sein Werk geprägt, karikiert er die Bewohner seiner Heimat doch gern in seinen zahlreichen Kabarettprogrammen. Hüsch hatte in Gießen und Mainz Medizin, Theater- und Literaturwissenschaften studiert, das Studium aber nie abgeschlossen, sondern sich schon Ende der 40er-Jahre dem Kabarett zugewandt und 1956 sein eigenes Kabarett »arche nova« gegründet. Als Synchronstimme für »Dick und Doof« wurde er bekannt, aber vor allem mit seinen rasend schnell gesprochenen Satiren. Nach dem Tod seiner Frau Marianne 1988 heiratete er 1991 Christiane Rasche-Hüsch, mit der er im Windeckschen Land lebte. 1998 erkrankte er an Krebs, zog sich nach einem Schlaganfall 2001 endgültig von der Bühne zurück und starb am 6. Dezember 2005. Neben politischen Themen hatte er sich zuletzt immer mehr religiösen Fragen zugewandt und für ein tolerantes, widerständiges, friedliebendes Christentum plädiert.

mehr zusammenwachsen«; »... dass uns nichts trennt« ...) und die Sehnsucht nach einer Einheit der Kirchen. Der Text enthält vielfältige Bezüge zum gesamten Kapitel, aber auch Anknüpfungspunkte zum Kapitel 8.1 (Schöpfung) und 8.2 (Konflikte, Versöhnung). Gegen Ende lassen sich Assoziationen zum Bild herstellen (»unbegrenzte Weite«, »Reise«, »Übersicht über alle Horizonte«).

Das **Bild** stammt von dem bekannten Kinder- und Jugendbuchillustrator Quint Buchholz. In dem Buch »Wer das Mondlicht fängt. Bilder und Gedichte«, Zürich 2001, hat er eine ganze Sammlung von geheimnisvoll-traumhaften Bildern veröffentlicht, in denen das Mondlicht sanft irreale Stimmungen zeichnet. Hier lebt ein Kind den archetypischen Traum vom Fliegen und erhebt sich – träumend? – mit den Vögeln über sein Zuhause – markiert durch das Dachfenster – in sehnsuchtsvolle Weite. Das Bild strahlt Leichtigkeit, Unangestrengtheit und Vertrauen aus und wirkt so wie ein Gegenbild zu Borofskys *Man Walking To The Sky.*

In der Buchausgabe ist dem Bild ein Gedicht des Schriftstellers Michael Krüger beigegeben, das aber zur Interpretation des Bildes nicht unbedingt notwendig erscheint:

Es ging alles sehr einfach.
Ich kletterte auf unser
Dach, in der Dämmerung,
als die Möwen auf dem Weg
waren zum Meer, stellte mich
auf die Zehenspitzen, ließ
die Jacke offen für den Wind,
und hob ab. Die Leute
im Dorf nennen mich Eule,
weil ich immer die Dämmerung
abwarte für meinen Flug.
So trage ich mich selbst
durch die Welt. Mein Lehrer
meint, ich sei eine Demütigung
für alles, was fliegt.
Meine Geschwister beneiden mich.
Doch es ist ein Neid,
der nach Verehrung riecht.
Michael Krüger

2. Einsatzmöglichkeiten im RU

Einen Satz gestalten

- Nach der gemeinsamen Lektüre des Textes von Hanns Dieter Hüsch suchen sich Sch einen Satz oder Teilsatz heraus, der sie besonders anspricht, und schreiben ihn in kreativer Gestaltung ins Heft (evtl. auch Gestaltung per Textverarbeitung). Um einen solchen Satz zu finden, kann auch eine Methode des Bibelteilens angewendet werden: Nach der gemeinsamen Lektüre liest jede/r noch einen besonderen Satz laut vor, ohne dass dazu Kommentare geäußert werden.
- Erst nach der grafischen Gestaltung begründen Sch die Auswahl ihres Satzes und überlegen, inwiefern der Satz zum Thema des Kapitels passt.

Quint Buchholz (geb. 1957)
1957 in Stolberg im Rheinland geboren, lebt der Maler und Illustrator Quint Buchholz mit seiner Frau und seinen drei Kindern in Ottobrunn bei München. Bekannt wurde er vor allem durch seine Kinderbuchillustrationen (»Nero Corleone«, »Sofies Welt« ...), doch hat er auch selbst Kinderbücher getextet und illustriert. Seine surreal-pointillistischen Grafiken zeigen meist traumhaft schwebende, stimmungsvoll dichte Szenen, die zum Rätseln und Träumen verleiten.

Musik auswählen und eine Meditation gestalten

- Sch oder L suchen ein Musikstück aus, das zum Bild und/oder dem Text passt, und hören es dazu. Die Musik kann zur Gestaltung der Meditation verwendet werden.
- Das Bild im Buch oder als Folie wird meditiert. Dazu läuft ruhige Musik und/oder der Text wird langsam und ruhig vorgelesen.

Bilder vergleichen

- Sch vergleichen das Bild mit dem *Titelbild* (**55**). Welche Stimmung empfinden sie jeweils?

Eine Fantasiereise

- Nach der Betrachtung des Bildes verfassen Sch selbst eine Fantasiereise zum Thema »Auf den Flügeln meiner Sehnsucht«. Als Einstieg kann der Beginn des oben zitierten Textes von Michael Krüger – ins Präsens gesetzt – dienen:
  »Es geht alles sehr einfach. Ich klettere auf unser Dach, in der Dämmerung, als die Möwen auf dem Weg sind zum Meer, stelle mich auf die Zehenspitzen, lasse die Jacke offen für den Wind, und hebe ab ...«

Eine Andacht/ein Gebet vorbereiten

- Den Segenstext von Hanns Dieter Hüsch stellen Sch und L in die Mitte eines Gebetes bzw. einer Andacht. Der Text wird verteilt von mehreren Sch gesprochen.
- Sch formulieren weitere Bitten dazu, die mit »Möge Gott, der Herr ...« beginnen.
- Das Gebet schließt mit einem gemeinsamen Vaterunser.

3. Weiterführende Anregung

Eine ökumenische Andacht gestalten

- Die beiden Bausteine der Seite können als Elemente für eine – ökumenische? – Andacht bzw. einen Gottesdienst verwendet werden, der aus der Kooperation mit den evangelischen Sch und L entsteht.

Ein Wappen als Lebensmotto

Akzent 78

1. Hintergrund

Die von Luther selbst zur Veranschaulichung seines Glaubens erdachte **Lutherrose** steht am Abschluss der Beschäftigung mit dem Reformator und seiner Zeit. Das abgedruckte **Luther-Zitat** von 1530 erläutert die Symbolbedeutung des Wappens, das sich konzentriert auf das Kreuz und das Herz des Menschen als Sitz des Glaubens. Die Schlagwörter *sola fides* und *solus Christus* lassen sich in dem Wappen wiederentdecken.

2. Einsatzmöglichkeiten im RU

Das Wappen und seine Farbsymbolik deuten

- Sch betrachten die Lutherrose als Folie (enthalten in: *Bilder aus Religion vernetzt 7 und 8. 36 Farbfolien,* München 2006, ISBN 3-466-50717-0) und stellen Vermutungen über seine Bedeutung an.
- Anhand der Umrisszeichnung des Wappens (vgl. **M 8.3.19, Lehrerkommentar S. 170**) probieren Sch verschiedene Farbgebungen aus und vergleichen diese dann im Buch mit den von Luther gewählten Farben. So erschließen die Sch die Symbolik der Farben induktiv.

Das Wissen über die Reformation anhand des Wappens verbalisieren

- Zur Umwälzung des erlernten Wissens über Luther und die Reformation fassen Sch zusammen, welche Elemente der Theologie Luthers sie in dem Wappen entdecken.
- Luthers Erklärung dazu übersetzen Sch in eigene Worte.

Streitgespräch – ein ökumenisches Wappen?

- Sch sammeln Argumente zu der Frage, ob die Lutherrose heute für alle christlichen Konfessionen gelten könnte:
- – Welche Gedanken sind Luther so zentral wichtig, dass er sie in das Wappen aufgenommen hat?
- – Welche seiner Überzeugungen fehlen in dem Wappen?
- – Wie könnte ein ökumenisches Wappen heute aussehen?

3. Weiterführende Anregung

Ein eigenes Wappen mit einem Lebensmotto entwerfen

- Sch nehmen sich die Zeit, ein eigenes Wappen zu gestalten (evtl. zusammen mit dem Kunstunterricht). Dazu können sie die Umrisszeichnungen von **M 8.3.19, Lehrerkommentar S. 170** verwenden, mit Malprogrammen am PC arbeiten oder frei zeichnen.
- Zur Inspiration können Sch im Internet unter Bildersuche nach Wappen suchen (z. B. google-Bildersuche). Für die Suche nach einem Lebensmotto dienen z. B. die Bibel, Zitatenschätze oder Seiten im Internet wie www.aphorismen.de.
- Am Ende sollten Sch einander ihre Wappen vorstellen oder eine kleine Ausstellung präsentieren.

Literatur

Angenendt, Arnold, Heilige und Reliquien. Die Geschichte ihres Kultes vom frühen Christentum bis zur Gegenwart, München 1994

Bitterli, Urs, Die Entdeckung Amerikas. Von Kolumbus bis Alexander von Humboldt, München 1991

Bosold, Bernhard/Reinert, Andreas, »Wann ist mir zum ersten Mal klar geworden, dass ich evangelisch/katholisch bin?«, in: Notizblock 33/2003, 51-54

Hinz, Berthold, Lucas Cranach der Ältere, Reinbek ^{2}2003

Lilje, Hanns, Martin Luther, Reinbek ^{20}1997

Luther, Martin, Ausgewählte Schriften, hg. v. Karin Bornkamm und Gerd Ebeling, Frankfurt/Main 1982

Meyer-Blanck, Michael/Fürst, Walter (Hg.): Typisch katholisch. Typisch evangelisch. Ein Leitfaden für die Ökumene im Alltag, Freiburg i.B./Rheinbach 2003

Oberman, Heiko A., Die Kirche im Zeitalter der Reformation. Kirchen- und Theologiegeschichte in Quellen Bd. III, Neukirchen-Vluyn ^{5}2004

Ohler, Norbert, Sterben und Tod im Mittelalter, Düsseldorf 2003

Pesch, Otto Hermann, Hinführung zu Luther, Mainz ^{2}1983

Quadflieg, Josef, Die Geschichte des Christentums, Düsseldorf 2002

Schulze, Ingrid, Lucas Cranach d. J. und die protestantische Bildkunst in Sachsen und Thüringen, Bucha 2004

Smolinsky, Heribert, Kirchengeschichte der Neuzeit, Düsseldorf 2003

Ders. (Hg.), Die Geschichte des Christentums: Religion, Politik, Kultur, Bd. 8: Die Zeit der Konfessionen 1530-1620/30, Freiburg i.B. 1992

Wittmann, Andreas, Ökumene im Cyberspace. Sich informieren mit Hilfe des Internets im Religionsunterricht, in: entwurf 1 (2000), 75-79

Zlatohlávek, Martin /Rätsch, Christian /Müller-Ebeling, Claudia, Das Jüngste Gericht. Fresken, Bilder und Gemälde, Zürich/Düsseldorf 2001

Bildmeditation zu »Man walking to the Sky« von Jonathan Borofsky

Aufdecken des Mannes:
Ein Mensch geht seinen Weg.
Entschlossen wirkt er,
schwungvoll und trainiert.
Er weiß, wo er hinwill, so scheint es.
Er hat ein Ziel.
Er geht los.
Er bleibt nicht stehen.
Er folgt seiner Sehnsucht.

Aufdecken des Rohres:
Sein Weg führt steil bergauf.
Das kann ihn nicht bremsen.
Es kostet ihn Kraft.
Sein Weg ist riskant.
Steil und ohne Geländer.
Bliebe er stehen, fiele er zurück.
Doch er folgt seiner Sehnsucht.

Aufdecken des gesamten Bildes:
Wohin führt sein Weg?
Er zielt himmelwärts!
Ein unmöglicher Weg.
Wird er abstürzen am Ende?
Wird ihn seine Sehnsucht tragen?
Es scheint, als gingst du
unaufhaltsam,
Du Himmelsstürmer!

Man and women walking to the sky

- Wie wirkt die Figur *Man walking to the sky* auf euch?

  ____

- Wie wirkt die Figur *woman walking to the sky* auf euch?

  ____

- Welche Begriffe fallen euch ein, wenn ihr die Skulptur anschaut?

  ____

- Welche Begriffe fallen euch ein, wenn ihr die Skulptur anschaut?

  ____

- Schreibt eure Fragen an den Mann in den Himmel.

  ____

- Schreibt eure Fragen an die Frau in den Himmel.

  ____

Im Frühling

Hier lieg ich auf dem Frühlingshügel:
Die Wolke wird mein Flügel,
Ein Vogel fliegt mir voraus.
Ach, sag mir, all-einzige Liebe,
Wo du bleibst, dass ich bei dir bliebe!
Doch du und die Lüfte, ihr habt kein Haus.
Der Sonnenblume gleich steht mein Gemüte offen,
Sehnend,
Sich dehnend
In Lieben und Hoffen.
Frühling, was bist du gewillt?
Wann werd ich gestillt?

Die Wolke seh ich wandeln und den Fluss,
Es dringt der Sonne goldner Kuss
Mir tief bis ins Geblüt hinein;
Die Augen, wunderbar berauschet,
Tun, als schliefen sie ein,
Nur noch das Ohr dem Ton der Biene lauschet.
Ich denke dies und denke das,
Ich sehne mich, und weiß nicht recht, nach was:
Halb ist es Lust, halb ist es Klage;
Mein Herz, o sage,
Was webst du für Erinnerung
In golden grüner Zweige Dämmerung?
– Alte unnennbare Tage!

Eduard Mörike

Das Beste aus meinem Leben

Nun also das neue Jahr.
Zum Ende des vergangenen Jahres hatte sich etwas in der Besteuerung von Lebensversicherungen geändert, fragen Sie nicht, was, ich habe es nicht komplett verstanden. Nur kapierte ich, dass es von Vorteil für mich wäre, noch vor Silvester eine Lebensversicherung oder etwas in der Art abzuschließen. Und mein Versicherungsvertreter, Herr A., besuchte mich einige Male, um dies und auch noch einiges andere mit mir zu besprechen, zum Beispiel eine neue Unfallversicherung, eine bessere Haftpflichtversicherung, einige Aspekte meiner Krankenversicherung – worüber Versicherungsvertreter eben gerne reden.
So klang das Jahr harmonisch aus in Unterhaltungen über meinen vorzeitigen Tod durch Unfall, Krankheit oder Altersschwäche (»Unfalltod« oder »Normaltod«, um mit Herrn A. zu sprechen), über eine eventuelle Berufsunfähigkeit durch frühe Altersdemenz oder eine voraussehbare chronische Niedergeschlagenheit bei Verlust aller meiner Familienangehörigen, über meinen finanziellen Ruin durch seitens der Haftpflicht nicht abgedeckte, von meinem Sohn Luis verursachte Schäden an Atomkraftwerken sowie über meine rentenmäßige Absicherung im Falle einer Pockeninfektion durch islamistische Attentäter.

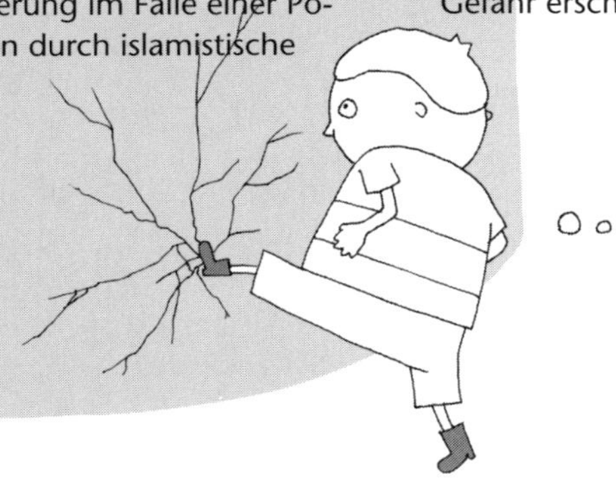

»Kein schönes Thema jetzt«, murmelte A. ab und zu, wenn wir zum Beispiel die Frage der »Gliedertaxe« besprachen, also den finanziellen Wert einzelner Körperteile, wobei wir uns eine Weile dabei aufhielten, welche abgestuften Bedeutungen meine jeweiligen Finger für die Bedienung der Computertastatur haben – eine Frage, über die ich bis dahin nicht nachgedacht hatte. Wie man ja überhaupt die meisten Risiken im Leben erst erkennt, wenn man aufgefordert wird, sich gegen sie abzusichern.
Jedenfalls erkannte ich in meinen Gesprächen mit A. derartig viele Risiken, dass mir ganz schwummerig wurde und ich in eine Art Gehirntaumel geriet, in dessen Verlauf ich nicht mal mehr richtig zwischen einzelnen Versicherungsarten unterscheiden konnte. Ich sah nur noch ein riesiges, allumfassendes Lebenshaftunfallpflicht-Paket vor mir. Und A., dem mein Zustand nicht verborgen blieb, wurde immer zarter in seiner Ausdrucksweise – bis er ein Wort wie »Tod« überhaupt nicht mehr benutzte, sondern nur noch von meinem »Ableben« sprach.
Ich war also am Ende des vergangenen Jahres in einer Verfassung, in der mir das Leben als einzige gigantische Gefahr erschien.

Stand ich mit Luis im Spielzeugladen vor den Flugzeugmodellen (wobei er sofort fantasierte, wie herrlich es sein müsse, ein solches zu besitzen und durch die Lüfte fliegen zu lassen), so erschien vor meinem inneren Auge sogleich ein solches Modell, das sich in einer Hochspannungsleitung verhedderte, diese zerstörte und dadurch Oberbayern für Tage von der Stromzufuhr abschnitt – mit der Folge gigantischer Schadensersatzklagen gegen mich.
Bat mich Paola, in kühler Winternacht ihr Bett mit einem Kirschkernkissen vorzuwärmen, so sprach ich zu ihr gleich von jenem Ehepaar, dem (wie ich in der Zeitung gelesen hatte) ein überhitztes Kernkissen zunächst das Bett, dann die gesamte Einrichtung in Flammen gesetzt hatte – dies unmittelbar nach einer teuren Wohnungsrenovierung.
A. schloss ein umfangreiches Paket mit mir ab. Ich bin seitdem mit dem Detailstudium der Verträge beschäftigt und habe festgestellt, dass mich in Zukunft auch von mir selbst verursachte »Gewässerschäden aus »Kleingebinden« sowie mein Hinscheiden durch »passives Kriegsrisiko (Überraschungsklausel)« kalt lassen können, zumal ich Anspruch auf eine »Kurbeihilfe« habe. Ich rätselte daran eine Weile herum, vermutete zunächst einen Druckfehler und dachte an »Kurbel-Hilfe« oder »Kürbis-Hilfe«, bis ich merkte, dass es um eine Kur-Beihilfe ging.
Mein Versicherungsschutz gelte auch dann, lese ich, wenn ich »bei inneren Unruhen« den Tod gefunden hätte.
Bei inneren Unruhen … Ich bin aber innerlich nicht mehr unruhig. Nur hoffe ich, dass bis Ende dieses Jahres einmal keine neuen Steuer-Regelungen für Versicherungen eingeführt werden.

Axel Hacke

aus: Süddeutsche Zeitung Magazin Nr. 1 (2005) vom 7. Januar 2005

- *Markiert im Text alle Versicherungen, die der Vertreter zu bieten hat. Welche haltet ihr für sinnvoll, welche nicht?*
- *Warum spricht der Versicherungsvertreter lieber von »Ableben« als von »Tod«? Sucht im Text weitere Beispiele für solche sogenannten »Euphemismen«. Fallen euch selbst noch Beispiele ein?*
- *Was bedeutet der Satz am Ende: »Ich bin aber nicht mehr innerlich unruhig.«?*

Sind Sie sicher?

■ *Bestimmt haben eure Eltern einige Versicherungen gegen mögliche Risiken des Lebens abgeschlossen. Überlegt und schlagt ggf. im Wörterbuch nach: Welcher Fall wird abgesichert durch eine …*

1. Unfallversicherung ______
2. Berufsunfähigkeitsversicherung ______
3. Lebensversicherung ______
4. Glasversicherung ______
5. Gebäudeversicherung ______
6. Reiserücktrittsversicherung ______
7. Vollkaskoversicherung ______
8. Hausratversicherung ______
9. Krankenversicherung ______
10. Kfz-Haftpflicht-Versicherung ______
11. Rechtsschutzversicherung ______

■ *Kreuzt an, welche der genannten Versicherungen ihr für sinnvoll haltet.*

■ *Wogegen kann man sich nicht versichern?*

______

______

______

______

______

______

Zweierlei Predigt

Ein Zeitalter im Aufbruch

- *Schreibt die auf Orientierungsseite 1 (**62f.**) erwähnten Namen von wichtigen historischen Personen an sinnvolle Stellen rund um den Globus und zeichnet Pfeile von den Namen zu ihrem ungefähren Wirkungsort.*

Das Jüngste Gericht

- *Betrachtet diesen Kupferstich des Malers Pieter van Heyden (um 1530-1572), gemalt nach einer Vorlage von Breughel. Er ist heute in einem Museum in Wien zu besichtigen und trägt den Titel »Das Jüngste Gericht«. Welche Details fallen euch auf?*
- *Schreibt auf, welche Ängste und Hoffnungen Menschen bei dieser Vorstellung vom Jüngsten Gericht empfinden. Welche Auswirkungen hat dies auf ihr Lebensgefühl?*

Hoffnungen	**Ängste**
... im Blick auf das Jenseits	
______________________	______________________
______________________	______________________
⇩	⇩
Auswirkungen auf das Leben im Diesseits:	
______________________	______________________
______________________	______________________

Zwei Mönche unterhalten sich

Man schreibt das Jahr 1515. Zwei Mönche – nennen wir sie Martinus und Johannes – unterhalten sich im Hof des Klosters. Es ist ein sonniger und milder Herbsttag.

Johannes: Sei gegrüßt, Bruder Martinus! Es ist schön, dass du dir etwas Zeit nimmst für ein Gespräch. Doch du machst so ein ernstes Gesicht, wie geht es dir?

Martinus: Nicht so gut, lieber Johannes. Es bedrückt mich, wie es um die Kirche bestellt ist. Es tut mir weh, wenn Menschen in den Beichtstuhl kommen und von ihren Ablassbriefen erzählen, die sie gekauft haben.

Johannes: Was ist denn so schlimm daran?

Martinus: Ich denke, hier wird das Volk in die Irre geführt. Vielleicht reden ihm die Ablassprediger ein, man könne sich mit Geld die ewige Seligkeit erkaufen; Buße, Reue und Umkehr seien gar nicht so wichtig.

Johannes: Aber die Kirche und der Papst – sie brauchen doch das Geld!

Martinus: Ja, dass sie in Saus und Braus leben können. Dabei vergessen die reichen Bischöfe und der Papst selber ihre Aufgaben, ihre Pflicht, sich um die Menschen zu kümmern.

Johannes: Ja, du hast recht, es liegt vieles im Argen: der Kirche geht es nicht gut. Die Menschen wollen fromm sein, aber niemand zeigt ihnen den rechten Weg. Und so meinen die Leute, durch Wallfahrten und Reliquien, durch Gebete zu den Heiligen und den Besuch vieler Messen könnten sie sich einen »Schatz im Himmel« verdienen.

Martinus: Vielleicht ist das alles ganz falsch! Je gründlicher ich die Bibel studiere, desto mehr Bedenken kommen mir über die Predigt der Kirche und das Verhalten der Leute.

Johannes: Was sagt dir die Bibel, was müsste man tun?

Martinus: Wir können uns den Himmel durch unsere Anstrengungen und Werke nicht verdienen, auch wenn sie noch so gut gemeint sind. Gott ist ein gnädiger Gott, er schenkt uns das Heil und alles, was wir brauchen. Christus hat für uns genuggetan. Das sollen wir im Glauben annehmen und fest darauf vertrauen.

Johannes: Aber wozu dann das ganze Beten und Opfern, die Reliquien und Wallfahrten? Haben der Papst und seine Prediger unrecht, wenn sie uns immer wieder dazu aufrufen?

Martinus: Auch der Papst kann sich irren.

Johannes: Meinst du das im Ernst? So hat das noch keiner gesagt, das kann gefährlich werden für dich.

Martinus: Ich weiß. Aber man muss über diese Frage nachdenken und eine Lösung suchen, damit die Menschen wieder wissen, worauf es im Leben ankommt.

- *Lest den Text mit verteilten Rollen.*
- *Gestaltet mit dem Text eine Spielszene oder ein Hörspiel.*

Der Streit um den Ablasshandel

- Betrachtet das abgebildete Flugblatt gegen den Ablasshandel, das ungefähr 1520 verbreitet wurde. Die Überschrift lautet: »Ohne blass von Rom kann man wohl selig werden durch Anzeigung der göttlichen heiligen Geschrift.« (d. h.: Man kann auch ohne Ablass selig werden, wie es die Schrift sagt.) Links auf der Kanzel wirbt ein Ablassprediger, wohl Tetzel, mit der päpstlichen Ablassurkunde in der Hand. Am Tisch rechts werden als Ergebnis der Predigt Ablassbriefe verkauft. Hinter dem Tisch diskutiert ein Mönch, wohl Martin Luther, mit Umstehenden das Geschehen.
- Schreibt in Sprechblasen rund um das Bild, was die Beteiligten (Tetzel, Luther und seine Gesprächspartner, die Ablasskäufer und -verkäufer) wohl sagen bzw. denken. Formuliert daraus Dialoge für eine kleine Szene zum Thema »Der Ablassstreit«.
  Studiert eure Szenen in Kleingruppen ein und spielt sie dann der Klasse vor.

Luther als »Liedermacher«

1. Aus tiefer Not schrei ich zu dir,
Herr Gott, erhör mein Rufen.
Dein gnädig' Ohren kehr zu mir
Und meiner Bitt sie öffne;
Denn so du willst das sehen an,
was Sünd und Unrecht ist getan,
wer kann, Herr, vor dir bleiben?

2. Bei dir gilt nichts denn Gnad und Gunst,
die Sünde zu vergeben;
es ist doch unser Tun umsonst
auch in dem besten Leben.
Vor dir niemand sich rühmen kann,
des muss dich fürchten jedermann
und deiner Gnade leben.

3. Darum auf Gott will hoffen ich,
auf mein Verdienst nicht bauen;
auf ihn mein Herz soll lassen sich
und seiner Güte trauen,
die mir zusagt sein wertes Wort;
das ist mein Trost und treuer Hort,
des will ich allzeit harren.

4. Und ob es währt bis in die Nacht
und wieder an den Morgen,
doch soll mein Herz an Gottes Macht
verzweifeln nicht noch sorgen.
So tu Israel rechter Art,
der aus dem Geist erzeuget ward,
und seines Gotts erharre.

5. Ob bei uns ist der Sünden viel,
bei Gott ist vielmehr Gnade;
sein Hand zu helfen hat kein Ziel,
wie groß auch sei der Schade.
Er ist allein der gute Hirt,
der Israel erlösen wird
aus seinen Sünden allen.

**Aus der Tiefe rufe ich, Herr, zu dir:
Herr, höre meine Stimme,
lass deine Ohren merken
auf die Stimme meines Flehens!
So du willst, Herr, Sünden zurechnen,
Herr, wer wird bestehen?
Denn bei dir ist die Vergebung,
dass man dich fürchte.
Ich harre des Herrn, meine Seele harret,
und ich hoffe auf sein Wort.
Meine Seele wartet auf den Herrn
Von einer Morgenwache bis zur andern.
Israel, hoffe auf den Herrn!
Denn beim Herrn ist die Gnade
Und viel Erlösung bei ihm,
und er wird Israel erlösen
aus allen seinen Sünden.**

Psalm 130 (in der Übersetzung Martin Luthers)

- *Lest das Lied Luthers und unterstreicht in zwei verschiedenen Farben die Aussagen über Gott und über den Menschen.*
- *Welche dieser Aussagen findet ihr auch im Psalm 130, den Luther übersetzt hat und nach dem er seinen Liedtext geschrieben hat? Welche Gedanken hat Luther nicht aus dem Psalm entnommen, sondern neu dazugefügt?*

Luthers Lehre

Der Nürnberger Dichter und Schuhmacher Hans Sachs (1494-1576) hat sich früh zur Reformation bekannt und Martin Luther in vielen Versen gepriesen. Er nennt ihn »Die wittembergische Nachtigall« und erklärt seine Lehre folgendermaßen (die historische Schreibweise wurde beibehalten):

… Daß man versteh, was er tu lehren,
will ich kürzlich ein wenig erklären.
Gottes Gesetz und die Propheten
Bedeuten uns die Morgenröten.
Darin zeigt Luther, dass wir all
Miterben seind an Adams Fall (*seind = sind*)
in böser Begier und Neigung.
Deshalb kein Mensch dem Gsetz tut gnung.
Halt wir's schon auswendig im Schein,
so ist doch unser Herz unrein
und zu allen Sünden geneiget,
das Moses ganz klärlich anzeiget.
Nun seit das Herz dann ist vermailet
(*vermailet = befleckt*)
und Gott nach dem Herzen urteilet,
so sei wir all Kinder des Zoren, (*Zoren = Zorn*)
verflucht, verdammet und verloren.
Wer solches im Herzen empfindt,
den nagen und beißen sein Sünd
mit Trauren, Angst, Forcht, Schrecken, Leid,
und erkennt seine Unmüglichkeit.
Dann wird der Mensch demütig ganz.
So dringet her des Tages Glanz,
bedeut das Evangelium,
das zeiget dem Menschen Christum,
den eingebornen Gottes Sohn,
der alle Dinge für uns hat ton, (*ton = getan*)
das Gsetz erfüllt mit eignem Gewalt,
den Fluch vertilgt, die Sünd bezahlt
und den ewign Tod überwunden,
die Hell zerstört, den Teufel bunden
und uns bei Gott erworben Gnad,
als Johannes gezeiget hat
und Christum ein Lamm Gotts verkündt,
das hinnimmt aller Welte Sünd
durch den Gelauben in Christum.
(*Gelauben = Glauben*)
Dies ist die Lehr kurz in der Summ,
die Luther hat an Tag gebracht.

Hans Sachs

Cranach-Altar, Predella mit predigendem Luther, Wittenberg, Stadtkirche, um 1546

- *Lest den Text und übertragt ihn in heutiges Deutsch. Wie deutet Luther die Schöpfungsgeschichte? Worin liegt für ihn die Bedeutung Jesu?*
- *Findet und markiert im Text die vier solas der lutherischen Lehre (sola fides, sola gratia, sola scriptura, solus Christus, vgl. Orientierung 4,* ***69****).*
- *Schreibt diese vier Schlagworte an jeweils sinnvolle Stellen in Lucas Cranachs Darstellung des predigenden Luther hinein.*

Martin Luther als Übersetzer und Sprachschöpfer

»Man muss die Mutter im Hause, die Kinder auf der Gasse, den gemeinen Mann auf dem Markt darum fragen und denselbigen auf das Maul sehen, wie sie reden, und danach dolmetschen.«

Aus: Martin Luther, Sendbrief vom Dolmetschen, 1530

Gottes wort bleibt ewig.
Biblia/das ist/ die gantze Heilige Schrifft Deudsch.
Mart. Luth.
Wittemberg.
Begnadet mit Kürfürstlicher zu Sachsen freiheit.
Gedruckt durch Hans Lufft.
M. D. XXXIIII.

Titelblatt der Lutherbibel von 1545

Luther war nicht der Erste, der die Bibel ins Deutsche übersetzt hat, aber er war der Erste, dessen Übersetzung auch breiteren Kreisen verständlich war. Somit trug er entscheidend zur Entwicklung einer überregionalen (neu-)hochdeutschen Schriftsprache bei. Beim Übersetzen hat er eine flüssige Sprache geschaffen, indem er z. B. nominale Fügungen durch verbale ersetzt. Er prägt die Bedeutung mancher Wörter um. So engt er das Wort »fromm«, das im Mittelhochdeutschen allgemein »tüchtig« bedeutete, auf »gläubig« ein. »Beruf« verwendet er nicht mehr im Sinne von »Berufung«, sondern, wie wir es heute noch tun, als »Amt, Arbeit« usw.
Von Luther neu geschaffene deutsche Wörter sind z. B. Feuereifer, kleingläubig, friedfertig, Bubenstück, wetterwendisch, Herzenslust, Glaubenskampf, Denkzettel.

Psalm 23,1-3 in deutschen Übersetzungen

Der herr regierte mich vn mir gebrist nichts, vnd an der stat d'weyde do satzt er mich. Er hat mich gefüret auff dem wasser der widerbringung. Er bekeret mein seel. Er füret mich auß auff die steyg der gerechtigkeit. Vmb seine name.	Der herr ist meyn hirte. Myr wirt nichts mangeln. Er lesst mich weyden, da viel gras steht vnd furet mich zum wasser, das mich erkület. Er erquicket meyne seele, er furet mich auff rechter strasse vmb seyns namens willen.	Der Herr ist mein Hirte, mir wird nichts mangeln. Er weidet mich auf einer grünen Aue und führet mich zum frischen Wasser. Er erquicket meine Seele. Er führet mich auf rechter Straße um seines Namens willen.	Der Herr ist mein Hirte, nichts wird mir fehlen. Er lässt mich lagern auf grünen Auen und führt mich zum Ruheplatz am Wasser. Er stillt mein Verlangen; er leitet mich auf rechten Pfaden, treu seinem Namen.
Eine vorlutherische Fassung	*Luthers Übersetzung von 1524*	*Revidierter Luthertext von 1984*	*Einheitsübersetzung von 1980*

- *Vergleicht die vier Übersetzungen der Psalmenverse miteinander.*
- *Welche Entwicklungen fallen euch auf?*
- *Übertragt die Verse in eure Sprache.*

Impulse für die »Katholische Reform«

Jan van Scorel, Hadrian VI., 16. Jh. (Ausschnitt)

Wenn es nach uns gegangen wäre, so hätten wir viel lieber … das Amt [des Papstes] ausdrücklich abgelehnt, wenn uns nicht die Furcht vor einem Schisma im Falle unserer Weigerung gezwungen hätte, es anzunehmen. Wir haben also die höchste Würde auf uns genommen, nicht um unserer Herrschsucht zu frönen oder unsere Verwandten reich zu machen, sondern um Gottes Willen zu gehorchen, seine entstellte (*deformata*) Braut, die katholische Kirche, zu reformieren, den Unterdrückten zu Hilfe zu kommen und die Gelehrten und Tugendhaften, die schon lange unbeachtet geblieben sind, aufzurichten und auszuzeichnen – kurz: um alles zu tun, was ein guter Papst und rechtmäßiger Nachfolger des seligen Petrus tun muss. Natürlich darf sich niemand wundern, wenn wir nicht alle Irrtümer und Missbräuche sofort beseitigen können. Die Krankheit hat sich im Laufe der Zeit so tief eingefressen, dass man, um sie zu heilen, nur mit größter Behutsamkeit vorgehen darf und nicht nur ein, sondern verschiedene Mittel anwenden muss. Dabei muss man als Erstes den größeren und gefährlicheren Übeln begegnen, damit wir nicht vor lauter Eifer alles auf einmal zu reformieren, alles erst recht in Unordnung bringen. So sagt ja auch Aristoteles, dass alle zu plötzlichen Veränderungen in einem Staat gefährlich sind, denn wer sich zu stark schnäuzt, der blutet.

Aus einer Instruktion Papst Hadrians VI. (1522)

Wir wollen in dieser hervorragenden und blühenden Stadt ein freies ökumenisches Konzil abhalten, um die Ketzerei (Luthers) auszurotten, in der katholischen Kirche wieder Frieden herzustellen und die verdorbenen Sitten des christlichen Volkes zu bessern.

Konzil von Trient, Eröffnungspredigt zur Sessio XVIII am 26. Februar 1562

- *Die hier abgedruckten Aussagen folgen in der Instruktion Papst Hadrians VI. für den Nürnberger Reichstag auf jene Passage der päpstlichen »Schulderklärung«, die auf Orientierung 5 (**70**) wiedergegeben ist. Lest zum besseren Verständnis dieser Texte im Lexikon des Schulbuchs die Artikel »Hadrian VI.«, »Papst« und »Renaissancepapsttum« nach und bearbeitet die folgenden Aufgaben:*
  - *Welche Befürchtung hat Papst Hadrian VI.?*
  - *Wo im obigen Text übt der Papst Kritik an seinen Vorgängern?*
  - *Welche Aufgaben stellt er sich als Papst?*
- *Hadrian VI. möchte mit den wichtigsten Missständen anfangen, um von einer »deformierten« zu einer »reformierten« Kirche zu gelangen. Stellt euch vor, ihr seid als sein Legat und Berater soeben vom Nürnberger Reichstag nach Rom zurückgekehrt und sollt ihm eine konkrete Prioritätenliste mit drei Vorschlägen erstellen: Welche Reformen sind euch in der katholischen Kirche am wichtigsten?*
- *Vergleicht euer »Drei-Punkte-Programm« mit den drei Punkten, die das Trienter Konzil sich im Jahr 1562 vorgenommen hat.*

Die Konfessionalisierung – die christliche Kirche spaltet sich in verschiedene Konfessionen

»Konfession« heißt »Bekenntnis« und meint die verschiedenen christlichen Glaubensbekenntnisse, die sich im Laufe der Geschichte ausgeprägt haben: griechisch-orthodox, römisch-katholisch, evangelisch-lutherisch, evangelisch-reformiert u. a.

1. Was bedeutet »katholisch« eigentlich?
   (www.katholisch.de »Glaube und Kirche«)

   ____

2. Was bedeutet »evangelisch«?
   (Überlege, ohne nachzuschlagen, von welchem Wort sich das Adjektiv ableitet.)

   ____

3. Warum werden die evangelischen Christen auch »Protestanten« genannt?
   (www.kirchen-lexikon.de)

   ____

4. Welche Kirche wollte der Reformator Johannes Calvin, der Begründer des Calvinismus?
   (www.relilex.de)

   ____

5. Wodurch unterscheiden sich evangelisch-lutherische von evangelisch-reformierten Christen?
   (www.kirchegt.de/infothek unter: »Abendmahl« und »Reformierte Kirchen«)

   ____

6. Aber was sind dann »unierte« Kirchen?
   (www.kirchegt.de/infothek)

   ____

7. Welchen Glauben haben die »Anglikaner«?
   (www.kirchen-lexikon.de)

   ____

8. Und wer sind schließlich die »Hugenotten«?
   (http://www.relilex.de)

   ____

■ *Versucht per Lexikon oder Internetrecherche mehr über die christlichen Konfessionen herauszubekommen. Beantwortet die hier gestellten Fragen.*

Katholisch – evangelisch

Seit wann weiß ich, dass ich katholisch/evangelisch bin?

____

____

____

Typisch katholisch

- ______________________________
- ______________________________
- ______________________________
- ______________________________
- ______________________________
- ______________________________
- ______________________________
- ______________________________
- ______________________________

Typisch evangelisch

- ______________________________
- ______________________________
- ______________________________
- ______________________________
- ______________________________
- ______________________________
- ______________________________
- ______________________________
- ______________________________

Typisch ökumenisch

- ______________________________
- ______________________________
- ______________________________
- ______________________________
- ______________________________
- ______________________________
- ______________________________
- ______________________________
- ______________________________
- ______________________________

Gemeinsame Erklärung zur Rechtfertigungslehre des Lutherischen Weltbundes und der Katholischen Kirche (1998) – Auszüge

Die Rechtfertigungslehre als ökumenisches Problem

13. Die gegensätzliche Auslegung und Anwendung der biblischen Botschaft von der Rechtfertigung waren im 16. Jahrhundert ein Hauptgrund für die Spaltung der abendländischen Kirche, was sich auch in Lehrverurteilungen niedergeschlagen hat. Für die Überwindung der Kirchentrennung ist darum ein gemeinsames Verständnis der Rechtfertigung grundlegend und unverzichtbar. In Aufnahme von bibelwissenschaftlichen, theologie- und dogmengeschichtlichen Erkenntnissen hat sich im ökumenischen Dialog seit dem Zweiten Vatikanischen Konzil eine deutliche Annäherung hinsichtlich der Rechtfertigungslehre herausgebildet, sodass in dieser gemeinsamen Erklärung ein Konsens in Grundwahrheiten der Rechtfertigungslehre formuliert werden kann, in dessen Licht die entsprechenden Lehrverurteilungen des 16. Jahrhunderts heute den Partner nicht treffen.

Das gemeinsame Verständnis der Rechtfertigung

14. Das gemeinsame Hören auf die in der Heiligen Schrift verkündigte frohe Botschaft und nicht zuletzt die theologischen Gespräche der letzten Jahre zwischen den lutherischen Kirchen und der römisch-katholischen Kirche haben zu einer Gemeinsamkeit im Verständnis von der Rechtfertigung geführt. Es umfasst einen Konsens in den Grundwahrheiten; die unterschiedlichen Entfaltungen in den Einzelaussagen sind damit vereinbar.

15. Es ist unser gemeinsamer Glaube, dass die Rechtfertigung das Werk des dreieinigen Gottes ist. Der Vater hat seinen Sohn zum Heil der Sünder in die Welt gesandt. Die Menschwerdung, der Tod und die Auferstehung Christi sind Grund und Voraussetzung der Rechtfertigung. Daher bedeutet Rechtfertigung, dass Christus selbst unsere Gerechtigkeit ist, derer wir nach dem Willen des Vaters durch den Heiligen Geist teilhaftig werden. Gemeinsam bekennen wir: Allein aus Gnade im Glauben an die Heilstat Christi, nicht aufgrund unseres Verdienstes, werden wir von Gott angenommen und empfangen den Heiligen Geist, der unsere Herzen erneuert und uns befähigt und aufruft zu guten Werken.

16. Alle Menschen sind von Gott zum Heil in Christus berufen. Allein durch Christus werden wir gerechtfertigt, indem wir im Glauben dieses Heil empfangen. Der Glaube selbst ist wiederum Geschenk Gottes durch den Heiligen Geist, der im Wort und in den Sakramenten in der Gemeinschaft der Gläubigen wirkt und zugleich die Gläubigen zu jener Erneuerung ihres Lebens führt, die Gott im ewigen Leben vollendet …

Die Entfaltung des gemeinsamen Verständnisses der Rechtfertigung

Unvermögen und Sünde des Menschen angesichts der Rechtfertigung

19. Wir bekennen gemeinsam, dass der Mensch im Blick auf sein Heil völlig auf die rettende Gnade Gottes angewiesen ist. Die Freiheit, die er gegenüber den Menschen und den Dingen der Welt besitzt, ist keine Freiheit auf sein Heil hin. Das heißt, als Sünder steht er unter dem Gericht Gottes und ist unfähig, sich von sich aus Gott um Rettung zuzuwenden oder seine Rechtfertigung vor Gott zu verdienen oder mit eigener Kraft sein Heil zu erreichen. Rechtfertigung geschieht allein aus Gnade. Weil Katholiken und Lutheraner das gemeinsam bekennen, darum gilt:

20. Wenn Katholiken sagen, dass der Mensch bei der Vorbereitung auf die Rechtfertigung und deren Annahme durch seine Zustimmung zu Gottes rechtfertigendem Handeln »mitwirke«, so sehen sie in solch personaler Zustimmung selbst eine Wirkung der Gnade und kein Tun des Menschen aus eigenen Kräften.

21. Nach lutherischer Auffassung ist der Mensch unfähig, bei seiner Errettung mitzuwirken, weil er sich als Sünder aktiv Gott und seinem rettenden Handeln widersetzt. Lutheraner verneinen nicht, dass der Mensch das Wirken der Gnade ablehnen kann. Wenn sie betonen, dass der Mensch die Rechtfertigung nur empfangen kann (*mere passive*), so verneinen sie damit jede Möglichkeit eines eigenen Beitrags des Menschen zu seiner Rechtfertigung, nicht aber sein volles personales Beteiligtsein im Glauben, das vom Wort Gottes selbst gewirkt wird.

Die guten Werke des Gerechtfertigten

37. Wir bekennen gemeinsam, dass gute Werke – ein christliches Leben in Glaube, Hoffnung und Liebe – der Rechtfertigung folgen und Früchte der Rechtfertigung sind. Wenn der Gerechtfertigte in Christus lebt und in der empfangenen Gnade wirkt, bringt er, biblisch gesprochen, gute Frucht. Diese Folge der Rechtfertigung ist für den Christen, insofern er zeitlebens gegen die Sünde kämpft, zugleich eine Verpflichtung, die er zu erfüllen hat; deshalb ermahnen Jesus und die apostolischen Schriften den Christen, Werke der Liebe zu vollbringen.

38. Nach katholischer Auffassung tragen die guten Werke, die von der Gnade und dem Wirken des Heiligen Geistes erfüllt sind, so zu einem Wachstum in der Gnade bei, dass die von Gott empfangene Gerechtigkeit bewahrt und die Gemeinschaft mit Christus vertieft werden. Wenn Katholiken an der »Verdienstlichkeit« der guten Werke festhalten, so wollen sie sagen, dass diesen Werken nach dem biblischen Zeugnis ein Lohn im Himmel verheißen ist. Sie wollen die Verantwortung des Menschen für sein Handeln herausstellen, damit aber nicht den Geschenkcharakter der guten Werke bestreiten, geschweige denn verneinen, dass die Rechtfertigung selbst stets unverdientes Gnadengeschenk bleibt.

39. Auch bei den Lutheranern gibt es den Gedanken eines Bewahrens der Gnade und eines Wachstums in Gnade und Glauben. Sie betonen allerdings, dass die Gerechtigkeit als Annahme durch Gott und als Teilhabe an der Gerechtigkeit Christi immer vollkommen ist, sagen aber zugleich, dass ihre Auswirkung im christlichen Leben wachsen kann. Wenn sie die guten Werke des Christen als »Früchte« und »Zeichen« der Rechtfertigung, nicht als eigene »Verdienste« betrachten, so verstehen sie gleichwohl das ewige Leben gemäß dem Neuen Testament als unverdienten »Lohn« im Sinn der Erfüllung von Gottes Zusage an die Glaubenden.

Die Bedeutung und Tragweite des erreichten Konsenses

40. Das in dieser Erklärung dargelegte Verständnis der Rechtfertigungslehre zeigt, dass zwischen Lutheranern und Katholiken ein Konsens in Grundwahrheiten der Rechtfertigungslehre besteht, in dessen Licht die ... beschriebenen, verbleibenden Unterschiede in der Sprache, der theologischen Ausgestaltung und der Akzentsetzung des Rechtfertigungsverständnisses tragbar sind. Deshalb sind die lutherische und die römisch-katholische Entfaltung des Rechtfertigungsglaubens in ihrer Verschiedenheit offen aufeinander hin und heben den Konsens in den Grundwahrheiten nicht wieder auf.

41. Damit erscheinen auch die Lehrverurteilungen des 16. Jahrhunderts, soweit sie sich auf die Lehre von der Rechtfertigung beziehen, in einem neuen Licht: Die in dieser Erklärung vorgelegte Lehre der lutherischen Kirchen wird nicht von den Verurteilungen des Trienter Konzils getroffen. Die Verwerfungen der lutherischen Bekenntnisschriften treffen nicht die in dieser Erklärung vorgelegte Lehre der römisch-katholischen Kirche.

- *Markiert wichtige inhaltliche Gemeinsamkeiten zwischen katholischer und evangelischer Überzeugung in der »Gemeinsamen Erklärung«.*
- *Welche Formulierungen fallen euch auf, die eine freundschaftliche, von ökumenischem Geist getragene Annäherung auch sprachlich spüren lassen?*

Jakobus der Ältere (der Große)

spanisch *Santiago* (= »Sankt Jakob«), gest. 43 n. Chr.

St. Jakob, Nürnberg um 1400/1450

Jakobus, Sohn des Zebedäus, gehört mit seinem jüngeren Bruder ____________ zu den engsten Jüngern Jesu. In Mk 3,17 nennt Jesus die Brüder ____________ König Agrippa I. von Judäa ließ Jakobus im Jahr 43 n. Chr. ____________ (Apg 12,1f.), somit gilt er als erster ____________ unter den Aposteln.

Der Legende nach soll Jakobus in ____________ gepredigt haben und gestorben sein. Sein Grab sei vergessen worden, bis sich Jakobus dem Eremiten Pelayo auf dem sogenannten ____________ (*campus stellarum* → Compostela) offenbarte. Am 25. Juli 816 wurde der gefundene Leichnam in der neu gebauten Kirche beigesetzt, die rasch zu einem beliebten Wallfahrtsort wurde. Der 25. Juli ist bis heute der Gedenktag des Jakobus und wird mit einem großen Fest und Feuerwerk begangen. Seit 1122 gilt es als Heiliges Jahr, wenn der Gedenktag auf einen ____________ fällt.

Der Jakobus-Kult wurde kriegerisch umgedeutet, als die christlichen Spanier im Zuge der *Reconquista* (»Rückeroberung«) gegen die islamischen Mauren im Zeichen von »Santiago Matamoros« (»____________«) kämpften. Nach Amerika »exportiert« wurde diese kriegerische Figur als »Santiago Mataindios« (»Indiotöter«) bei der Eroberung (*Conquista*) Amerikas. Symbole des Heiligen sind ____________ und Pilgerstab sowie die ____________.

■ *Setzt die folgenden Begriffe sinnvoll in den Lückentext ein:*
Märtyrer, Pilgerhut, Spanien, Donnersöhne, Jakobsmuschel, Johannes, enthaupten, Maurentöter, Sternenfeld, Sonntag.

Ein Wappen als Lebensmotto

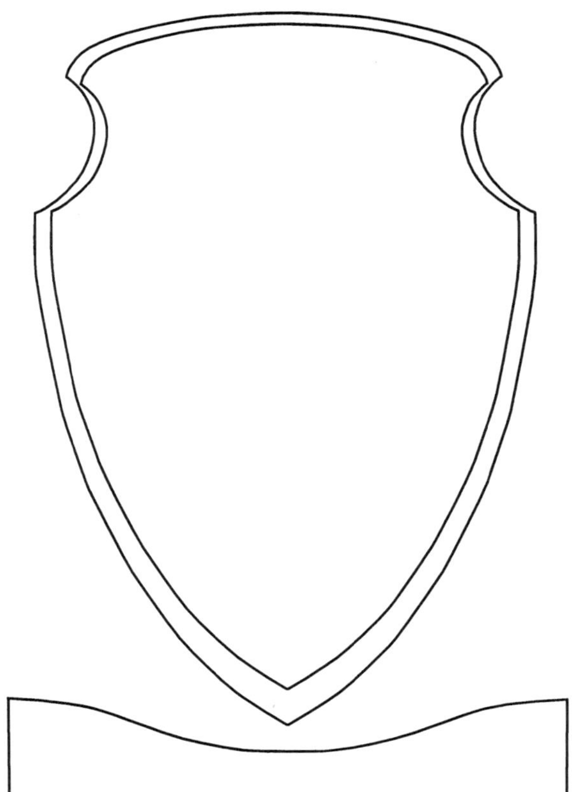

- *Malt die obige Lutherrose bunt aus und vergleicht dann eure Farbgebung mit der von Luther gewählten (vgl. Akzent,* **78***). Beschreibt die symbolische Bedeutung der Farben.*
- *Entwerft frei oder anhand der obigen Umrisszeichnungen ein eigenes Wappen mit einem selbst gewählten Motto für euer Leben.*

4 Kirche – so fern und doch so nah?

Das Thema im Schulbuch

Das vierte Kapitel in *Religion vernetzt 8* greift das Kirchenthema auf, das im LP die Überschrift »Zwischen Nähe und Distanz: Jugendliche begegnen Kirche« trägt. Beide Titel bringen zum Ausdruck, dass die Beschäftigung mit dem Thema Kirche von den Erfahrungen der Jugendlichen ausgehend erfolgen soll. Deren Erlebnisse, Hoffnungen und Probleme mit Kirche sollen in ihrer Vielfalt wahr- und ernst genommen und im Licht sachlicher Informationen reflektiert werden.

religionspädagogik kompakt

Religionspädagogische Konsequenzen aus der Religionssoziologie

Entgegen konventionellen Säkularisierungstheorien, die das Ende von Religion in unserer Gesellschaft prognostizieren, versucht man von einem Transformationsansatz aus stärker die Wandlungsprozesse von Religion zu beschreiben: Wenn Religion ein Teilbereich von Gesellschaft ist, dann unterliegt sie auch den bekannten gesellschaftlichen Wandlungsprozessen, die mit den Stichworten »Individualisierung« und »Pluralisierung« hinreichend beschrieben sind.
Als Folge dieses Wandels von Religion lassen sich auch verschiedene Typen jugendlicher Religiosität ausmachen. Hans Georg Ziebertz ermittelte folgende Religions-Typologie von Jugendlichen:

- kirchlich-christlicher Typ (ca. 15 %);
- christlich-autonomer Typ (ca. 25 %);
- konventionell-religiöser Typ (ca. 20 %);
- autonom-religiöser Typ (ca. 20 %);
- nicht-religiöser Typ (ca. 20 %).

Friedrich Schweitzer Spostuliert deshalb mit Recht als erste Aufgabe einer »Religionspädagogik des Jugendalters«, es gehe darum, die Religion von Jugendlichen
→ wahrzunehmen, anzuerkennen, herauszufordern und zu begleiten.
Zunächst muss angesichts der verschiedenen Ausprägungen von Religion diese in ihrer individuellen Bestimmtheit erst einmal *wahrgenommen* werden.
Zum Zweiten müssen sowohl religiöse Tastversuche, so eigenartig sie anmuten mögen, als auch konfessionelle Distanziertheit *respektvoll anerkannt* werden, anstatt sie mit Defizithypothesen abwertend zu belegen. »Anerkennen« bedeutet nicht, sie gegenüber den verfassten Formen von Religion als gleichwertig zu kategorisieren – das wäre ein recht oberflächliches Verständnis von positionsloser Akzeptanz und Toleranz –, sondern sie zunächst in ihrer biografischen Stimmigkeit und Sinnhaftigkeit wertzuschätzen. Und deshalb ist es auch notwendig, diese biografisch und entwicklungsbezogen verständlichen Formen individueller Religion auch *herauszufordern*. Ingesamt gilt es, diese Lernprozesse zu *begleiten*, rote Fäden zu beobachten und zum kritischen reflexiven Lernen »in Sachen Religion« anzuleiten.

H. M.

Literatur

Schweitzer, Friedrich, Die Suche nach eigenem Glauben. Einführung in die Religionspädagogik des Jugendalters, Gütersloh 1996, 153

Thonak, Sylvia, Religion in der Jugendforschung. Eine kritische Analyse der Shell Jugendstudien in religionspädagogischer Absicht, Münster 2003

Ziebertz, Hans-Georg/Kalbheim, Boris/Riegel, Ulrich, Religiöse Signaturen heute. Ein religionspädagogischer Beitrag zur empirischen Jugendforschung, Gütersloh/Freiburg i. Br. 2003

Das *Titelbild* (**79**) knüpft mit dem Weltjugendtag an ein kirchliches Großereignis an, das Kirche in einem anderen, ungewöhnlichen Rahmen zeigt und so dazu einlädt, einmal neu hinzusehen.

Kontext 1 (**80f.**) aktualisiert Kirchenerfahrungen Jugendlicher und ermöglicht durch die verschiedenen Beispiele auch kirchenfernen Sch einen Zugang dazu, was Kirche Jugendlichen bedeuten kann.

Kontext 2 (**82f.**) thematisiert die Veränderungen, welche die Kirche des letzten Jahrhunderts geprägt haben, und fordert so heraus, darüber nachzudenken, was an der katholischen Kirche unwandelbar sein sollte und wo (berechtigte) Veränderungswünsche der Sch bestehen.

Auf der *Pinnwand* (**84f.**) finden sich verschiedene interaktive und handlungsorientierte Aufgaben, die es der Gruppe ermöglichen können, eigene Akzente im Lernprozess zu setzen.

Orientierung 1 (**86f.**) stellt verschiedene (biblische) Kirchenbilder vor, anhand derer Sch Wesentliches über die Kirche und ihre Sendung erfahren.

Orientierung 2 (**88f.**) stellt mit *Leiturgia, Martyria, Koinonia* und *Diakonia* die Grunddimensionen der Kirche dar und führt darüber hinaus in die hierarchische Struktur der Kirchenleitung ein. Mit Papst Benedikt XVI. und Diakon Anton May werden exemplarisch wichtige Ämter der Kirche vorgestellt.

Orientierung 3 (**90f.**) thematisiert den Aspekt »Kirche in Deutschland« aus einer jugendgemäßen Perspektive, indem sie exemplarisch einen Einblick in die Arbeit der kirchlichen Jugendbildungsstätte Burg Feuerstein gibt.

Orientierung 4 (**92f.**) lenkt den Blick über die deutschen Grenzen hinaus. Mit der Gemeinschaft von Taizé steht die Kirche in Europa in ihrer Nationalitäten und Konfessionen übergreifenden Dimension im Zentrum der Betrachtung.

Orientierung 5 und *Orientierung 6* (**94ff.**) sensibilisieren anhand des Beispiels von Cali, Kolumbien, für die Probleme von Slumbewohnern in armen Ländern. Gleichzeitig zeigen sie den Einsatz von Kirche in der Welt auf und lassen etwas von der Gemeinschaft und Würde aller Menschen erahnen.

Perspektiven 1 (**98f.**) stellt den Handlungsaspekt in den Mittelpunkt, da Sch verschiedene Möglichkeiten aufgezeigt werden, wie sie in der Kirche mitmachen und so unsere Welt mitgestalten können.

Perspektiven 2 (**100f.**) thematisiert mit Joh 15 ein weiteres Bildwort von Kirche, wobei auch hier der Schwerpunkt auf dem Handlungsaspekt liegt. Alle, auch die Jugendlichen, sind eingeladen, sich einzusetzen und auf ihre Weise Frucht zu bringen.

Akzent (**102**) stellt mit dem Titel »Kirche – ein lebendiges Bauwerk Gottes?« die abschließende Frage, ob und wann Kirche heute noch lebendig ist. Sch werden so herausgefordert, das Gelernte Revue passieren zu lassen und sich erneut selbst zu positionieren.

Vernetzung mit anderen Themen im Schulbuch

Kapitel 1 Gottes Schöpfung:
Die Inhalte des Schöpfungskapitels können anhand der Auseinandersetzung mit Galilei wiederholt werden. Auch als Möglichkeit für die Gestaltung eines Raps bzw. des Klassenkreuzes sind sie relevant. Die Fragen nach dem Menschen als Schöpfer und Herrscher (*Perspektiven 2*, **26f.**) und der Umweltzerstörung (*Perspektiven 3*, **28f.**) betreffen nicht nur das Menschenbild, sondern auch die Kirche und ihre Sendung.

Kapitel 3: Martin Luther – die Sehnsucht nach »Heil«
Die Reformation als Kirchenspaltung hat Auswirkungen auf die katholische Kirche und die ökumenische Bewegung.

Vernetzung mit den unteren Jahrgangsstufen

5.2 Im Leben Gott begegnen:
Auf *Orientierung 1* (**87**) ist das Abrahamsbild der Wiener Genesis, das die Sch aus *Religion vernetzt 5, Perspektiven 1* (**41**) kennen, erneut abgedruckt. Es lädt somit zur Wiederholung der Abrahamserzählung und der darin liegenden Verheißung ein.
5.5 Kirche erleben:
Da die Auseinandersetzung mit Kirche sich nicht auf die Institution beschränken darf, kommt der im Lehrerkommentar zu *Religion vernetzt 5* erläuterten Kirchenraumpädagogik (S. 197) erneut Bedeutung zu. Auch die Kirche als (Gottesdienst-)Raum kann wieder thematisiert werden.

7.3 (Un-)Sichtbares:
Das Kapitel 7.3 erschließt die Bedeutung von Bildern und Symbolen. Dieses Grundwissen benötigen Sch, um sich die Kirchenbilder (*Orientierung 1*, **86f.**) sachgemäß erschließen zu können.

Vernetzung mit anderen Fächern

Kunst: 8.2 Kommunikation und Medien: Verbreitung von Information. Gestalten: Recherchieren und Publizieren: Entwickeln und Gestalten von Nachrichten, möglichst mithilfe digitaler Techniken, z. B. Webseite für ein Projekt oder die Klasse, Foto- und Videoreportage.

Geografie: 8.2.3 Mittel- und Südamerika, Karibische Inseln.

8.3 Entwicklungsländer und ihre wirtschaftliche Verflechtung mit Europa. Die Schüler erkennen verschiedene Erscheinungsformen, Gründe und Folgen des Nord-Süd-Gefälles. Dabei wird die Bereitschaft gefördert, sich für eine Entwicklungszusammenarbeit einzusetzen.

Evangelische Religionslehre: 8.3 Vielfalt des Protestantismus, konfessionelle Spaltung und ökumenische Bewegung (Ökumenischer Rat der Kirchen, Arbeitsgemeinschaft christlicher Kirchen).

Kirche – so fern und doch so nah?

Titelseite 79

1. Hintergrund

Während sich einige Sch stark mit der Kirche und ihren Lebensvollzügen identifizieren, haben andere so gut wie keine konkreten Erfahrungen. Wieder andere entwickeln in der Pubertät ein gespaltenes Verhältnis zur Kirche. Die *Titelseite* (**79**) erlaubt allen einen ersten Zugang zum Thema, der vom vorherrschenden, einseitigen Bild von Kirche als Gebäude oder Institution wegführt, ohne persönliche Ambivalenzen und Anfragen zu nivellieren.
Das **Titelbild** ist eine Aufnahme vom XX. Weltjugendtag, der im August 2005 in Köln stattfand. Das Foto (als Folie enthalten in *Bilder aus Religion vernetzt 7 und 8. 36 Farbfolien,* München 2006, ISBN 3-466-50717-0) zeigt den sogenannten »Papsthügel«, auf welchem Papst Benedikt XVI. am Vorabend der Abschlussmesse mit den ca. 800 000 Jugendlichen, die auf das Marienfeld gekommen waren, die Vigil feierte. Die räumliche Gestaltung lädt zum Nachdenken über die Funktion verschiedener Räume ein: Die Wolke über dem »Papsthügel« erinnert nicht nur an die Anwesenheit Gottes beim Exodus, sondern zieht auch den Blick der Besucher auf sich. Dadurch wird die Aufmerksamkeit nach oben gelenkt, wohingegen sie z. B. ein Fußballstadion in die Mitte zentriert.
Gleichzeitig bietet das Foto – wie der ganze Weltjugendtag – eine Momentaufnahme von Kirche, die von gesellschaftlichen Stereotypen und manchen persönlichen Kirchenerfahrungen wegführt. Eine fröhliche, internationale Gemeinschaft von Jugendlichen greift die alterstypische Suche nach Gemeinschaft und Wir-Gefühl auf und präsentiert eine Kirche, die so gar nicht alt, verstaubt und weit weg ist, sondern lebt und begeistern kann. Dies ermöglicht Sch, sich eigene positive Kirchenerfahrungen zu vergegenwärtigen.
Dennoch leugnet das Bild die von vielen empfundene Ferne der Kirche nicht: Der »Papsthügel« ist relativ weit von der Masse der Jugendlichen auf dem Feld entfernt und stößt manchen Jugendlichen negativ auf, da Papst Benedikt XVI. ihrer Meinung nach zu sehr im Mittelpunkt steht. Diese Ambivalenz macht auch der **Schriftzug** deutlich. Gerade in seiner Formulierung als Frage lädt er zu einer eigenen Standortbestimmung ein: Wie empfindest du die Kirche? Als nah oder als fern?
Mit zunehmendem Abstand der Klassen vom Geschehen des Weltjugendtags wird sich das Problem einstellen, dass Sch keine direkte Erinnerung an die Medienberichte mehr haben werden. Hier kann entweder der Einstieg über die Raumthematik gewählt oder der Weltjugendtag über Medienberichte aktualisiert werden.

2. Einsatzmöglichkeiten im RU

Weltjugendtag in Köln PINNWAND 84

- L zeigt das Kapitel »Höhepunkte« aus der DVD »Bene-Detto. XX. Weltjugendtag 2005« (WDR 2005; zu beziehen bei den diözesanen Medienzentralen, ca. 10 Min).

Falls nicht möglich:

- L lässt Sch vom Weltjugendtag (Tage der Begegnung in der Diözese) erzählen bzw. führt selbst in die Tage ein (vgl. *Pinnwand*, **84**).
- L zeigt das Titelbild (als OHP-Folie enthalten in *Bilder aus Religion vernetzt 7 und 8. 36 Farbfolien,* München 2006, ISBN 3-466-50717-0).
- L ergänzt Sch-Assoziationen und Kircheneindrücke, die durch Film oder Berichte entstanden sind, um das Bild herum in Overlay-Technik.

Positive Kirchenerfahrungen vergegenwärtigen
Bei diesem Zugang ist wichtig, dass auch kleine positive Erfahrungen zugelassen werden, sonst hätten kirchenferne Sch kaum eine Chance, sich einzubringen. Die Erfahrung zeigt, dass fast alle von diesen Sch sich zumindest an eine kleine Begebenheit erinnern können,

durch die ihnen ihre Erstkommunion, eine Religionsstunde etc. in positiver Erinnerung geblieben ist.

- L lässt Sch einen Zettel bzw. ihr Heft und Stifte herrichten.
- L stellt heraus/fasst zusammen, dass Kirche am Weltjugendtag von fast allen Jugendlichen sehr positiv empfunden wurde.
- L trägt eine imaginäre Schachtel mit deutlicher, pantomimischer Gestik in die Mitte des Klassenzimmers und führt Sch frei in die auf **M 8.4.1, Lehrerkommentar S. 197**, beschriebene Situation ein.
- Nach einer Zeit der Stille fordert L die Sch auf, ihre Bilder in ihrem Heft zunächst in EA zu beschreiben oder auch die Szene zu malen (Wer/was ist zu sehen? Wann war das?) und dann auszuführen, warum diese Szene eine positive Kirchenerfahrung für einen gewesen ist.
  Möglichkeiten der Weiterarbeit: Sch betrachten still die aufgehängten Bilder und Texte, lesen die Texte in KG oder im Plenum vor oder sammeln Stichpunkte zu positiven Erfahrungen in einem Kirchen-Mindmap (s. u. »Thesenanschlag«).

Kirchen-Elfchen schreiben

- L schreibt das Kapitelthema an die Tafel: »Kirche – so fern und doch so nah?«
- Sch assoziieren Begriffe zu »Ferne« und »Nähe« und diskutieren die Kapitelüberschrift.
- In PA schreiben Sch Elfchen darüber, wie sie Kirche sehen/empfinden.
  Variation: Sch schreiben in arbeitsteiliger PA die Elfchen so, dass entweder der Aspekt der Nähe bzw. Ferne von Kirche zum Ausdruck kommt.
- Die Ergebnisse werden schön gestaltet und im Plenum vorgetragen.

3. Weiterführende Anregungen

Thesenanschlag PINNWAND 85

- Sch legen auf einer Heftseite und/oder auf der Pinnwand des Klassenzimmers eine Mindmap oder einen Thesenanschlag an, die/den sie im Lauf der Unterrichtseinheit sukzessive erweitern.
- In Auseinandersetzung mit *Titelseite* (**79**) ergänzen sie positive Erfahrungen mit Kirche und/oder befremdliche Erfahrungen mit Kirche. Ziel ist eine möglichst facettenreiche Darstellung von »Kirche«.

Presseschau halten PINNWAND 84

Die Sammlung von Zeitungsartikeln zum Thema Kirche kann bereits zu Beginn der UE gestartet werden. Soll sie dem Vorschlag auf der Pinnwand entsprechend nur eine Woche lang durchgeführt werden, empfiehlt es sich, dies im Zusammenhang mit *Orientierung 3* (**90f.**) anzuregen.

Jugend – in der Kirche? Kontext 1 80 81

1. Hintergrund

Kontext 1 (**80f.**) führt den Ansatz der *Titelseite* (**79**) weiter, indem sie ganz bewusst an den Kirchenerfahrungen der Sch anknüpfen. Das **Kirchentagsfoto** stellt, deutlicher als das Titelbild, die Gemeinschaft der Jugendlichen in den Mittelpunkt. Die **textlichen Bausteine und Zitate** sind bewusst aus der Perspektive Jugendlicher geschrieben. Sie bringen sowohl Faszination zum Ausdruck als auch, wie beim Kirchentagsbeispiel, Neuland und Fremdheit.
Der Text »**Den Verstand an der Garderobe abgeben**« greift die häufig unter Jugendlichen anzutreffende Kritik an den als zu rigide empfundenen Lehrmeinungen der Kirche auf, ohne diese als alleinigen Zugang stehen zu lassen. Damit wird den Jugendlichen alterstypisch zugestanden, Regeln und Autoritäten zu hinterfragen, ohne jedoch eine vorschnelle ablehnende Haltung zu zementieren. Gerade die verschiedenen Sichtweisen regen Sch zum sozialen Perspektivenwechsel an und helfen so, Schlüsselkompetenzen herauszubilden. Darauf zielt auch der dritte AA auf *Kontext 1* (**80**), der Sch in Kontakt mit Christinnen und Christen aus ihrer Umgebung bringt. Gleichzeitig laden Text und Begegnung zu einer bewussteren eigenen Positionierung ein.
Der **Cartoon** ermöglicht die Auseinandersetzung mit den eigenen Erfahrungen von Fremdheit und Überalterung. Im Vergleich mit dem Kirchentagsbild wirft er die Frage auf, ob Kirche mir immer etwas »bringen« muss.
Die **Plakat-Aktion der Caritas** macht bereits an dieser Stelle deutlich, dass Kirche sich nicht auf die eigene Institution oder die gottesdienstlichen Feiern beschränkt, sondern auch einen Auftrag in der Welt hat. Sie ist für Jugendliche da, besonders auch für die, die benachteiligt sind. Die im ersten AA auf *Kontext 1* (**81**) enthaltene Internetrecherche trägt dazu bei, gefährdete und belastete Sch diskret auf Hilfsangebote und Anlaufstellen hinzuweisen.
Die **BDKJ-Mitgliedsverbände** lenken den Blick auf die verschiedenen Angebote der kirchlichen Jugendarbeit und laden Sch ein, etwaige eigene Erfahrungen mit diesen Jugendgruppen zu erzählen und zu reflektieren bzw. mit Vertretern und Vertreterinnen dieser Verbände in Kontakt zu treten. Kirchliche Gemein-

Schulpastoral

Religions-L sind auch über den Unterricht hinaus zuständig für alle Projekte »in Sachen Religion«. Dies gilt in besonderem Maße für schulpastorale Maßnahmen. Träger/innen von und Mitarbeiter/innen bei schulpastoralen Maßnahmen können freilich auch andere Personen – L, Sch, Eltern, Gemeindemitarbeiter/innen – sein.
»Schulpastoral ist ein Dienst, den Christen aus ihrer Glaubensüberzeugung heraus für das Schulleben leisten mit der Absicht, so zur Humanisierung der Schule beizutragen.« So lautet der programmatische Einleitungssatz im Schulpastoral-Dokument der Deutschen Bischöfe von 1996. Schulpastoral soll etwas beitragen für die Identitätsbildung junger Menschen und zur Humanisierung des Schullebens: dass sich der/die Einzelne entwickeln kann und dass die Schule menschlich wird. In dieser Zielbeschreibung wird der konsequent subjektbezogene und personale Ansatz deutlich. Die Initiativen und Projekte von Schulpastoral sind also selbstlose Angebote der Kirchen für das öffentliche Schulwesen in einer pluralen Gesellschaft. Im Mittelpunkt dieses spezifischen pastoralen Handelns steht der Mensch. Radikaler als im RU selbst, der qua Selbstdefinition als schulisches Unterrichtsfach vom »lernenden« Menschen ausgeht, kommt im Feld der Schulpastoral tatsächlich der »Mensch an sich« in den Blick. Gerade weil immer weniger Kinder über religiöse Primärerfahrungen verfügen, ist ein ergänzendes Angebot zum Religionsunterricht erforderlich und sinnvoll.

Als kriteriologische Matrix und gleichermaßen als Impuls für mögliche Formen von Schulpastoral vom Unterricht ausgehend und darüber hinaus dienen die vier Grunddienste kirchlichen Handelns *(Martyria, Leiturgia, Koinonia, Diakonia)*:

- *Diakonia* – Dienst am Menschen:
  ein sensibles Wahrnehmen der aktuellen Fragen, Nöte oder Bedürfnisse der Menschen in der Schule (z. B. Sch-Betreuung, Sozialprojekte);
- *Martyria* – Glauben erfahren und bezeugen:
  über Glauben und Leben ins Gespräch kommen (z. B. Orientierungstage, religiöse Projekte, Referenten, Elternarbeit);
- *Koinonia* – Gemeinschaft erfahren und stiften:
  die Schulgemeinschaft aus- und mitgestalten (Tutorenarbeit, Nachmittagsbetreuung, Jugendarbeit an der Schule);
- *Leiturgia* – den Glauben feiern:
  im Schulalltag Gottesdienst feiern und beten (meditative Formen, Gottesdienste).

H. M.

Literatur

Bischöfliches Ordinariat Augsburg (Hg.), Christ sein an der Schule. Schulpastoral-Konzept der Diözese Augsburg, Augsburg 1999, 15-18
Sekretariat der Deutschen Bischofskonferenz (Hg.), Schulpastoral – der Dienst der Kirche an den Menschen im Handlungsfeld Schule, Bonn 1996, 11
Jung, Martina/ Kittel, Joachim (Hg.), Schulpastoral konkret. Eine jugendverbandliche Perspektive, Altenberg 2004

schaft wird so als möglicher Lebens- und Freizeitraum für Jugendliche ausgewiesen.

2. Einsatzmöglichkeiten im RU

Ein Stimmungsbarometer zum Thema »Kirche« erstellen

- Sch sammeln verschiedene Thesen zum Thema Kirche in EA, PA oder GA; eine Auswahl wird im Plenum vorgetragen.
  Beispiele: Nur alte Menschen gehen in die Kirche; Glauben ist auch heute noch wichtig; es ist schön, dass der Papst Deutscher ist etc.
- Auf dem Boden des Klassenzimmers wird mit Kreppband ein »Stimmungsbarometer« angebracht. Das eine Ende steht für »trifft völlig zu«, das andere für »trifft gar nicht zu«.
- Nach jeder These platzieren sich Sch für sie stimmig auf dem Barometer und tauschen sich mit denen, die in ihrer Nähe stehen, über die Gründe für die jeweilige Platzierung aus.
  Fakultativ: Sch tauschen ihre Begründungen mit denjenigen aus, die sich ganz anders aufgestellt haben.

Eine Podiumsdiskussion durchführen

- Sch bearbeiten in arbeitsteiliger PA oder GA verschiedene Haltungen, die Jugendliche gegenüber Kirche einnehmen (z. B. gleichgültig und ohne Kontakt; Teilnahme wegen der Eltern; engagiert aber kritisch; beheimatet und der kirchlichen Hierarchie verbunden), indem sie möglichst viele Argumente für die jeweilige Haltung sammeln.
- Jede Gruppe schickt eine/n Sch in die sich anschließende »Talkshow« bzw. Podiumsdiskussion.

3. Weiterführende Anregungen

In Gruppen den Unterricht gestalten

- Die AA auf *Kontext 1* (**81**) eignen sich ebenso wie viele der weiterführenden Anregungen und Arbeitsaufträge zu anderen Seiten (z. B. Presseschau halten, *Pinnwand,* **84**) für eine arbeitsteilige GA.
- Die Themen können den Sch vorgeschlagen oder mit ihnen entwickelt werden.
  Ein leeres Formblatt für die GA findet sich als **M 8.4.2** im **Lehrerkommentar, S. 198.**
- Sch bringen ihre Ergebnisse nach einem Zeitplan immer dann ein, wenn das jeweilige Thema im RU trifft.

Berichte über örtliche Jugendwallfahrten etc. sammeln

- Sch informieren sich im Internet, bei den bischöflichen Jugendämtern etc. über für ihre Region typische Jugendveranstaltungen (die Korbinianswallfahrt in München, die Nacht der Lichter in Regensburg etc.).
- Wenn möglich machen sie ehemalige Teilnehmerinnen und Teilnehmer ausfindig, die in den Unterricht eingeladen oder per E-Mail kontaktiert werden können.

Alternative: Sollten sich in der Klasse Sch befinden, die selbst Wallfahrtserfahrungen gemacht haben, können sich die anderen Sch Fragen überlegen und ihre Mit-Sch interviewen. Hierbei ist besonders darauf zu achten, dass die befragten Sch nicht in eine skurrile Außenseiterrolle gedrängt, sondern ernst genommen werden.

Umfrage erstellen PINNWAND 84

- Sch erstellen einen Fragebogen zum Thema Kirche.
- Sch füllen den Fragebogen anonym aus und bitten eventuell auch noch andere (Eltern, Freunde, Pfarrer etc.), diesen zu bearbeiten.
- Die Auswertung erfolgt unter besonderer Beachtung der angegebenen Gründe.
- Sch diskutieren bei stark einheitlicher Meinung: Was könnte jemanden dazu bewegen, genau die gegenteilige Meinung zu vertreten?

Ecclesia semper reformanda – Kirche muss sich immer erneuern Kontext 2 82 83

1. Hintergrund

Typisch für die Jugendphase ist es, dass Sch beginnen, ihre eigene Lebensgeschichte in die Hand zu nehmen. Sie entdecken immer weitere Teile ihrer Umwelt, haben aber noch kaum Veränderungsprozesse in Kirche und Gesellschaft erlebt. Sie erfahren Kirche tendenziell als fest und statisch. Die drastischen Entwicklungen gerade im letzten Jahrhundert sind ihnen unbekannt.
Kontext 2 (**82f.**) lädt Sch ein, selbst auf Spurensuche zu gehen und sich wichtige Wandlungsprozesse in der Kirche zu erschließen. Sie können über diese Erfahrung an den Inhalt der **Überschrift**, dass sich Kirche stets erneuern muss, herangeführt werden. Dies fordert dazu heraus, eigenen Veränderungswünschen nachzuspüren sowie unaufgebbare Fundamente dessen, was die römisch-katholische Kirche ausmacht, herauszustellen.
Die **Mariendarstellungen** stechen dadurch hervor, dass sie nicht nur auf Akzentverschiebungen hinweisen, sondern aufgrund ihres künstlerischen Eigenwerts auch zu einer eingehenderen Betrachtung einladen. Das Thema Maria lässt sich z. B. im Oktober, am 25. März oder im Mai hervorragend mit dem Kirchenjahr verbinden. Zudem ist Maria gerade als Frau und Mutter der Kirche sowohl Identifikationsfigur als auch Reibungsfläche. Deshalb sind die Marienbilder auch enthalten in *Bilder aus Religion vernetzt 7 und 8. 36 Farbfolien*, München 2006, ISBN 3-466-50717-0.

Thronende Muttergottes, um 1170
Bei der gotischen Muttergottesdarstellung handelt es sich um das Gnadenbild der Franziskanerkirche Werl, Erzbistum Paderborn. Die thronende Madonna, die wohl um 1170 in Schweden entstand, gehört zu den ältesten Gnadenbildern in Deutschland. Werl ist heute noch der berühmteste Marienwallfahrtsort Westfalens.

Axel Müller, »Mensch Maria«, 1992
Das 1992 im Rahmen eines gleichnamigen Künstlerwettbewerbs der Diözese Würzburg präsentierte Bild passt gut in die Intention der Ausstellung. Es sollte bewusst die menschlich-frauliche Seite Marias in den Blick kommen. Sie ist eine Frau, die ganz menschlich handelt und empfindet – und trotzdem offen für Gott und sein Wirken.

2. Einsatzmöglichkeiten im RU

Veränderungen wahrnehmen

- L trägt Gedicht »Inkonsequent« (**M 8.4.3, Lehrerkommentar S. 197**) von Lothar Zenetti vor.
- Sch deuten die Aussage.

Diskussionsimpulse:
- Warum wollen Menschen Veränderungen?
- Warum wollen Menschen, dass alles so bleibt, wie es ist?

- Anschließend vergleichen Sch die Bilder auf *Kontext 2* (**82f.**). Möglicher TA s. u.
- HA: Sch befragen ältere Menschen (Großeltern etc.) nach den Veränderungen in der Kirche, die sie erlebt haben, und versuchen herauszufinden, wie diese sie empfunden haben (positiv und wichtig oder eher störend). Ggf. wird der TA um diese Aspekte ergänzt.

Über Kirche diskutieren
- Sch diskutieren:
- Was darf sich an der Kirche ändern, was muss immer erhalten bleiben?
- Wie muss Kirche sein, damit sich möglichst viele Menschen in ihr beheimatet fühlen können?

Ein Veränderungsmemory spielen
- L kopiert die Bilder von *Kontext 2* (**82f.**) auf Papier oder Folie und teilt jeweils ein Bild an ein bis zwei Sch aus.
- Sch suchen ihre Partner/innen und finden gemeinsam heraus, welche Unterschiede in ihrem Paar zu finden sind.
- Die Ergebnisse werden im Plenum vorgestellt; TA wie oben.
- Das Memory eignet sich hervorragend zur Vertiefung oder Rechenschaftsablage.

Dem Wesentlichen auf die Spur kommen
- Anhand der ersten Seite des Derharbe-Katechismus (**M 8.4.4, Lehrerkommentar S. 199**) erarbeiten Sch, wie RU früher ausgesehen hat und was die zentralsten Glaubenssätze waren.
- Sch schreiben alleine oder in PA auf, was für sie das letzte Ziel im Leben ist.
- Es folgt ein Austausch über die eigenen Träume und Hoffnungen.

Eigenen Hoffnungen und Veränderungswünschen Ausdruck verleihen
- L führt kurz in die Psalmenthematik ein (Lieder; Gebet, in denen die Menschen Israels ihre Sorgen, Anliegen, Freuden, Klagen und Hoffnungen ganz offen vor Gott gebracht haben).
- Sch lesen abwechselnd die moderne Fassung von Psalm 1 »Glücklich die Kirche« von Uwe Seidel, **M 8.4.5 (1), Lehrerkommentar S. 200**.
- Sch bekommen **M 8.4.5 (2), Lehrerkommentar S. 200**, das nur die erste Strophe des Psalms enthält, und ergänzen eigene Strophen.
- Einzelne Strophen werden meditativ vorgelesen und anschließend wird ein Klassen-Kirchenpsalm gestaltet.

Sch-Beispiele:

Glücklich die Kirche, die nicht alles Neue macht, aber auch nicht nur beim Alten bleibt.

Glücklich die Kirche, die nicht blind alles Neue verurteilt, sondern gerecht richtet.

Glücklich die Kirche, die neue Musik spielt, aber auch auf den Textinhalt achtet.

Glücklich die Kirche, wenn nicht zu lange gepredigt wird, aber trotzdem alles Wichtige erwähnt wird.

Glücklich die Kirche, die ihre eigene Meinung vom Glauben durchsetzt, aber auch auf die Sorgen und Probleme anderer eingeht.

Glücklich die Kirche, die die Gemeinschaft fördert und nicht jeden für sich dahinleben lässt.

Glücklich die Kirche, die nicht Jungs und Mädchen trennt, sondern alle am Ministrantendienst teilnehmen lässt.

Möglicher TA zu »Veränderungen wahrnehmen (Lehrerkommentar S. 176f.):

Ecclesia semper reformanda – Kirche muss sich immer erneuern

früher:	*heute:*
– Ministranten (I)	– auch Ministrantinnen (I)
– Beichte im Beichtstuhl (II)	– Möglichkeit zum Beichtgespräch (C)
– Betonung der Autorität der Kirche (III)	– Betonung der persönlichen Bindung an Gott (H)
– Thronende, königliche Muttergottes (IV)	– Moderne Darstellung, die die Menschlichkeit Mariens betont (E)
– Merksatzkatechismus als Religionsbuch (V)	– Weltkatechismus als Grundlage, die im Religionsunterricht kaum mehr direkt verwendet wird (A)
– Papst als weltlicher und kirchlicher Herrscher (VI)	– Beschränkung auf kirchliche Belange (B)
– Mission durch europäische Missionare (VII)	– Inkulturation des Evangeliums (F)
– Latein als Kirchensprache (VIII)	– Landessprache in den Gottesdiensten (D)
– Hochaltar; Priester zeigt dem Volk den Rücken (IX)	– Volksaltar; Priester zelebriert in Richtung des Volkes (G)

Glücklich die Kirche, die allen Menschen gleich und ohne Vorurteile begegnet, die aber nicht auf Scheinheilige hereinfällt.

Glücklich die Kirche, die das Unheil und Unrecht auf der Welt bekämpft, dies aber nicht mit Gewalt tut.

Glücklich die Kirche, die alle ihre Mitglieder gleich behandelt und keinen ausschließt.

Glücklich die Kirche, die nicht die Hautfarbe betrachtet, sondern die Menschen so akzeptiert, wie sie sind.

Glücklich die Kirche, die nicht nur bestimmte Leute annimmt, sondern alle Menschen, egal ob Krüppel, Greis, Behinderter usw.

Glücklich die Kirche, die jeden akzeptiert – ob dumm, ob schlau, ob hässlich oder schön; jeder soll gleich behandelt werden.

Glücklich die Kirche, die auch wirklich alle Religionen akzeptiert und für jeden offen steht, doch auch nicht für jeden Mist zu haben ist.

Glücklich die Kirche, die der Dritten Welt hilft, dies aber nicht zu konservativ vollbringt.

Glücklich die Kirche, die Meinungen akzeptiert, nicht subjektiv annimmt oder ablehnt, sondern nachdenkt, dies aber objektiv.

Glücklich die Kirche, die Wissenschaft zulässt. Denn Wissenschaft und Religion einigen sich. So etwas wäre perfekt, denn so wird nicht über Religion gestritten.

Glücklich die Kirche, die Trost spendet, doch die Leute nicht verunsichert.

Glücklich die Kirche, die Frieden bringt, doch auch nicht kritiklos auf jeden reinfällt.

Glücklich die Kirche, wenn sie nicht Gewalt unterstützt, sondern Frieden stiftet.

Gedanken der Klasse 8e (05/06)
des Werner-von-Siemens-Gymnasiums, Regensburg

Maria begegnen
Methoden zur Auswahl:

- Sch sammeln nach stiller Betrachtung der beiden Mariendarstellungen von *Kontext 2* (**82f.**) alles, was ihnen zum Thema Maria einfällt, in einer Mindmap.
- Sch schreiben in arbeitsteiliger EA eine Sprechblase zu einem der beiden Bilder auf einen Folienschnipsel oder assoziieren Gedanken und Gefühle der jeweiligen Bilder frei in den Raum.
- Sch stellen Fragen an die Bilder. Am Ende der Einheit wird überprüft, welche nun beantwortet werden können.
- Sch lesen Text »Als ich dem Geheimnis Mariens näher kam« von Carlo Caretto (**M 8.4.6, Lehrerkommentar S. 201**).
- Sch lesen die Verkündigung Lk 1,26-28 mit verteilten Rollen und diskutieren, was das »Ja« für Maria bedeutet hat.
- Sch schreiben den Tagebucheintrag Mariens einige Monate nach der Verkündigung: Maria ist sichtlich schwanger, der Engel lange weg ...
- Nachdem einige Sätze im Plenum vorgelesen wurden, tauschen sich Sch darüber aus.
- Sch ergänzen den Satz (TA): Maria du warst ... (z. B. eine mutige Frau etc.)

Anmerkung: Die beiden Mariendarstellungen sind als Folie enthalten in: Bilder aus Religion vernetzt 7 und 8. 36 Farbfolien, München 2006, ISBN 3-466-50717-0.

3. Weiterführende Anregungen

Mit Menschen anderer Generationen über Kirche ins Gespräch kommen

- Sch stellen einen Fragenkatalog zusammen, der z. B. folgende Elemente enthalten könnte:
  - erfahrene Veränderungen in der Kirche;
  - wie die Einzelnen diese Veränderungen empfinden;
  - was sie sich von Kirche wünschen oder erwarten.
- Sch besuchen, mit Schreibmaterial und Digitalkameras ausgerüstet, z. B. ein nahe gelegenes Altenheim, in dem sie rüstige Bewohner/innen zu ihren Erfahrungen befragen. Eventuell können sie sich auch Bilder früherer Zeiten zeigen lassen.
- Im Anschluss daran setzen sie die Ergebnisse grafisch um und versuchen ein möglichst differenziertes Bild davon zu erstellen, was sich die Einzelnen von Kirche erhoffen.
- Die Ergebnisse werden mit den eigenen Erwartungen verglichen.

Eine Veränderungscollage erstellen

- Sch gehen in heutigen Kirchen und Gottesdiensten auf Spurensuche. Sie sammeln darüber hinaus Fotos und Bilder von früher. Daraus erstellen sie (evtl. in Zusammenarbeit mit dem Fach Kunst) Collagen oder Powerpointpräsentationen, die die Veränderungen bildlich zum Ausdruck bringen.
- Besonders interessant ist die Gegenüberstellung von Fotos, die Menschen von gestern und heute bei kirchlichen Ereignissen zeigen. Daran kann erarbeitet werden, wie diese sich gefühlt und was ihnen die einzelnen Begebenheiten bedeutet haben könnten, wodurch Glaubens- und Lebensspuren nachgezeichnet werden können.

Folgende Arbeitsimpulse der *Pinnwand* (**84f.**) sind im Lehrerkommentar berücksichtigt:

Weltjugendtag in Köln:	S. 173
Kirche als Raum wahrnehmen:	S. 185
Presseschau halten:	S. 174, 187
Einem anderen Glauben begegnen:	S. 192
Umfrage erstellen:	S. 176
Thesenanschlag:	S. 174
Papst und Jugend:	S. 185
Papst gesteht Irrtum der Kirche:	S. 182
Losgerappt:	S. 190
Mündig werden in der Kirche:	S. 181

Wer weiß noch ...
Bei einem Klick auf den »Wer-weiß-noch«-Schriftzug von www.religionvernetzt.de können Sch folgende Informationen recherchieren:

Frage 1: Obwohl Abraham und Sara alte Leute und kinderlos waren, gab ihnen Gott die Verheißung, dass ihre Nachfahren ein großes Volk bilden werden. Diese Verheißung beginnt nach der biblischen Erzählung mit der Geburt Isaaks. Außerdem verheißt Gott Abraham und Sara Land und Segen.
(Vgl. *Religion vernetzt 5.2, Perspektiven 2,* **42f.**)

Frage 2: Die Möglichkeiten sind vielfältig und reichen von liturgischen Diensten (Ministranten, Chor, Band) und gemeindlichen Aufgaben (z. B. Pfarrgemeinderat) über kirchliche Jugendgruppen und -aktionen bis hin zu einem ganz konkreten solidarischen Einsatz für Menschen in Not.
(Vgl. *Religion vernetzt 5.4, Perspektiven 3,* **100f.**; *Religion vernetzt 6.1, Orientierung 6,* **24f.** und *Religion vernetzt 6.5., Perspektiven 1,* **126f.**)

Frage 3: Unter dem Prinzip des »fairen Handels« versteht man, dass Kleinbauern, die in Entwicklungsländern Kaffee, Kakao und andere Rohstoffe anbauen, nicht dem gnadenlosen Preisverfall auf dem Weltmarkt ausgeliefert werden, sondern durch Mindestpreise eine angemessene und stabile Entlohnung erhalten, die ihr Überleben sichert. In Deutschland findet man solche fair gehandelten Produkte in Weltläden und – oft in Sonderregalen – in fast allen größeren Lebensmittelgeschäften.
(Vgl. *Religion vernetzt 6.2, Perspektiven 2,* **54f.**)

Frage 4: Im Sakrament der Firmung wird die Leben spendende Kraft von Gottes Geist in den heutigen Gemeinden besonders deutlich: In ihr wird der Heilige Geist geschenkt. Er ist die Gabe Gottes, die alle Getauften ganz durchdringt, sie von innen her für das aufschließt, was Christus von uns will – und uns auch die Kraft dazu gibt.
(Vgl. *Religion vernetzt 6.5, Perspektiven 2,* **129.**)

Kirche in Bildern

Orientierung 1 86 87

1. Hintergrund

Orientierung 1 (**86f.**) stellt verschiedene biblische, sprachliche und Kunstbilder zum Thema vor, damit Sch ein differenziertes Bild von Kirche und ihrer Sendung bekommen. Es bleibt L überlassen, ob er/sie ein oder zwei Bilder umfassend und tief bearbeiten oder Sch durch die Fülle der Beispiele ein möglichst facettenreiches Mosaik eröffnen möchte.
Der matthäische **Taufauftrag (Mt 28,19f.)** eröffnet den Reigen der Bibelstellen. Dieser zeigt bereits eindrücklich auf, dass die Kirche nicht um ihrer selbst willen besteht, sondern von Christus her eine Sendung in der Welt hat. Die Jünger sollen »gehen«, »zu Jüngern machen«, »taufen« und »lehren«. Die Sendung der Jünger, eine **Detailaufnahme aus der Bernwardsäule**, bringt dieses Geschehen ins Bild.

Die Bernwardsäule, 11. Jahrhundert
Die Prunksäule aus Bronze findet sich im Hildesheimer Dom. Sie ähnelt den römischen Prunksäulen, mit denen Gottkaiser wie Tiberius (14-37 n. Chr.) verehrt wurden, und zeigt in spiralförmig angeordneten Bildreihen Szenen aus dem Leben und Wirken Jesu. Während der Auferstandene frei und erhaben vor seinen Jüngern thront, wirken diese eher zusammengekauert und verschüchtert.

Die Gedanken der eigenen Angst und Unzulänglichkeit greift das **Gedicht von Jörg Zink** auf, das gleichzeitig den Übertrag auf heute schafft. Daran können Sch erahnen, dass der Auftrag Jesu nicht nur den damaligen Jüngern oder heutigen Berufschristinnen und -christen gegolten hat. Auch sie selbst sind aufgefordert, ihren kleinen Beitrag zu leisten. Die nachfolgenden Bilder und Seiten werden näher ausführen, wie dieser aussehen kann.

Jörg Zink (geb. 1922)
Jörg Zink wurde 1922 auf dem Habertshof, einem christlichen Bruderhof geboren. Schon 1926 war er Waise. Der promovierte evangelische Theologe ist besonders für seine Rundfunkarbeit, seine Bücher und Filme bekannt. Er ist sowohl in der Friedens- als auch der Ökologiebewegung engagiert. Jörg Zink ist verheiratet und hat vier Kinder sowie mehrere Enkel.

Die **Fußwaschung (Joh 13,1-15)** betont den Akt der dienenden Liebe Jesu, der seine Stellung als Meister und Lehrer aufgibt, zum Diener aller wird und sein Verhalten seinen Jüngern als nachahmenswertes Vorbild nahelegt. Die **Illustration** aus dem Speyrer Evangelistar von 1197 bringt gerade mit der Gestik des Jüngers, der aktuell von Jesus die Füße gewaschen bekommt, das Unverständnis der Jüngerschaft zum Ausdruck. Dieses wird auch im **Text** von Martha Sonntag aufgegriffen, der christliches Amt als Dienst am Nächsten herausstellt. Gerade deshalb ist der Text gut geeignet, die Amtskritik vieler Sch aufzugreifen und auf berechtigte Punkte hin abzuklopfen, ohne das Ideal aus den Augen zu verlieren, das für alle Glieder der Kirche und eben nicht nur für die Amtsträger gelten muss.

Das Speyrer Evangelistar, 1197
Das Speyrer Evangelistar wurde 1197 fertiggestellt. Als ein sogenanntes Perikopenbuch, enthält es die Evangelien in der Reihenfolge der sonntäglichen Leseordnung enthält. Es ist reich an kunstvollen Buchmalereien zu den einzelnen Evangelien. Die abgebildete Fußwaschungsszene ist eine davon.

Die **Pfingsterzählung (Apg 2,1-13)** stellt heraus, dass die Verkündigung nicht alleiniges Werk der Jüngerinnen und Jünger ist, sondern diese aus der Kraft des Heiligen Geistes heraus handeln. Die Jugendlichen, die entweder bereits das Sakrament der Firmung empfangen haben oder eingeladen sind, sich in Bälde firmen zu lassen, wissen darum, dass die Gabe des Geistes nicht auf die ersten Nachfolger Jesu beschränkt war, sondern allen Christinnen und Christen verheißen ist. Kirche ist nicht irgendeine Gemeinschaft, sie ist Gemeinschaft in der Kraft des Geistes Gottes. In ihr wird Christus selbst erfahrbar und lebendig. Dies betont auch das bekannte **Lied »Wo zwei oder drei«** (eingespielt auf der beigefügten CD).

Pfingstbild des Osnabrücker Altars, um 1375
Das Pfingstbild des Osnabrücker Altars, das sich jetzt im Wallraff-Richartz-Museum in Köln befindet, ist das Werk eines westfälischen Meisters. In ihm lassen sich gleich mehrere Aspekte von Kirche entdecken: Der Platz Jesu Christi ist leer. Er weilt nicht mehr als Mensch unter den Seinen. Dennoch lässt er keine Lücke zurück. Seinen Platz hat der Heilige Geist in Gestalt der Taube eingenommen, die eine eucharistische Hostie im Schnabel trägt. Das Brotbrechen wird zur Pfingsterfahrung. Zeit und Ort scheinen unwichtig. Auf Details wird verzichtet. Der Goldgrund verweist auf das Wesentliche. Hier scheint etwas von Gott und seiner Herrlichkeit auf – immer, zeitlos. In der Gabe des Geistes und im eucharistischen Brot ist Christus bleibend gegenwärtig und formt die Seinen zu einer Gemeinschaft von Brüdern und Schwestern, was auch die enge Anordnung der Jünger und Mariens betont. Gottes runder Tisch verbindet und sendet die Seinen. Das Bild ist als Folie enthalten in *Bilder aus Religion vernetzt 7 und 8. 36 Farbfolien,* München 2006, ISBN 3-466-50717-0.

Der Auftrag Gottes an Abraham, aus seinem Land fortzuziehen, (**Gen 12,1**) ist Sch aus der fünften Jahrgangsstufe bekannt. Auch das **Abrahambild aus der Wiener Genesis** kennen die Sch aus der fünften Jahrgangsstufe (*Religion vernetzt 5, Perspektiven 1,* **40f.**, auch als Folie erhältlich in *Bilder aus Religion vernetzt 5 und 6. 36 Farbfolien,* München 2004, ISBN 3-466-50716-2; weiterführende Informationen dazu im *Lehrerkommentar zu Religion vernetzt 5*, S. 72). So laden Bibelstelle und Bild zu einer Wiederholung der Abrahamserzählung ein, bevor der Aufbruch Abrahams in den neuen Zusammenhang Kirche gestellt wird. Durch den Text aus **Gaudium et Spes** – Sch finden grundlegende Informationen zum II. Vatikanum im Lexikonteil – geschieht der Übertrag auf die heutige Kirche als pilgerndes Gottesvolk. Der Bogen, der hier gespannt wird, ist weit: Er stellt die Kontinuität der Heilsgeschichte Gottes mit seinem Volk von Abraham bis heute heraus und betont gleichzeitig die Bezogenheit der gegenwärtigen Kirche auf die Welt von heute, in die sie gesandt ist. Gemeinsam sind Christinnen und Christen unterwegs, gemeinsam sind sie eingeladen, unsere Erde so zu gestalten, dass Gottes Reich spürbar wird.
Die Bearbeitung der Kirchenbilder soll Sch nicht nur mit Information versorgen. Sie sind vielmehr auch herausgefordert und eingeladen, die verschiedenen Kirchenbilder zu bewerten und sich so zunehmend zu positionieren sowie ihr eigenes Kirchenideal zu entwickeln.

2. Einsatzmöglichkeiten im RU

Die Botschaft der Kirchenbilder entschlüsseln

- Mithilfe des *Titelbildes* (**57**) von *Religion vernetzt 7.3* (Un)-Sichtbares (als Folie enthalten in *Bilder aus Religion vernetzt 7 und 8. 36 Farbfolien*, München 2006, ISBN 3-466-50717-0) wiederholen Sch ihr Wissen über die Bedeutung von Bildern und Symbolen.
- L führt in die Bedeutung von Sprachbildern und Symbolhandlungen ein.
- In arbeitsteiliger PA wenden sich Sch den vier (bzw. fünf mit 1 Kor 12,12-31a) im Schulbuch dargestellten Kirchenbildern zu und versuchen anhand der Bibelstellen, Bilder und Texte die zentrale Aussage dieses Bildwortes herauszufinden.
- Die Ergebnisse werden auf **M 8.4.7, Lehrerkommentar S. 202** festgehalten.

Einem gotischen Pfingstbild begegnen

- Sch überlegen, was sie als Klassengemeinschaft bzw. Lerngruppe oder auch die verschiedenen, z. T. räumlich getrennten Mitglieder ihrer Familien zusammenhält.
- Sch diskutieren, was die Mitglieder der katholischen Kirche oder auch alle Christinnen und Christen miteinander verbindet.
- L legt das Pfingstbild des Osnabrücker Altars (als Folie enthalten in *Bilder aus Religion vernetzt 7 und 8. 36 Farbfolien*, München 2006, ISBN 3-466-50717-0) auf den OHP.
- Sch beschreiben, wer zu sehen ist, und deuten, was die Gemeinde nach Meinung des Künstlers untereinander verbindet.
- Sch vergleichen die auf dem Bild dargestellten Personen (zwölf Apostel und Maria) mit den in Apg 1,12-14 genannten.
- Anschließend diskutieren sie:
  - Was bedeutet das Fehlen der Frauen und der Brüder auf dem Pfingstbild?
  - Welches Kirchenbild wird dadurch unterstützt?
  - Inwieweit korrigieren das Lied und die Bibelstelle (Apg 2,1-13) diese einseitigen Tendenzen?

Mündig werden in der Kirche: die Firmung PINNWAND 13

- Sch wiederholen – auch mithilfe der »Wer-weiß-noch …« -Rubrik auf www.religionvernetzt.de – den Ablauf und die Bedeutung des Firmsakraments.
- Sch diskutieren, was die verschiedenen Kirchenbilder über ihre Rolle und möglichen Aufgaben in der Kirche zum Ausdruck bringen.

Lösungsvorschlag zu M 8.4.7, Lehrerkommentar S. 202:

Mt 28,19f.: **»Darum geht zu allen Völkern …« – Kirche als Sendungsgemeinschaft**
Die Kirche besteht nicht um ihrer selbst willen. Sie ist zu den Menschen gesandt; sie soll ihnen mutig vermitteln, dass Gott immer und unter allen Umständen bei uns ist.

Joh 13,1-15: **Die Fußwaschung**
Wie Jesus seinen Jüngern die Füße gewaschen hat, sollen auch wir füreinander da sein. Darum ist in der Kirche nicht der der Größte, der das höchste Amt bekleidet, sondern der, der sich am meisten für die anderen einsetzt.

Apg 2,1-13: **Die Pfingsterzählung**
Alle Christinnen und Christen haben in der Taufe den Heiligen Geist empfangen, der ihnen Kraft gibt und sie zu einer Gemeinschaft zusammenfügt, deren Mitte Jesus Christus, seine Botschaft und Sendung ist.

Gen 12,1f: **Abraham soll sich aufmachen und ein Segen sein**
Die Kirche bleibt nicht immer gleich. Sie setzt sich stets aus den Menschen ihrer Zeit zusammen, die gemeinsam unterwegs sind und sich dafür einsetzen sollen, dass die Welt ein Stück menschlicher und gerechter wird.

1 Kor 12,12-31a: **Der eine Leib und die vielen Glieder**
Wie es in einem Leib die verschiedensten Körperteile mit ihren je eigenen Funktionen gibt, so besteht die Kirche aus vielen ganz unterschiedlichen Christinnen und Christen. Jeder und jede soll die eigenen Talente zum Wohl des gemeinsamen Ganzen einbringen.

Das paulinische Kirchenbild körperlich nachempfinden

- Sch bekommen in KG ein DIN-A3-Blatt, auf dem groß einer der folgenden Begriffe steht: Kopf, Arm, Hand, Bauch, Fuß.
- Sch sammeln in GA Begriffe und Sprichwörter, die ihnen zu diesem Körperteil einfallen, und stellen ihre Ergebnisse den anderen vor (Beispiel siehe S. 182)
- Sch bilden selbst einen Körper, indem eine/r den Kopf darstellt und sich jeweils drei bis vier als Rumpf, Arme und Beine anschließen, indem sie ihrem Vordermann oder ihrer Vorderfrau die Hände auf die Schultern legen.

- Dann versucht der so entstandene Körper sich langsam und rhythmisch zu beschwingter Instrumentalmusik zu bewegen.
- Zum Abschluss der Übung tauschen sich Sch im Plenum über ihre Erfahrungen bei der Übung aus.
- L liest 1 Kor 12,12-31a.
- Sch deuten dieses Kirchenbild und ergänzen das Ergebnis auf **M 8.4.7, Lehrerkommentar S. 202** (Lösungsvorschlag siehe Lehrerkommentar 181).

Beispiel für ein Gruppenarbeitsergebnis:

Papst gesteht den Irrtum der Kirche PINNWAND 85

- Sch diskutieren anhand der verschiedenen Kirchenbilder, inwiefern die Kirche von Gott bestimmt und somit heilig und inwiefern sie menschlich und somit auch anfällig und sündig ist.
- Das Beispiel der Verurteilung Galileis wird als ein Fall vorgestellt, in dem der Papst nach etlichen Jahrhunderten eine falsche Meinung der Kirche berichtigt. Bei der Auseinandersetzung mit Galilei ist wichtig, dass deutlich wird, warum die Erfindung Galileis das kirchliche Weltbild des Mittelalters so stark erschüttern konnte. So bietet sich die Frage auch zu einer Wiederholung der zentralen Aussagen der Schöpfungserzählungen, der Auseinandersetzung mit der Wahrheit der Bibel usw. an.

3. Weiterführende Anregungen

Eigene Kirchenbilder entwerfen

- Nach der Behandlung der (biblischen) Bilder für Kirche überlegen sich Sch, wie Kirche ihrer Meinung nach idealerweise sein müsste.
- In KG wird anschließend versucht, einen bildhaften Ausdruck zu finden, der möglichst viele der für sie zentralen Eigenschaften einschließt. Die Gestaltung der Bilder kann, z. B. in Zusammenarbeit mit dem Fach Kunst, in Collagen, Zeichnungen oder auch Computergrafiken erfolgen.

Werbeplakate für die Kirche gestalten

- Sch überlegen, ob es einen Aspekt gibt, der es ihrer Meinung lohnenswert macht oder machen könnte, zur Kirche zu gehören.
- Sch setzen diesen Aspekt in ein Werbeplakat um, indem sie sich einen Slogan dazu überlegen und ein Plakat optisch ansprechend gestalten.

Die Kirche und ihre Ämter

Orientierung 2 88 89

1. Hintergrund

Für viele Sch stellt gerade die sogenannte Amtskirche ein rotes Tuch dar. Ihrem Entwicklungsstand gemäß sind sie Autoritäten und Hierarchien gegenüber kritisch eingestellt. Wenn das **Schema** unter der Überschrift »Die Kirche und ihre Ämter« Sch in die organisatorische Struktur der Kirche einführt, so geschieht dies nicht nur, um sie mit den kirchlichen (Leitungs-) Funktionen und Gremien vertraut zu machen, sondern auch um die Frage nach den Gefahren und Chancen von Organisationsstrukturen aufzuwerfen und somit eine tiefer gehende Beschäftigung mit Kirche als Institution zu ermöglichen. Mit dem zweiten AA lädt *Orientierung 2* (**88**) ein, das abstrakte Schema mit konkreten Namen und Personen zu füllen und so zu »vermenschlichen«.
Bei der Beschäftigung mit den Kirchenstrukturen sollte der zentrale Gedanke, dass die Organisation der Kirche nicht um ihrer selbst willen besteht, sondern stets in deren Grundvollzüge bzw. -dimensionen *Leiturgia*, *Martyria*, *Koinonia* und *Diakonia* eingebunden bleibt, immer im Hinterkopf behalten bleiben. Dabei soll Sch Wesentliches über die Sendung der Kirche nahegebracht werden, an der alle Christinnen und Christen als gleichwertige Glieder auf ihre je eigene Weise teilhaben.
Orientierung 2 (**89**) stellt mit dem Diakonat und dem

Papstamt exemplarisch zwei der kirchlichen Dienstämter in den Mittelpunkt der Betrachtung. Das **Diakonat** dürfte der Mehrzahl heutiger Sch fremd sein, weshalb sich der Text gut dazu eignet, einen ersten Eindruck zu gewinnen und dieses Amt in den kirchlichen Grundvollzügen zu verorten. Das **Bild von Papst Benedikt XVI**. ermöglicht Sch, ihre Haltung zum Papstamt im Allgemeinen und zum gegenwärtigen Papst als Person im Besonderen zu klären. Der Auszug aus seinem **Text »Missa pro Ecclesia«** enthält alle vier Grunddimensionen und eignet sich so nicht nur zur Wiederholung derselben, sondern macht auch deutlich, dass es Aufgabe des Papstes ist, für alle Bereiche der Kirche Sorge zu tragen. Der dritte AA lenkt den Blick dann wieder auf die Sch selbst. Sie sind gefordert, Zukunftsvisionen für die Kirche zu entwickeln.

2. Einsatzmöglichkeiten im RU

Ein Organigramm analysieren
- L legt das Organigramm der Schule auf.
- Sch analysieren die Aussagekraft eines solchen Schemas sowie die Vor- und Nachteile einer hierarchischen Ordnung.

Alternative:
- L legt stumm das verdrehte Organigramm (**M 8.4.8, Lehrerkommentar S. 203**) auf den OHP.
- Sch diskutieren darüber, was passiert, wenn nicht mehr jeder seinen Platz einnimmt und seine Rolle ausfüllt.

Möglicher TA:

- Weiter wie in der nächsten Einsatzmöglichkeit ab Impuls 2.

Die Gliederung der Kirche kennenlernen
- Sch erzählen von (Sport-)Vereinen, in denen sie Mitglied sind, und analysieren die organisatorische Struktur, die verschiedenen Aufgaben und den Grund für die Aufgabenteilung.
- Sch sammeln wichtige Aufgaben/Ämter in der Kirche (TA s. u.).
- Anhand der Grafik auf *Orientierung 2* (**88**) werden weitere wichtige Gremien besprochen.

Die Grunddimensionen der Kirche beschreiben und in der eigenen Pfarrei entdecken
- Sch machen sich – z. B. im Zusammenhang mit der Erkundung eines Kirchenraums oder einer kurzen meditativen Einheit (siehe *Weiterführende Anregungen*, Lehrerkommentar S. 185) – Notizen über die verschiedensten Aushänge in der Kirche und um sie herum.
- Sch erarbeiten sich die Grunddimensionen von Kirche anhand des *Lexikons* (**130**) und ergänzen die Ergebnisse auf **M 8.4.9, Lehrerkommentar S. 204**. Die anzuführenden Beispiele können den Notizen zu den Anschlagbrettern entnommen und durch Angebote in den eigenen Pfarreien ergänzt werden.
- Evtl. können Mitarbeiter/innen der örtlichen Gemeinden eingeladen werden, die von ihren Rollen und Aufgaben berichten und auch zur Sprache bringen, inwieweit sie die Struktur der Kirche als hilfreich oder auch als hinderlich erleben.

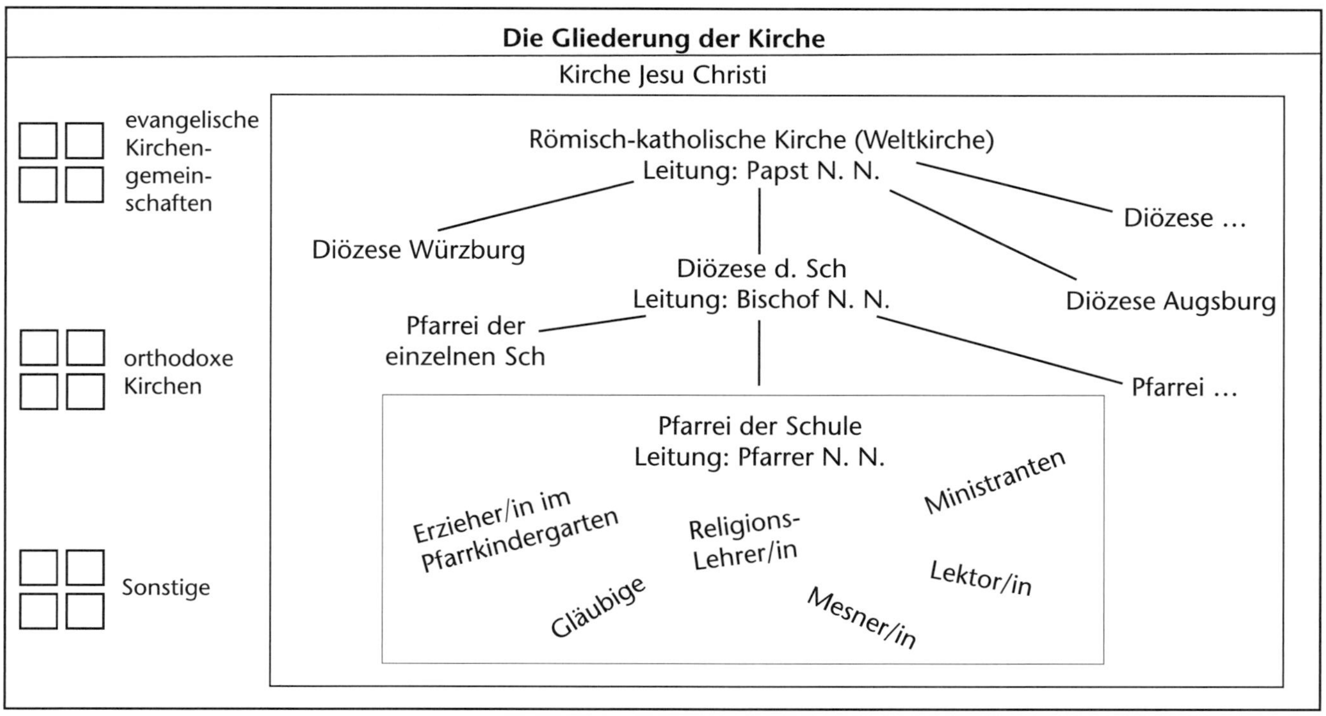

Lösung zu M 8.4.9, Lehrerkommentar S. 204:

Die vier Grunddimensionen der Kirche

Leiturgia *(Feier)*
oder Liturgie bezeichnet den in den verschiedenen Gottesdiensten gemeinsam gefeierten Glauben an Gott.
Beispiele:
- *Kreuzweg*
- *Osternacht*
- *Erstkommunion*
- *Taufe von N.N.*

Martyria *(Zeugnis)*
bezeichnet das Wort- und Tatzeugnis für den christlichen Glauben. Alle Christinnen und Christen sind dazu eingeladen.
Beispiele:
- *Teilnahme am Gottesdienst*
- *Bibelkreis, Glaubensaustausch*
- *Firmung als Ja zu Glauben und Kirche*
- *Predigt*

Koinonia *(Gemeinschaft)*
ist die Verbundenheit der Christinnen und Christen untereinander – sowohl in den einzelnen Pfarreien als auch weltweit.
Beispiele:
- *Kolpingjugend*
- *Frauenbund*
- *Eine-Welt-Kreis*
- *Gemeinsamer Kommunionausflug*

Diakonia *(Hilfe)*
ist das soziale Handeln in christlichem Auftrag. Dabei geht es um die Hilfe für Notleidende, hier und anderswo, sowie die politische Verantwortung der Christinnen und Christen.
Beispiele:
- *Misereor Fastenaktion*
- *Altkleidersammlung der Kolpingjugend für Tansania*
- *Beratungsstellen der Caritas*
- *Kollektengeld*

→ Alle Christinnen und Christen tragen dazu bei, dass die Kirche ihre *Sendung* erfüllen kann. Wie in jeder *Organisation* gibt es verschiedene
Ämter und Aufgaben. Dennoch ist keine Aufgabe *wichtiger* als die anderen. Niemand kann allein all diese vier *Grunddimensionen von Kirche* abdecken.

3. Weiterführende Anregungen

Kirche als Raum wahrnehmen PINNWAND 84

- Um den Begriff »Kirche« in diesem Kapitel nicht zu sehr auf die »Amtskirche« einzuengen und auch die Aspekte des Kirchengebäudes und der Gemeinschaft mitschwingen zu lassen, ist eine meditative Kirchenerfahrung hilfreich.
  Je nach Klasse und Einbettung des Themenbereichs in das Kirchenjahr könnten hier verschiedene erfahrungsbezogene Elemente angeboten werden. Die Bandbreite reicht von einer Erkundung und möglichst meditativen Erfahrung des Kirchenraumes (vgl. *Religion vernetzt 5. Lehrerkommentar*, S. 197ff.) über die Gestaltung kurzer besinnlicher Einheiten durch L bzw. Sch bis hin zu liturgischen Feiern.

Steckbriefe zu kirchlichen Diensten entwickeln

- Sch ziehen in PA oder KG eine kirchliche Aufgabe, z. B. Organistin, Mesner, Erzieherin im Pfarrkindergarten, Kaplan, Missionarin, Hausmeister etc.
- Sch informieren sich über den Beruf oder – noch besser – sie versuchen Kontakt mit jemandem aufzunehmen, der oder die diesen Beruf ausübt – und schreiben dann einen Steckbrief oder einen kurzen Text über die Person (evtl. mit Bildern).
- Die Ergebnisse werden ausgehängt und jeweils eine andere Gruppe bzw. ein anderes Paar analysiert das Geschriebene daraufhin, welche kirchlichen Grundvollzüge die vorgestellten Personen in ihrem Beruf besonders verwirklichen. Die Vorstellung erfolgt im Plenum.

Papst und Jugend PINNWAND 85

- Sch sammeln, was sie am Amt des Papstes und unserem gegenwärtigen Papst fasziniert und befremdet und auch ihre Fragen zu Kirche.
- Einige Sch formulieren daraus einen Brief an den Papst, den sie an den Vatikan senden.
  Adresse:
  Seiner Heiligkeit
  Papst Benedikt XVI.
  z. H. Privatsekretär Msgr. Dr. Georg Gänswein
  Apostolischer Palast
  I-00120 Città del Vaticano
  Italien

Sch-Beispiel:

Regensburg, 29. April 2006

Sehr geehrter Heiliger Vater,

wir (L. S., S. Ch., J. S. und Ch. Sch.) schreiben hiermit im Namen der Klasse 8e des Werner-von-Siemens-Gymnasiums in Regensburg einen Brief an Sie, in dem wir Ihnen gerne ein paar Fragen stellen würden.
Unsere Klasse findet es natürlich super und ist stolz darauf, dass Sie zum Papst gewählt wurden.
Im Unterricht nehmen wir im Augenblick das Thema »Kirche« durch (z. B. wie sie organisiert ist, wie sie Leuten in Not hilft usw.). Was ist die Kirche für Sie? Was finden Sie so schön an ihr und wieso finden Sie die Kirche so wichtig?
Eine weitere Frage, die uns brennend interessiert, ist, wie der Tagesablauf des Papstes aussieht.
Im Radio und im Fernsehen ist immer gesagt worden, dass Sie Verhütungsmittel verbieten wollen. Was finden Sie so schlecht an Verhütung?
Der Verkauf der Karten für Ihre Messe in Regensburg im September 2006 hat in den Osterferien begonnen und die Planungen laufen schon auf Hochtouren. Hoffentlich ist das Wetter an diesem Tag schön.
Unsere Klasse würde sich geehrt fühlen, wenn Sie unseren Brief beantworten würden.

Mit freundlichen Grüßen

Die Klasse 8e

STAATSSEKRETARIAT

ERSTE SEKTION
ALLGEMEINE ANGELEGENHEITEN

Aus dem Vatikan, am 9. Juni 2006

Liebe junge Freunde!

Euer Brief an Papst Benedikt XVI. ist im Vatikan angekommen, und der Heilige Vater hat sich über euer Interesse gefreut. Darum hat er mich beauftragt, Euch in seinem Namen zu danken und Eure Fragen zu beantworten.

Was an der Kirche wertvoll und schön ist, kann man nicht aus Büchern und auch nicht im Unterricht lernen: Man muß es selber erfahren; nur dann lernt man Kirche wirklich kennen. Denn sie ist ja weit mehr als eine menschliche Organisation oder eine Institution. Sie ist vor allem Freundschaft miteinander in der gemeinsamen Freundschaft mit Gott. Denn Christus hat die Kirche gegründet als die Gemeinschaft seiner Freunde, und er wollte, daß diese Gemeinschaft so eng mit ihm verbunden sei wie er mit Gott Vater im Heiligen Geist, daß sie also eine Einheit in der Liebe sei. Darum vergleicht die Bibel die Kirche mit einem Leib, der viele Glieder hat, die alle zusammen eine harmonische Einheit bilden und dessen Haupt Christus selber ist (vgl. *1Kor* 12, 12ff; *Röm* 12, 4ff; *Eph* 4, 15-16). In der Kirche können und sollen wir miteinander den Vorgeschmack dessen erleben, was einst unser Paradies sein wird. Wenn das in der Praxis manchmal anders erscheint, dann liegt der Grund dafür in der menschlichen Unzulänglichkeit: Die Kirche ist „zugleich heilig und stets der Reinigung bedürftig", sagt das Zweite Vatikanische Konzil (*Lumen gentium* 8).

An die Klasse 8e des
WvS-Gymnasiums
Brenness-Straße 4
D – 93059 REGENSBURG

Als zweites möchtet Ihr gern ein wenig über den Tagesablauf von Papst Benedikt XVI. wissen. Jeder Tag beginnt für den Heiligen Vater mit der Feier der hl. Messe sehr früh am Morgen in seiner Privatkapelle. Anschließend nimmt er sich viel Zeit für das Gebet. Aus dem innigen Kontakt mit dem Herrgott schöpft er die Kraft für sein anspruchsvolles Amt. Nach einem kurzen Frühstück erledigt er dann die vielen Arbeiten am Schreibtisch, und gegen Ende des Vormittags empfängt er meist besondere Gäste wie Staatsoberhäupter oder auch Kardinäle oder Bischöfe, die mit ihm ihre Sorgen und Probleme besprechen wollen. Nach dem Mittagessen gönnt er sich eine Mittagsruhe. Den Nachmittag beginnt der Heilige Vater mit dem Gebet des Rosenkranzes; danach gibt es dann wieder viele Arbeiten zu erledigen und Gespräche zu führen, bis er sich eine halbe Stunde vor dem Abendessen in die Kapelle begibt, um zu beten. Am späten Abend vor dem Schlafengehen macht er noch einen letzten Besuch beim Herrn, der im Tabernakel gegenwärtig ist.

Der Heilige Vater betet auch für Euch. Er wünscht Euch, daß Eure Beschäftigung mit der Kirche Euch der unerschöpflichen Wahrheit Gottes immer näher bringt und Euch auf dem Weg des Suchens und Findens zu glücklichen Menschen macht. Dazu erbittet er Euch von Gott den Beistand des Heiligen Geistes.

Mit besten Wünschen und freundlichen Grüßen

Msgr. Gabriel CACCIA
Assessor

Antwortbrief aus dem Vatikan

Kirche in Deutschland: Burg Feuerstein

Orientierung 3 [90] [91]

1. Hintergrund

Da viele Jugendliche den Eindruck haben, dass die katholische Kirche gerade in Deutschland eher etwas für ältere Menschen sei, wurde hier bewusst eine Jugendbildungsstätte als ein Beispiel für Kirche in Deutschland gewählt. *Orientierung 3* (**90f.**) orientiert sich in der Gestaltung an der Homepage der Jugendbildungsstätte Burg Feuerstein (www.burg-feuerstein.de/index_1.html), die von der Erzdiözese Bamberg getragen wird. Das **Leitbild** führt die Jugendlichen in die (theologischen) Hintergründe kirchlicher Jugendbildungsarbeit ein. Die Kästen »**Girls, Girls, Girls**« und »**Coole Jungs**« stellen exemplarisch geschlechtsspezifische Angebote der Einrichtung vor. Sie sind so ausgewählt, dass sie von der Altersgruppe her zu Sch der achten Klasse passen und somit zumindest potenziell Interesse wecken könnten. Auf *Orientierung 3* (**91**) kommen mit »**Ground Zero – am Boden zerstört?**« und »**Ich glaub's und zeig's**« deutlicher kirchlich-religiös motivierte Angebote in den Blick. Sie zeigen auf, dass Glauben durchaus etwas mit der Welt von heute und den jetzigen Jugendlichen zu tun haben kann.

Von der folgenden Seite kommt man über die jeweiligen Links zu den Webseiten der Häuser in der eigenen Region: www.jugendhaus-neukirchen.de/links/jugendbildungs.html.

2. Einsatzmöglichkeiten im RU

Eine Internetrecherche durchführen

- Einige Sch informieren sich im Internet über die Angebote, Teilnahmebedingungen und Kosten von »Burg Feuerstein« (www.burg-feuerstein.de).
- Andere Sch sammeln Informationen zu (katholischen) Jugendbildungsstätten in ihrer Umgebung.
- Die Ergebnisse werden im Plenum vorgestellt.

Kirche will mündige Christinnen und Christen – kirchliche Jugendarbeit verteidigen

- Sch lesen Texte »Girls, Girls, Girls« und »Coole Jungs«.
- L führt in das Szenario ein, dass sich aufgrund der Finanzknappheit die Stimmen in den Diözesen mehren, die solche »nicht-religiösen« Jugendveranstaltungen für verzichtbar halten.

- Sch schreiben Briefe an diese Kreise, in denen sie – anknüpfend an ihr Wissen aus 8.1 – darlegen, warum die persönliche Entwicklung jedes Jugendlichen unbedingtes Anliegen der Kirche sein muss.

3. Weiterführende Anregungen

Presseschau halten PINNWAND 84

- Um das Thema »Kirche in Deutschland« auszuweiten, sammeln Sch Pressemitteilungen zum Thema Kirche, die sie als Collage oder mit einer Power-Pointpräsentation vorstellen.
- Anhand der Collage oder Power-Pointpräsentation diskutierten Sch über das Kirchenbild in der allgemeinen Öffentlichkeit.
(Dieser Auftrag kann auch bereits zu Beginn des Themenbereichs gegeben und so über einen längeren Zeitraum ausgeführt werden.)

Eine Umfrage zum Thema »Ostern« durchführen

- Im Anschluss an den Text »*Ground Zero* – am Boden zerstört?« erarbeiten Sch, was Ostern für uns heute bedeuten kann. Dazu fragen sie Mit-Sch, Lehrkräfte oder auch Passanten in einem Interview, ob sie schon einmal eine Ostererfahrung hatten.

Von einer besseren Welt träumen

- Bilder von Terror und Gewalt gehören zur täglichen Erfahrung von Jugendlichen. Die großen Krisenherde unserer Zeit sowie die Konflikte in Klasse und Familie sammeln Sch auf kleinen Zetteln (Mauersteinen), die sie zu einer Mauer zusammenfügen.
- L liest den Text »Stacheldraht ist grausam« (**M 8.4.10, Lehrerkommentar S. 205**).
- Sch überlegen sich kleine Schritte hin zu einer friedlicheren Welt. Diese können auf kleine Blüten geschrieben und auf der Mauer angebracht werden.
- Sch diskutieren: Was hat das mit Ostern zu tun?
- Zum Abschluss wird der Text: »Zwei oder drei in deinem Namen« von Diethard Zils (**M 8.4.11, Lehrerkommentar S. 206**) gelesen.

Kirche in Europa: Communauté de Taizé, Frankreich

Orientierung 4 92 93

1. Hintergrund

Orientierung 4 (**92f.**) lenkt den Blick in zweifacher Hinsicht über den eigenen Tellerrand hinaus: Mit der *Communauté de Taizé* in Frankreich kommt zum einen ein Aspekt von »Kirche in Europa« zur Sprache. Zum anderen betont die ökumenische Gemeinschaft aber v. a. die Zusammengehörigkeit aller Christinnen und Christen weltweit.
Das **Bild vom Gebet in Taizé** stellt heraus, dass es sich bei der Kommunität um ein zutiefst geistiges Zentrum handelt, die das dreimal täglich stattfindende, gemeinsame Gebet in den Mittelpunkt ihres Lebens stellt. Der **Erfahrungsbericht »In Baracken wohnen und beten – wer hält das aus?«** ermöglicht Sch einen jugendgemäßen, affektiven Zugang zum Thema, bevor der Text »**Was ist Taizé?**« wichtige Hintergrundinformationen nachliefert. Das **Lied »Laudate, omnes gentes«** dürfte zumindest einigen Sch bekannt sein (eine Einspielung des Liedes befindet sich auf der beigefügten CD). Zusammen mit dem **Auszug aus der Regel von Taizé** vermag es in die Ziele und Visionen von Taizé einzuführen.
Aufgrund des Alters der Sch ist es unwahrscheinlich, dass sich in den Klassen bereits Jugendliche mit direkten Taizéerfahrungen befinden. Dennoch werden vielleicht einzelne Sch bereits über Taizégebete etc. in Kontakt mit den für Taizé typischen Liedern und Gebetsformen gekommen sein und dies in den RU einbringen können. Die Tatsache, dass jährlich Tausende Jugendliche gerne den Weg und das einfache Leben in Taizé auf sich nehmen, weckt zumindest potenziell die Frage, warum Jugendliche der Glaube und die Gemeinschaft dort so fasziniert. Dieser bestärkende oder auch verwundernde Effekt kann über die reale Begegnung mit Taizébesucherinnen und -besuchern oder auch über geeignetes Filmmaterial noch verstärkt werden.

2. Einsatzmöglichkeiten im RU

Etwas von der Taizé-Faszination erspüren

- Sch schauen sich gemeinsam den Film »Eine Woche in Taizé« (Frankreich 1999; zu beziehen bei den diözesanen Medienzentralen, ca. 15 Min.) an. Dazu erhalten sie **M 8.4.12, Lehrerkommentar S. 207**, das sie während des Films ausfüllen.

Fragen zu den Taizéerfahrungen von Anna und Verena stellen

- Sch nennen die im Text auf *Orientierung 4* (**92**) genannten Erfahrungen von Anna und Verena.
- L sammelt die Ergebnisse an der Tafel.

- Sch ergänzen nun die Fragen, die sich ihnen beim Lesen dieser Erfahrungen stellen.
- Die möglichen Antworten werden im Plenum diskutiert; evtl. ist eine weitere Klärung durch Filmmaterial oder die Befragung von Jugendlichen, die bereits in Taizé waren, vonnöten.

Die Ökumene mit den evangelischen Mitschülerinnen und Mitschülern diskutieren

- Sch bereiten Plakate oder eine Powerpoint-Präsentation vor, mithilfe derer sie ihren Mitschülerinnen und Mitschülern anderer Konfessionen die katholische Auffassung von Kirche nahebringen. Die evangelisch-lutherischen Sch (und eventuell auch Mitglieder anderer Konfessionen) tun das Gleiche (vgl. LP Evangelische Religionslehre 8.3: Auswirkungen der Reformation).
- Danach werden, evtl. auch unter Einbezug von Fachleuten aller Konfessionen, die Möglichkeiten und Grenzen von Ökumene diskutiert.
- Sch informieren sich, wie ökumenische Zusammenarbeit vor Ort aussieht.

3. Weiterführende Anregungen

Ein Taizégebet gestalten

- Anhand von Buchtexten, eigenen Erfahrungen, Homepage und Film wird zusammengetragen, welche Elemente inhaltlicher und gestalterischer Art ein Taizégebet auszeichnen.
- Eine Gruppe der Sch bereitet ein (kurzes) Taizégebet inhaltlich vor (Hinweise unter www.taize.fr/de), eine andere übernimmt die Gestaltung eines geeigneten Raumes (evtl. ist eine Zusammenarbeit mit dem Fach Musik oder auch der Einsatz von CDs erforderlich).
- Das Gebet wird (nach vorheriger Verständigung über Verhalten und Toleranz) gemeinsam gefeiert.
- Anschließend sprechen Sch über ihre Erfahrungen.

Taizéerfahrene Jugendliche einladen

- Jugendliche, die bereits in Taizé waren oder an einem der Silvestertreffen teilgenommen haben, werden in die Klasse eingeladen.
- Sch befragen sie zu ihren Erfahrungen.

Kirche in der Welt

Orientierung 5 und 6 94 97

1. Hintergrund

Die vier Seiten von *Orientierung 5* und *6* (**94ff.**) stellen exemplarisch ein weltkirchliches Projekt vor – nämlich die Pfarrei *El Señor de los Milagros* in Cali/Kolumbien. Damit wird deutlich gemacht, dass es sich bei der katholischen Kirche tatsächlich um eine Weltkirche handelt, welche die Sorgen, Nöte und Hoffnungen aller Menschen im Blick haben muss. Gleichzeitig werden Sch ihrem Entwicklungsstand gemäß dazu angehalten, sich nicht nur mit ihrer eigenen Umgebung, sondern auch mit größeren, globalen Zusammenhängen auseinanderzusetzen.
Orientierung 5 (**94f.**) bietet mit dem **Rap »Empleo/Arbeit«** einen stärker affektiv orientierten Erstzugang zum Thema »Kirche in der Welt«, der nicht nur einen Musikstil aufgreift, den viele Jugendliche reizvoll finden, sondern auch über das ähnliche Alter der Rapper Identifikationsmöglichkeiten bietet. Der **Kasten »Informationen über Kolumbien«** reicht Hintergrundinformationen nach. Insgesamt macht die Seite so deutlich, dass lokale Kirche nie ohne die reale, gesellschaftliche und soziale Situation der Menschen beschrieben werden kann.
Der **Erfahrungsbericht »El Señor de los Milagros, Cali, Kolumbien«** vermittelt Sch durch den bewusst subjektiven Blickwinkel sowohl etwas von der Not und der Gewalt vor Ort als auch von der Würde und Freude der Menschen. Der Text wirft die Frage nach Tod und Leben, nach der Botschaft von »Karfreitag und Ostern« auf und eignet sich so sehr gut zu einer Anknüpfung an das Kirchenjahr.
Orientierung 6 (**96f.**) stellt unter der Überschrift »Die Kinder von Cali« das »Sozialwerk der Pfarrei Herr der Wunder« vor. **Bilder und kurze Texte** geben einen ersten Eindruck von den vielfältigen sozialen Projekten der Jesuitenmission (nähere Informationen finden sich auf den entsprechenden Homepages, s. u.).
Orientierung 6 (**96**) lädt so dazu ein, die Grunddimensionen kirchlichen Handelns (vgl. *Orientierung 2*, **88f.**) zu wiederholen und auf dieses Projekt anzuwenden.
Das **Interview mit Pater Welker** bindet die vorangehenden Seiten nun explizit an Kirche und Glauben, weil darin nicht nur seine Erfahrungen, sondern auch die zutiefst christliche Motivation für sein Leben und Wirken zum Ausdruck kommen. Er fordert heutige Christinnen und Christen heraus, durch ihr Leben und Wirken von ihrem Glauben Zeugnis zu geben. Da jedoch viele der heutigen Sch kaum noch direkten Kontakt zu engagierten Christinnen und Christen haben, bzw. deren soziales und humanitäres Engagement nicht als Folge ihres Glaubens wahrnehmen, empfiehlt sich hier eine Spurensuche, die den persönlichen oder medial vermittelten Kontakt mit heutigen Gläubigen ermöglicht.

2. Einsatzmöglichkeiten im RU

Neue Entwicklungen in Kolumbien und besonders Cali erforschen und der Schule präsentieren

- Sch recherchieren im Internet neue Zahlen über Kolumbien im Allgemeinen und über Cali im Besonderen (mögliche Homepages: www.missionsprokur-jesuiten.de/kinder_von_cali; www.zeman-net.de/Cali/; www.users.odn.de/~g.rass/welker.htm).
- Sch gestalten in Projektarbeit Schautafeln etc., die sie in der Klasse/Schule (evtl. in Zusammenarbeit mit den Fächern Erdkunde und Wirtschaft) präsentieren.

Lokale Projekte vorstellen

- Sch informieren sich, ob es in ihren Heimatpfarreien oder in den Jugendverbänden etc. Partnerschaften mit Projekten oder Pfarreien in anderen Ländern gibt.
- Sch stellen diese in der Klasse vor und berichten über Möglichkeiten, sich daran zu beteiligen.

Briefe an die Verantwortlichen schreiben

- Sch schreiben Briefe an die Verantwortlichen, in denen sie einer Mitarbeit in Cali zustimmen bzw. diese für sich ablehnen (vgl. dritten AA auf *Orientierung 5*, **95**).
- Je nach Ergebnis werden alle oder auch nur einige der Briefe abgetippt oder auf DIN-A3-Blätter geklebt und im Klassenzimmer aufgelegt. Sch gehen um diese herum und lesen die verschiedenen Briefe.
- Sch haben dann die Gelegenheit, dem Verfasser/der Verfasserin schriftlich Fragen zu stellen. Diese oder auch andere, die sich in die Verfasser hineinversetzen, können die Fragen zu beantworten versuchen.

Mögliche Weiterführung:

- Sch sammeln in Gruppen die verschiedenen Gründe/Motivationen für oder gegen eine Teilnahme auf Plakaten. Sie gehen dann im Raum umher und versuchen die anderen, denen sie begegnen, für oder gegen eine Teilnahme zu überzeugen. Dabei ergeht die Einladung, sich eine Rolle zu wählen, die man normalerweise nicht vertreten würde.
- Auswertung im Plenum: Zunächst wird auf die gemachten Erfahrungen eingegangen und dann erst sollten offengebliebene Themen behandelt werden, wie z. B.: »Ersetzen Spenden einen persönlichen Einsatz?«, »Wann kann oder soll man etwas/nichts für andere riskieren?«

Sch-Beispiele:

Vielen Dank für die Gelegenheit, dort unten etwas zu verändern, aber ich lehne ab, weil ich dann keine Zeit mit meinen Freunden und keine Zeit für andere Dinge hätte. Deshalb bleibe ich lieber beim Spenden, denn das ist nicht halb so anstrengend.

Sehr geehrte Verantwortliche,
ich würde einerseits mithelfen, aber andererseits nicht.
Ich würde mithelfen, weil ich möchte, dass es den ärmeren Leuten besser geht.
Ich würde absagen, weil ich keine Lust dazu hätte, nach Cali zu fliegen, sondern lieber in den Ferien etwas mit meinen Freunden unternehmen möchte. Außerdem hätte ich Angst, mich mit irgendeiner Krankheit anzustecken und weil es mir dort zu gefährlich wäre. Ich würde die Leute lieber durch Spenden unterstützen.

Sehr geehrte Verantwortliche,
ich würde gerne kommen, da ich anderen helfen will, denen es nicht so gut geht wie mir. Außerdem würde ich Ihre Stiftung gerne mit einer kleinen Spende unterstützen. Wir sehen uns!

Sehr geehrte Verantwortliche,
ich kann nicht kommen, weil ich bereits etwas anderes vorhabe, auf das ich mich schon lange freue. Ich würde gerne kommen, kann aber nicht!

Eine Podiumsdiskussion durchführen

- Sch informieren sich auf *Orientierung 6* (**96**) über die verschiedenen sozialen Initiativen der Pfarrei in Cali.
- Im Pfarrgemeinderat der Heimatpfarrei soll darüber diskutiert werden, ob man diese Projekte unterstützen will:
  - Sch bereiten sich in arbeitsteiliger PA auf die Rolle der Befürworter oder der Gegner vor, indem sie Argumente sammeln (z. B. genug Not hier vor Ort; Kirche soll sich auf Geistliches beschränken; Weltkirche als große Gemeinschaft; Diakonie als wesentliche Dimension von Kirche etc.).
  - Vorne im Klassenzimmer stehen je drei Stühle für die Befürworter und die Gegner. Sch können sich auf freie Stühle ihrer Gruppe setzen und ihre Argumente einbringen, bevor sie das Podium für andere räumen.
  - Abschlussdiskussion im Plenum: Warum betreibt die Kirche soziale Projekte?

Ein Interview mit Michael Kühnert oder Pater Welker inszenieren

- Nach der Begegnung mit *Orientierung 5* und *6* (**94ff.**) teilt sich die Klasse in verschiedene Gruppen: Die einen versuchen, sich möglichst intensiv mit den Motiven und Erfahrungen von Michael Kühnert oder Pater Welker auseinanderzusetzen; die anderen sammeln Fragen, die sie den beiden oder einem von den beiden gerne stellen würden.
- Die Interviews werden vor der Klasse durchgeführt. Dann schreiben Sch auf verschiedenfarbige Blätter, was sie an Michael Kühnert bzw. Pater Welker toll finden und was sie an ihnen befremdet.
- Die Ergebnisse werden vorgelesen und es erfolgt ein Austausch darüber, warum Menschen so leben.

Ein Mädchen oder einen Jungen aus Cali zu uns sprechen lassen

Auf *Orientierung 5* und *6* (**94ff.**) haben Sch viel über das Leben von Jugendlichen in Cali, über ihre Sorgen und Freuden kennengelernt. Sie sollen nun versuchen, sich in die Lage eines Gleichaltrigen von dort hineinzuversetzen:

- Sch stellen sich vor, dass ein Mädchen von Cali für vier Wochen bei uns zu Besuch ist. Zum Abschluss soll sie eine kurze Rede halten, in der sie ihre Eindrücke von Nürnberg, Regensburg etc. schildert und ganz besonders herausstellt, was sie positiv erfahren hat und wo sie hier Veränderungsbedarf sieht.
- Sch schreiben die Rede in PA.
- Einige halten ihre Rede.
- Die Ergebnisse und die so geäußerten Chancen und Herausforderungen für unser Land werden abschließend im Plenum diskutiert.

3. Weiterführende Anregungen

Eine Collage basteln/Losgerappt PINNWAND 85

- Sch lesen den Rap-Text auf *Orientierung 5* (**94**) und hören dann die Original-Version von Cecho, Robinson und Juan Carlos (eine Einspielung des Raps befindet sich auf der beigefügten CD, eine Powerpoint-Präsentation mit Bildern aus Cali in der Materialbörse von www.religionvernetzt.de).
- Sch besprechen, was die Jugendlichen besingen, und recherchieren Hintergründe.
- Sch tauschen sich in GA darüber aus, welche Probleme und Notstände sie bei uns momentan für besonders bedrängend halten und versuchen, künstlerisch auszudrücken – sei es durch eine Collage, einen Rap, das Umdichten eines Liedes etc.

Moderne Lieder vorstellen, die Missstände in der Welt anprangern

- Sch stellen Lieder vor, die ihnen momentan gut gefallen und die gleichzeitig auf eine soziale Notlage hinweisen. Dabei führen sie kurz in den Text des Liedes und wie er umgesetzt wird ein.
- Sch diskutieren, ob und wenn ja wie Kirche, d. h. wir als Christinnen und Christen gefordert sind.

Kuchen für Cali backen

- Sch überlegen sich eine konkrete Aktion, mit der sie die Kinder in Cali oder ein anderes (kirchliches) Hilfsprojekt unterstützen können. Dabei werden auch grundsätzliche Fragen wie die Bedeutung kleiner Schritte und der Sinn und Zweck von Spenden etc. besprochen.
- Die Klasse führt ihr Projekt durch.

Mit Missionarinnen und Missionaren (auf Zeit) Kontakt aufnehmen

- Sch recherchieren vor Ort oder im Internet, ob es Menschen gibt, die für kurze Zeit oder auch für länger in armen Ländern mitgeholfen haben und mit denen man in Kontakt treten kann.
- Je nach Situation werden diese per E-Mail, persönlichen Interviews, Einladungen in die Klasse etc. kontaktiert.

Engagierten Christinnen und Christen auf der Spur

- Im Anschluss an die Auseinandersetzung mit dem Interview auf *Orientierung 6* (**97**) machen sich Sch auf die Spur von heutigen Christinnen und Christen, die mit ihrem Leben den scheinbar unabänderlichen Lauf der Dinge hinterfragen. Dabei sollen normale Menschen des Alltags in den Blick kommen, die dennoch besonders sind und gerade durch ihre Alltäglichkeit und ihr Engagement faszinieren können. Dazu bieten sich sowohl Zeitungs- als auch Internetrecherchen an, z. B. die Homepage »Local Heroes« der Uni Passau (www.ktf.uni-passau.de/local-heroes).
- Noch beeindruckender ist es, vor Ort überzeugte und engagierte Menschen aufzuspüren, die gerne bereit sind, mit den Jugendlichen ins Gespräch zu kommen. Die Art des Vorgehens wird sich dabei stark an Situationen und Personen orientieren. Eine Möglichkeit wäre z. B., dass Sch in Gruppen je eine Person auswählen und Reportagen über diese schreiben, die dann in einer Klassen- oder Schülerzeitung veröffentlicht werden.

Kirche zum Mitmachen

1. Hintergrund

Perspektiven 1 (**98f.**) verlagert nun den Schwerpunkt vom Sehen und Urteilen hin zum Handeln. Die Jugendlichen sind eingeladen, das Gelernte zumindest ansatzweise anzuwenden und zu erproben. Dabei steht auf *Perspektiven 1* (**98**) mit der **Werkstatt Neues Geistliches Lied**, den **Workshops** und dem Beispieltext **Popcorn-Rap** ein eher spirituell-liturgischer Zugang im Mittelpunkt. Der **Rap** drückt die Pfingsterfahrung der Jünger (vgl. Apg 2) in Bildern aus, die der Alltagswelt heutiger Jugendlicher entstammen (vollständiger Text des Raps siehe **M 8.4.13, Lehrerkommentar S. 208**). Dadurch erfahren Sch, dass es vielversprechende Ansätze gibt, Liturgie zeit- und jugendgemäß zu gestalten, und können, wenn möglich, selbst ausprobieren, ihrem Glauben oder ihrer (durchaus auch kritischen) Einstellung Ausdruck zu geben. Gerade in diesem Bereich wird es selbstverständlich sehr von den Vorerfahrungen, der Aufgeschlossenheit und den Interessen der Jugendlichen abhängen, ob und wie eine Auseinandersetzung gelingen kann, die über das Kognitive hinausgeht. Die Erfahrung zeigt jedoch, dass auch kirchenferne Sch große Kreativität entwickeln können, wenn sie das Gefühl haben, dass sie mit ihren Fragen und Meinungen ernst genommen und gehört werden.
Perspektiven 1 (**99**) stellt exemplarisch die **Misereor/BDKJ-Jugendaktion** aus dem Jahre 2003 vor, welche die verbrecherischen Machenschaften der »Biopiraten« unter die Lupe nahm. Damit werden Sch auf doppelte Weise zu Auseinandersetzung und Mitgestaltung eingeladen: Einerseits können sie sich inhaltlich mit dem Thema »Biopiraterie«, Artenvielfalt und Genmanipulation sowie den damit verbundenen Fragen der sozialen Gerechtigkeit beschäftigen und eigene Aktionen zum Thema planen; andererseits bietet die jeweilige Jugendaktion von Misereor die Chance, ein jährlich wechselndes Thema mit der Klasse zu bearbeiten und die Ergebnisse dazu über den BDKJ bzw. Misereor einem breiteren Publikum zu präsentieren. So kann bei Sch gerade während der österlichen Bußzeit ein Gefühl dafür entstehen, dass christliches Fasten immer etwas mit Befreiung und dem Kampf gegen Ungerechtigkeit zu tun hat (vgl. Jes 58,6f.).

2. Einsatzmöglichkeiten im RU

Bibelstellen aktualisieren
- Sch hören den Popcorn-Rap (eingespielt auf der beigefügten CD) und lese Apg 2,1-24.
- Sch diskutieren, was vom biblischen Originaltext übernommen und wie er aktualisiert bzw. auf uns heute übertragen wurde.
- Danach wählen sich Sch eine Bibelstelle (z. B. die Kirchenbilder von *Orientierung 2*, **86f.**) und übertragen diese in Jugendsprache, in eine Szene, die in der heutigen Zeit spielt, einen Sprechgesang oder ein Lied.

Sich von Gottes Geist berühren lassen
- Mit dem Lied »Wenn der Geist sich regt« **M 8.4.14, Lehrerkommentar S. 209**. lernen Sch ein weiteres modernes Pfingstlied kennen.
- Sch vergleichen dieses Lied mit dem Popcorn-Rap bzgl. Inhalt und Aussage.
- L sammelt Wirkweisen des Heiligen Geistes in einer Mindmap an der Tafel (z. B. »nimmt die Angst«, »rüttelt auf«, »Kraft Gottes in uns«, »hinterfragt eingefahrene Strukturen«, »drängt zum Engagement« etc.).
- Sch diskutieren den Zusammenhang zwischen Gottes Wirken und Unterstützung sowie unseres persönlichen Einsatzes.
- Sch lesen das *Gebet der brasilianischen Campesinos* (**M 8.4.15, Lehrerkommentar S. 210**) und schreiben es weiter.
- Nach Möglichkeit wird das Gebet gemeinsam gebetet und um einige der erarbeiteten Zusätze ergänzt.

Alternative:
- Sch kopieren ein Wort, einen Satz oder eine Aussage, die sie anspricht, auf ein DIN-A3-Blatt und gestalten dieses bei stiller Musik mit Wachsmalkreiden, Wasserfarben etc.
- Die Bilder werden im Klassenraum aufgehängt und gemeinsam betrachtet.

»Biopiraterie« oder eigene Entwicklung? – dem Problemfeld auf die Spur kommen
- Nach der Lektüre des Textes zur »Biopiraterie« auf *Perspektiven 1* (**99**) legt L die Karikatur (**M 8.4.16, Lehrerkommentar S. 211**) als Folie auf den OHP.
- Sch deuten die Karikatur vor dem Hintergrund der Informationen aus dem Schulbuch.
- Sch lesen den Text über das Weizenpatent (**M 8.4.17, Lehrerkommentar S. 211**) und überlegen sich eine Podiumsdiskussion zwischen den indischen Bauern und der Gentechnik-Firma. Dazu bereiten die Sch in arbeitsteiliger PA möglichst viele Argumente der Bauern bzw. des Konzerns vor, die dann in den jeweiligen Gruppen gesammelt werden.
- Je zwei Sch jeder Seite nehmen an der Diskussion teil.
- Die Argumente werden als TA zusammengefasst.

An der Misereor/BDKJ-Jugendaktion des laufenden Jahres teilnehmen
- Sch informieren sich über die Jugendaktion des jeweiligen Jahres (die Seiten können leicht über eine Suchmaschine im Internet gefunden werden;

von der eigenen Teilnahme darüber zu reflektieren, was der Einsatz für globale Solidarität und Gerechtigkeit mit Kirche im Allgemeinen und christlichem Fasten im Besonderen zu tun hat.

Ich bin der Weinstock, ihr seid die Reben

1. Hintergrund

Perspektiven 2 (**100f.**) stellt mit dem Titel **»Ich bin der Weinstock, ihr seid die Reben«** eines der Ich-bin-Worte aus den Abschiedsreden Jesu (Joh 13,1 – 17,26) in den Mittelpunkt. Dieses hätte als Bild von Kirche bereits im Zusammenhang mit *Orientierung 1* (**86f.**) besprochen werden können. Durch seine Einbindung in die Perspektivenseiten wird es jedoch etwas anders akzentuiert: Es kann als Kirchenbild gedeutet werden und als Aufhänger für eine Wiederholung der biblischen Bildworte genutzt werden (vgl. den dritten AA auf *Perspektiven 2*, **100**). Da es die Jüngerinnen und Jünger in den Mittelpunkt stellt, fordert es zudem heraus, über die eigenen Früchte, das eigene Handeln und Wirken im konkreten Alltag nachzudenken, und regt Sch zur Reflexion über sich selbst und ihre Rolle in Kirche und Gesellschaft an.
Das **Foto** zeigt reife Weintrauben. Die Früchte dominieren das Bild, nicht die Blätter. So lädt schon das eine Foto dazu ein, darüber zu spekulieren, was alles nötig ist, dass es zu solch prallen Früchten kommt. Dies erklärt der erste Teil des **Interviews mit Jutta Mader**, in dem Wesentliches zur Arbeit eines Winzers erklärt wird. Damit wird gerade Sch aus städtischen Bereichen ein erster Zugang zur Naturalsprache des Gleichnisses ermöglicht.
Im zweiten Abschnitt des Interviews bezieht Frau Mader das Bildwort auf ihr Leben und ermöglicht Sch so einen leichteren Übertrag auf ihr eigenes Leben. Der dritte Teil geht dann noch einen Schritt weiter, indem er die soziale und gemeinschaftsbildende Funktion des Fruchtbringens herausstellt und somit deutlich Bezug auf das Thema Kirche nimmt.
Perspektiven 2 (**101**) enthält neben dem **Bibeltext Joh 15,1-8** ein **Bild des Kreuzaltars im Doberaner Münster** (als Folie enthalten in *Bilder aus Religion vernetzt 7 und 8. 36 Farbfolien*, München 2006, ISBN 3-466-50717-0).

Kreuzaltar im Doberaner Münster (um 1360)
Beim Doberaner Münster, einer Zisterzienser-Klosterkirche, handelt es sich um einen hochgotischen Backsteinbau in Mecklenburg. Das Triumphkreuz ist Teil des Laienaltars. Es steht raumfüllend im westlichen Drittel des Kirchenschiffs und trennt den Kirchenraum in zwei Bereiche, den der Laienbrüder und den der Patres. Das Kreuz zeigt den Gekreuzigten in einen Lebensbaum oder auch Weinstock eingebettet. Die Bilder auf den Kreuzbalken stellen Adam und Eva dar sowie verschiedene Kreuzwegszenen. Wie auch der Inschrift zu entnehmen ist, wird das stellvertretende und heilsschaffende Leiden Christi betont. (Weiterführende Informationen unter http://www.doberanermuenster.de.)

Mögliche Argumente:

Patente auf Lebensformen: Pro und Contra

Pro

Ohne Patente gäbe es keinen Anreiz für eine Forschung. Da neue Medikamente und Pflanzensorten entwickelt werden müssen, ist eine Patentierung von Lebensformen notwendig.

Patente belohnen den Inhaber für seine Forschungsarbeit und sind notwendig, um die hohen Entwicklungskosten wieder einspielen zu können.

Patente bieten einen Schutz vor Nachahmung oder geistigem Diebstahl. Auch das Auffinden einer bestimmten Eigenschaft einer Pflanzensorte und ihre genetische Lokalisierung benötigt den Schutz eines Patentes.

Die Übertragung von artfremden Genen in eine Pflanze ist eine Neuheit, die so nicht in der Natur vorkommt. Sie ist daher einer Erfindung gleichzusetzen. Somit sind auch Patente auf Pflanzen berechtigt, deren Gensubstanz verändert wurde.

Contra

Bis in die 1950er-Jahre gab es keine Patente auf Medikamente und dennoch wurde geforscht. Patente können sogar wissenschafts- und forschungshemmend sein. Selbst Unternehmen beklagen inzwischen, dass der Patentierungswettlauf reflektierte Forschungszusammenarbeit unmöglich macht.

Ein beträchtlicher Anteil der Forschung (z. B. im Gentechnikbereich) wird aus öffentlicher Hand finanziert und nicht von Unternehmen, die meist Patentinhaber sind.

Ein Patent auf eine Pflanzensorte, einen Inhaltsstoff etc. ignoriert züchterische Vorleistung sowie das Wissen von lokalen Gemeinschaften über Heil- und Nahrungspflanzen. Außerdem sind Gene und Eigenschaften ohne Zutun des Menschen in der Natur vorhanden und eine Entdeckung, aber keine Erfindung.

Durch eine gentechnische Veränderung werden nur wenige Gene einer Pflanze, die über 50.000 Gene in ihrem Erbgut enthalten kann, verändert oder neu hinzugefügt. Auch die hinzugefügten Gene stammen ursprünglich aus der Natur. Gene und Lebensformen sind keine Erfindung.

Vgl. Bildungsmappe Biopoli, www.bukoagrar.de

3. Weiterführende Anregungen

Einem anderen Glauben begegnen PINNWAND 84

- L legt das Titelbild aus *Religion vernetzt 7.5*, d. h. die Folie von Kirchturm und Moschee (das Bild ist als Folie enthalten in *Bilder aus Religion vernetzt 7 und 8. 36 Farbfolien*, München 2006, ISBN 3-466-50717-0) auf.
- Sch wiederholen, was sie in der siebten Klasse über das muslimische Gebet gelernt haben.
- Anschließend diskutieren sie die Möglichkeiten und Grenzen, mit Menschen anderer Religionen zu beten. Dabei soll besonders auf die gemeinsamen
- Wenn die Atmosphäre offen genug ist, kann ein gemeinsames Gebet um Frieden geplant werden.

Variation:

- Sch erklären, warum das Vaterunser ein Gebet ist, das nicht nur von Christen, sondern auch von Juden und Muslimen gebetet werden könnte.
- Anschließend gestalten Sch das gemeinsame Gebet des Vaterunsers (z. B. mit der Unterlegung von Gesten, indem sie Aktualisierungen durch Bilder, Collagen oder Dias zu den einzelnen Bitten vornehmen, meditative Erklärungen nach den einzelnen Bitten einfügen).
- Sch laden Vertreter/innen anderer Religionen zum … über Gebet ein. Ggf. kann das Vater-

Mögliche Zugangsweisen:

- Sch schreiben »Meine Erstkommunion« in die Mitte eines Blattes und sammeln in einer Mindmap außen herum in EA alle Gedanken und Erinnerungen, die ihnen kommen.
- Die Erstkommunion wird über ein sozialtherapeutisches Rollenspiel aktualisiert (Anleitung analog zu »Positive Kirchenerfahrungen vergegenwärtigen«, vgl. Lehrerkommentar S. 173f.). Hierbei kann die Eingabe ruhig offen sein, d. h. positive und negative Erfahrungen können gleichermaßen zugelassen werden.
- Schreibgespräch zu »Meine Erstkommunion«: Sch erhalten in Gruppen von vier bis fünf Personen ein großes Blatt mit der Aufschrift »Meine Erstkommunion«. Sie »unterhalten« sich in der Stille über das Thema, indem sie ihre Beiträge auf das Blatt schreiben. Immer nur ein Sch schreibt. Die anderen warten und lesen, bevor sie antworten oder selbst einen neuen Beitrag aufschreiben.
- L legt verschiedenste Bilder oder Gegenstände aus, die etwas mit dem Thema »Erstkommunion« zu tun haben (Kerze, Gottesdienst, Kinder in Kutten, Mittagessen, Geschenke etc.). Jede/r Sch wählen sich eines, das sie anspricht, und erzählen dann, warum sie das Bild gewählt haben und was es mit ihnen zu tun hat.
- Sch werden gebeten, ein Foto ihrer Erstkommunion mitzubringen. In KG stellen sie sich ihre Fotos vor und tauschen sich aus.

- Nun wird der Blick stärker auf die religiösen Inhalte gelenkt: Sch wiederholen die Bedeutung und Inhalte des Festes. Sie überlegen, ob sie sich an (Bibel-)Texte, Themen oder Lieder ihrer Erstkommunion oder der von Geschwistern erinnern.
- Nach einem allgemeinen Austausch über die Bedeutung, die diese Texte und Lieder damals für sie hatten, wird speziell auf Joh 15 eingegangen, sofern dies von Sch zur Sprache kommt. Sie überlegen sich, ob der bekannte Text ihnen heute (noch) etwas (womöglich anderes als damals) sagt.

Eine Sprechmotette entwickeln

- Sch teilen sich in Gruppen von sechs bis acht Personen ein. Diese bekommen den Auftrag, die Bildrede vom Weinstock und dem Winzer als Sprechmotette umzusetzen.

- kurze moderne Worte, Fragen oder Sätze werden eingebaut (z. B. mein Vater ist der Winzer – wer ist er? – der Winzer, der Winzer, der Winzer);
- Variationen im Sprechtempo.

- Sch tragen ihre Versionen vor. Evtl. kann das Ergebnis einer Gruppe mit der ganzen Klasse für den nächsten Schulgottesdienst ausgebaut werden.

Den eigenen Früchten nachspüren

- Sch erarbeiten Joh 15 mithilfe von *Perspektiven 2* (**100**).
- Sch füllen in stiller Einzelarbeit **M 8.4.18, Lehrerkommentar S. 212**, aus.
- Danach schreiben Sch auf bunte Papierstreifen, was für sie der nächste (kleine) Schritt hin zu mehr oder besseren Früchten ist. Diese werden eingesammelt und anonym vorgelesen.

Alternative:

- Sch tauschen sich über diese Schritte in Kleingruppen aus.
- Im Plenum wird besprochen, wie man so leben kann, dass das eigene Leben Frucht bringt – für einen selbst und die anderen?

Den Zusammenhang zwischen Kreuz und Fruchtbarkeit erkennen

- L legt das Bild vom Kreuzaltar im Doberaner Münster auf (das Bild ist als Folie enthalten in *Bilder aus Religion vernetzt 7 und 8. 36 Farbfolien*, München 2006, ISBN 3-466-50717-0) und lädt die Sch ein, es einige Minuten lang in Stille zu betrachten (kurze Klärung, dass es sich um ein Kreuz als Weinstock handelt).
- Sch überlegen sich – wieder in Stille –, was dieser Jesus, der auf diesem Kreuz dargestellt ist, uns heute wohl sagen wollte.
- Die möglichen Gedanken schreiben sie als Sprechblasen auf OHP-Folienstücke.
- Die Folienstücke werden eingesammelt, vorgelesen und um das Kreuz herum angeordnet.
- Sch diskutieren im Plenum, inwiefern der Tod Jesu für uns fruchtbar geworden ist.
- Sch schreiben Briefe an Jesus, in denen sie ihm von ihren Erfahrungen mit Tod und Scheitern berichten. Sie können auch einschließen, ob sich ein Verlust, eine Niederlage oder ein Scheitern im Nachhinein schon einmal für sie zum Vorteil oder

3. Weiterführende Anregungen

Klassenkreuze tonen

- Sch stellen ein großes Papierkreuz (ca. 1,5 m Durchmesser) her: Eine quadratische Kreuzform mit einem Kreis in der Mitte hat sich bewährt, da diese viel Gestaltungsraum bietet.
- Sch überlegen gemeinsam, wie sie das Kreuz gestalten wollen (je nach Entscheidung können die einzelnen Sch ihre Motive frei wählen oder müssen sich an eine Gesamtsequenz halten).

Möglichkeiten:

- Eigene Kirchenvisionen;
- verschiedene biblische Bilder für Kirche;
- einzelne Vaterunser-Bitten (und was diese heute bedeuten können);
- die Schöpfungsgeschichte und die damit verbundene Verantwortung heutiger Christinnen und Christen;
- Szenen aus dem heutigen Leben, die gesunde, fruchtbare Beziehungen, ein gelingendes Miteinander und Solidarität zum Ausdruck bringen etc.

- Der Ton wird zwischen mehreren ca. einem Zentimeter starken Holzleisten mit einem Nudelholz ausgerollt (die Leisten gewährleisten die gleichmäßige Stärke des Tons).
- Anschließend wird das Kreuz mithilfe des einen Papierkreuzes ausgeschnitten.
- Das Kreuz wird in ungleichmäßige Stücke geschnitten, da es so später leichter ist, gemeinsam die einzelnen Teile wieder zusammenzusetzen.
- Allein, zu zweit oder in Kleingruppen gestalten Sch die einzelnen Teile, die sie auf kleinen Holzbrettchen erhalten. (Sch unbedingt darauf hinweisen, dass die Form des Stückes erhalten bleiben muss!)

Gestaltungsmöglichkeiten:

- Eindrücken und Ritzen
- Kombination mit Halbreliefs (Sch erhalten zusätzlich einen kleinen Tonklumpen in einem Plastikbeutel. Aufsetzen von Formen und Figuren. *Achtung:* Alle aufgesetzten Teile müssen durch Anritzen und Anfeuchten gut mit dem Tonstück verbunden werden!)

- Stücke langsam auf den Holzbrettchen trocknen lassen und dann brennen.
- Beim Brennen schrumpfen die Tonstücke um bis zu 10 Prozent. Dadurch können sie in Mosaiktechnik auf ein Holzkreuz (Spanplatte etc.) in der Form des Entwurfs aufgeklebt werden. (Fugenmasse ist in Baumärkten erhältlich.)

Alternative: Sch gestalten das Kreuz nicht aus Ton, sondern aus Papier und malen es mit Farbstiften bunt an. Wenn dieses Kreuz an ein Fenster angebracht wird, beginnt es zu leuchten (siehe Abb.).

Sch-Beispiel

Kirche – ein lebendes Bauwerk Gottes? Akzent 102

1. Hintergrund

Akzent (**102**) wirft bereits mit der **Überschrift** »Kirche – ein lebendes Bauwerk Gottes?« die entscheidende Frage auf. Diese lädt einerseits dazu ein, all das im vierten Kapitel Gelernte noch einmal Revue passieren zu lassen, und fordert andererseits zu einer eigenen Standortbestimmung auf. Sch werden noch einmal herausgefordert, sich zu positionieren und ihre Meinung, nun auf dem Hintergrund all des Gelernten, zu reflektieren, evtl. zu revidieren und auch auszudrücken. Manche werden die Kirche nach wie vor für alt und eher tot halten, andere können nun vielleicht wenigstens einzelne Aspekte benennen, wie die Kirche Leben fördert. Wieder andere mögen in ihrer Identifikation bestärkt worden sein.

Der Weidendom, der auf dem **Bild** zu sehen ist und im **Text** näher beschrieben wird, stellt einen guten Ausgangspunkt für die Auseinandersetzung dar, da er im wahrsten Sinne des Wortes ein »lebendes Bauwerk« ist: lebendig aufgrund der sprießenden Weidenruten, lebendig aufgrund der 650 freiwilligen Helferinnen und Helfer im Alter von 16 bis 75 Jahren, die zu seinem Aufbau beigetragen haben, lebendig aufgrund der ökumenischen Zusammenarbeit. So können Sch erahnen, dass Kirche immer nur so lebendig ist wie ihre Glieder und dass es auf jeden und jede ankommt.

2. Einsatzmöglichkeiten im RU

Meinen Standort bestimmen: die Kirche und ich

- Sch beantworten auf Papierstreifen folgende Frage: »Was würde (in unserer Welt) fehlen, wenn es die Kirche nicht gäbe?«

- Die Streifen werden eingesammelt und vorgelesen, evtl. TA.
- Anschließend werden Ergebnisse im Plenum diskutiert: Warum würde etwas/nichts fehlen, wenn es Kirche nicht gäbe?
- Wenn positive Aspekte von Kirche zur Sprache kommen, kann nun die Frage gestellt werden, unter welchen Bedingungen Kirche fähig ist, diese Aufgaben zu erfüllen (=> Lebendigkeit der Kirche hängt von den Christinnen und Christen ab).
- Sch schreiben in EA auf, wie sie glauben, dass sie in 20 Jahren zur Kirche stehen werden, und begründen ihre Meinung. Der Austausch erfolgt in selbstgewählten KG.
- Als Abschluss kann das Lied »Dies Haus aus Stein« (enthalten auf der CD *Lieder aus Religion vernetzt 5 und 6*, München 2004, ISBN 3-466-45763-7) vorgespielt werden, das Sch evtl. aus der sechsten Jahrgangsstufe kennen.

Ein Kapitel für einen Zukunftsroman schreiben

- Die Sch stellen sich vor, wie Kirche in 20 Jahren aussehen könnte, was sich verändert haben wird, was gleich geblieben ist.
- Anstatt ihre Vermutungen zu äußern, schreiben sie in EA oder PA Kurzgeschichten oder Romankapitel, in denen sie ihre Zukunftsvision erzählerisch umsetzen.
- Die Beiträge werden mit dem Computer gestaltet, vorgelesen und anschließend im Klassenzimmer aufgehängt.
- Im Plenum diskutieren Sch darüber, welche Vorschläge sie für realistisch halten und welche nicht.

3. Weiterführende Anregungen

Eine zweite Umfrage gestalten

- Sch entwickeln einen (zweiten) Fragebogen, den sie dann in der Klasse ausfüllen und auswerten. Diesmal betonen sie besonders die Frage, ob sich bei den Einzelnen in der Klasse etwas am Kirchenbild verändert hat; wenn ja, ob zum Positiven oder zum Negativen und warum. Auch die Frage, inwieweit die Sch Gott in der Kirche am Werk sehen, wäre interessant.
- Anhand der Ergebnisse wird diskutiert, ob Kirche ein lebendes Bauwerk Gottes ist oder nicht.

Literatur

Löbbecke, Almut (Hg.), Wagnisse: Menschen aus Geschichte und Gegenwart. Kopiervorlagen für das 5.-10. Schuljahr, Berlin 2005

Brot für die Welt (Hg.), Von Gen-Piraten und Patenten, Frankfurt/Main 2000

BUKO Agrar Koordination (Hg.), Biopoly. Bildungsmappe für die schulische und außerschulische Einführung in die Themen Biologische Vielfalt, Grüne Revolution, Agro-Gentechnik und Biopiraterie (Sekundarstufe I und II), Informationen und Bezug bei BUKO Agrar Koordination: info@bukoagrar.de; www.bukoagrar.de; 040/392526

Lange, Günter, Bilder zum Glauben. Christliche Kunst sehen und verstehen, München 2002

Mendl, Hans, Lernen an (außer-)gewöhnlichen Biographien. Religionspädagogische Anregungen für die Unterrichtspraxis, Donauwörth 2005

Renz, Andreas/ Leimgruber, Stephan, Christen und Muslime. Was sie verbindet – was sie unterscheidet, München 2004

Burrichter, Rita, Fotografien aus dem katholischen Milieu – gestern und heute, KatBl 128 (2003), 405

Sozialtherapeutisches Rollenspiel

Ich habe euch heute eine große Schachtel mitgebracht.
Diese Schachtel ist eine besondere Schachtel, denn sie enthält lauter Fotos, auf denen ihr zu sehen seid.
Manche davon mag es wirklich geben; andere hätten gemacht werden können, wenn jemand in diesem Augenblick mit einer Kamera zur Stelle gewesen wäre.
All diese Bilder zeichnen sich dadurch aus, dass sie große oder kleine Momente zeigen, in denen ihr Kirche oder christliche Gemeinschaft positiv erlebt habt. Das kann in Gottesdiensten gewesen sein oder auf Freizeiten, bei euch in der Pfarrei, in der Schule oder anderswo.
Manche dieser Fotos sind schon sehr alt, manche ganz neu.
Kramt nun (imaginär) in dieser Schachtel, bis ihr ein Bild gefunden habt, das euch anspricht.

Inkonsequent

Frag hundert Katholiken
was das Wichtigste ist
in der Kirche.
Sie werden antworten:
die Messe.

Frag hundert Katholiken
was das Wichtigste ist
in der Messe.
Sie werden antworten:
die Wandlung.

Sag hundert Katholiken,
dass das Wichtigste in
der Kirche die Wandlung ist.
Sie werden empört sein:
Nein, alles soll bleiben
wie es ist.

Lothar Zenetti

Merkblatt für die Gruppenarbeit zu »Unsere Kirche – eine lebendige Gemeinschaft gemeinsam unterwegs?«

Gruppenmitglieder:

____

____

____

____

1. **Thema und Arbeitsaufgaben:**

____

____

2. **Arbeitsaufgaben:**

____

____

____

____

____

3. **Legt fest, wer in eurer Gruppe wofür zuständig ist.**
(Es können auch mehrere eine Aufgabe übernehmen. Es muss nur klar sein, wer bis wann was zu tun hat.)

Informationssammlung: ______________________________

Erstellen der Texte: ______________________________

Schönes Schreiben oder Tippen der Texte: ______________________________

Sammlung/Erstellung von Bildern/Grafiken: ______________________________

Gesamtdesign des Plakats/der Power-Pointpräsentation: ______________________________

Vorstellung der Ergebnisse: ______________________________

4. **Zeitlicher Ablauf:**
Zeitlicher Rahmen für die Erarbeitung sowie : Termine für die Vorstellung der Ergebnisse: siehe Aushang im Klassenzimmer
Zeitliches Limit pro Gruppe: 10 Minuten

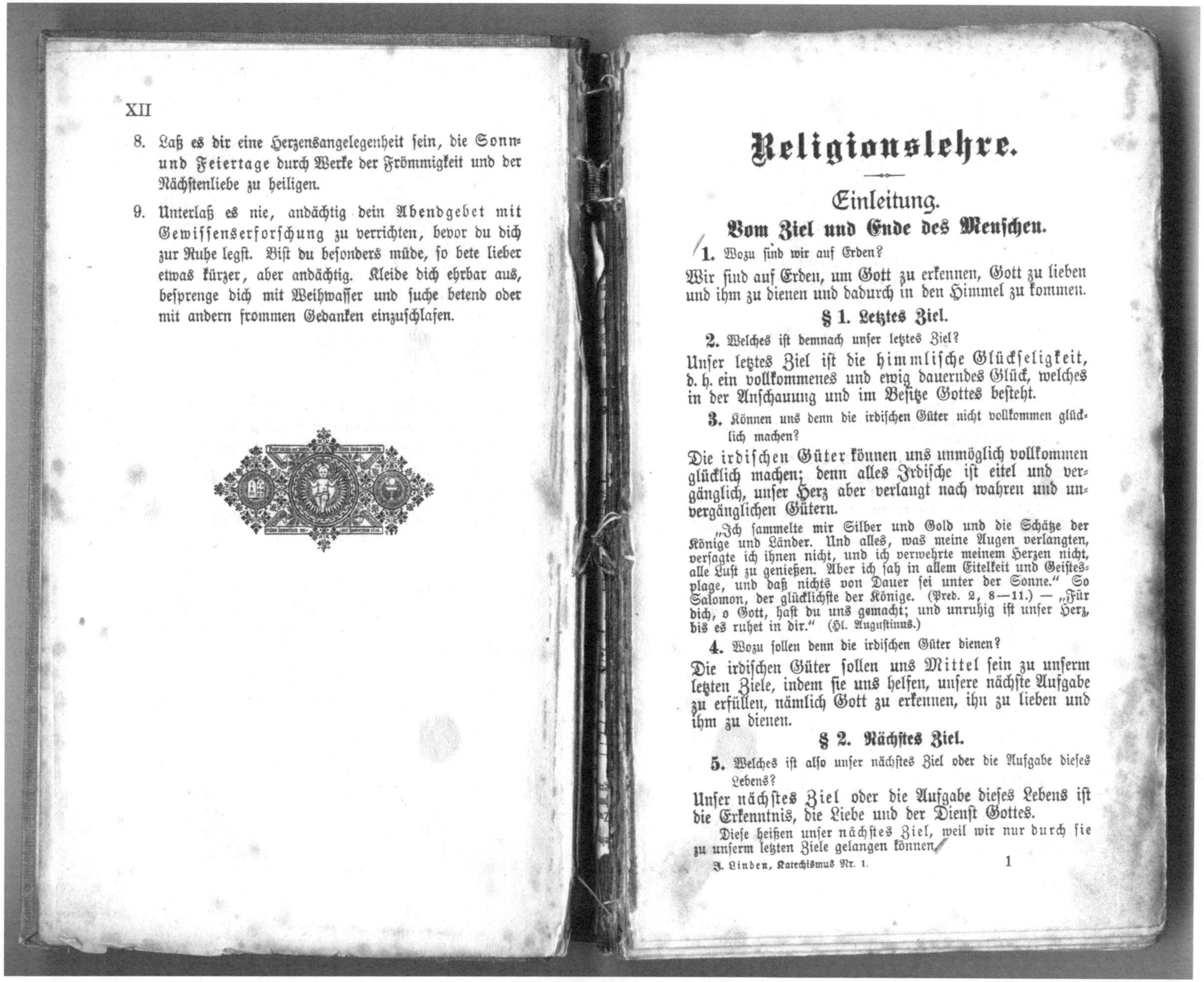

XII

8. Laß es dir eine Herzensangelegenheit sein, die Sonn- und Feiertage durch Werke der Frömmigkeit und der Nächstenliebe zu heiligen.

9. Unterlaß es nie, andächtig dein Abendgebet mit Gewissenserforschung zu verrichten, bevor du dich zur Ruhe legst. Bist du besonders müde, so bete lieber etwas kürzer, aber andächtig. Kleide dich ehrbar aus, besprenge dich mit Weihwasser und suche betend oder mit andern frommen Gedanken einzuschlafen.

Religionslehre.

Einleitung.

Vom Ziel und Ende des Menschen.

1. Wozu sind wir auf Erden?

Wir sind auf Erden, um Gott zu erkennen, Gott zu lieben und ihm zu dienen und dadurch in den Himmel zu kommen.

§ 1. Letztes Ziel.

2. Welches ist demnach unser letztes Ziel?

Unser letztes Ziel ist die himmlische Glückseligkeit, d. h. ein vollkommenes und ewig dauerndes Glück, welches in der Anschauung und im Besitze Gottes besteht.

3. Können uns denn die irdischen Güter nicht vollkommen glücklich machen?

Die irdischen Güter können uns unmöglich vollkommen glücklich machen; denn alles Irdische ist eitel und vergänglich, unser Herz aber verlangt nach wahren und unvergänglichen Gütern.

„Ich sammelte mir Silber und Gold und die Schätze der Könige und Länder. Und alles, was meine Augen verlangten, versagte ich ihnen nicht, und ich verwehrte meinem Herzen nicht, alle Lust zu genießen. Aber ich sah in allem Eitelkeit und Geistesplage, und daß nichts von Dauer sei unter der Sonne." So Salomon, der glücklichste der Könige. (Pred. 2, 8—11.) — „Für dich, o Gott, hast du uns gemacht; und unruhig ist unser Herz, bis es ruhet in dir." (Hl. Augustinus.)

4. Wozu sollen denn die irdischen Güter dienen?

Die irdischen Güter sollen uns Mittel sein zu unserm letzten Ziele, indem sie uns helfen, unsere nächste Aufgabe zu erfüllen, nämlich Gott zu erkennen, ihn zu lieben und ihm zu dienen.

§ 2. Nächstes Ziel.

5. Welches ist also unser nächstes Ziel oder die Aufgabe dieses Lebens?

Unser nächstes Ziel oder die Aufgabe dieses Lebens ist die Erkenntnis, die Liebe und der Dienst Gottes.

Diese heißen unser nächstes Ziel, weil wir nur durch sie zu unserm letzten Ziele gelangen können.

J. Linden, Katechismus Nr. 1. 1

Arbeitsblatt M 8.4.5 (1)

Glücklich die Kirche (nach Psalm 1)

Glücklich die Kirche,
die nicht blind ihren eigenen Traditionen vertraut,
doch auch nicht kritiklos auf jede neue Mode hereinfällt.

Glücklich die Kirche,
die nicht nur milden Spott übrig hat für das unsichere Suchen und Fragen der Menschen
und auch nicht gereizt reagiert, wenn sie selber Spott erfährt und belächelt wird.

Glücklich die Kirche,
die Freude gewinnt aus dem Glauben, dass ein rettender, befreiender Gott hinter ihr steht,
die nie aufhört zu fragen, welche Konsequenzen jetzt aus diesem Glauben zu ziehen sind.

Eine solche Kirche könnte Ort der Menschlichkeit sein in einer unmenschlichen Welt.
Sie könnte den Menschen die Zuversicht schenken, dass Zukunft, Friede und gleiche
Chancen für alle verwirklichbar sind.

Sie könnte selbst Modell dieser Zukunft sein.

Uwe Seidel

Arbeitsblatt M 8.4.5 (2)

Glücklich die Kirche

Glücklich die Kirche,
die nicht blind ihren eigenen Traditionen vertraut,
doch auch nicht kritiklos auf jede neue Mode hereinfällt.

Glücklich die Kirche,

____

____

____

____

Glücklich die Kirche,

____

____

____

____

Als ich dem Geheimnis Mariens näherkam ...

Für mich hatte der Neuanfang meiner Beziehung zu Maria einen dramatischen Anlass. Es war während meines langen Aufenthaltes in der Wüste. Ich verdiente mir mein Brot als Meteorologe auf den Pisten von Tit, Tazrouk, An Amguel. Die Arbeit gefiel mir sehr, weil sie mir außer dem Lebensunterhalt die Möglichkeit gab, in der Umgebung zu leben, die ich gesucht hatte: die Wüste.

In kurzer Zeit lernte ich die Tuareg kennen, die in Zelten lebten, die Oasenbauern und die Araber, die aus dem Norden kamen, und die Mozabiten, die Handel trieben. Besonders mit den Tuareg hatte ich mich angefreundet. Wenn ich auf meinen Fahrten durch die Gegend kam, ließ ich es mir nicht entgehen, nach der Arbeit den Abend mit ihnen zu verbringen. Bei einer solchen Gelegenheit erfuhr ich etwas Merkwürdiges.

Es war mir zufällig zu Ohren gekommen, dass ein Mädchen des Lagers einem jungen Mann aus einem anderen Lager versprochen war, dass sie aber noch nicht zu ihrem Bräutigam ziehen durfte, weil sie noch zu jung war. Unwillkürlich brachte ich damals diese Mitteilung mit der Stelle im Matthäusevangelium zusammen, wo es heißt, dass die Jungfrau Maria mit Josef verlobt worden sei, dass sie aber noch nicht miteinander lebten (vgl. Mt 1,18). Als ich zwei Jahre danach wieder in dieses Lager kam, fragte ich einmal unvermittelt, gleichsam um das Gespräch zu beleben, ob die Heirat stattgefunden habe. Mein Gesprächspartner schien peinlich berührt, und es folgte ein betretenes Schweigen. Auch ich schwieg. Doch als ich an diesem Abend aus einer Guelta Wasser holte, ein paar hundert Meter vom Lager entfernt, sah ich dort einen der Knechte meines Gastgebers, und da konnte ich meiner Neugier nicht widerstehen; ich wollte den Grund des verlegenen Schweigens erfahren, mit dem der Chef des Lagers meine Frage abgewiesen hatte.

Der Knecht schaute sich vorsichtig um, doch da er großes Vertrauen zu mir als einem gottgeweihten Mann hatte, machte er mir ein Zeichen, das ich allzu gut verstand: er fuhr mit der Hand an die Kehle und führte jene Bewegung aus, mit der die Araber sagen wollen: »Es wurde ihr die Kehle durchgeschnitten.« Und warum? Noch vor der Hochzeit entdeckte man, dass sie schwanger war, und die Ehre der Familie forderte dieses Opfer. Mich überlief ein Schauer beim Gedanken an das Mädchen, das getötet wurde, weil es seinem zukünftigen Gatten nicht treu war.

Am Abend, unter dem Himmel der Sahara, wollte ich den Matthäus-Text über die Empfängnis Jesu in Maria nachlesen. Ich hatte eine Kerze angezündet, weil es dunkel war. Es war eine mondlose Nacht.

Ich las: »Maria, seine Mutter, war mit Josef verlobt; noch bevor sie zusammengekommen waren, zeigte sich, dass sie ein Kind erwartete – durch das Wirken des Heiligen Geistes. Josef, ihr Mann, der gerecht war und sie nicht bloßstellen wollte, beschloss, sich in aller Stille von ihr zu trennen.« (Mt 1,18f.)

Josef war also kein Denunziant, und Joachim, Marias Vater, spielte nicht den diensttuenden Gesetzeshüter und brachte Maria nicht um, wie das Gesetz Moses es gebot.

Ich erinnere mich, wie wenn es heute wäre. Ich fühlte Maria ganz nahe bei mir im Sand kauern, klein, schwach, hilflos in ihrer so wunderbaren und doch so unverkennbar wirklichen Schwangerschaft.

Ich löschte die Kerze. In dieser dunklen Nacht sah ich keine Sterne. Ich sah ringsum viele Augen glitzern wie die Augen der Schakale, wenn sie es auf die Lämmer abgesehen haben.

Es waren die Augen all der Bewohner von Nazaret, die das Mädchen belauerten, das ein Kind im Schoß trug, und es mit der ganzen Wucht des Argwohns, zu dem die Menschen fähig sind, ausfragten: »Wie bist du zu dem Kind gekommen, du unanständiges Ding?«

Was für eine Nacht! Was soll ich antworten? Dass Gott der Vater dieses Kleinen sei? Wer glaubt mir das? Ich sage nichts. Gott weiß. Gott sorgt ...

Arme Maria, kleine, mädchenhafte Mutter! Du fängst deinen Weg schlimm an. Wie willst du mit so vielen Feinden fertig werden? Wer wird dir glauben?

An jenem Abend fühlte ich zum ersten Mal, dass ich dem Geheimnis Marias näherkam.

Zum ersten Mal sah ich sie nicht auf dem Altar als eine unbewegliche Statue aus Wachs, im Putz und Staat einer Königin, sondern ich sah die Schwester, sah sie neben mir im Sand der Welt sitzen, mit abgetragenen Sandalen wie meine und mit so viel Müdigkeit in den Gliedern.

Jetzt verstand ich, warum ihre Cousine Elisabeth, zu der Maria nach jenen Geschehnissen ging (und sicher hat sie sich gern den neugierig starrenden Blicken, jenen prüfenden Glitzeraugen ihrer Umgebung entzogen), nachdem sie Marias Erzählung angehört hatte, ausrief: Selig bist du, weil du geglaubt hast! (Lk 1,45) Ja, wahrhaft selig!

Maria, es braucht Mut, an diese Dinge zu glauben!

Carlo Carretto

Kirche in Bildern

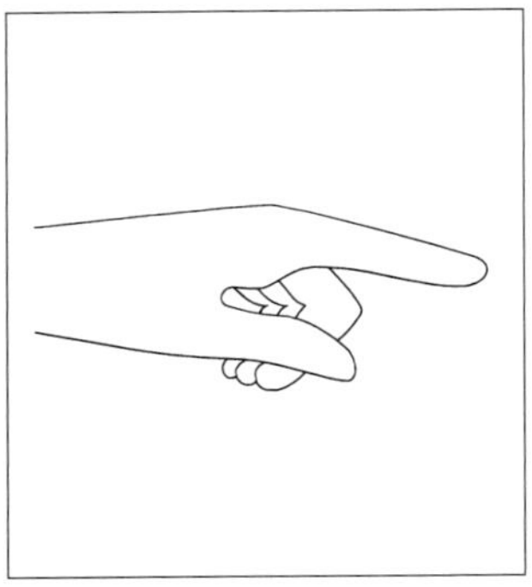

Mt 28,19f.: ______

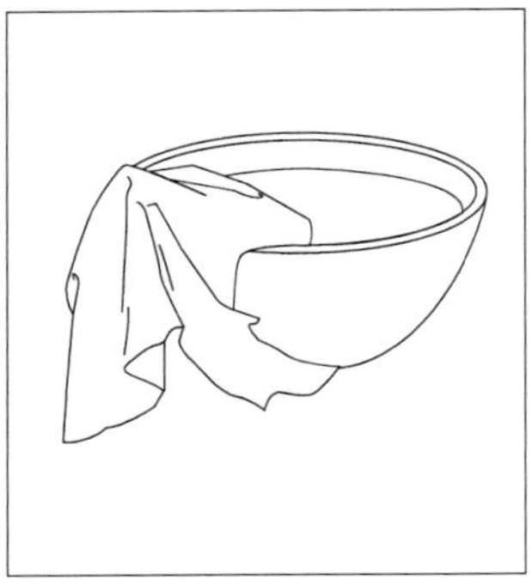

Joh 13,1-15: ______

Apg 2,1-13: ______

Gen 12,1f.: ______

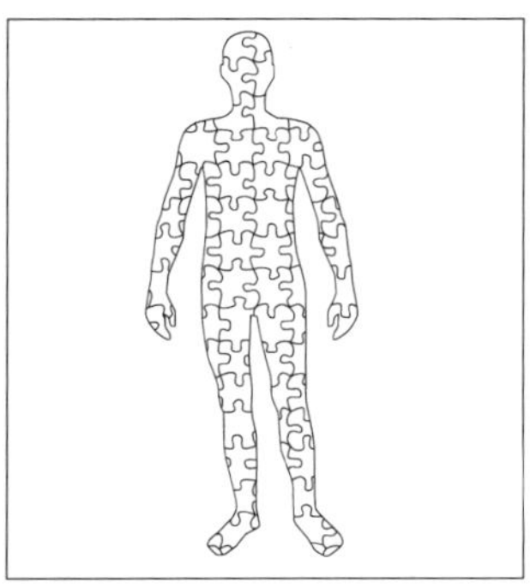

1 Kor 12,12-31a: ______

Verdrehtes Organigramm eines Gymnasiums

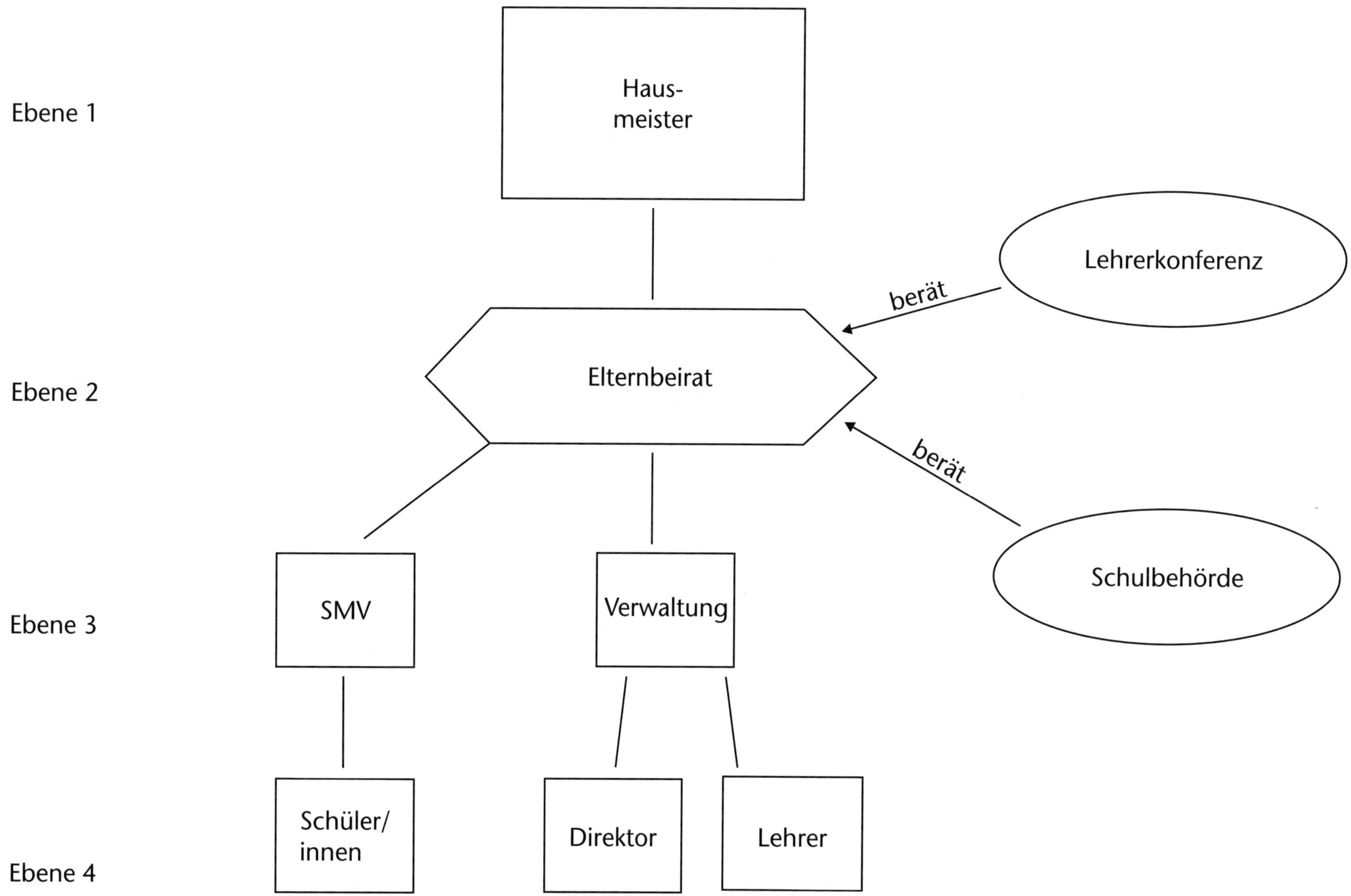

Die vier Grunddimensionen der Kirche

Leiturgia (__________)

____

____

Beispiele:

____

____

Martyria (__________)

____

____

Beispiele:

____

____

Koinonia (__________)

____

____

Beispiele:

____

____

Diakonia (__________)

____

____

Beispiele:

____

____

→ Alle Christinnen und Christen tragen dazu bei, dass die Kirche ihre ____________ erfüllen kann. Wie in jeder ________________ gibt es verschiedene ____________________. Dennoch ist keine Aufgabe _______________ als die anderen. Niemand kann allein all diese vier ___________________ abdecken.

Stacheldraht ist grausam

Stacheldraht ist grausam, er verletzt, reißt Wunden,
trennt: Du darfst nicht zu mir!
Ich will nicht mehr zu dir! Wir sind Fremde für immer!

Dann aber ist es geschehen im Norden von Israel,
an der Grenze zum Libanon bei Metulla:
Eine alte libanesische Frau ist krank, todkrank,
und keiner kann helfen.
Sie müssen schießen und sich verteidigen.
Die Frau kriecht zum Zaun und bittet die israelischen
Soldaten um Hilfe.

Das Wunder geschieht. Die Wachposten zerschneiden den
Stacheldraht, der Frau wird im Feindesland geholfen.

Und so ist es geblieben. Der Zaun hat bis heute ein Loch.
An einer Stelle gibt es keine Stacheln mehr, unweit von
Metulla, im Norden Israels.
Menschen kommen seitdem ins Land: Hungernde, Kranke,
Verwundete, Arme.

Sie kommen durch den »guten Zaun«, finden Arbeit und
Hilfe. Eine Grenze ist durchlässig geworden.
Und eine Blume blüht auf, da, wo man Hass gesät hatte.
Blühe noch lange, kleine Blume Liebe.

Paul Jakobi

Zwei oder drei in deinem Namen

Zwei oder drei,
das ist nicht viel,
bestimmt nicht,
wenn der eine blind,
der andere taub
und ein Dritter
lahm ist.

Zwei oder drei,
das ist unendlich mehr
als einer allein,
bestimmt wenn
der eine blind,
der andere taub
und ein Dritter lahm ist.

Denn der Blinde
wird das Ohr
für den Tauben,
und der Taube
wird das Auge
für den Blinden,
und gemeinsam tragen sie
den Lahmen,
und so gehn sie
alle drei,
wohin einer allein
nicht kommen kann.

»Zwei oder drei
in meinem Namen«,
das ist
deine Hoffnung, Gott,
für die Kinder
der Menschen,
und überall,
wo Menschen,
zu zweit oder dritt,
ihre Stärke
miteinander teilen
und ihre Schwäche
gegenseitig tragen,
da bist du in ihrer Mitte.

Zu zweit oder dritt
kannst du es
mit der ganzen Welt aufnehmen.
Zu zweit oder dritt
traust du dir
das Wunder zu:
Steine
werden
zu Brot,
Wasser
wandelt sich
zu Wein,
Einzelgänger
werden
zu verschworenen Freunden.

Zwei oder drei,
die miteinander
das Brot
teilen wollen,
lassen wiederaufleben
den Hunger nach
Gerechtigkeit.

Zwei oder drei,
die den Kelch erheben
auf eine Zukunft mit allen,
halten lebendig
den Durst nach
Frieden.

Diethard Zils

Steckbrief: Die Gemeinschaft von Taizé

Lage: ______________________________

Gründer:

____

Gemeinschaft der Brüder:

____

____

____

Ziele von Taizé:

____

____

____

Angebote für Jugendliche:

____

____

____

Elemente eines Tages jugendlicher Taizébesucher/innen:

____

____

____

Erfahrungen jugendlicher Teilnehmer/innen:

____

____

____

Popcorn-Rap

(Vollständiger Text)

Eine Handvoll Popcorn schwammen im Topf
mit heißem Öl und die hatten nur eines im Kopf,
dass das lodernde Feuer unter ihnen macht,
dass sie werden, wozu sie eigentlich gedacht.
Doch die Schale um sie ´rum war noch hart und fest.
In jedem Popcornleben ist das der Eignungstest,
ob es zulässt, dass jemand die harte Schale knackt,
ob es diesen Schritt in sein neues Leben packt.

Lass es raus, lass es raus, was in dir steckt!
Lass es zu, dass er das Feuer deiner Leidenschaft weckt!
Lass es zu, dass er wegfegt, was dich bremst und dich hemmt
und dass die Flut seiner Liebe deine Angst wegschwemmt.

Eine Handvoll Jünger, die saßen im Haus
und die hatten echt Schiss, die wollten nicht raus.
Da kam ein Feuer vom Himmel herab,
das brachte die Jungs und die Mädels auf Trab.
Da wurden sie mutig, da wurden sie dreist,
denn sie waren erfüllt vom Heiligen Geist.
Und sie fingen an, ohne lang zu fragen,
die Botschaft von Jesus weiterzusagen.

Lass es raus, lass es raus, was in dir steckt …

Ganz egal, ob du das nun glaubst oder nicht,
ich denke, dass jeder seine »Popcornchance« kriegt:
Eine Zeit, in der es für ihn brenzlig wird und heiß,
er ins Schwimmen kommt und keinen Ausweg mehr weiß.
Dann stellt sich für dich die Frage, ob du fest
am alten Leben hängst oder es verlässt,
den Mut hast aus der harten Schale rauszuspringen
und was tief in dir steckt nach draußen zu bringen.

Lass es raus, lass es raus, was in dir steckt …

Stefanie Schwab

Wenn der Geist sich regt

Melodie: Ludger Edelkötter
Text: Norbert Weidinger
Rechte: Impulse-Musikverlag, Drensteinfurt

2. Wenn der Geist sich regt, der Leben schafft,
und verbrennen will, was ihr noch pflegt,
gebt ihm Raum, errichtet nichts, das trennt,
Feuer warf er auf die Erde, dass es brennt.

3. Wenn der Geist sich regt, ein Sturm aufzieht,
in die Segel bläst, reißt alles mit,
springt ins Boot und helft den Steuermann,
dass mit voller Kraft es vorwärtsgehen kann.

Gebet brasilianischer Campesinos

Gott allein kann den Glauben schenken –
aber du kannst davon Zeugnis geben.

Gott allein kann Hoffnung schenken –
aber du kannst die Menschen im Vertrauen bestärken.

Gott allein kann Liebe schenken –
aber du kannst andere lehren zu lieben.

Gott allein kann Frieden geben –
aber du kannst für die Einheit aller Menschen wirken.

Gott allein kann Kraft schenken –
aber du kannst den Lebensmut bewahren.

Gott allein ist der Weg –
aber du kannst ihn anderen zeigen.

Gott allein ist das Licht –
aber du kannst es in den Augen aller leuchten lassen.

Gott allein ist das Leben –
aber du kannst andere in dem Wunsch zu leben bestärken.

Gott allein kann das Unmögliche schaffen –
aber du kannst das Mögliche tun.

Gott allein genügt sich selbst –
aber er zieht es vor, auf dich zu bauen.

Gott ______________________________

aber ______________________________

Gott ______________________________

aber ______________________________

____

____

____

Neue Eroberer

Patent auf Weizen, Mehl und Backwaren

Das Europäische Patentamt in München erteilte im Mai 2003 ein Patent mit dem Titel *plants* (Pflanzen) und der Nummer EP 445 929. Patentinhaber ist Monsanto, bekannt als eines der weltweit größten Agrochemieunternehmen. Das Patent umfasst Weizen mit einer besonderen Backqualität. Die Ursache für die besondere Qualität des Weizens liegt in einer natürlicherweise vorkommenden Kombination von Genen, die dazu führt, dass der Anteil an Eiweiß in den Körnern reduziert ist.
Das Patent erstreckt sich jedoch nicht nur auf den Weizen, sondern auf jeden weiteren Produktionsprozess – über den Rührteig bis hin zum Keks. Ursprünglich ist der Weizen das Ergebnis der jahrelangen Züchtung von indischen Landwirtinnen und Landwirten. Proben dieses Weizens wurden in verschiedenen internationalen Genbanken eingelagert, die öffentlich zugänglich sind. Jetzt hält die Firma Monsanto ein Monopol auf Anbau, Zucht und Verarbeitung dieses Weizens.
Quelle: Pressemitteilung U. Höfken MdP Bündnis 90/DIE GRÜNEN; Greenpeace

Der Weinstock meines Lebens

wild wuchernde Triebe
(Eigenschaften, Tätigkeiten,
die mir eher die Kraft rauben
als Furcht bringen)

meine Früchte
(mein Einsatz für andere,
meine Erfolge …)

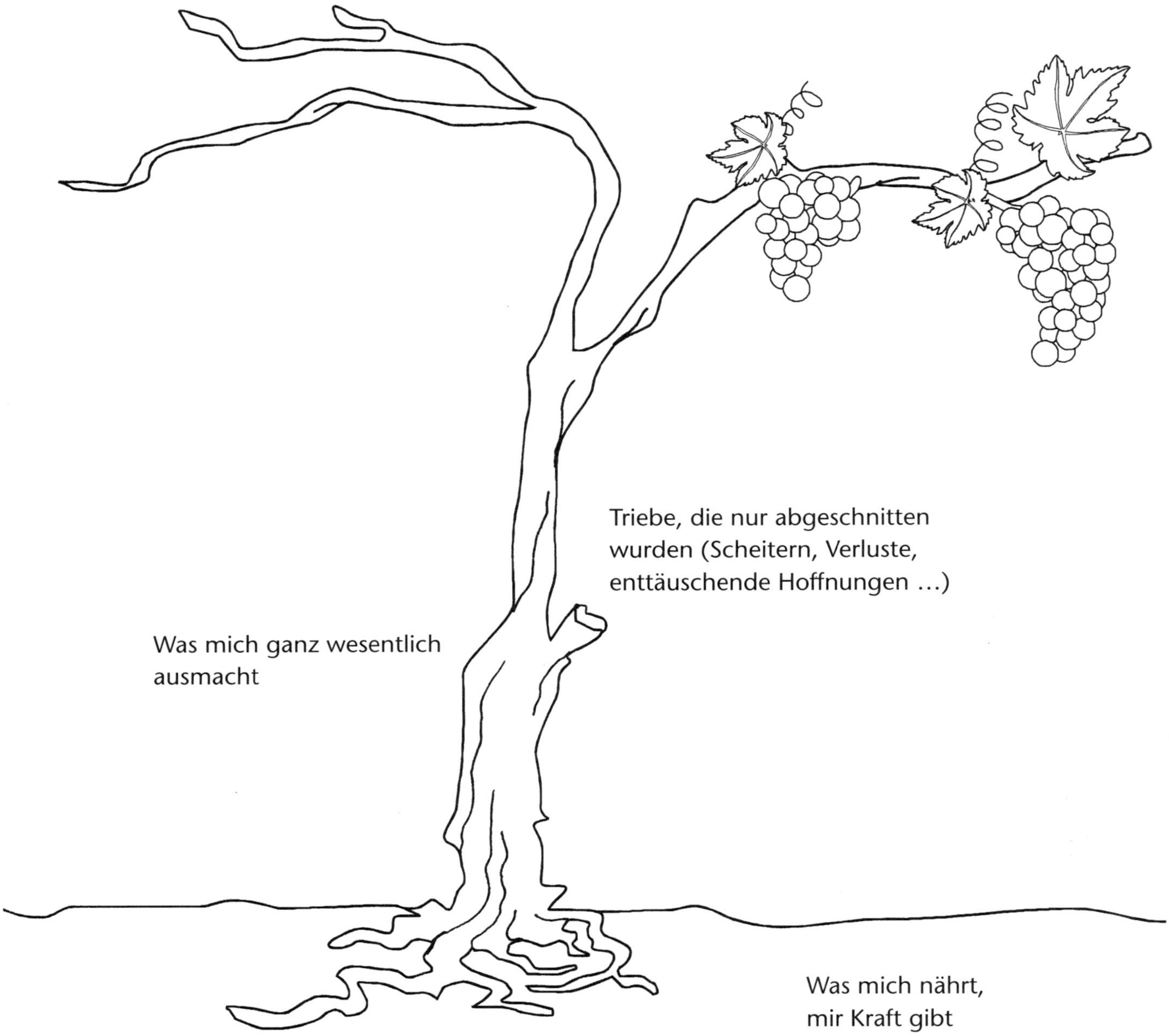

Triebe, die nur abgeschnitten
wurden (Scheitern, Verluste,
enttäuschende Hoffnungen …)

Was mich ganz wesentlich
ausmacht

Was mich nährt,
mir Kraft gibt

meine Wurzeln

5 Lebensdeutung und Esoterik

Das Thema im Schulbuch

Die Jugendlichen kommen heute über Medien und Freizeitkultur auf vielfältige Art und Weise mit Esoterik, Sekten und alternativen Lebensdeutungsmodellen in Kontakt. Oft scheint für sie das Sinn-Angebot der Kirche(n) nicht mehr aktuell und »trendy« genug zu sein, sodass gerade bei anderen Gruppen und Angeboten nach Antworten auf die drängenden Fragen ihres Lebens gesucht wird. Das Kapitel stellt den Jugendlichen verschiedene Wege vor und gibt ihnen Kriterien an die Hand, mithilfe derer sie erkennen können, was sinnvoll und was gefährlich ist. Auch das Angebot des Christentums wird in diesen Zusammenhang gestellt. Dabei wird »das unterscheidend Christliche« genauso unter die Lupe genommen wie unterschiedliche Angebote kirchlicher Institutionen. Einen Bogen über das gesamte Kapitel spannt dann die Miniatur des sogenannten Kosmosmenschen aus dem Buch *Liber divinorum operum* Hildegards von Bingen. Die Grundstruktur des Labyrinths wird im Mandala wieder aufgenommen und gleichsam der ganze Mensch in seiner Beziehung zu Gott und Kosmos gesehen.

Das *Titelbild* (**103**) stellt die bunte Vielfalt der Wege vor, die zum Sinn des Lebens führen wollen und die gerade auf die emotionale Ebene der Sch zielen. Die Skulptur von Niki de Saint Phalle stößt schon am Anfang eine intensive Auseinandersetzung mit Symbolen und den Sinnfragen der menschlichen Existenz an.

Kontext 1 (**106f.**) stellt die Frage nach dem »Woher« und »Wohin« des Lebens von verschiedenen Zeiten aus. Seit jeher ist es ein wichtiges Anliegen der Menschen, nach ihrer Existenz und dem Sinn ihres Lebens zu fragen. Eine moderne und bei Sch sehr beliebte Form, Antwort(en) auf die Fragen ihres Lebens zu finden, sind Persönlichkeitstest, die hier kritisch hinterfragt werden.

Kontext 2 (**106f.**) stellt eine Auswahl von Phänomenen vor, die aus der Erfahrungswelt der Sch stammen. Die Doppelseite motiviert Sch zu überlegen, welche Erscheinungsformen der Esoterik sie schon kennengelernt haben und welche Fragen sie an diese stellen möchten.

Die *Pinnwand* (**108f.**) enthält verschiedene Arbeitsimpulse, die eine intensive Auseinandersetzung mit dem Kapitel ermöglichen. Die Vorschläge beziehen sich in der Regel nicht speziell auf einzelne Doppelseiten, sondern wollen das Kapitelthema praktisch und konkret, aber weniger kognitiv erschließen.

Die Orientierungsseiten stellen neben esoterischen Phänomenen auch die Sektenproblematik vor. Hier wird bewusst auf »Gefahren und Nebenwirkungen« hingewiesen, ohne von vornherein Wertungen vorzugeben. In der Analyse der Phänomene sollen Sch selbstständig zu einer Bewertung kommen.

Das Gläserrücken und die Kontaktaufnahme mit dem Jenseits stehen bei *Orientierung 1* (**110f.**) im Mittelpunkt. Dabei wird der Versuch einer naturwissenschaftlichen Erklärung für okkulte Phänomene vorgestellt.

Orientierung 2 (**112f.**) erklärt den Begriff »Esoterik« und stellt exemplarisch das Tarot in den Mittelpunkt.

Die schwierige Auseinandersetzung mit Sekten und Psychogruppen wird auf *Orientierung 3* (**114f.**) angestoßen. Neben einem Erfahrungsbericht und einer kleinen Übersicht über die Situation in Deutschland wird ein Kriterienkatalog vorgestellt, mit dessen Hilfe Sch fragliche Gruppierungen genauer unter die Lupe nehmen können.

Auf *Orientierung 4* (**116f.**) wird konkret Scientology analysiert. Neben einem Informationsteil über diese Sekte und deren Begriffswelt enthält die Doppelseite die sehr persönlichen Erfahrungen einer ausgestiegenen Sektenangehörigen.

Die Perspektivenseiten knüpfen an die Orientierungsseiten an, indem *Perspektiven 1* (**118f.**) Handlungsmöglichkeiten aufzeigt, für den Fall, dass Sch über Angehörige und Freunde mit der Sektenproblematik in persönlichen Kontakt kommen. Über den Bildimpuls soll auch bewusst die emotionale Ebene der Sch angesprochen werden. Oft fällt es leichter, mithilfe von Symbolen auch Erfahrungsgeschichten wie die von Miriam zu erschließen.

Perspektiven 2 (**120f.**) führt dann zum unterscheidend Christlichen. Welche Antworten gibt der christliche Glaube auf die Fragen des Lebens? Über die Gemeinschafts- und Glaubenserfahrung des Weltjugendtags 2005 und dem kurzen Text von Papst Benedikt XVI. wird thesenartig ein Grundgerüst des christlichen Glaubens vorgestellt. Der Bildimpuls »Kreuz aus Menschen« fasst noch einmal das Bild der Kirche als das »Glaubensvolk unterwegs« auf und bietet direkte Verknüpfungen zum vierten Kapitel.

Dass auch Kirche heute etwas tut und sich auf aktuelle Bedürfnisse von Menschen einstellen kann, zeigt *Perspektiven 3* (**122f.**), welche die Arbeit eines kirchlichen Weltanschauungsbeauftragten und das »Wellness-Angebot« eines Klosters vorstellt.

Akzent (**124**) bietet zum Abschluss die Auseinandersetzung mit dem Weltbild Hildegards an, das schon sehr früh ein allgemein anerkanntes Modell war, den Mensch in seinen Beziehungen zum Kosmos und letztlich zu Gott zu beschreiben. Gerade hier findet sich kognitiv wie emotional ein Anknüpfungspunkt zu esoterischen Lehren und Vorstellungen.

Vernetzung mit anderen Themen im Schulbuch

Kapitel 1 Gottes Schöpfung:
Orientierung 4 (**20**) verhandelt die zentrale Grundfrage, um die es auch in der »Esoterik« geht: Was ist der Mensch?
Akzent (**30**): Christlicher Glaube und esoterische Weltsichten beanspruchen Wahrheiten, die über das naturwissenschaftliche Weltbild hinausgehen.

Kapitel 4 Kirche – so fern und doch so nah?
Die Vernetzungen sind offensichtlich: Das *Titelbild* (**79**) zum vierten Kapitel lässt sich hervorragend im Kontext von *Perspektiven 2* (**120f.**) aufgreifen. Diese Doppelseite setzt im Grunde eine intensive Auseinandersetzung mit dem ganzen vierten Kapitel voraus.

Vernetzung mit den unteren Jahrgangsstufen

5.2 Im Leben Gott begegnen
Kontext 1 und *2* (**30ff.**) befassen sich mit den Grundfragen des Lebens und der Welt.
5.5 Kirche erleben
Kontext 1 (**104f.**), *Orientierung 2* und *3* (**112ff.**) sowie *Perspektiven 1* (**125**) befassen sich mit Heiligtümern und christlichem Brauchtum. Bei alledem geht es um Phänomene, die sich einer rein rationalen Betrachtungsweise entziehen und den Menschen auf der Suche nach Sinn und Halt in ihrem Leben Hilfen geben können.

6.3. Gesichter der Macht
Orientierung 3 (**66f.**): Biblische Propheten bieten eine interessante Kontrastfolie zu Heilsversprechern und Wahrsagern in der esoterischen Szene.
6.4. Aus dem Dunkel zum Licht
Auf Kontext 1 (**82**) kommen Themen zur Sprache, die im Kontext mit der Sektenproblematik wieder aufgegriffen werden können. Schließlich sind es die krisenhaften Momente im Leben, an denen Sch wie alle Menschen Seelenfängern auf den Leim gehen.
6.5. Der Geist führt zusammen
Orientierung 5 (**118f.**): Schon in ihren Anfängen sah sich die junge Kirche einem »spirituellen Supermarkt« ausgeliefert und musste sich darin behaupten.

7.1. GesICHt zeigen
Das gesamte Kapitel befasst sich mit der Identitätsproblematik Jugendlicher. Esoterische und kirchliche Angebote widmen sich eben dieser Problematik. Daher baut Kapitel 8.5 besonders auf diesem Kapitel auf.
7.3. (Un-)Sichtbares
Kontext 1 (**58f.**) »Ich sehe was, was du nicht siehst!«: Auch hier geht es um Wirklichkeiten, die über das vordergründige Sein der Dinge hinausweisen.
7.4. Ihr seid das Salz der Erde
Besonders *Kontext 2* (**80f.**), *Orientierung 1* (**84f.**) und *Akzent* (**100**) zeigen, wie das Christentum stets in Konkurrenz mit anderen Weltanschauungen und Religionen steht – und sich behauptet.

Vernetzung mit anderen Fächern

Evangelische Religionslehre 8.5: Neureligiöse Bewegungen und Psychomarkt.

Ethik 8.1: Wege zur Sinnfindung im Alltag: Merkmale und Erscheinungsformen von sogenannten Sekten, Psychogruppen und neureligiösen Bewegungen (Erfahrungsberichte von jugendlichen Aussteigern u. a.); Gründe für die Faszination von Esoterik, Okkultismus und Spiritismus; Kriterien für eine Orientierung auf dem Psychomarkt.

Geschichte 8.3: Neue geistige und räumliche Horizonte: Das neue Menschenbild in Renaissance und Humanismus.

Musik 8.2: Musik im Kontext – Fantasie und Wirklichkeit: evtl. Hildegard von Bingen und Gregorianik.

Physik: 8.4: Kräfte in Natur und Technik, evtl. Der Bau eines Lügendetektors.

1. Hintergrund

Die **Skulptur »Der Narr«** aus dem Tarotgarten von Niki de Saint Phalle deutet symbolhaft auf die Suche des Menschen nach Sinn hin. »Der Narr« ziert die Karte mit der Ziffer »0« im Tarot-Kartenspiel und steht in der Ausdeutung einerseits oft für die Orientierungslosigkeit des Menschen, aber auch für den Mut, sich auf die Suche nach einem Ziel oder besser gesagt nach dem Sinn des Lebens zu machen. Steht am Anfang des Kapitels der Mensch in seiner bunten Vielfalt der Ideen, Sehnsüchte und Wünsche noch allein in der Welt, so spannt sich dann über das ganze Kapitel der Bogen zum Bild Hildegards von Bingen, das den Menschen in seiner Ganzheit einbettet in Kosmos und dreifaltigen Schöpfergott.

Niki de Saint Phalle (1930-2002)
Die französische Malerin und Bildhauerin Niki de Saint Phalle begann zunächst als Aktionskünstlerin. Aufsehen erregte sie in den 1950er-Jahren durch ihre »Schießbilder«: Sie beschoss während Ausstellungen Gipsreliefs, in die Farbbeutel eingearbeitet waren. Berühmt wurde sie aber vor allem ab 1965 durch ihre großen, burlesken Frauenplastiken mit überdimensional großen Geschlechtsteilen aus buntem Polyester (die sogenannten »Nanas«). Neben der Brunnenanlage *Le sacre du printemps* (= »Das Frühlingsopfer«, der Titel einer berühmten Ballettmusik des russischen Komponisten Igor Strawinsky) auf dem Pariser Igor-Strawinsky-Platz, die sie mit ihrem Ehemann Jean Tinguely 1982/83 schuf, ist der Tarotgarten in der Toskana (Norditalien) ein besonders bemerkenswertes Gesamtkunstwerk. Dort stellte sie die Motive aller 22 Karten der so genannten Großen Arkana (vgl. »Tarot«, Lehrerkommentar S. 222) durch jeweils eine Skulptur dar. Auf der Internetseite www.nikidesaintphalle.com kann man zu allen Figuren kleine Werkinterpretationen der Künstlerin lesen.
Ihren Tod im Jahre 2002 führt man im Allgemeinen auf die während ihrer langjährigen Arbeit eingeatmeten Polyesterdämpfe zurück, die ihre Atemwege nach und nach zerfraßen.

2. Einsatzmöglichkeiten im RU

Freie Assoziationen zum Titelbild sammeln
- Sch vertiefen sich einige Minuten in das *Titelbild* (**103**) und schreiben auf, was sie erkennen. Das Bild ist als Folie enthalten in *Bilder aus Religion vernetzt 7 und 8. 36 Farbfolien,* München 2006, ISBN 3-466-50717-0.
- Sie überlegen sich, was die Gestalt darstellen könnte, und machen sich Gedanken zur Form- und Farbgebung.
- Die Ergebnisse werden im Plenum ausgetauscht, aber nicht nach »richtig« oder »falsch« bewertet. Jeder Interpretationsansatz ist richtig und kann zu wichtigen Erkenntnissen führen!

Das Titelbild interpretieren PINNWAND 108
- L konfrontiert Sch mit dem deutschen Titel der Skulptur: »Der Narr«.
- Sch assoziieren frei zum Begriff und überlegen sich, inwiefern sie den Titel mit der Skulptur in Verbindung bringen können.
- Sch erhalten die Bildinterpretation der Künstlerin auf **M 8.5.1, Lehrerkommentar S. 235**, und vergleichen sie mit ihrer eigenen Interpretation.
- Wie auf der Pinnwand vorgeschlagen besuchen die Sch den Tarotgarten von Niki de Saint Phalle und informieren sich über ihre Biografie.

Die Figur des Narren in Literatur und Realität
- Sch überlegen sich, welche »Narren« sie kennen (Hofnarren, Narren im Fasching, auch im altbekannten Kasperle-Theater steckt die Narrenfigur! etc.), und informieren sich über sie.
- Sch suchen nach Erzählungen, in denen ein Narr eine Rolle spielt (z. B. Till Eulenspiegel).

Pluralität bewältigen – religiös kompetent werden

Hans-Georg Ziebertz empfiehlt als angemessenen Umgang mit Pluralität, diese pluralistisch zu bearbeiten, d. h. Pluralität wahrzunehmen, nicht auszublenden und Sch im Umgang mit Pluralität zu unterstützen (Ziebertz, 87). Sch können mithilfe der folgenden Verfahren Pluralität bewältigen und im gewaltfreien Diskurs Einigung erzielen (vgl. Ziebertz, 75):

- Sie müssen mehrdeutige Situationen aushalten können (Ambiguitäts-Toleranz).
- Sie müssen grundlegende Argumentationsstile und -verfahren kennenlernen.
- Sie müssen die Fähigkeit erwerben, die Perspektive anderer zu verstehen und darauf einzugehen, evtl. sogar davon zu lernen.
- Sie müssen in der Lage sein, Traditionen, die kulturell präsent sind, bei der Lösung herbeizuziehen.
- Sie müssen kompetent werden, Übereinkunft zu erzielen, aber auch mit Ergebnissen ohne Übereinstimmung leben zu können.
  Das formale Ziel eines »Fit-Werdens für den Umgang mit Pluralität« bedarf jedoch einer inhaltlichen Weiterführung: Ziel heutigen Religionsunterrichts in Pluralität ist es, dass Sch religiös kompetent und Subjekte ihres eigenen Glaubens werden. Rudolf Englert umschreibt »religiöse Kompetenz« folgendermaßen:

- »die Bereitschaft, sich auf die Frage nach dem Geheimnis von Leben und Welt einzulassen, und die Fähigkeit, auf dieses Geheimnis verweisende (religiöse) Erfahrungen sensibel und verständig auszulegen;
- die Fähigkeit, religiöse Traditionen als Lesarten religiöser Erfahrungen zu interpretieren, mit anderen möglichen Lesarten zu vergleichen und sowohl die jeweilige Tradition als auch den eigenen Lebensglauben von daher kritisch zu befragen;
- die Fähigkeit, sich bei aller bleibenden Offenheit religiöser Suchprozesse persönlich zu positionieren und allmählich so etwas auszubilden wie eine eigene religiöse Identität«. (Englert, 9)

H. M.

Literatur

Englert, Rudolf, Der Religionsunterricht nach der Emigration des Glauben-Lernens. Tradition, Konfession und Institution in einem lebensweltlich orientierten Religionsunterricht, in: KatBl 123 (1998), 4-12, hier 9

Mendl, Hans, Im Mittelpunkt der Mensch. Prinzipien, Möglichkeiten und Grenzen eines schülerorientierten Religionsunterrichts, Winzer 2004

Ziebertz, Hans-Georg, Gesellschaftliche Herausforderungen der Religionsdidaktik, in: Hilger, Georg/Leimgruber, Stephan/Ziebertz, Hans-Georg, Religionsdidaktik. Ein Leitfaden für Studium, Ausbildung, Beruf, München 2001, 67-87

Woher – wohin

Kontext 1 104 105

1. Hintergrund

Bei der »Suche nach Orientierung« (LP K 8.3), die gerade für Sch der achten Jahrgangsstufe beginnt, ist es notwendig, sich mit den Gründen für diese Neugier zu beschäftigen. Ein leichter Zugang erfolgt hierbei über Symbole, die den Sch bekannt sind und die in diesem Zusammenhang neu gedeutet werden.
Das **Labyrinth** stand schon in der Antike als Symbol für die Verworrenheit des Lebens und für die verzweigte Suche nach einem Ziel. Im Gegensatz zum Irrgarten, der auch Irrwege und damit Sackgassen kennt, bezeichnet »Labyrinth« jede Art von verschlungenem Wegesystem, das den Weg hinein, hinaus oder hindurch zu einem Rätsel macht. Im Besonderen gibt es in einem Labyrinth nur einen Weg vom Eingang bis zur Mitte. Das Bild stellt ein künstlich angelegtes Labyrinth dar, das begehbar ist. Es gibt viele Möglichkeiten, sich mit Sch z. B. in botanischen Gärten oder extra angelegten Maisfeldern ein Labyrinth zu »erlaufen«.
Der **Spruch aus dem Mittelalter** ist in verschiedenen Quellen überliefert, am wahrscheinlichsten ist wohl die ursprüngliche Verwendung auf einem Grabstein. Im Mittelalter, das dem Tod geradezu eine alltägliche Bedeutung einräumte, ist Anfang, Wesen, Länge und Ziel des Lebensweges nicht fassbar. Trotzdem wird verwundert festgestellt, dass man fröhlich ist. Die Deutung durch Sch ist immer einen Versuch wert.
Mächtig viel Theater ist ein Liedtext der Gruppe *PUR* und stammt aus den 1990er-Jahren. Er verdeutlicht auf eindringliche Weise, dass gerade das Leben im Labyrinth, also das Leben auf den nicht geraden Wegen, »die uns vorgezeichnet sind«, das wahre Leben ist. Die Ordnung, das geregelte, verwaltete und glatte Leben ist nicht das Leben, das der Freiheit des Menschen gemäß ist. Die Suche nach dem eigentlichen Leben, nach »dem Sinn« ist das, was

notwendig ist: »Weißt du denn, wohin du willst?« (ebd.).
Auch das Bild der Marionette am Ende des Liedes kann ausgedeutet werden. Es ist Zeit, dass man die Fäden durchtrennt, dass man »sich kapiert«.
Nach dem Einstieg über einen symbolischen und auch philosophischen Weg wird auf *Kontext 1* (**105**) der Bogen zu sogenannten Persönlichkeits- oder Psychotests geschlagen. Gerade hier finden sich solche »geraden« und »vorgezeichneten« Wege, die durch Trends immer wieder abgesteckt werden. Natürlich benutzen viele Sch gerne solche Tests, um eine Momentaufnahme ihres »Seelenzustands« zu erhalten. Doch eine kritische Auseinandersetzung fehlt oft. Das holt der RU an dieser Stelle nach. Vor allem sollten schon in dieser frühen Phase des Themenbereichs Gefahren angedeutet werden, die dann bei Psychogruppen und Sekten wieder aufgegriffen werden: wenn Testergebnisse unkritisch übernommen werden oder sogar viel Geld für die Auswertung und »Besprechung« solcher Test gezahlt wird.
Mit den unten angehängten **Fragen** wird Sch verdeutlicht, dass mit kurzen Fragen sehr viel über den momentanen Gemütszustand und das Verhältnis zu anderen Menschen erfragt werden kann. Eine »Auswertung« ist dann nicht sehr schwer, sondern liefert der Antwortende eigentlich selbst.
Das **Bild** zeigt einen Psychotest der Jugendzeitschrift *Bravo*, die in jeder Ausgabe solche Tests zu verschiedensten Themen abdruckt. Der hier gewählte Test befasst sich mit einem Thema, das für Sch der achten Jahrgangsstufe ein großes Thema ist: Liebe. »Wie komme ich bei den anderen an?«, ist dann eine Frage, die man oft hört, wenn sich »beste« Freunde bzw. Freundinnen unterhalten. Bei bestimmten Lebensfragen, die Sch in schwere Krisen führen können, muss ihnen klar sein, dass hier keine »Ankreuzantwort« gefunden werden kann, sondern professionelle Hilfe (Beratungsstellen, Telefonseelsorge, Psychotherapeutische Angebote u. a.) in Anspruch genommen werden sollte. Über den Sinn solcher Institutionen kann an dieser Stelle durchaus schon gesprochen werden.

2. Einsatzmöglichkeiten im RU

Ein Labyrinth aus Fragen bauen

- Sch ergänzen die Fragen am Ende des Liedes von *PUR*: Was muss ich erkennen, damit ich weiß, wohin ich will?
- Sch notieren diese Fragen in Form eines Labyrinths auf **M 8.5.2, Lehrerkommentar S. 236**.

Labyrinthe entdecken PINNWAND 106

- Den eigenen Lebensweg nehmen Sch oft als ein Labyrinth mit verschlungenen Wegen wahr. In einer ruhigen Atmosphäre zeichnen Sch Lebenslabyrinthe, die zu einem bestimmten Fragenkreis erstellt werden, z. B.:
  - Wer bin ich?
  - Was möchte ich werden?
  - Wohin möchte ich mich entwickeln?

Einen Persönlichkeitstest erstellen

- Sch erstellen zu bestimmten Themen (z. B. Bist du ein Sch, der sich zu viel Stress macht?) einen eigenen Persönlichkeitstest.
- Auch wenn sich bei dieser Übung die Kreativität Einzelner oft förmlich »austobt«, sollte L im Vorfeld überlegen, ob in seiner Klassensituation sinnvolle Ergebnisse herauskommen.
- Ein besonderes Augenmerk verdient die Frage, welche Aspekte Sch zu einem Fragenkomplex als zugehörig betrachten und welche nicht. Sch diskutieren diese Aspekte und überprüfen daraufhin noch einmal ihren Psychotest.
- Einschlägige Computerprogrammen (z. B. *PowerPoint*) erleichtern die Gestaltung eines solchen »Psychotests«.

Im Angebot: Antworten

Kontext 2 106 107

1. Hintergrund

Die ausgewählten Phänomene auf *Kontext 2* (**106**) lassen schon das Spektrum erkennen, in dem sich der »spirituelle Supermarkt« nicht nur für Jugendliche heute erstreckt: Vom Gläserrücken im Freundeskreis über die interessanten Artikel in Zeitschriften zu Fengshui bis zum Mondkalender, der oft über Erwachsene an Sch herangetragen wird. Die **Illustration** auf *Kontext 2* (**107**) bietet mit den unterschiedlichen angedeuteten Angeboten wie Fengshui für alle Lebenslagen, Krafttiere, Selbsthypnose, Kartenlegen und Zukunftsschau, Yoga, Meditation und andere therapeutische Angebote einen humorvollen Einstieg in das Thema, der vor allem dem Sammeln von Sch-Erfahrungen dient.
In den **drei Kurzgeschichten** werden auf engstem Raum kurze Impulse angeboten, damit Sch über ihre Erfahrungen im »spirituellen Supermarkt« ins Gespräch kommen. Die angesprochenen Begriffe werden an anderer Stelle wieder aufgegriffen (Gläserrücken: *Orientierung 1*, **110f.**; Fengshui: *Lexikon*, **127**;

Mondkalender: *Lexikon*, **135**) und unterstreichen das Konzept eines vernetzten RU. Die Geschichten sind offen, damit sie als Einstiegsimpuls verwendet werden können. Leicht lassen sie sich fortführen und mit eigenen Erfahrungen verbinden.
Bewusst steht zunächst die Information im Vordergrund. Gerade ein solches Vorgehen möchte den RU davor bewahren, sofort mit dem erhobenen Zeigefinger zu argumentieren. Ein kritisches Hinterfragen sollte erst auf der zweiten Stufe erfolgen und damit die Tür zum Durchleuchten dieser Phänomene aufstoßen.

2. Einsatzmöglichkeiten im RU

Einen spirituellen Supermarkt aufstapeln

- Mithilfe des Internets oder Jugendzeitschriften recherchieren Sch in PA oder GA Informationen zu den im Schulbuch genannten oder anderen esoterischen Phänomenen (s. o.).
- Mit Pappkartons wird wie in einem Supermarkt ein Stapel aufgebaut. Auf jeden Karton wird ein Begriff, der von einer KG näher durchleuchtet worden ist, aufgeklebt. In den Karton werden Plakate mit den wichtigsten Informationen eingelegt.
- Diese Präsentation der Recherche-Ergebnisse eignet sich besonders für eine (Pausen?-)Aktion in der Schule zum Thema.

Eine Informationswand zum spirituellen Supermarkt erstellen

- Sch erhalten **M 8.5.3, Lehrerkommentar S. 237**, und füllen es in KG mithilfe des Internets, aber auch eigenem Vorwissen und den Informationen aus dem Lexikon des Schulbuchs zu einem Begriff ihrer Wahl aus. L achtet darauf, dass es keine Doppelungen bei den Begriffen gibt.
- Auf einer Plakatwand werden die AB der einzelnen Gruppen ausgestellt. So entsteht eine Übersicht über die Themen, welche die Sch der Klasse interessieren.

Die Geschichten weiterführen

- Sch nutzen die Geschichten auf *Kontext 2* (**106**) als Einstiegsimpuls für ein szenisches Spiel oder für eine schriftliche Weiterführung, um Erfahrungen, Ängste und Gefahren solcher Phänomene anzusprechen, ohne zu sehr sich selbst als evtl. betroffene Person einbringen zu müssen.

Horoskope unter die Lupe nehmen PINNWAND 106

- Mithilfe von **M 8.5.4, Lehrerkommentar S. 238**, werten Sch Horoskope aus Tageszeitungen, im Radio, Fernsehen und Internet aus.
- Besonders interessant ist es, wenn in alten Zeitschriften Horoskope zu finden sind, die sich auf bereits vergangene Wochen beziehen: Inwieweit hatten die »Vorhersagen« recht?

Mein Zimmer nach Fengshui einrichten

- Sch zeichnen auf einem leeren DIN-A4-Blatt den Grundriss ihres Zimmers und stellen ihre Möbel und Gegenstände nach Fengshui-Kriterien zusammen. In einschlägigen Büchern und Zeitschriften sowie im Internet finden sie viele Anregungen und Informationen. **M 8.5.5, Lehrerkommentar S. 239**, enthält die wichtigsten Kriterien für die Einrichtung eines Ess- und Wohnzimmers.

Der spirituelle Supermarkt zum Anfassen

- Sch bringen zur Unterrichtsstunde einen Gegenstand mit, den sie mit einem der Begriffe aus der Illustration von *Kontext 2* (**107**) verbinden, und erzählen kurz, welche Erfahrungen bzw. welches Wissen sie mit diesem Gegenstand verbinden. Als Ideenliste kann z. B. dienen: Tarot-Karten, Fengshui-Bücher, Rosenquarz(-lampe), Steine für einen Wasserkrug, chinesische Symbole oder Amulette, Mondkalender(-bücher), Meditationsbilder etc.
- Nach der Beschreibung/Erzählung legen die Sch ihre Gegenstände auf das Lehrerpult (oder auf einen Tisch, der für alle sichtbar in der Mitte des Raumes steht).

3. Weiterführende Anregungen

Spiritueller Supermarkt PINNWAND 108

- Mithilfe eines selbst gestalteten Fragebogens führen Sch eine Umfrage im Bekannten- und Freundeskreis durch. Ergänzt werden kann dies durch eine Umfrage auf der Straße. Folgende Fragen sind hilfreich:
  - Was verbinden Sie mit dem Begriff »spiritueller Supermarkt«?
  - Welche spirituellen oder esoterischen Phänomene kennen Sie?
  - Was wissen Sie über diese Phänomene?
  - Was denken Sie über solche Phänomene?
- Die Auswertung gibt sicher auch Aufschluss über momentan aktuelle bzw. bekannte Phänomene.
- Im Zusammenhang mit diesem Impuls lässt sich auch gut der Impuls »Spiritueller Supermarkt« von der Pinnwand erarbeiten.

Nach dem Mondkalender leben

- Mithilfe verschiedener Internetseiten oder Mondkalenderbücher werden Tipps zum täglichen Leben auf ihre Übereinstimmung für den jeweiligen Tag der aktuellen Woche untersucht:

- Was ist heute für die Haare gut?
- Welche Körperteile müssen geschont werden?
- Wann kann eine Diät begonnen werden?
- Wann sind welche Pflanzen in den Garten zu pflanzen?

• Sch diskutieren, welche Bedeutung sie den Ratschlägen des Mondkalenders beimessen.

Pinnwand 108 109

Folgende Arbeitsimpulse und Projekte der *Pinnwand* (**108f.**) werden im Lehrerkommentar vertieft:

Das Titelbild interpretieren:	S. 215, 223
Labyrinthe entdecken:	S. 217
Spiritueller Supermarkt:	S. 218
Ein Internetprojekt starten:	S. 224
Horoskope unter die Lupe nehmen:	S. 218
Kartenlegen:	S. 223
Eine Umfrage durchführen:	S. 221
Astronomie und Astrologie – ein Widerspruch?:	S. 234

Wer weiß noch ...

Bei einem Klick auf den »Wer-weiß-noch«-Schriftzug von www.religionvernetzt.de können Sch folgende Informationen recherchieren:

Frage 1: Mit den Gottesvorstellungen von Ägyptern, Babyloniern und Römern habt ihr euch bereits in der fünften und der siebten Klasse beschäftigt. Gemeinsam ist diesen, wie auch vielen anderen Volksreligionen, die Vorstellung, dass es Götterfamilien gibt, die für verschiedene Bereiche des Lebens zuständig sind. Die Menschen haben diesen Götterfamilien zu dienen, indem sie ihnen Opfer darbringen.
(Vgl. *Religion vernetzt 5.2, Orientierung 1* und *2,* **37ff.** und *Religion vernetzt 7.4, Orientierung 1,* **84f.**)

Frage 2: Ähnlich wie heute hatten im alten Rom immer mehr Menschen neben der altvertrauten Staatsreligion neue Formen von Mysterienreligionen entdeckt. Weil dies oft Geheimreligionen waren, ging von ihnen eine ungemeine Faszination aus. Die neuen Göttinnen und Götter, von denen man sich die persönliche Erlösung nach dem Tod erhoffte, hießen Mithras, Isis und Kybele. Neben diesen »neuen« Religionen breitete sich aber auch der Aberglaube aus. Von ihm ließen sich nicht nur einfache Leute beeinflussen, sondern auch bedeutende Persönlichkeiten wie der Kaiser Augustus. In dieses religiöse Umfeld hat sich das Christentum damals hineinverbreitet. Es ist klar, dass es dabei nicht nur seine Umgebung beeinflusst hat, sondern auch von dieser selbst geprägt wurde.
(Vgl. *Religion vernetzt 7.4, Orientierung 1,* **84**)

Frage 3: Seit den Anschlägen auf das New Yorker *World Trade Center* am 11. September 2001 wird der Islam und religiöser Fundamentalismus oft in einem Atemzug genannt. *Perspektiven 2* sensibilisiert mithilfe eines Ausschnitts aus dem Jugendbuch »Papa, was ist der Islam« des marokkanisch-französischen Schriftstellers Tahar Ben Jelloun und Koranauszügen für eine deutliche Unterscheidung. Wenn ihr die Arbeitsaufträge bearbeitet, werdet ihr feststellen, dass es auch in den anderen Weltreligionen, wie dem Judentum und Christentum, immer wieder zu Gewalt und Intoleranz kommen kann, wenn deren Anhänger ihre Heilige Schrift fundamentalistisch auslegen.
(Vgl. *Religion vernetzt 7.5, Perspektiven 2,* **120f.**)

Die Begegnung mit dem Übersinnlichen — Orientierung 1 110 111

1. Hintergrund

Auf den Kontextseiten wurden rein informativ verschiedene Antworten auf Lebensfragen zusammengetragen und nur oberflächlich einer ersten Einordnung und Wertung unterzogen. Auf *Orientierung 1* (**110f.**) steht jetzt eine genauere Untersuchung im Mittelpunkt. Vor allem werden okkulte Phänomene einer wissenschaftlichen Betrachtung unterzogen, um der weithin verbreiteten Meinung entgegenzutreten, dass tatsächlich eine Verbindung ins Jenseits oder zu Geistern hergestellt werden kann. Die Entwicklung im Bereich der Psychologie in den letzten 100 Jahren hat viele Antworten geliefert, die auf *Orientierung 1* (**110f.**) vor allem durch den sogenannten *Carpenter-Effekt* exemplarisch veranschaulicht werden.
Das **Beispiel Gläserrücken** wurde gewählt, weil hier eine den Sch sehr nahe Erfahrungswelt aufgeschlossen wird, die vor allem durch Jugendzeitschriften immer wieder neu aktualisiert wird: Verschiedene Heftbeilagen bieten neben Tarotkarten und Pendeln auch immer wieder »Spielbretter« zum Gläserrücken

an, auf dem dann alle Fragen, die Sch bewegen, »beantwortet« werden können.
Die Erklärung des Phänomens liegt nach wissenschaftlicher Sicht im engen Zusammenhang zwischen Emotion und Muskelkontraktion. Die sonst nur schwach beim Einzelnen ausgeprägte Bewegung, die durch ein emotionales Erleben ausgelöst wird, wird durch viele Anwesende, die in dieser Situation das Gleiche erwarten, gleichsam aufsummiert und in eine »sichtbare Bewegung« umgesetzt. Die Einschwingphase dient vor allem dem »Gleichschalten« der Gruppe, die dann nicht einen Geist zum Reden, sondern nur die mehrheitlichen Wünsche und Sehnsüchte zum Ausdruck bringt. Im Allgemeinen ist dieses Phänomen als Carpenter-Effekt bekannt.

Carpenter-Effekt
Der englische Physiologe Benjamin Carpenter (1813-1885) beschrieb zum ersten Mal das psychologische Phänomen, dass das Wahrnehmen einer Bewegung (in schwächerem Maße auch das Denken an diese Bewegung) den Antrieb zur Ausführung eben dieser Bewegung auslöst. Heute wird in der Psychologie oft vom sogenannten ideomotorischen Prinzip gesprochen, das neben dem Carpenter-Effekt, der das ungewollte Mitvollziehen einer Bewegung erklärt, auch die psychische Gesetzmäßigkeit des Ideo-Realgesetzes umfasst, durch das die Übertragung von Gefühlen und Suggestion erklärt wird.
Prägnant zusammengefasst wurde dies vom deutschen Mediziner und Psychologen Willy Hellpach (1877-1955), der den Carpenter-Effekt in diesem Sinne erweiterte: »Jeder subjektive Erlebnisinhalt schließt einen Antrieb zu seiner objektiven Verwirklichung ein.«
Mithilfe des Carpenter-Effekts werden neben dem Gläserrücken auch z. B. das Pendeln und der Ausschlag von Wünschelruten erklärt, was von den jeweiligen Anhängerinnen und Anhängern natürlich abgelehnt wird.

Die **Collage** verweist auf drei esoterische Praktiken: Links pendelt eine Frau ein homöopathisches Heilmittel aus. Gerade bei der Anwendung von Bachblüten soll das Pendel feststellen, ob man die betreffende Essenz braucht oder nicht.
Die Kristallkugel ist das Symbol für Wahrsagerei schlechthin. Allerdings kommt sie heute nur noch bei der Jahrmarkts-Wahrsagerei zum Einsatz. Bei einigen Fengshui-Beratern werden Kristallkugeln jedoch zur Harmonisierung eines Raumes eingeplant.
Das rechte Bild illustriert die im Text beschriebene Praktik des Gläserrückens. Der Kreis, in dem sich das umgedrehte Glas bewegt, besteht dabei aus allen Buchstaben und Ziffern.
Der Erfahrungsbericht **»Unglaublich«** von Ingrid Malzahn beschreibt den Ablauf einer spiritistischen Sitzung (einer sogenannten Séance), bei der mithilfe eines Mediums Kontakt zum Jenseits hergestellt wird. Auf sehr persönliche Fragen wissen die »Hüter des Lichts« erstaunlicherweise Antworten, die aus dem Unterbewusstsein der Fragenden zu stammen scheinen. Diese scheinbare Kenntnis persönlicher Erlebnisse und Anliegen wirkt auf die Verfasserin unglaublich.
Der Parapsychologe Milan Ryzl hat eine nüchterne Deutung für ihr Erlebnis parat: es handle sich schlicht und einfach um eine bemerkenswerte ASW-Leistung (= Außersinnliche Wahrnehmung) eines Sensitiven. Die Wünsche und Sehnsüchte, die Ingrid Malzahn seit ihrer Kindheit beschäftigen, die Hoffnung auf eine klare und einfache Weltdeutung, treten bei dieser Begegnung mit einem amerikanischen Medium so klar hervor, dass sie von diesem wahrgenommen und artikuliert werden können. Kein Geist ist also am Werk, sondern nur die außergewöhnlichen Fähigkeiten eines Mannes, der die Informationen, die das Unterbewusstsein Ingrid Malzahns aussendet, aufnehmen und interpretieren kann. »Alle diese Erscheinungen und Erfahrungen lassen sich als psychisches Geschehen erklären. Die auftretenden, angeblich transzendenten Wesenheiten können als ›Projektion‹ psychischer Inhalte nach außen verstanden werden. Die paranormalen Leistungen können auf seelische Kräfte (z. B. ASW und Psychokinese) zurükkgeführt werden.« (Milan Ryzl in Janzen, 46)
Der Theologe Wolfram Janzen schreibt: »Durch mediale Leistungen werden wir zunächst nicht in transzendente Überwelten, sondern in die Bereiche der seelischen Bilder, der Träume und Wünsche, in die Innenwelten geführt ... Was bei Medien herauskommt, ist das, was in ihnen steckt, ihre eigene Vorstellungs- und Gedankenwelt.« (a.a.O., 120, 121, 125).

2. Einsatzmöglichkeiten im RU

Erklärungsbedarf
- Auf Grundlage des Erfahrungsberichts »Unglaublich« versuchen Sch, natürliche Erklärungen für die »Antworten aus dem Jenseits« zu finden.
- Die Erklärungen werden auf einem Plakat zusammengefasst und nach ihrer Überzeugungskraft bewertet (von 1 bis 6).
- Günstig ist es, auch das Gläserrücken und Pendeln hier zu integrieren mit je eigenen »Erklärungsplakaten«.

Eine Faszinations-Collage erstellen

- Sch bringen zur Unterrichtsstunde Bilder von verschiedenen okkulten Techniken mit und erstellen Plakate, auf denen auch Begriffe notiert werden, die die Faszination beschreiben, die solche Techniken auch heute noch auf Menschen ausüben.

Pendeln/Umfrage durchführen PINNWAND **109**

Der Carpenter-Effekt ist auch bei anderen esoterischen Praktiken wie dem Pendeln zu beobachten. Mithilfe eines einfachen Pendel-Experiments erkennen Sch, dass die Pendelausschläge mit der Erwartung einer bestimmten Antwort zusammenhängen.

- Für jede/n Sch sollte ein Pendel zur Verfügung stehen. Dies lässt sich am leichtesten aus einer schweren Schraubenmutter und einer ca. 25 cm langen Schnur herstellen. Zum Pendeln wird der Ellbogen des rechten Arms aufgestützt, die Schnur wird locker um den Zeigefinger gewickelt und mit dem Daumen gehalten. Jede Anspannung vermeiden!
- Sch bringen je ein Bild eines Mannes und ein Bild einer Frau in den Unterricht mit (Fotos, Zeitschriften u. Ä.).
- L erklärt Sch, das Pendel könne das Geschlecht einer Person auf einem Bild erkennen.
- Die Klasse wird zu dem Experiment in zwei verschiedene Gruppen eingeteilt, jeweils mit dem Auftrag, das Geschlecht der Person auf dem Bild auszupendeln.
- Die beiden Gruppen erhalten schriftlich unterschiedliche Anweisungen, wie das Pendel sich zu bewegen hat (vgl. **M 8.5.6, Lehrerkommentar S. 240**).
- Nach einiger Zeit werden beide Gruppen feststellen, dass das Pendel tatsächlich das Geschlecht einer Person zu erkennen scheint! Erst im gemeinsamen Unterrichtsgespräch wird deutlich, dass das Pendel sich je nach Anweisung unterschiedlich verhält, also durch die Anweisung von L und die Vorstellungskraft der Sch gesteuert wurde.

3. Weiterführende Anregung

Den Carpenter-Effekt erleben

- Sch erstellen mit Buchstaben und Zahlenkärtchen ein »Spielbrett« für das Gläserrücken (vgl. *Orientierung 1*, **111**).
- Das Gläserrücken wird nun mit verschiedenen Versuchsanordnungen bei denselben Fragen durchgeführt: »normal«, mit verbundenen Augen und/oder vertauschten Buchstaben. Danach wird Sch klar sein, was der Carpenter-Effekt ist.
- Die Ergebnisse lassen sich auch gut zusammenfassen und können als Projektergebnis im Schulhaus oder auf der Schulhomepage veröffentlicht werden.
- Ein ähnlich guter Beleg für den Carpenter-Effekt lässt sich beim Pendeln zu solchen Fragen erzielen, wo kein »gesichertes« Wissen als Grundlage vorhanden ist (Wie viele Kekse sind in der Dose?).

Spiel(k)arten der Esoterik

Orientierung 2 **112** **113**

1. Hintergrund

Auf *Orientierung 2* (**112**) wird zunächst mit dem kurzen Text »**Was ist Esoterik?**« der Begriff erklärt. Von dem griechischen Adjektiv *esoterikos*, das so viel wie »nur für Eingeweihte« bedeutet, ist das Wort Esoterik abgeleitet. Unter diesem Begriff werden heute eine Menge Praktiken, Lehren und Weltanschauungen zusammengefasst, deren Zahl ständig zunimmt. Einen gemeinsamen Nenner bieten all diese Begriffe hinsichtlich ihrer Antworten und Angebote in Bezug auf ein bewusstes Leben mit »ganzheitlichen Erfahrungen für Körper, Geist und Seele«. Weil dieser Begriff heute aufgrund pseudowissenschaftlicher und pseudoreligiöser Angebote, die im Spektrum der Esoterik auch zu finden sind, eher negativ belegt ist, ist es besser, den Sammelbegriff »Esoterik» sparsam zu verwenden und stattdessen die enthaltenen Einzelphänomene zu hinterfragen.

Die **Collage** stellt verschiedene Gegenstände zusammen, die überall zu finden sind, wo es um Wellness für Körper, Geist und Seele geht: Neben Räucherstäbchen, einer Yin-Yang-Kapsel, einem Pendel, einem Armreif mit einem fünfzackigen Stern, einem Zimmerbrunnen, einer Rosenquarz-Lampe, einer Klangschale und einem chinesischen Sternkreiszeichen findet sich auch eine Schale für große Räucherstäbchen und eine Räucherschale für Körner.

Ein konkretes Phänomen wird mit **Tarot** auf *Orientierung 2* (**113**) näher betrachtet. Tarot zählt heute sicherlich zu »den« esoterischen Praktiken, die gerade durch Jugend- und Frauenzeitschriften immer wieder in verschiedenen Ausformungen auf den Markt der esoterischen und spirituellen Möglichkeiten geworfen werden.

Tarot
Tarot ist ein hervorragendes Beispiel eines esoterischen Phänomens, das die Jahrhunderte überdauert hat und immer wieder neu in der Lage ist, modische Trends und Veränderungen aufzunehmen, ohne in der Versenkung zu verschwinden. Gerade in einer durch naturwissenschaftliche Nüchternheit geprägten Zeit suchen viele nach einer schnellen und unkomplizierten Möglichkeit, Antworten auf ihre Lebensfragen zu erhalten. Mit Karten erfolgt dies auf einfache und nachvollziehbare Weise, weil das Geheimnisvolle nicht durch eine übernatürliche Macht an den Menschen heranzutreten scheint, sondern aus diesem selbst hervortritt. Hier handelt es sich – wie auch der kurze Einführungstext aus einer Anleitung zum Tarot belegt – um ein Phänomen der »selbstständigen Lebensorientierung«. Es sollen zunächst keine bestimmten Weltanschauungen übernommen werden, sondern nur eine Anleitung vermittelt werden, eigene »Anschauungen für die großen und kleinen Fragen des Lebens entwickeln« zu können.
Insgesamt umfasst ein Tarot-Blatt 78 Karten, die wiederum in die große (22 Karten) und die kleine Arkana (56 Karten) unterteilt werden. Die große Arkana besteht aus 22 Trumpfkarten, die neben einer Zahl auch einen Titel tragen (z. B. III – Die Herrscherin, X – Rad des Schicksals, XVI – Der Turm). Die kleine Arkana ihrerseits wird in 4 Farben (Stäbe, Schwerter, Kelche, Münzen) mal 14 Karten unterteilt, bei denen jeweils 10 Zahlen- und 4 Hofkarten (König, Königin, Ritter, Page) unterschieden werden können. Diese Vierereinteilung entspricht im Prinzip der bekannten Farbeinteilung beim deutschen oder französischen Blatt (Eichel, Blatt, Herz, Schelle bzw. Kreuz, Pik, Herz, Karo).

Die abgebildeten **Tarotkarten** stammen aus dem wohl bekanntesten Deck (so nennt man eine zusammengehörige Ausgabe der Tarotkarten) des *Rider-Waite-Tarots.* Arthur Edward Waite (1857-1942) war der Verfasser mehrerer esoterischer Schriften und veröffentlichte 1909 zusammen mit der Künstlerin Pamela Coleman Smith dieses Tarot-Kartendeck, das die bis dahin verbreiteten Zahlenkarten der kleinen Arkana durch Bilderkarten ersetzte, damit sie leichter gedeutet werden konnten. Die Karten erschienen beim Verlagshaus Rider, was den Namen des Kartendecks erklärt. Auf ihnen werden eine Fülle bekannter und weniger bekannter Symbole vermischt. Für das Legen und Ausdeuten der Karten gibt es unzählige Möglichkeiten.

Im **Erklärungstext** wird auf die geschichtliche Entwicklung des Tarot eingegangen, die sich aus dem Italien der Renaissancezeit über die Hippie-Bewegung der 1960er-Jahre bis in unsere Tage hinein verfolgen lässt. Die abgebildeten Karten belegen darüber hinaus auch die Vermischung verschiedener Symbole aus unterschiedlichen Epochen der Kulturgeschichte. Auf der Karte X kann man sogar die Symbole der vier Evangelisten neben einer Sphinx und Anubis, dem ägyptischen Gott des Totenkultes, erkennen. Psychologisch gedeutet, ruft der Anblick von Tarotkarten eine subtile emotionale Reaktion hervor, wenn das abgebildete Thema mit der eigenen Befindlichkeit korrespondiert, da sie grundlegende, typische menschliche Erfahrungen symbolisieren. In diesem Licht kann Tarot als Werkzeug zur Selbsterkenntnis und zum Aufspüren un- oder vorbewusster Gefühle dienen. Es wird zum Spiegel des eigenen Selbst. Übersinnliche Wahrnehmungen sind allerdings nicht zu erwarten, da auch der klarste Spiegel nur das zeigt, was ihm gegenübersteht. Esoterisch-spirituell gedeutet, stellen die Tarotkarten dagegen eine Parallelität des Ergebnisses einer Kartenlegung mit Ereignissen aus dem Leben des Fragenden her.

2. Einsatzmöglichkeiten im RU

Die Collage betrachten und erweitern

- Sch betrachten die Collage, benennen, welche Gegenstände sie erkennen, und beschreiben ggf. deren Funktion. Falls sie keine Ideen haben, ergänzen sie ihr Wissen durch Recherchen im Internet.
- Sch erstellen eine eigene Collage mit »esoterischen«Gegenständen aus Zeitschriften und Versandkatalogen (evtl. auch aus dem Internet). Besonders auf Teeverpackungen finden sich heute oft eindeutige Bezüge zu esoterischen Vorstellungen.
- Im Plenum wird diskutiert:
  - Welcher Geist steckt eigentlich hinter der Esoterik?
  - Welche Lebenseinstellung/Lebensauffassung soll durch diese Gegenstände vermittelt werden?

Sich mit den Symbolen der Tarotkarten auseinandersetzen

- Sch betrachten die vier auf *Orientierung 2* (**113**) abgebildeten Tarotkarten hinsichtlich der darauf abgebildeten Symbole.
- Mithilfe von **M 8.5.7, Lehrerkommentar S. 241**, ordnen Sch die Symbole der Tarotkarten den verschiedenen Kulturepochen und Religionen zu. Was fällt auf?
  Lösung: 1k; 2i; 3d; 4b; 5e; 6h; 7c; 8f; 9j; 10g; 11a.

Tarot und Beliebigkeit

- Sch informieren sich mithilfe von **M 8.5.8, Lehrerkommentar S. 242**, einschlägiger Literatur oder des Internets über die unzähligen Möglichkeiten, Tarotkarten zu legen und zu interpretieren.
- Sch erhalten **M 8.5.9, Lehrerkommentar S. 243**, und befassen sich exemplarisch mit der Tarotkarte XVI – Der Turm. Wie beurteilen sie das Interpretationsmodell?
- Zu einer beliebigen Tarotkarte beantworten Sch in KG:
  - Welche Lebenssituation kann ich auf dieser Karte entdecken?
  - Welche meiner Charaktereigenschaften kann diese Karte versinnbildlichen?
- Die Ergebnisse werden im Plenum zusammengefasst und auf einer Folie/auf einem Plakat, auf der/dem in der Mitte die Karte dargestellt ist, notiert.

Das Titelbild interpretieren PINNWAND 108

Das *Titelbild* (**103**) zeigt die Skulptur der französischen Künstlerin Niki de Saint Phalle (1930-2002). Sie hat in ihrem Tarot-Garten alle 22 Bilder der großen Arkana (s. o.) künstlerisch aufgegriffen. Sie wollte vor allem die Gefühle, Wünsche und Sehnsüchte des Menschen in seinem Leben thematisieren.

- Sch versuchen, die einzelnen Skulpturen bzw. Tarotkarten persönlichen Charaktereigenschaften oder Lebenssituationen zuzuordnen. Auf die Beliebigkeit und Subjektivität solcher Zuordnung sollte der L auf jeden Fall hinweisen.
- Alle Bilder finden sich unter www.nikidesaintphalle.com. Dort ist – leider nur in Englisch – eine ausführliche Beschreibung der Entstehung und der Assoziationen der Künstlerin zu jeder Skulptur zu finden.

3. Weiterführende Anregungen

Kartenlegen PINNWAND 109

Nicht nur Tarot, auch andere Karten- und Brettspiele arbeiten mit Symbolen aus Esoterik und Religion (z. B. *Magic* und andere Fantasyspiele).

- Sch überlegen, welche derartigen Spiele sie kennen, und stellen sie kurz vor.
- Falls Zeit vorhanden oder im Rahmen eines Spielenachmittags können diese Spiele gemeinsam in KG gespielt werden.
- Anschließend überlegen sich Sch, ob in diesen Spielen ein Weltbild, eine Botschaft über die Spielidee hinaus vermittelt wird. Falls ja, was halten Sch davon?

Die Entwicklung des Tarot über die Jahrhunderte entdecken

- Die freie Internet-Enzyklopädie www.wikipedia.de bietet viele detaillierte Informationen und Bildmaterial über Tarot. Sch informieren sich dort über die Geschichte und den Wandel der Bedeutung des Kartenlegens.
- Interessant ist auch der Vergleich der Tarot-Decks aus verschiedenen Jahrhunderten. Sch informieren sich über die Gestaltung und Funktion der unterschiedlichen Tarot-Decks, werten diese kritisch aus und gestalten eine kleine Ausstellung.

Die neuen Psychosekten und wie ich sie erkennen kann! Orientierung 3 114 115

1. Hintergrund

Auf *Orientierung 3* (**114f.**) erfolgt der Übergang von der »Esoterik-Szene« zu den Sekten. Die **Eingangsgeschichte** erzählt von Miriams kurzer »Sektenkarriere«: Miriam berichtet, wie in der Einstiegsphase das Zeit- und Ernstnehmen sowie das sogenannte *Love-Bombing* eine solche Gruppe dominiert und welch gutes Gefühl dadurch vermittelt wird. Ihr wurde jedoch schon bald deutlich, was die Gruppe eigentlich prägte: eine autoritäre Meinungsbildung und straffe Regeln für den Umgang mit Außenstehenden, wobei freundschaftliche Außenkontakte ohnehin nicht gerne gesehen wurden. Für Jugendliche sind solche Sekten und Psychogruppen zwar anfangs interessant, weil sie keine alten und »verkrusteten« Strukturen (»keine Gottesdienste«) haben, sondern oft durch kleine Gesprächsrunden sofort vermitteln, dass der Einzelne im Mittelpunkt allen Interesses stehe. Vielen entgeht dann aber der manipulative Charakter dieser Gespräche: Statt mit echter persönlicher Reifung und spirituellem Wachstum werden die Jugendlichen mit Verängstigung und Indoktrination von z. T. intolerantem, ja fanatischem Gedankengut konfrontiert. Miriam hatte rechtzeitig entdeckt, dass in ihrer Gruppe von Freiheit und Toleranz schon bald nichts mehr übrig blieb; für viele Jugendliche, die sich auf solche Angebote einlassen, ist es aber schon zu spät, wenn sie nach der Eingangseuphorie zum Nachdenken kommen.
Der Artikel **»Zur Lage der Bundesrepublik Deutschland«** aus der Illustrierten *Stern* von 2002 berichtet davon, dass die Psycho- und Esoterikszene vielfach als Einstieg in zweifelhafte und gefährliche Gruppen dienen kann. Nicht nur Scientology, das auf *Orientierung 4* (**115f.**) genauer untersucht wird, ist gefährlich, auch viele kleine Psychogruppen bergen die Gefahr

von Extremismus: totalitär, intolerant und aggressiv gegenüber Kritikern.
Die **Illustration** zeigt eine junge Frau, die sich wie in einem Traum über eine blühende Wiese bewegt. Ihr weites Kleid erinnert auf den ersten Blick zwar an ein Nachthemd, doch deutet es Freiheit, Weite und Unschuld (weiße Farbe) an. Sogar weiße Tauben – ein Symbol der Liebe – flattern über ihr. Was diese Idylle allerdings infrage stellt, sind die Fäden, an denen sie »aufgehängt« ist und geführt wird. Kopf, Hände und Füße sind wie bei einer Marionette nicht mehr unter der eigenen Kontrolle, sondern in der Hand eines unsichtbaren Puppenspielers. Damit wird in karikaturhafter Weise ein ernstes Thema angesprochen: Sekten und religiöse Psychogruppen versprechen oft, dass der Mensch durch sie in Einklang mit sich und der Natur gelangen und damit wahrhaft frei sein würde. Doch nicht selten stellt sich dieses Versprechen als Trugschluss heraus und statt tiefer innerer Freiheit geraten ihre Opfer in psychische Abhängigkeit mit unabsehbaren Folgen.
Orientierung 3 (**115**) bietet ein übersichtliches Beurteilungsmuster mit verschiedenen Kriterien an, die zur Befragung einer vorgestellten Psychogruppe oder Sekte verwendet werden können (nach Gross, 27ff.). Noch einmal soll darauf hingewiesen werden, dass es nicht um ein Verdammen jedes esoterischen Trends und jeder weltanschaulichen oder religiösen Gruppe geht, sondern um das Wecken eines wachen Verstandes, damit Sch Gefahren erkennen lernen und kritisches Bewusstsein entwickeln können.

2. Einsatzmöglichkeiten im RU

Miriams Geschichte fortsetzen

- Verschiedene Kleingruppen bekommen den AA, Miriams Geschichte unter verschiedenen Gesichtspunkten zu erweitern:
- – Warum ist Miriam überhaupt zu dieser Gruppe gekommen?
- – Was lief bei den Gesprächskreisen ab?
- – Warum will Miriam aus dieser Gruppe wieder heraus?
- – Wie reagiert die Gruppe auf ihr Ansinnen?
- – Was passiert nach Miriams Ausstieg?

Eine aktuelle Übersicht über die Psychogruppen in Deutschland erstellen

- Ausgehend vom Artikel »Zur Lage in der Bundesrepublik Deutschland« erstellen Sch mithilfe des Internet eine Übersicht zur Lage im aktuellen Jahr:
- – Welche Gruppen gibt es in Deutschland?
- – Welche Gruppen stammen aus der Esoterik-Szene?
- – Welche Gruppen gibt es in unserer Stadt?
- – Wie viele gehören zu einer solchen Gruppe?

Gefahren einer Psychogruppe erkennen

- Sch fassen die in beiden Texten auf *Orientierung 3* (**114**) genannten Gefahren in einer Übersicht zusammen.
- Auf **M 8.5.10, Lehrerkommentar S. 244**, besteht zudem die Möglichkeit, Gefahren, Methoden und Merkmale solcher Psychogruppen mit dem Bild der Marionette zu verbinden.

Ein Internetprojekt starten PINNWAND 108

- Mithilfe des Kriterien-Rasters auf *Orientierung 3* (**115**) und des »Sekten-Erkennungs-Blatts« (**M 8.5.11, Lehrerkommentar S. 245**) recherchieren Sch im Internet nach aktuellen Sekten und Psychogruppen und entwerfen eine Plakatwand, auf der die verschiedenen Gruppen miteinander verglichen werden können. Das AB wird dabei mithilfe der Kriterienkästen aus dem Schulbuch ausgefüllt. Ergänzungen können auf zusätzlichen Blättern angefügt werden.

3. Weiterführende Anregung

»Spinnennetz der Sekten« oder eine »Marionette der Sekten« gestalten
Mittlerweile gibt es eine Menge Informationsplattformen im Internet, die verantwortliche und gute Ausgangspunkte für eine Internetsuche darstellen.

- Die oben genannte Sekten-Schau lässt sich bei der Vielzahl der Gruppen, zu denen man sowohl eigene als auch kritische Informationen über die Gruppe findet, zu einem »Spinnennetz der Sekten« ausweiten: Hier können Sch die erstellten Informationsblätter mit Wollfäden zu einem großen Netz verknüpfen, in dessen Mitte sich ein Mensch (Sch haben in der Regel noch Spielfiguren in einer angemessenen Größe wie Barbiepuppen etc.) verfangen hat.
- Auch die Umsetzung der Marionetten von *Orientierung 3* (**114**) ist sehr anschaulich. Die Informationsblätter stellen hier den Ausgangspunkt der Fäden dar, an deren Enden sich ein Mensch (aufgezeichnet auf Pappe, lebensgroß) hängt und dirigiert wird. Arme, Beine und Kopf lassen sich dabei mit Flügelklammern sogar leicht beweglich machen.

1. Hintergrund

Als Beispiel einer Psychogruppe bzw. Sekte ist auf *Orientierung 4* (**115f.**) Scientology gewählt worden, weil diese Organisation immer wieder in den Medien auftaucht. Einige Stars wie z. B. der Film-Schauspieler Tom Cruise bekennen sich offen als Mitglieder von Scientology und stoßen damit auch oft bei Sch das Interesse für Scientology an. Scientology betreibt aber auch eine sehr professionelle Öffentlichkeitsarbeit: In der Nähe von Universitäten und Schulen verbreiten Sektenmitglieder in Gesprächen, mit Büchern und Broschüren ihr Menschenbild, nach dem der Mensch nichts anderes sei als eine programmierbare Maschine, die nur perfekt optimiert werden müsse, damit er das Beste aus seinem geistigen Potenzial mache. Vor allem die bunten Broschüren mit dem Konterfei Albert Einsteins suggerieren, dass hier eine Gruppe weiß, wie man wirklich genial wird. Die ansprechenden Test- bzw. Fragebögen wecken bei Jugendlichen großes Interesse, weil sie zunächst so unverbindlich erscheinen wie die Psycho-Tests in Jugendzeitschriften (vgl. *Kontext 1*, **105**).
Scientology als Ganzes kann niemand durchschauen, doch sollen die Informationen auf *Orientierung 4* (**116f.**) zur Lehre, zum Gründer und zur Struktur von Scientology Aufschluss geben. Falls eine Internetsuche zu bestimmten Sekten oder Psychogruppen (vgl. *Orientierung 3*, **115**) nicht möglich ist, kann *Orientierung 4* (**116f.**) auch dazu benutzt werden, um die Kriterien von *Orientierung 3* (**115**) anzuwenden (vgl. den dortigen AA).
Die **Strukturskizze** zeigt, nach welchem Prinzip Scientology geleitet wird: Die Befehlszentrale ist das in Los Angeles (USA) ansässige RTC (*Religious Technology Center*), deren europäischer Vertreter in Kopenhagen (Dänemark) sitzt. Das RTC leitet die drei großen Zweige von Scientology. Das *Büro für spezielle Angelegenheiten* operiert weltweit und ist für die Abwehr gegnerischer Aktionen zuständig. Die eigentliche Scientology-Kirche (CHURCH) wird von den kontinentalen Zentralen aus (für Europa ist die *Advanced Organisation Saint Hill Europe & Africa* in Kopenhagen zuständig) geleitet, die die nationalen Teilgruppen von Scientology verwalten, die untergliedert werden in »Missionen« (in Deutschland elf), »Kirchen« oder »Orgs« (in Deutschland sieben) und »Celebrity Centers« (CCs; in Deutschland drei). All diese Geschäftsstellen offerieren Bücher und Kurse im Sinne Hubbards, die CCs wenden sich dabei aber vor allem an Persönlichkeiten des öffentlichen Lebens und bieten luxuriöses Ambiente.
Hinter WISE (*World Institute of Scientology Enterprises*) verbirgt sich der Versuch von Scientology, die Wirtschaft und dabei vor allem gezielt Unternehmen aus der Immobilienbranche und aus der Unternehmens-, Führungs- und Personalberatung zu unterwandern. Unter WISE kann man zu Recht den Unternehmensverband von Scientology verstehen, deren Mitgliedsfirmen auffällig oft die Namen wechseln. Oft wenden sich die Firmen von WISE gut getarnt mit Kursangeboten an mittelständische Unternehmen.
Unter ABLE (*Association for Better Living and Education*) werden bei Scientology alle Organisationen zusammengefasst, die über Kindergärten und Schulen bzw. Nachhilfeorganisationen Zugriff auf Kinder und Jugendliche erhalten wollen. Neben der Organisation ZIEL (*Zentrum für individuelles und erfolgreiches Lernen*) gehören hierzu auch z. B. angebliche Hilfsorganisationen für Drogenabhängige (NARCONON) und ehemalige Straftäter (CRIMINON). Daneben ordnet man unter ABLE auch die Scientology-Kommission für Verstöße der Psychiatrie (KVPM) gegen Menschenrechte ein. (Vgl. Bayerisches Staatsministerium des Inneren und Minhoff)
In der kurzen Zusammenfassung der **Lehre** von Scientology wird das biotechnische Menschenbild klar: »Hubbards Technologielehre zur Veränderung des Menschen, wie er sie in seinem Grundlagenwerk »Dianetik« (1950) beschrieben hat, knüpft nicht nur an den kognitiven Behaviorismus, sondern auch direkt an die Kommunikations- und Steuerungstechnik der Kybernetik an.« (Kelsch, 5) Auf Grundlage einer Drei-Teilen-Lehre des Menschen (Körper, Verstand, Thetan) wird eine Vorstellung entwickelt, die dem Thetanen die Rolle einer geistigen Festplatte zuordnet, auf der negative Spuren (»Engramme«) wie falsche Dateien gelöscht werden können. Bekannt sind im Rahmen dieser Theorie der – nach dem Titel seines Buches bezeichneten – *Dianetik* vor allem die sogenannten *Auditings*, ein Frage-und-Antwort-Bombardement, das einem Seelenstriptease gleicht.
Die **Kurzbiografie** gibt einen Einblick in das Leben des Scientology-Gründers Lafayette Ron(ald) Hubbard (1911-1986), der den bemerkenswerten Weg vom Science-Fiction-Romanciers zum Sektengründer zurücklegte. Mit seinem – auch von Scientology nur sehr uneinheitlich überlieferten – Lebenslauf verbindet sich vor allem auch die Gründung der »Geheimorganisation(en)« *SeaOrg* bzw. *Messenger Org* von Scientology, die man nicht durchschauen kann.
Der 1997 auf »Seite Drei« in der *Süddeutschen Zeitung* erschienene **Erfahrungsbericht von Tanya** beschreibt die Methoden, die Scientology einsetzt, um Aussteigewilligen bzw. Aussteigern das Leben schwer zu machen. Vor allem treten hier die psychischen Wir-

kungen solcher Methoden auf einen jungen Menschen in den Mittelpunkt.

Internetrecherche
Im Internet stehen viele informative Broschüren und sogar wissenschaftliche Abhandlungen zu Scientology kostenlos zum Download bereit. Vor allem sei genannt:
Publikationen der Arbeitsgruppe »Scientology« des Senats der Freien und Hansestadt Hamburg:
http://fhh.hamburg.de/stadt/Aktuell/behoerden/inneres/arbeitsgruppe-scientology/publikationen/start.html
Bayerisches Staatsministerium des Innern: Informationen über Scientology (SO)
http://www.stmi.bayern.de/sicherheit/verfassungsschutz/extremismus/detail/05320

2. Einsatzmöglichkeiten im RU

Pressekonferenz mit Tanya

- Ein/e Sch stellt sich als Tanya den fragenden »Journalisten« vor der Klasse zur Verfügung. Dabei kann »Tanya« auch die Geschichte nach vorne (Wie war das bei Scientology?) und nach hinten (Welche Perspektive hat sie?) erweitern, vgl. zweiten AA auf *Orientierung 4* (**117**).

Persönlichkeitstest

Im Anschluss an *Kontext 1* (**105**) wird die Werbemethode des Persönlichkeitstests bei Scientology aufgegriffen. **M 8.5.12, Lehrerkommentar S. 246**, erläutert Methodik und Sinn dieses Persönlichkeitstests, der nach dem Werben als Einstiegsmaßnahme von Scientology verstanden wird. Hier wird der/die Interessent/in »durchleuchtet« und für die weiteren Maßnahmen vorbereitet. Der gesamte Test ist unter www.ingo-heinemann.de/Persoenlichkeitstest.htm im Internet als Grafik einzusehen.

Scientology im Internet

- Sch besuchen und beurteilen den Internetauftritt von Scientology:
  - Wo finden sich Hinweise auf das Menschenbild von Scientology?
  - Welche »Signalwörter« finden sich im Text auf diesen Websites?
  - Was berichtet Scientology über die eigenen Aufgaben und Ziele?
  - Wie erklärt Scientology die Begriffe »Auditing« oder »Thetan«?
- Darüber hinaus ist es interessant, nach bekannten Persönlichkeiten zu »fahnden«, die sich zu Scientology bekennen.

3. Weiterführende Anregung

Rap texten und vertonen

Als Abschluss der Unterrichtseinheit über Scientology texten die Sch ihren Rap über die Gefahren von Scientology oder über das Leben von Tanya. Eine einfache Sprache kann mit einem eingängigen Grundrhythmus verbunden werden. Zur endgültigen Umsetzung ist eine Fächer übergreifende Zusammenarbeit mit dem Fach Musik angebracht.

Sch-Beispiel:
Komm her, dummer Mensch,
hier wirst du was.
Komm her, dummer Mensch,
wir haben da was.
Bring dich und dein Geld.
Wir machen was draus.
Komm her und hör zu,
wir machen dich clear.
Make money, oh, oh,
make more money, Yeah.
Du hast bald einen Kopf,
der alles versteht.
Du blickst, wie es geht.
Glaub nur, so kommt das.
Hör nicht auf Lügen,
die alle erzählen.
Wir sind die Wahrheit.
Mit uns wirst du clear.
Make money, oh, oh,
make more money, Yeah.
Jens, 8b

1. Hintergrund

Nach dem Dreischritt »Sehen – Urteilen – Handeln« widmen sich die Perspektivenseiten zuerst Handlungsvorschlägen im Zusammenhang mit einer persönlichen Betroffenheit durch die Sektenthematik. Die **Kurzgeschichte** erzählt von Miriam, die erfahren hat, dass ihre Schwester Sabine in eine Sekte geraten ist. Hilflos muss sie miterleben, wie sich Sabine von ihrer »alten« Familie trennt und nur noch ihre »neuen« Freunde als wahre Freunde erkennt. Mit der ins Schloss fallenden Tür beginnt nun die eigentliche Herausforderung: Was soll Miriam tun?
Im **Regelkasten** sind in kurzer und prägnanter Form acht Handlungsvorschläge unter jeweils einem Begriff notiert, die Anleitung geben, wenn Angehörige oder Freunde in eine Sekte oder Psychogruppe geraten sind. Sie sind dabei nicht in einer Hierarchie oder Chronologie zu verstehen, sondern als Pool von Vorschlägen, die das Problem aus verschiedenen Perspektiven heraus angehen. Neben Information und ehrlichem Interesse stehen aber auch echte Zuneigung und die Warnung vor dem Geben von Bargeld. Darüber hinaus wird das Gespräch mit einer Beratungsstelle für Weltanschauungsfragen und damit professionelle Hilfe vorgeschlagen.

Edvard Munch (1863-1944)
Der Norweger Edvard Munch zählt zu den bedeutendsten europäischen Malern und Grafikern des Symbolismus und des frühen Expressionismus. Sein Hang zu den klaren Strichen der Grafik zeigt sich auch in seiner Malerei.
Bereits als Kind musste Munch mehrere Schicksalsschläge ertragen: Gerade geboren, wurde er wegen Lebensgefahr notgetauft. Als er fünf Jahre alt war, starb seine Mutter, neun Jahre später seine Lieblingsschwester Sophie im Alter von fünfzehn Jahren. Eine andere Schwester litt an Depressionen, Bruder und Vater starben früh. Entsprechend häufig sind in seinen Werken Darstellungen von Krankheit und Tod zu finden. Geboren wurde Munch in Norwegen, später lebte er zeitweise in Paris und Berlin. Seine bekanntesten Werke sind »Der Schrei«, »Vier Mädchen auf der Brücke« und das »Lebensfries«.

Edvard Munch: »Der Schrei«, 1893
Im Schulbuch ist eine von vier Versionen des Motivs »Der Schrei« abgebildet (das Bild ist als Folie enthalten in *Bilder aus Religion vernetzt 7 und 8. 36 Farbfolien,* München 2006, ISBN 3-466-50717-0). Edvard Munch gilt als ein Wegbereiter des Expressionismus. Dieses Bild gilt einigen sogar als das erste expressionistische Bild überhaupt. Es zeigt den Oslofjord, so wie er vom Ekeberg überblickt werden kann. Zur Entstehungszeit wurde Munchs Schwester Laura Catharina wegen ihrer manischen Depressionen in eine Anstalt am Fuß des Ekebergs gebracht.
Der Schrei aus einem weit aufgerissenen Mund, der auf einem zur Fratze entarteten Gesicht von zwei hohlen Augen begleitet wird, fasst die Qualen des einsam im Vordergrund stehenden Menschen zusammen, der mit beiden Händen nicht nur die Ohren zuzuhalten scheint, sondern sogar den ganzen Kopf zusammenhalten will, denn dieser Mensch kann seine Qualen nicht ertragen. Die Menschen hinter ihm auf der Brücke sind abgewandt, eine Metapher für die Einsamkeit und das Alleinsein. Die am Himmel noch farbenfrohen Rot-, Orange- und Gelbtöne werden im Vordergrund durch das schwarze Gewand des Schreienden und die ihn umgebende dunkle Aura, die sich im Meer auszubreiten scheint, fast aufgehoben. Wird der Schrei des Menschen noch wahrgenommen, ist er überhaupt zu hören oder verliert er sich im Meer der ihn umgebenden Sorglosigkeit?
Eine andere Interpretation des Bildes bietet der Künstler selbst: *»I was walking along a path with two friends – the sun was setting – suddenly the sky turned blood red – I paused, feeling exhausted, and leaned on the fence – there was blood and tongues of fire above the blue-black fjord and the city – my friends walked on, and I stood there trembling with anxiety – and I sensed an infinite scream passing through nature.«* (zitiert nach www.edvardmunch.info)
Übersetzung: Ich lief gerade mit zwei Freunden auf einem Weg – die Sonne ging dabei unter – als plötzlich der Himmel rot wie Blut wurde – ich hielt inne, fühlte mich völlig erschöpft und lehnte mich an das Geländer – überall war Blut und Feuerzungen loderten über dem blauschwarzen Fjord und der ganzen Stadt – meine Freunde gingen weiter, aber ich blieb stehen und zitterte vor Angst – und ich fühlte einen unendlichen Schrei, der die Natur durchdrang.

2. Einsatzmöglichkeiten im RU

Kreatives Schreiben

- In EA fassen Sch Wirkung und Stimmung des Bildes von Edvard Munch in einem kurzen Text zusammen. Das Bild ist als Folie enthalten in *Bilder aus Religion vernetzt 7 und 8. 36 Farbfolien,* München 2006, ISBN 3-466-50717-0.

- Anschließend werden die Texte vorgelesen oder schweigend auf ein Plakat mit einer Kopie des Bildes »Der Schrei« aufgeklebt (vgl. **M 8.5.13, Lehrerkommentar S. 247**).

Alternative: Sch gestalten einen neuen Bildkontext, indem sie eine Bildcollage ihrer eigenen »schreienden« Umgebung zusammenstellen (vgl. »Gefährdungen des Menschen«, Lehrerkommentar S. 228).

Gefährdungen des Menschen heute

- Sch notieren auf **M 8.5.13, Lehrerkommentar S. 247**, Begriffe, welche die Gefährdungen des Menschen in der heutigen Gesellschaft beschreiben.
- Sch diskutieren, inwiefern diese Themen oft als Ansatzpunkte für Sekten und Psychogruppen dienen.
- Abschließend kolorieren Sch die Figur mit Farben ihrer Wahl.

Die Parabel von der verlorenen Tochter

Das Gleichnis vom verlorenen Sohn oder besser: die Parabel vom barmherzigen Vater (Lk 15,11-32) eignet sich hervorragend als Hintergrundfolie für eine Verfremdung.

- Anknüpfend an Kapitel 2, *Orientierung 5* (**44f.**) gibt L den Anfang der Geschichte vor: *Eine Mutter hatte zwei Töchter. Die jüngere von ihnen sagte zu ihrer Mutter: »Lasst mich am besten in Ruhe. Auf eure blöden Sprüche kann ich verzichten. Ich weiß schon, was ich tue ...«*
- Sch erzählen auf dieser Grundlage die Fortsetzung der Geschichte von Miriams Schwester Maria.
- Sch spielen in KG zu drei oder vier Personen die Situation in Miriams Familie nach. Falls vier Sch eine Gruppe bilden, kann ein Sch als Erzähler fungieren und passende Überleitungen geben. Als »Kulisse« bietet sich eine Folie von Munchs Schrei an.

Miriams Pfad mit acht Schritten

- Auf **M 8.5.14, Lehrerkommentar S. 248**, oder einem DIN-A3-Plakat, auf dem dieses AB kopiert ist, notieren Sch die acht Regeln aus dem Schulbuch in Stichworten als acht Fußstapfen auf einem Pfad für Miriam.
- Anschließend wird auf jedem Fußstapfen noch ein konkreter Handlungsvorschlag für Miriam notiert (z. B. Miriam telefoniert mit einer Sektenberatungsstelle. Im Telefonbuch findet sie die Nummer; Miriam verzichtet darauf, zu ihrer Schwester zu sagen: »Du hast doch immer schon nur das gemacht, was du wolltest, und hast nie auf uns Rücksicht genommen« usw.).

3. Weiterführende Anregungen

Lektüreprojekt

Es finden sich zurzeit einige interessante Bücher auf dem Markt, die von Sektenaussteigern verfasst wurden und in denen eindrucksvoll zum Ausdruck gebracht wird, auf welche Weise sie den Weg in und auch wieder aus einer Sekte oder Psychogruppe gefunden haben, z. B

- zum Ausstieg aus einer Satanssekte:
  Lukas, Vier Jahre Hölle und zurück, Bergisch Gladbach [11]2002;
- zum Ausstieg aus Scientology:
  Norbert Potthoff, Im Labyrinth der Scientology, Bergisch Gladbach 1997;
- zum Ausstieg aus einer anderen Sekte:
  Lea Saskia Laasner, Allein gegen die Seelenfänger, aufgezeichnet von Hugo Stamm, Frankfurt/Main 2005

- Durch Referate von Sch können einzelne Bücher zugänglich gemacht werden.
- Gerade im Zusammenhang mit Besinnungstagen lassen sich solche Bücher gut in den RU integrieren.

Meditatives Malen

- Sch kolorieren die Umrisskopie des Bildes von Edvard Munch. In Zusammenarbeit mit dem Fach Kunst ist die Verwendung verschiedener Techniken ebenso vorstellbar wie Verfremdungen des Bildes. Hierbei sollte der L allerdings genügend Zeit einplanen.
- Zum Malen kann z. B. Musik des zeitgenössischen polnischen Komponisten Krzysztof Penderecki verwendet werden, z. B. Polnisches Requiem oder Lukas-Passion (Einspielungen beider Werke u. a. bei Naxos).

1. Hintergrund

Natürlich stellt sich in einem Religionsbuch für den katholischen RU in einem Kapitel über »Lebensdeutung und Esoterik« die Frage, wie und in welchem Maße die Kirche dem Bedürfnis der jungen Menschen nach Sinnsuche nachkommt. Ausgehend vom »Mega-Event« des Weltjugendtages (WJT) 2005 in Köln wird auf *Perspektiven 2* (**120f.**) gezeigt, was die christlichen Kirchen im Besonderen anbieten.

Die Geschichte der Weltjugendtage
Papst Johannes Paul II. (Pontifikat 1978-2005) rief 1986 die Jugend zum ersten Weltjugendtag (WJT) in Rom zusammen, um deren besonderen Auftrag in der Welt zu verdeutlichen. Bereits 1985 sagte der Papst im Anschluss an ein Treffen mit über 250 000 Jugendlichen am Palmsonntag in seiner Osterbotschaft: »Die Jugend erwartet eine schwere, aber zugleich packende Aufgabe: die grundlegenden Mechanismen zu verändern, die in den Beziehungen zwischen den Nationen Egoismus und Unterdrückung fördern, und neue Strukturen zu schaffen, die sich an der Wahrheit, der Solidarität und am Frieden ausrichten.« Der zweite internationale WJT wurde bereits ein Jahr später in Buenos Aires gefeiert. Seither finden die großen internationalen Treffen in der Regel alle zwei bis drei Jahre statt. In den Jahren dazwischen wird der Weltjugendtag jeweils am Palmsonntag in Rom und den Bistümern der Welt begangen.
Zum Treffen in Köln, das unter dem Motto: »Wir sind gekommen, um IHN anzubeten!«, stand, hatte noch Papst Johannes Paul II. eingeladen, der allerdings am 2. April 2005 verstarb. Sein Nachfolger, Papst Benedikt XVI., übernahm diesen Termin als erste Auslandsreise seines Pontifikats. Auf dem Marienfeld bei Köln fand am 21. August 2005 der Abschlussgottesdienst mit 1,1 Mio. Menschen statt (vgl. auch *Titelbild*, **79**, zu Kapitel 4). Die Website zum Weltjugendtag 2005 in Köln soll auch noch lange nach diesem Ereignis im Netz bleiben: http://www.wjt2005.de . Dort kann man sich auch Bilder und Impressionen dieses Ereignisses anschauen.

Das **Symbol des WJT 2005** verbindet die beiden Domtürme des Kölner Doms mit einem Kreuz, einem Stern (Symbol für die Hl. Drei Könige, deren Schrein im Kölner Dom zu sehen ist) und einem C für Christus. Die beiden Türme scheinen dabei über einem angedeuteten Schiff zu stehen, das symbolhaft das Volk Gottes andeutet, das zusammengekommen ist, um Jesus Christus anzubeten und zu verehren und das dann wieder die Menschen in ihren Alltag zurückbringt.
In den **Stimmen zum Weltjugendtag** wird deutlich, dass Jugendliche Glaube als ein Gemeinschaftserlebnis erfahren wollen. Begegnung mit anderen Menschen aus anderen Kulturen erscheint für sie mehr denn je einen Schritt darzustellen auf das »Unbekannte hin, das der Glaube Gott nennt«, wie es Papst Benedikt XVI. ausdrückt. Glaube soll »Grenzen überwinden« und neue Perspektiven aufzeichnen, die Sehnsucht nach dem »Mehr« im Leben auf zeitgemäße Art und Weise befriedigen, dann ist er nicht out.
In den kurzen Ausschnitten aus Büchern von Papst Benedikt XVI., die in dem Text **Leben aus dem Glauben** zusammengestellt sind, definiert er, was eigentlich Glaube ist. So ist im oberen Abschnitt von der Wichtigkeit der Beziehungen für den Menschen die Rede, die erst dann »richtig werden«, wenn die Beziehung zu Gott in Ordnung ist, die nach seiner Meinung der eigentliche Inhalt von Religion ist. Im unteren Teil hebt der Papst hervor, dass nur dann ein Weg »Sinn ist, wenn er Hoffnung auf ein Ziel gibt«. Hoffnung ist für den Menschen eigentlich nur die Liebe, die letztendlich in Jesus Christus sichtbar und greifbar geworden ist. Diese Liebe ist »als Weg die Hoffnung des Menschen«. Die Kernbegriffe der beiden Abschnitte Beziehung, Hoffnung und Liebe sind die Zielvorgaben, die sich Jugendliche heute gegeben haben. Nach diesen Zielen sind sie im eigentlichen Sinn auf der Suche und probieren heute alle möglichen Angebote auf dem Weg dahin aus (vgl. die Kontext- und Orientierungsseiten dieses Kapitels). Dessen sollte sich immer auch das Christentum bewusst sein, wenn es auf dem »Markt der Möglichkeiten« heute in Konkurrenz mit den anderen Angeboten tritt.
In den acht Aspekten zum Thema **Was ist das unterscheidend Christliche?**, die auf der Basis der glockschen Kriterien von Hans Mendl zusammengestellt wurden, treten die Kernpunkte des christlichen Glaubens zutage. Alle Aspekte werden kurz entfaltet und bringen in einer für Sch angemessenen Sprache auf den Punkt, was das Christentum anbietet: Neben den wesentlichen Aspekten wie »Glaube als Geschenk Gottes«, »Glaube als Befreiung«, »Glaube auf Gemeinschaft angelegt« und »Glaube für Herz, Kopf und Hand« werden auch Punkte angesprochen wie »Glaube ist kein magisches Schutzschild«, »Glaube ist gratis, aber nicht wirkungslos«, »Über Glauben kann man reden und Rechenschaft ablegen« und »Glaube ist entschieden und weit«, um die Anknüpfungs-

punkte mit den bisherigen Kapitelinhalten zu ermöglichen.

Edith Peres-Lethmate (geb. 1927)
Die 1927 in Koblenz geborene Bildhauerin unternahm nach ihrem Studium (1945-49 u. a. bei Prof. J. Dettmar) von 1951-79 zahlreiche Kunstreisen rund um das Mittelmeer, nach Palästina, Indien, Nepal, Mexiko, Guatemala, Taiwan und Japan. In mehreren Kirchen befinden sich Werke von ihr (Cochem, Koblenz, Bad Godesberg, Braunschweig, Niederstetten und Brodenbach). Peres-Lethmate fertigt vor allem Bronze-Plastiken an und ist Mitglied im Landesverband bildender Künstler Rheinland-Pfalz, der Arbeitsgemeinschaft bildender Künstler am Mittelrhein und der Künstler Union Köln.

Edith Peres-Lethmate: »Kreuz des Südens«, 1985
Das abgebildete Werk »Kreuz des Südens« verbindet viele Menschen, die in der Höhe einen bestimmten Punkt fixieren und dazu ihre Hände nach oben bewegen. Sie flehen um Hilfe und bilden die Form eines Kreuzes, dessen Mittelpunkt allerdings frei bleibt. Das Kreuz erscheint als Symbol für die Menschen im Süden des »Nord-Süd-Gefälles«, vor denen wir im reichen Norden nicht die Augen verschließen sollten. Sie sollen in unserer Mitte sein und Gemeinschaft und damit Volk Gottes bilden im Heilszeichen Jesu Christi. Nur so findet die Botschaft Jesu auch ihre wahre Mitte. Das Kreuz kann daher als Mahnung und Auftrag verstanden werden, auf dem Weg Jesu zu gehen und die durch ihn anschaulich gewordene Hoffnung zur gelebten Liebe für alle Menschen und im Besonderen die Schwachen dieser Welt zu machen. Darüber hinaus kann nur in Gemeinschaft aller der Sinn des Glaubens gefunden werden, alle zusammen bilden den Leib Christi und machen seine Botschaft der Liebe lebendig. In diesen vielfältigen Dimensionen ist die Bronzeplastik ein schönes Bild für die Kirche – im Gegensatz zu den oft eindimensionalen Angeboten von Sekten und Psychogruppen.

2. Einsatzmöglichkeiten im RU

Texte visualisieren
- Sch setzen die beiden Texte von Papst Benedikt XVI. jeweils in eine Grafik um:
- – Der erste Text lässt sich dabei als Beziehungsgeflecht von Menschen darstellen, die alle noch einmal für sich in einer Beziehung zu Gott stehen. Für die verschiedenen Beziehungen können verschiedene Farben gewählt werden.
- – Der zweite Text kann als Weg dargestellt werden, auf dem das Beispiel Jesu Christi symbolisch zu finden ist (Gleichnisse, Kreuz, Auferstehung). Das Ziel des Weges ist das Erkennen eines Sinns (auch im Anschluss an den zweiten AA auf *Perspektiven 2*, **120**).

Glauben beschreiben
- Mithilfe der Stimmen vom WJT 2005 und der Impressionen im Internet (www.wjt2005.de) beschreiben die Sch, welche wesentlichen Aussagen über den christlichen Glauben zum Ausdruck kommen (vgl. ersten AA auf *Perspektiven 2*, **120**).
- Sch wählen einen der acht Aspekte des christlichen Glaubens von *Perspektiven 2* (**121**) und setzen ihn grafisch um, z. B. in Form einer Collage, eines Aquarells, einer Zeichnung oder eines Comics.

Das unterscheidend Christliche
- Sch erhalten **M 8.5.15, Lehrerkommentar S. 249**, und ordnen die Begriffe jeweils einem der acht Aspekte auf *Perspektiven 2* (**121**) zu.
- Aus einem weißen DIN-A4-Blatt schneiden Sch Kärtchen gleicher Größe zu den auf dem AB abgebildeten Feldern aus und notieren auf ihnen in eigenen Worten kurze Zusammenfassungen zu den entsprechenden Passagen auf *Perspektiven 2* (**121**).
- Anschließend kleben Sch ihre Textkärtchen an einer Seite über die entsprechenden Begriffe auf dem AB.

Gebete zum Weltjugendtag
Die Gebete auf **M 8.5.16, Lehrerkommentar S. 250**, waren auf dem Begleitzettel des Weltjugendtag-Kreuzes, das vom April 2004 bis zum August 2005 von Jugendlichen durch Deutschland getragen wurde, abgedruckt.
- Sch beschreiben, wie in diesen Gebeten die Texte von *Perspektiven 2* (**120f.**) auf den Punkt gebracht werden.
- Sch formulieren selbst ein Gebet, das die Aspekte des christlichen Glaubens in Worte fasst, die für sie die wichtigsten sind.

3. Weiterführende Anregungen

Kreuze gestalten
- Aus verschiedenen Materialien (Gips, Pappmaschee, Papier, Draht, Ton) können Sch Kreuze gestalten und kunstvoll verzieren. Besonders eindrucksvoll sind dabei Kreuze aus Gips, die in einer Form aus fester Pappe gegossen werden und danach mit kleinen bunten Glasplättchen, Perlen oder Scherben verziert werden (vgl auch »Klassenkreuze tonen«, Lehrerkommentar S. 195).
- Eine weitere Möglichkeit ist, ein Kreuz aus einem

Drahtgeflecht herzustellen, in das verschiedene Gegenstände »eingebunden« werden. Dabei sollten die vielen Dimensionen, die den Organismus der Kirche ausmachen, berücksichtigt werden.

Ein Lied – verschiedene Sprachen
Gerade auf dem WJT 2005 in Köln wurde die verbindende Kraft der Musik eindrucksvoll erlebbar: Wenn eine/r eine bekannte Melodie anstimmte, fielen viele andere in kürzester Zeit mit ein und sangen dann das Lied in ihrer Sprache mit.

- Viele bekannte Lieder (*Laudato si*, das WJT-Lied, Taizé-Lieder u. a.) gibt es in verschiedenen Sprachen. Wenn eine Melodie in verschiedenen Sprachen gesungen wird, ist dies ein schönes Symbol für die weltweite Gemeinschaft der Kirche.
- Dieser Grundgedanke kann auch Ausgangspunkt für das Thema und die Gestaltung eines Schulgottesdienstes sein.

Rat und Ruhe finden

Perspektiven 3 122 123

1. Hintergrund

Nachdem auf *Perspektiven 2* (**120f.**) mehr die Formulierung des Glaubensinhalts und das »Erlebnis Glauben« im Mittelpunkt stehen, werden auf *Perspektiven 3* (**122f.**) zwei konkrete Angebote kirchlicher Einrichtungen vorgestellt, die Antworten liefern für Menschen, die Sinn und Orientierung suchen:
Das **Interview mit dem Weltanschauungsbeauftragten** der Diözese Augsburg Hubert Kohle zeigt den Aufgabenbereich, die Hilfsangebote und das Selbstverständnis dieser kirchlichen Einrichtung.
Schon gewusst? im grauen Kasten erklärt kurz, warum heute nicht mehr der zu einschränkend wirkende Begriff »Sektenberatung« verwendet wird.
Auf *Perspektiven 3* (**122f.**) finden sich Textausschnitte und Bilder aus der Illustrierten Stern, die im Oktober 2003 das Kloster Arenberg als »christliche Wellness-Oase« vorstellte. Neben dem klassischen Angebot, ein paar Tage im Kloster zu wohnen und am Klosterleben teilzunehmen, bieten die Schwestern des Klosters Arenberg darüber hinaus auch **Urlaub beim Herrn – Wellness im Kloster** an, was »ganzheitliche Erholung für Leib und Seele« darstellt. Die Wellness-Angebote werden bewusst mit typischen klösterlichen Traditionen (Gebet, Gesang, Meditation) verbunden. Es geht also nicht um Anbiederung an den Zeitgeist, sondern um eine Verbindung und Integration von modernen Aspekten mit christlichen Traditionen zum Wohl des Menschen. Auf der Internetseite www.kloster-arenberg.de wird das komplette Angebot dieses ungewöhnlichen Klosterlebens vorgestellt.

2. Einsatzmöglichkeiten im RU

Das Interview auswerten

- Unter den drei Begriffen »Aufgabe« – »Hilfsangebot« – »das typisch Christliche« fassen die Sch auf **M 8.5.17, Lehrerkommentar S. 251**, das Interview mit dem/der Weltanschauungsbeauftragten zusammen.
- Anschließend befragen Sch die acht Aspekte von *Perspektiven 2* (**121**) noch einmal auf ihre Konkretisierung.

Ideenbörse: Kirche für die Gegenwart

- Nach dem Beispiel des Klosters Arenberg entwerfen Sch in KG Möglichkeiten, wie sich verschiedene kirchliche Einrichtungen heute der Sinnsuche vieler Menschen stellen können. Neben Klöstern werden auch Pfarrgemeinden, kirchliche Vereine, Bildungshäuser und Schulen geprüft:
  - Wie können vorhandene Angebote erweitert werden, um dem Bedürfnis nach Sinn gerecht zu werden?
  - Welche Aspekte aus den vergangenen Unterrichtsstunden lassen sich integrieren, welche nicht?
  - Ist das neue Angebot noch »christlich« zu nennen oder biedert man sich zu sehr dem »Zeitgeist« an?

Interview mit Schwester Scholastika

- In PA überlegen sich Sch Fragen, die sie gerne an Schwester Scholastika aus dem Kloster Arenberg stellen würden.
- Nach dieser ersten Phase tauschen dann die Zweiergruppen Fragen mit einer anderen Gruppe aus und beantworten diese.
- Ggf. können die vier interessantesten Fragen zu einer Mail-Anfrage an das Kloster Arenberg zusammengefasst werden.

Erfahrungen mit Kloster Arenberg

- Die Erfahrungen eines Fernsehjournalisten mit den Dreharbeiten zu einem Film über Kloster Arenberg und dessen Wellness-Angebot (vgl. **M 8.5.18, Lehrerkommentar S. 252**) führen die Sch in eine kritische Auseinandersetzung mit dieser klösterlichen Mixtur aus Tradition und modernen Anforderungen.

- Im gemeinsamen Gespräch werden Vorteile und Nachteile einer solchen klösterlichen Umstrukturierung angesprochen.

3. Weiterführende Anregungen

Einen modernen Gebetsraum gestalten

- In Gruppen entwerfen Sch mit Pappkartons, Pappe und Papier kleine Raummodelle eines modernen Gebetsraums:
  - Zunächst entscheidet die ganze Gruppe, welche Farben, Einrichtungsgegenstände, Symbole, Bilder und Skulpturen ihr Gebetsraum enthalten soll.
  - Danach werden Elemente wie Boden, Wand und Decke geplant und schließlich die Sitzgelegenheiten der Besucher/innen in Angriff genommen.

Besuch beim Weltanschauungsbeauftragten der Diözese

- Wie im ersten AA auf *Perspektiven 3* (**122**) angesprochen, suchen Sch die Adresse und Kontaktmöglichkeiten des/der Weltanschauungsbeauftragten ihrer Diözese (z. B. unter www.beratung.weltanschauungsfragen.de) und laden ihn/sie in den RU ein bzw. besuchen sie/ihn.
- Sch bereiten sich mithilfe der Fragen auf *Perspektiven 3* (**122**) und **M 8.5.17, Lehrerkommentar S. 251**, auf diesen Termin vor. Effektiv ist es, wenn zwei Sch als »Interviewer« fungieren und die anderen die Antworten mitprotokollieren. Oft ist eine Sekte oder Psychogruppe vor Ort besonders auffällig. Das kann gerade in einem solchen Gespräch verdeutlicht werden.
- Da die meisten Weltanschauungsbeauftragten einen sehr vollen Terminkalender und oft auch noch andere Zuständigkeitsbereiche haben, ist es sinnvoll, sich für ein solches Projekt mit anderen Kollegen/innen derselben Jahrgangsstufe abzusprechen, um bei einer Einladung an die Schule ein größeres Plenum zu haben.
- Der Besuch des Weltanschauungsbeauftragten eignet sich hervorragend als ökumenische Aktion, da an vielen Orten eine Vernetzung mit den evangelischen Beratungsstellen geplant oder sogar schon durchgeführt ist.

Kosmos und Mensch

Akzent 124

1. Hintergrund

Als Abschluss des fünften Kapitels wird eine bedeutende Frau der Kirchengeschichte gewählt: Hildegard von Bingen. Ihr Name taucht auch heute immer wieder im Zusammenhang mit dem Wohlergehen von Leib und Seele auf und ihre Rezepte finden gerade in heutigen Zeiten eine große Verbreitung. In ihrem Lebenswerk verbindet sich in der Tat all das, was das Kapitel ins Auge gefasst hat: Die Sinnsuche des Menschen, sein Ringen um Antworten, sein Eingebundensein in die Welt und seine Hoffnung auf wahre Erfüllung des Lebens.
Die Bedeutung Hildegards von Bingen lässt sich schlecht in einzelne Kategorien zwängen, da sich das Weltbild seit der Aufklärung stark verändert hat. In ihrer Zeit waren bedeutende Personen Universalgelehrte. Hildegard von Bingen wird allgemein gesprochen als eine Person eingeschätzt, die durch eigene Denkansätze neue Impulse setzte und damit einen erweiterten, ganzheitlichen Blickwinkel ermöglichte. *Liber divinorum operum* ist eine Kosmologie. Der Makrokosmos und Mikrokosmos werden in ihrer Beziehung zueinander und zum trinitarischen Gott gesehen. Er ist der absolute Herr der Schöpfung; Weltall und Mensch werden von seiner Liebe, der *caritas,* getragen (Weltentstehung und -erhaltung).

Buchmalerei aus *Liber divinorum operum*, 12. Jahrhundert

Die Mandala-Darstellung zeigt den Menschen im Mittelpunkt. Mehrere Kreise, die die Elemente Erde, Luft, Wasser und Feuer symbolisieren, umgeben ihn wie Sphären. Alles wird umschlossen von den mächtigen Armen des in Liebe glühenden Gottessohnes, über dessen Haupt das Gesicht des Vaters erscheint. Der Sohn wird so Metapher für die Fleisch gewordene Liebe Gottes zu den Menschen. Das Bild ist überzogen von Linien, die aus den verschiedensten Köpfen von Tieren für die Windrichtungen und Sterne, ja sogar aus dem Sohn selbst hervorzutreten scheinen. Diese Linien wirken wir Energieströme, wie ein Symbol für den Heiligen Geist, der alles mit allem in Beziehung setzt, durchströmt und verbindet. Anschaulich wird der dreifaltige Gott in seiner Beziehung zu seiner Schöpfung dargestellt.
Im unteren linken Teil des Bildes wird Hildegard von Bingen an ihrem Pult sitzend dargestellt, die die Vision des Menschen und seiner Einordnung in das Schöpfungswerk des dreifaltigen Gottes empfängt. (Vgl. Birnstein, 177)
Das Bild ist als Folie enthalten in *Bilder aus Religion vernetzt 7 und 8. 36 Farbfolien,* München 2006, ISBN 3-466-50717-0.

Hildegard von Bingen (1098-1179)
Hildegard von Bingen stammte aus einer adeligen Familie und wurde vermutlich um 1098 in der Nähe von Alzey geboren. Mit ihrer Lehrmeisterin Jutta von Sponheim bezog sie zunächst eine Klause am Benediktinerkloster Disibodenberg. Nach dem Tod Juttas bemühte sie sich vergeblich um die Gründung eines eigenen Klosters. Immer wieder beschrieb sie in der Folgezeit Visionen, die sie ab 1147 nach Erlaubnis durch Papst Eugen III. veröffentlichte. 1150 erreichte sie schließlich mit der Gründung von Kloster Rupertsberg ihr lange verfolgtes Ziel. Dies gelang vor allem aufgrund der Tatsache, dass Hildegard zu diesem Zeitpunkt durch die Veröffentlichung ihrer Visionen schon einen hohen Bekanntheitsgrad erreicht hatte. In der Folgezeit gründete sie auch noch das Filialkloster Eibingen (bei Rüdesheim), das nach der Zerstörung von Kloster Rupertsberg 1632 dessen Rechte übernahm. Sie starb am 17. September 1179. Interessanterweise ist der im 13. Jahrhundert eingeleitete Prozess der Heiligsprechung noch nicht zum Abschluss gebracht, obwohl ihr Name im Martyrologium der Kirche geführt ist, d. h. sie als Heilige verehrt wird. Zurzeit sind Bestrebungen im Gange, sie neben Katharina von Siena und Theresa von Avila zur Kirchenlehrerin zu erheben.
Bemerkenswert an Hildegards Leben ist neben ihrem weitreichenden Interesse um das religiöse Leben, das leibliche Wohlergehen des Menschen und um die Musik vor allem ihr Schriftverkehr mit Persönlichkeiten aus Staat und Kirche (z. B. Kaiser Barbarossa, Bernhard von Clairvaux), der noch in knapp 300 Briefen erhalten ist. Die offenen Worte und Ermahnungen an König und Papst wirken auch heute noch bemerkenswert und zeugen von einem ungewöhnlich starken Charakter und Glauben.
Die bekanntesten ihrer Werke sind das *Scivias Domini* (»Wisse die Wege Gottes« 1141-1151), das mit 35 Miniaturen die Visionen Hildegards anschaulich beschreibt, und das *Liber divinorum operum* (»Buch der Gotteswerke« 1163-1173/74), aus dem die Abbildung auf *Akzent* (**124**) stammt.

2. Einsatzmöglichkeiten im RU

Das Bild betrachten

- In einer Bildbeschreibung nehmen Sch zunächst die einzelnen Elemente ins Auge, bevor sie dann die Beziehungen der Elemente untereinander beschreiben. In dieser Phase muss L darauf achten, dass noch keine Bildinterpretation vorgenommen wird.
- Erst wenn die ausführliche Bildbetrachtung abgeschlossen ist, versuchen sich Sch an einer Interpretation mithilfe folgender Fragen:
  - Wo belegen Elemente im Bild, dass der Mensch mehr ist als ein Körper?
  - Welche Vorstellung Hildegards von Bingen bzgl. der Welt und des gesamten Kosmos kommt im Bild zum Ausdruck?
  - Welche Bedeutung haben wohl die Linien, die sich über das ganze Bild ziehen?
  - Wie beschreibt Hildegard von Bingen die Dreifaltigkeit Gottes in dem Bild?
  - Warum ragt das Gesicht Gottes aus dem Bild heraus?
  - Welche Bedeutung hat die rote Farbe für den äußeren Ring des Mandalas?

Das Bild ist als Folie enthalten in *Bilder aus Religion vernetzt 7 und 8. 36 Farbfolien,* München 2006, ISBN 3-466-50717-0.

Das Bild verfremden

- Sch erhalten **M 8.5.19, Lehrerkommentar S. 253,** und beschreiben den Menschen in seiner Beziehung zur Welt, indem sie grafisch oder in Worten beschreiben, welche Mächte ihrer Meinung nach heutige Menschen beeinflussen.
- In Übernahme des zweiten AA auf *Akzent* (**124**) können auch zwei Bilder angefertigt werden: Eines sieht den Menschen als Zielobjekt esoterischer und spiritueller Bewegungen, das andere den Menschen als Mittelpunkt des christlichen Glaubens.

Der Mensch im Mittelpunkt christlichen Glaubens

- Sch erhalten **M 8.5.20, Lehrerkommentar S. 254,** und verlängern die Linien im Bild über das Mandala hinaus.
- An den Linien entlang werden Begriffe notiert, die beschreiben, wie das Christentum heute wieder neu die Beziehung von Gott, Kosmos und Mensch in den Mittelpunkt rücken kann:
  - Welche Grundbedürfnisse des Menschen müssen heute vom christlichen Glauben beachtet werden?
  - Welche Defizite gibt es noch?
  - Wo sind unbedingt Veränderungen vorzunehmen, damit der Glaube nicht bedeutungslos wird?
- Sch diskutieren ihre ausgefüllten AB im Plenum.

3. Weiterführende Anregungen

Miniaturen aus Hildegards Werk

In vielen anderen Bildern aus Hildegards Büchern wird die Stellung des Menschen im Kosmos deutlich.

- Sch suchen im Internet nach weiteren Miniaturen von Hildegard von Bingen und gestalten eine Ausstellung zum Thema des fünften Kapitels.

- Auf einer Zeitleiste veranschaulichen Sch kurz das Leben und Werk Hildegards.

Astronomie und Astrologie – ein Widerspruch? PINNWAND 109

So wie bei Hildegard von Bingen Christentum und Esoterik miteinander in Bezug gesetzt werden können, so bieten sich darüber hinaus weitere Personen der Weltgeschichte an, die mit ihrer Biografie eine Verbindung z. B. von Esoterik und Wissenschaft repräsentieren. Die Sch sammeln Informationen z. B. zu Johannes Kepler und vergleichen sein Leben mit Hildegards. Die Ergebnisse können in einer Plakatausstellung zusammengefasst werden, bei der auf jedem Plakat eine Hälfte Hildegard und die andere Kepler gewidmet ist.

Besuch im Kloster

Mit einer längeren Vorlaufzeit ist die Planung eines Klosterbesuchs reizvoll, bei dem v. a. die Frage im Mittelpunkt steht, wie heute die Beziehung Gott – Kosmos – Mensch wieder neu in den Mittelpunkt des Glaubenslebens gestellt werden kann. Gerade durch die Anregungen und die Faszination klösterlichen Lebens überdenken und hinterfragen Sch oft ihre Einstellung zum christlichen Glauben neu.

Literatur

Bayerisches Staatsministerium des Inneren, Schützt unsere Demokratie, Heft Nr. 8, Scientology-Organisation, München 2. Auflage 2002

Birnstein, Uwe, Gutschera, Herbert u. a., Chronik des Christentums, Gütersloh/München 1997

Gross, Werner (Hg.), Psychomarkt Sekten – Destruktive Kulte, Bonn 1994

Hund, Wolfgang, »Gibt's das wirklich?«. Okkultismus und Esoterik in Fragen und Antworten, Neuried 2001

Janzen, Wolfram, Okkultismus. Erscheinungen – übersinnliche Kräfte – Spiritismus, Mainz/Stuttgart 3. Auflage 1993

Keltsch, Jürgen, Was ist Scientology? Die Fabrikation der Mensch-Maschine im kybernetischen Lernlabor, hg. vom Bayerischen Staatsministerium des Inneren, München 1999

Minhoff, Christoph und Martina, Scientology. Irrgarten der Illusionen, Sonderausgabe für die Landeszentrale für politische Bildung und die Innenbehörde der Freien und Hansestadt Hamburg, 3. Auflage 1998

Niki de Saint Phalle über ihre Skulptur »Der Narr«

The Fool´s number is 0. No number, but for me 0 is a number. The Fool in the Tarot deck is as strong as all the other cards put together. Why? Because he represents man on his spiritual quest. Not knowing where he is going, the Fool is ready to discover. He is the hero of fairy tales who appears dim-witted but is able to find the »treasure« where others have failed. The Fool has few possessions. He travels light.

Die Zahl des Narren ist »0«. Eigentlich keine Zahl, aber für mich ist auch die »0« eine Zahl. »Der Narr« im Tarot-Kartendeck ist genauso bedeutsam wie alle anderen Karten zusammen. Warum? Weil er den Menschen auf seiner spirituellen Suche symbolisiert. Er weiß nicht, wohin er geht, aber der Narr ist bereit für Entdeckungen. Er ist der Held der Märchen, der zwar mit wenig Verstand erscheint, aber doch immer den »Schatz« finden kann, woran andere gescheitert sind. Der Narr hat nur wenige Besitztümer. Er wandert unbeschwert.

Niki de Saint Phalle: »Der Narr«, ca. 1979-1996

Mein Labyrinth der Lebensfragen

■ *Notiere vom Eingang des Labyrinths aus bis zur Mitte alle Fragen, die für dich und deinen Lebensweg wichtig sind. Verwende dabei eine kleine und übersichtliche Schrift. Gerne kannst du die Fragen auch farbig unterlegen.*

Im spirituellen Supermarkt

Name des Artikels/Phänomens:

____

Was wird gemacht?

____

____

____

____

____

Warum wird es gemacht?

____

____

____

____

____

Was wir darüber denken:

____

____

____

____

____

Tipp: Nutze auch das Lexikon in Religion vernetzt 8!

Horoskope – Unter die Lupe genommen

Sammle aus Tageszeitungen, Illustrierten, Radio, Fernsehen oder Internet Horoskope für dieselbe Woche bzw. denselben Tag zu deinem Sternzeichen. Klebe die verschiedenen Texte auf dem Arbeitsblatt auf und werte sie anschließend mit Hilfe der Begriffe aus (ankreuzen).
Fasse deine Erkenntnisse auf der Rückseite kurz zusammen.

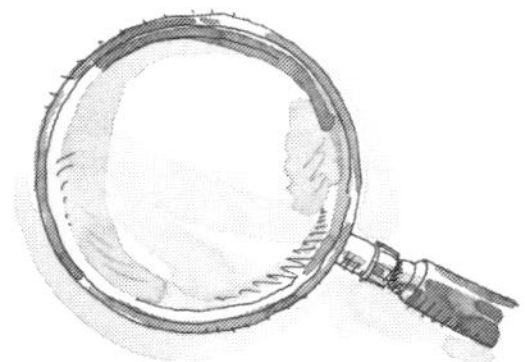

Name: ____________________

Geboren am: ____________________

Sternzeichen: ____________________

Horoskop aus: ____________________

(Hier das analysierte Horoskop einkleben)

Der Text des Horoskops ist

❑ präzise ❑ schwammig ❑ allgemein

❑ persönlich ❑ wenig konkret ❑ unverständlich

❑ ansprechend

Das Vorhergesagte

❑ kann überhaupt nicht bestätigt werden ❑ ist so unklar, dass ich nicht weiß, was gemeint ist

❑ ist so wie geschrieben eingetreten ❑ muss nur richtig auf meine Situation interpretiert werden

❑ kann ich so nicht auf mich beziehen, aber auf jemanden, den ich kenne

Horoskop aus: ____________________

(Hier das analysierte Horoskop einkleben)

Der Text des Horoskops ist

❑ präzise ❑ schwammig ❑ allgemein

❑ persönlich ❑ wenig konkret ❑ unverständlich

❑ ansprechend

Das Vorhergesagte

❑ kann überhaupt nicht bestätigt werden ❑ ist so unklar, dass ich nicht weiß, was gemeint ist

❑ ist so wie geschrieben eingetreten ❑ muss nur richtig auf meine Situation interpretiert werden

❑ kann ich so nicht auf mich beziehen, aber auf jemanden, den ich kenne

Ein Ess- und Wohnzimmer nach den Prinzipien des Fengshui

Die Essenz von gutem Fengshui ist, die Chi-Energie eines gegebenen Standortes einzufangen und anzusammeln, ohne dass sie stagniert.

Stephen Skinner

Grundlage des Fengshui sind in der Regel die sogenannten Bagua-Zonen, die einen Raum in neun Zonen einteilen, denen ihre je eigene Bedeutung zukommt. Der Eingang sollte nach dem Drei-Türen-Bagua unten, am besten in der Karriere-Zone sein.

Reichtum	Ruhm	Partnerschaft
Familie	Zentrum	Kreativität
Wissen	Karriere	Freunde

Ess- und Wohnzimmer sind Familientreffpunkte: Sie sollten mindestens eine massive Wand ohne Fenster haben, am besten gegenüber der Tür. So kann *Chi* (= positive Energie) kreisförmig im Raum fließen, ohne sofort durch das Fenster gegenüber wieder herauszuströmen. *Chi* soll möglichst sanft von einem Zimmer zum anderen fließen.
Wände in hellen, leuchtenden Farben streichen, Stereoanlage und Fernseher hier aufstellen, um Geräusche und Aktivität zu schaffen. Mit einem Spiegel an der Wand werden die Speisen auf dem Tisch und das Glück der Familie gespiegelt. Hier sollte auch ein Familienfoto mit allen Haushaltsmitgliedern hängen, um das Familienglück zu stärken. Es sollte in der Partnerschaftszone hängen ...
Hi-Fi-Anlagen (Metall) bringen an der Kreativitäts- und Mentoren-/Freunde-Zone des Zimmers Glück.
Sofa und Sessel mit bequemen Rücken- und Armlehnen zu einem Quadrat anordnen und ggf. Fußhocker dazustellen. Die Reichtumszone des Wohnzimmers aktivieren durch Grünpflanzen und Wasser.

- *Zeichne einen Grundriss eures Wohnzimmers auf die Rückseite des Arbeitsblatts und versuche dann das Zimmer nach einigen der oben genannten Prinzipien umzugestalten. Notiere auch die Farben der Wände an den passenden Stellen.*
- *Informiere dich im Internet nach weiteren Grundprinzipien des Fengshui.*
  Welche Vorstellungen vom Verhältnis Welt – Mensch werden im Fengshui deutlich?
- *Lies den Text durch und schreibe Nicole aus dem Relibuch einen Brief, in dem du auf die problematischen Vorstellungen von Fengshui-Büchern und -Beratern hinweist. Erkläre Nicole vor allem, warum Fengshui nicht nur eine Methode zur Umgestaltung der Wohnung, sondern auch eine Methode zur spirituellen Entwicklung ist.*

Ein Pendel-Experiment *(Gruppe 1)*

Legt euch ein Bild von einem Mann und einer Frau bereit. Es kann ein Foto, ein aus einer Zeitschrift ausgeschnittenes Bild o. Ä. sein.
Baut euch ein Pendel, indem ihr an eine ca. 20 cm lange Schnur eine schwerere Schraube oder einen Ring befestigt.
Das Pendel kann das Geschlecht der Person erkennen: Wenn ihr es ganz ruhig über das Bild haltet ohne zu zittern oder eure Hand absichtlich zu bewegen, wird es bei der Frau einen Kreis beschreiben, bei dem Bild des Mannes hin- und herschwingen.

Bei FRAUEN bewegt sich das Pendel im Kreis:

Bei MÄNNERN bewegt sich das Pendel hin und her:

Ein Pendel-Experiment *(Gruppe 2)*

Legt euch ein Bild von einem Mann und einer Frau bereit. Es kann ein Foto, ein aus einer Zeitschrift ausgeschnittenes Bild o. Ä. sein.
Baut euch ein Pendel, indem ihr an eine ca. 20 cm lange Schnur eine schwerere Schraube oder einen Ring befestigt.
Das Pendel kann das Geschlecht der Person erkennen: Wenn ihr es ganz ruhig über das Bild haltet ohne zu zittern oder eure Hand absichtlich zu bewegen, wird es bei der Frau hin- und herschwingen, bei dem Bild des Mannes einen Kreis beschreiben.

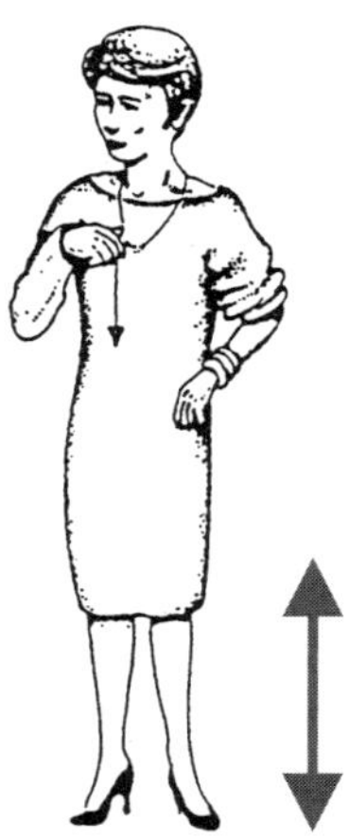

Bei FRAUEN bewegt sich das Pendel hin und her:

Bei MÄNNERN bewegt sich das Pendel im Kreis:

Die Symbolik der Tarotkarten und ihre Bedeutung

1 Kornähren

2 12-teiliges Diadem

3 Symbol der Weiblichkeit

4 T - A - R - O (- T)
in verschiedenen Anordnungen

5 Adler, Engel, Stier, Löwe

6 Hebräische Zeichen J H W H[1]

7 Schlange, Anubis, Sphinx

8 Turm, der vom Blitz zerstört wird

9 22 Tropfen

10 Fährmann auf einem Fluss

11 Schwert

a Heraldisches Symbol für die Hochgerichtsbarkeit über Schwerverbrechen, Zeichen weltlicher Macht und Autorität

b Tora (hebr. für Weisung), ATOR (ägypt. Gott der Einweihung), Rota = lat. Rad (des Leben und Entstehens)

c Symbole der ägyptischen Mythologie für den Gott der Vernichtung, den Gott der Seelen und für die Verkörperung des Gegensätzlichen

d Zeichen der Weiblichkeit, »Venuszeichen«: römische Göttin der Liebe und Schönheit

e Die vier Wächter des Himmels (Off 4,6-7), Symbole der Evangelisten seit dem 4. Jh. (Joh, Mt, Lk, Mk)

f Symbol der hebräischen Bibel für die Maßlosigkeit des Menschen, der die Trennung von Himmel und Erde überwinden will (Turmbau zu Babel Gen 11,1-9) und von Gott daran gehindert wird.

g Griechische Mythologie: Charon setzt den Toten über den Grenzfluss (Styx) der Unterwelt hinüber

h Der häufigste der Namen Gottes in der hebräischen Bibel

i Anzahl der Tierkreiszeichen in der Astrologie bzw. der Monate im Jahr

j Anzahl der Karten der großen Arkana des Tarot, Anzahl der Buchstaben des hebräischen Alphabets

k Symbol der griech. Göttin des Erdsegens und der Fruchtbarkeit Demeter (griech.)

■ *Tarotkarten enthalten viele Motive aus verschiedenen Epochen der Kultur- und Religionsgeschichte. Suche die unten angegebenen Symbole und Darstellungen auf den jeweiligen Karten und ordne sie dann den entsprechenden Erklärungen zu.*

[1] *vgl. M 8.1.13 (2), Lehrerkommentr S. 58*

Wie Tarotkarten gelegt werden

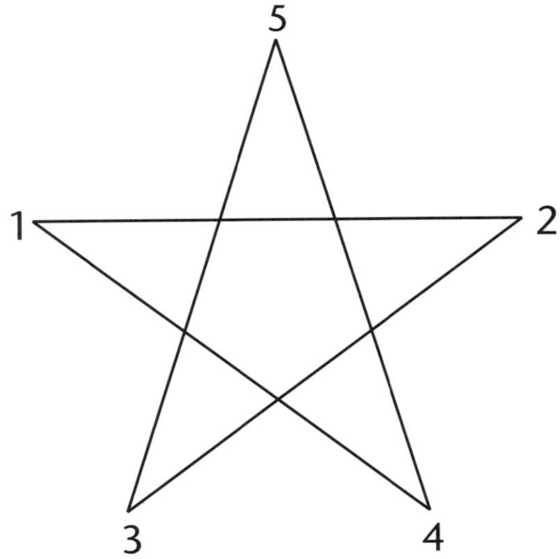

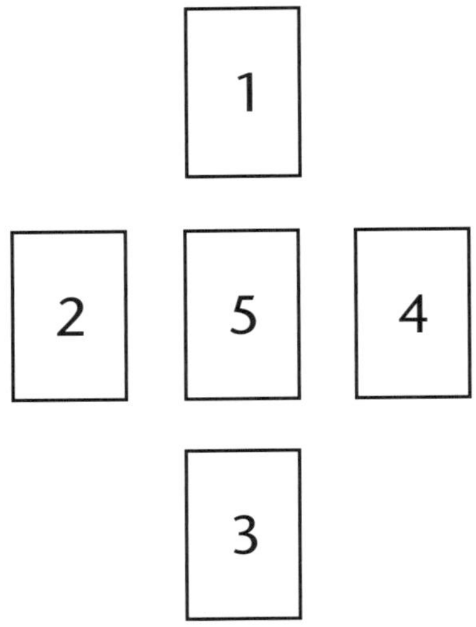

Das Pentagramm

1 Da kommen Sie her
2 Dort gehen Sie hin
3 Ihre Schwierigkeiten
4 Ihre Stärken
5 Ihr Ziel

Der Stern

Wo Sie stehen
Ihre Aufgaben
Das fällt Ihnen schwer
Das macht Ihnen Sinn
Das bedeutet viel: Ihr großes Ziel

Für alle sogenannten Legemuster der Tarotkarten finden sich zahlreiche Anleitungen, die selten übereinstimmen. Auch gibt es verschiedene Auslegungsmodelle von einfachen bis hin zu sehr differenzierten. Auffällig ist, dass allgemein bekannte und esoterische Symbole als Grundraster verwendet werden, nach denen dann die Karten gelegt werden. Die jeweilige Kartenposition hat immer eine bestimmte Bedeutung bzw. ist Antwort auf eine Frage. In der Regel werden alle 78 Tarotkarten verwendet, gemischt und auf die verschiedenen vorgegebenen Positionen gelegt. Das Aufdecken erfolgt schrittweise, unterbrochen von der Ausdeutung der einzelnen Karte.
Die Tatsache, dass es nahezu unmöglich ist, die Karten zur selben Frage zwei Mal hintereinander auf dieselbe Stelle zu legen, begründen die Verfechter des Tarot oft mit der »Magie des Augenblicks«, die nicht beliebig wiederholbar sei.

Tarotkarte XVI – Der Turm

Mut zur Unmittelbarkeit

Zwei bestimmte Archetypen[1] bestimmen die Bedeutung der Karte: Der Turmbau zu Babel und das Pfingstereignis. – Der Turmbau zu Babel steht für den menschlichen (oder einen speziell männlichen) Größenwahn. Ergebnis ist nicht nur die Zerstörung des Turms, sondern auch die »babylonische Sprachverwirrung«: Die Menschen verstehen einander nicht mehr. – An Pfingsten erinnern ... die goldenen Feuerzungen (siehe Abb.). Das Pfingstereignis stellt eine Umkehrung des Turmbaus zu Babel dar. Der »Heilige Geist« kommt in Gestalt von Feuerzungen auf die Jünger herab, diese beginnen zu reden, und jede und jeder hört sie in der eigenen Muttersprache reden. Statt Sprachverwirrung also eine Aufhebung der Sprach- und Verständigungsgrenzen.
Bei dieser Karte gibt es keinen Mittelweg. Es kann zu Erschütterungen kommen, doch es handelt sich um einen Vorgang, bei dem wir unsere Masken, unsere Vorbehalte, unseren Elfenbeinturm dann aufgeben, wenn die Zeit dafür reif ist. Setzen Sie Ihre ganze Energie ein! Sie schützen sich umso besser vor gewaltsamen Zumutungen, je bewusster Sie mit diesen »Hochenergien« umgehen. Riskieren Sie mehr Direktheit!
Babel und Pfingsten – zwei gegensätzliche Pole der Nutzung der höchsten Energien, welche uns zur Verfügung stehen. Zwei völlig verschiedene Arten, »aus dem Häuschen« zu geraten. Gewalt zerstört und führt zu Sprachlosigkeit und Verwirrung. Liebe dagegen hebt die Sprachbarrieren auf, sie ermöglicht eine Verständigung über alle Grenzen hinweg.

- *Obwohl Tarot oft mit Hokuspokus und Wahrsagerei in Verbindung gebracht wird, hat es eigentlich nichts mit Hellseherei zu tun. Beim Kartenlegen und -betrachten wird die Kraft der eigenen Intuition freigesetzt und entsprechende unterbewusste Lebensthemen und Gefühle ins Bewusstsein gehoben. Will man dem Tarot gerecht werden, ist es notwendig, genau zu prüfen, mit welchem Anspruch professionelle Kartenleger/innen und die Anleitungen zum Tarot auftreten. Hilfreich sind dabei folgende Fragen:*
  1. *Erhalte ich ein »Handwerkzeug« zum eigenständigen Kartenbetrachtung oder muss ich der Anleitung bzw. dem Kartenleger/der Kartenlegerin einfach glauben?*
  2. *Ist die Auslegung differenziert, d. h. wird mir eine positive und eine negative Deutung der Bildaussage angeboten?*
  3. *Erhält die Weisheit der eigenen Intuition genügend Raum?*

- *Teile eine Seite in deinem Heft in zwei Spalten ein. Schreibe in der rechten Spalte unter der Überschrift »Meine Auslegung« alles das auf, was du denkst und was dir einfällt, wenn du die Karte »XVI – Der Turm« genau betrachtest. Notiere anschließend in der linken Spalte unter der Überschrift »Auslegung der Tarotkarte nach einem Tarotbuch«, welche Bedeutung dem Ziehen der Karte nach dem obigen Text zukommt. Gibt es Überschneidungen deines Textes mit dem vorgegebenen Text oder enthält er neue Denkanstöße für dich?*

- *Worin besteht der Unterschied, ob man selber die Karten in die Hand nimmt oder sich von einem/einer professionellen Kartenleger/in die Karten legen lässt?*

- *Warum sind Kartenleger/innen besonders erfolgreich, wenn sie einfühlsam sind ?*

- *Was haben Tarot, Astrologie, Traum- und Märchendeutung gemeinsam?*

[1] *Archetyp = Urbild, Urform. Nach dem Schweizer Psychoanalytiker C. G. Jung (1875-1961) haben alle Menschen einen gemeinsamen Bestand von solchen Urbildern, die sie ererbt haben und die ihrer Persönlichkeitsstruktur zugrunde liegen.*

Der Mensch als Marionette von Psychosekten

■ *Notiere an oder über den Fäden, welche Mittel Psychosekten einsetzen, um Menschen so von sich abhängig zu machen, dass sie nur noch wie eine Marionette »funktionieren«, und welche Merkmale und Kennzeichen bei solchen Gruppen auffallen.*
*Informiere dich zunächst auf Orientierung 3 (**114**) und beschrifte die Fäden mit Begriffen aus Miriams Erzählung oder aus dem Artikel »Zur Lage in der Bundesrepublik Deutschland«.*

Sekten-Erkennungs-Blatt

Für die Sekte:

____

IDEOLOGIE	ZENTRALE FIGUR
GRUPPENSTRUKTUR	EINFLUSS AUF DAS MITGLIED
TECHNIKEN DER PERSÖNLICHKEITSVERÄNDERUNG	KONTAKTE NACH AUSSEN/ UMGANG MIT KRITIKER(INNEN)

- *Fülle das Sekten-Erkennungsblatt für eine Sekte deiner Wahl aus. Als Hilfe dient dir das Raster auf* Orientierung 3 *(**115**). Informationen findest du vor allem im Internet z. B. unter www.relinfo.ch; www.info.weltanschauungsfragen.de oder www.confessio.de.*

Der Persönlichkeitstest von Scientology

Im Persönlichkeitstest von Scientology werden 200 Fragen an die Person gestellt, etwa: »Können Sie Ihre Gefühle leicht zum Ausdruck bringen?« oder »Haben Sie manchmal ein traumähnliches Gefühl im Leben, bei dem Ihnen alles unwirklich erscheint?« oder »Grübeln Sie oft über ein früheres Missgeschick?« u.v.m. Aus Sicht der wissenschaftlichen Psychologie kann gesagt werden, dass dieser Test äußerst fragwürdig ist. Allem Anschein nach wurden Fragen aus verschiedenen psychologischen Testverfahren, die unter strengen Kriterien entwickelt wurden und die strengen Auswertungskriterien unterliegen, mit laienpsychologischen Fragen vermengt. Das Auswertungssystem entzieht sich einer Überprüfung. Fest steht jedoch, dass von Scientology »diagnostizierte« Persönlichkeitsstrukturen kaum mit denen übereinstimmen, die mit anerkannten Testverfahren durchgeführt wurden.

Den Menschen als »Alltagspsychologen« können die Fragen jedoch ausgesprochen beeindrucken. Zum einen erweckt schon die Anzahl der Fragen den Anschein der Bedeutsamkeit, zum anderen wird eine solche Fülle von Lebensbereichen abgefragt, dass der Eindruck entstehen kann, hier würde gezielt und systematisch nach der Persönlichkeitsstruktur gefragt. Dies geschieht erstens dadurch, dass Teilbereiche angesprochen werden, in denen jeder Mensch »wunde Punkte« hat oder über die er schon häufig nachgedacht hat. Zweitens werden Personen allein durch die Auseinandersetzung mit den Fragen auf Probleme gestoßen, die sie vielleicht bisher an sich selbst noch gar nicht wahrgenommen haben. Das Ansprechen persönlicher Belange führt vermutlich zu einer positiven Beurteilung des Tests im Sinne von: »Da hat sich jemand Gedanken bei der Entwicklung des Tests gemacht.«

Dann folgt die Auswertung: Neben der Tatsache, dass eine Reihe von Fragen als Information über die Bereitschaft zur Unterordnung der befragten Person dient (z. B. »Könnten Sie einer ›strengen Disziplin‹ zustimmen?«), wird ihr nach einiger Zeit mitgeteilt, dass sie Probleme und Defizite in bestimmten Bereichen habe. Dabei wird offensichtlich nach der Wahrsager-Methode vorgegangen: Der »Tester« erwähnt ein bestimmtes Thema, z. B. »Ihre Testwerte legen nahe, dass sie des Öfteren Probleme mit Ihrem Chef haben«. Erfolgt eine klare Verneinung, wird dieses Thema sofort fallengelassen und zum nächsten übergegangen. Jede kleinste irritierte oder verunsicherte Reaktion des Betroffenen jedoch führt zum Hinterfragen des Themas. So werden einzelne Themenbereiche durch Reaktionsbeobachtung schrittweise ausgegrenzt, was dem Betroffenen in der Regel nicht auffällt. Unumstritten treten auf diese Art tatsächlich vorhandene problematische Lebenssituationen des Einzelnen zutage. Bei jemandem, dem diese Technik nicht vertraut ist, kann so der Eindruck entstehen, man habe ihn »durchschaut«. [...]

Nachdem also vorhandene Bedürfnisse, Schwierigkeiten und Defizite, falls der Person selbst noch nicht klar bewusst, aufgezeigt wurden, wird gleich eine Lösungsstrategie mitgeliefert: Scientology. Die Konfrontation mit der Lehre (besser: Ideologie) beginnt, wie oben erwähnt, zunächst damit, dass Personen ihre Bedürfnisse in der Zielsetzung der Lehre angesprochen sehen. Weiterhin ist entscheidend, dass in der scientologischen Werbe-»Literatur« zunächst eine Fülle von lebensnahen Beispielen dargestellt wird, die ein jeder von uns kennt: Drogenkonsum, Mängel im Bildungs- und Erziehungsbereich, Menschenrechtsverletzungen, Schwierigkeiten bei der Kindererziehung, unzureichende psychiatrische Versorgung, mangelnde Kommunikationsfähigkeiten, mangelnde Selbstbestimmung usw. Natürlich werden sie alle mit scientologischen Interpretationen und Bedeutungen bedacht und scientologische Lösungsstrategien vorgeschlagen.

Eine Person, die ein wenig neugierig auf Scientology geworden ist, wird sich intensiver mit der Lehre und den Methoden der Bewegung beschäftigen. Dies wird zudem seitens Scientology gefördert durch zusätzliche massive Beeinflussung wie z. B. regelmäßige Telefonanrufe oder Postsendungen.

■ *Fasse mit eigenen Worten zusammen, wie der Persönlichkeitstest von Scientology abläuft und welchen Sinn er für diese Organisation hat.*

Der Schrei über die Gefährdungen des Menschen heute

Miriams Pfad

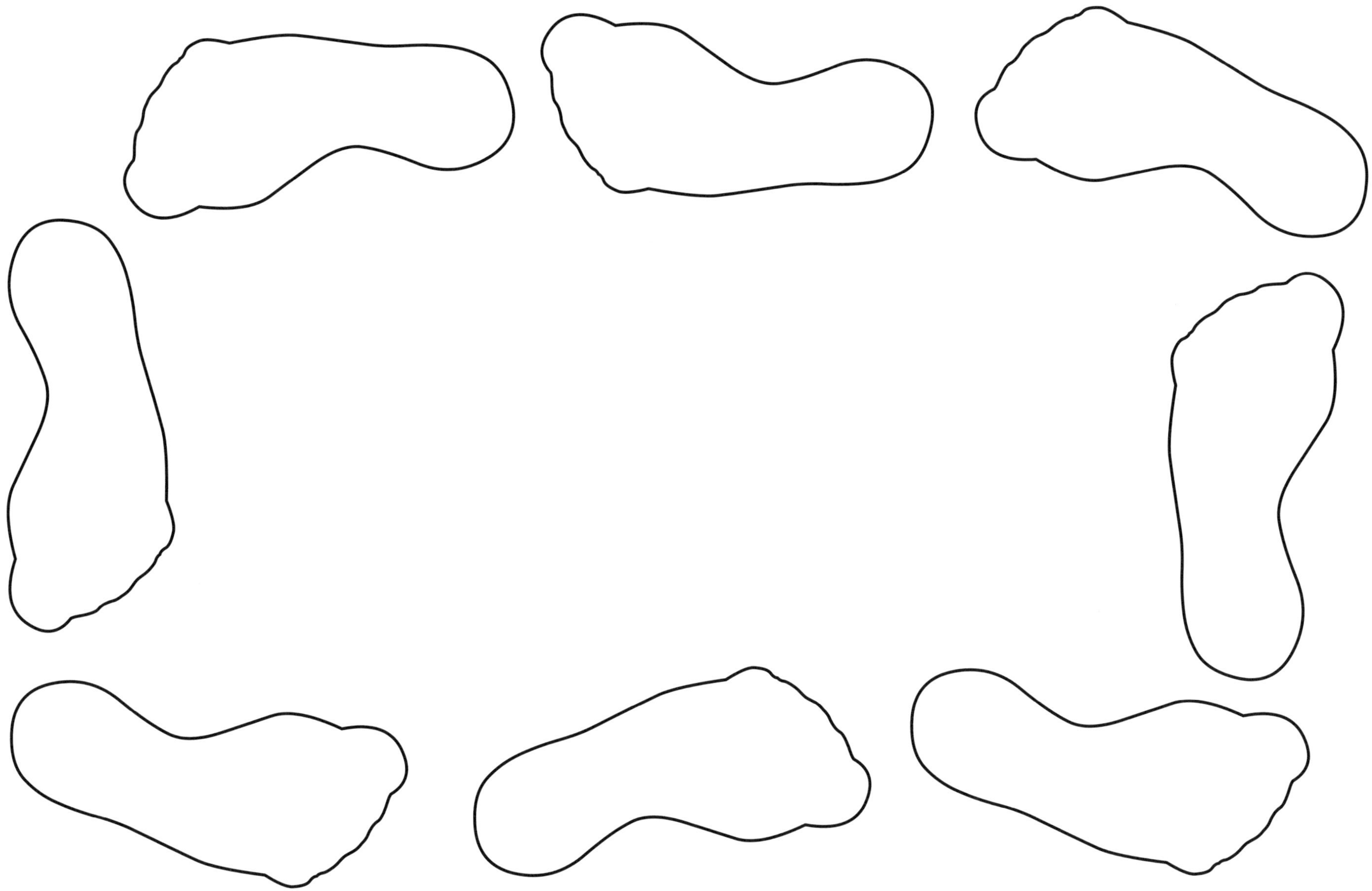

- Notiere in jeweils einen Fußstapfen eine der acht Regeln von *Perspektiven 1* (**118**) und setze sie anschließend in eine konkrete Weiterführung der Geschichte von Miriam, deren Schwester Sabine in einer Sekte ist, um.

Das unterscheidend Christliche

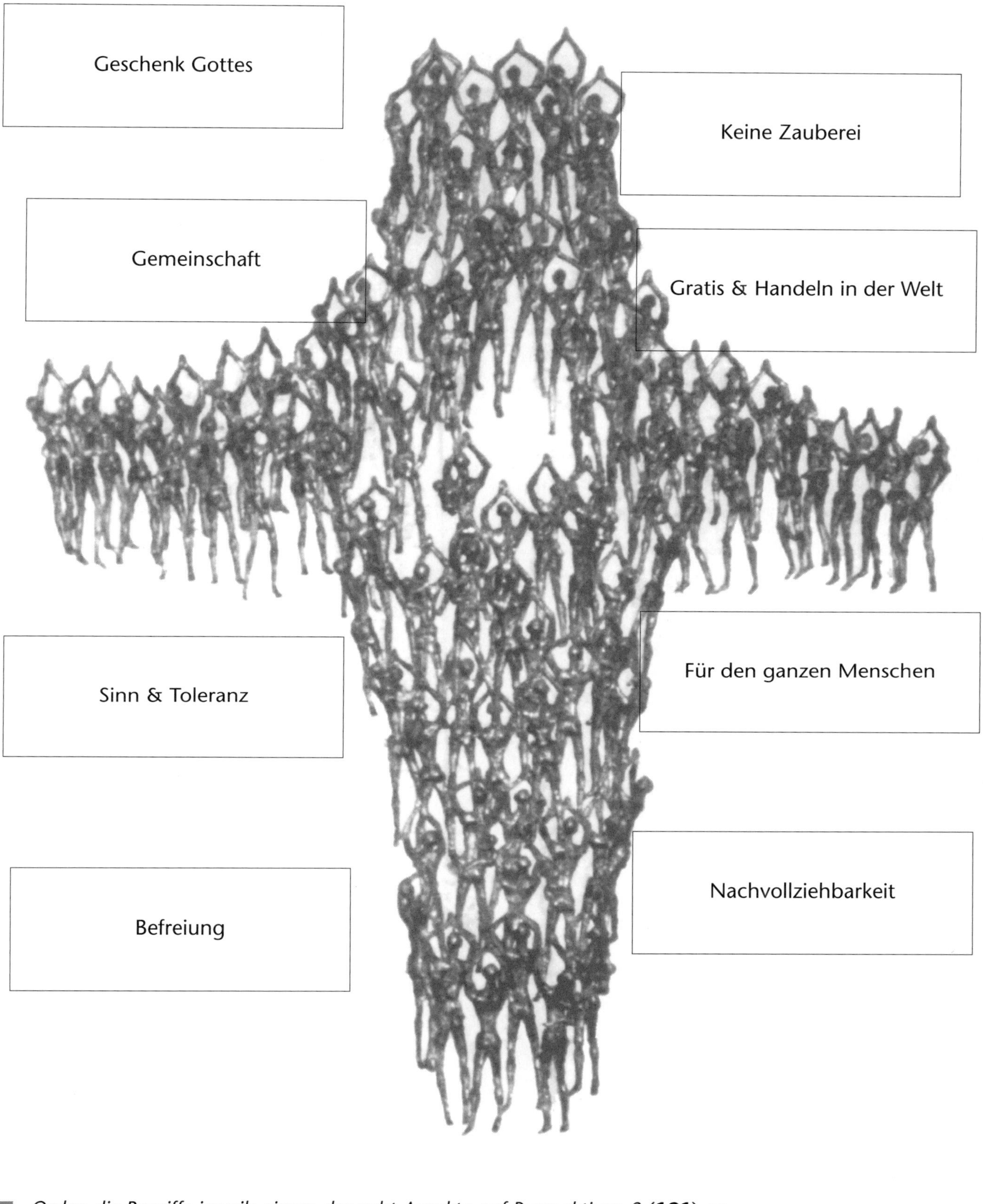

- *Ordne die Begriffe jeweils einem der acht Aspekte auf Perspektiven 2 (**121**) zu.*
- *Schneide aus einem weißen DIN-A4-Blatt Kärtchen gleicher Größe zu den hier abgebildeten Feldern aus und notiere auf ihnen jeweils eine kurze Zusammenfassung der passenden Erklärung aus deinem Religionsbuch.*
- *Klebe am Ende diese Textkärtchen an einer Seite über die abgedruckten Begriffe.*

Gebete zum Weltjugendtag

Herr Jesus Christus!

Junge Menschen haben Träume, Visionen, Hoffnungen und Ziele. An irgendeiner Stelle dieser Welt möchten sie zupacken und den alten Trott, die ewige Wiederkehr des Gleichen, unterbrechen.

Ich bitte dich, lass die jungen Menschen deinen Weg gehen, dass sie sich einsetzen für Güte, für Mitmenschlichkeit, für Gerechtigkeit, für ein gottgewolltes Leben.

Indem wir auf dein Kreuz schauen, haben wir dabei auch das Scheitern im Blick, Enttäuschungen und Frustrationen, Niederlagen und Vergeblichkeiten. Aber uns bleibt das gläubige Wissen, dass hinter alledem immer wieder auch ein neuer Anfang steht.
Das Kreuz ist nicht das letzte Wort.
Das letzte Wort ist deine und unsere Auferstehung.
Dein Reich komme!
Amen.

Franz-Josef Thiemermann, Köln

Herr, ich bitte dich

für die alten Menschen, damit jede Spur, die sie auf ihrem Weg hinterlassen, von Jugendlichen mit Klugheit und Weisheit betreten werde.

Dass die Sonne, die jedes Gesicht durchdringt, die Wärme sei, die unsere Herzen mit Kraft erfüllt, und der Mond den Pfad unseres Lebens erhelle.

Herr, ich bitte dich für die alten Menschen der ganzen Welt, damit unsere jungen Hände uns eine Welt bauen lassen, die gerecht und sensibel für ihre Bedürfnisse ist.

Dass die Gnade Gottes es uns erlaube, die Erfahrungen der alten Menschen zu hören, zu sehen und zu fühlen als eine Vermittlung von Kenntnissen und Werten, die auf dem Frieden, dem Glauben und der Liebe gründen.
Amen.

Adriana Chandia Parra, Chile

XX.
Weltjugendtag
Köln 2005

- *Beide Gebete zum Weltjugendtag 2005 waren auf dem Begleitzettel des Weltjugendtag-Kreuzes, das vom April 2004 bis zum August 2005 von Jugendlichen durch Deutschland getragen wurde, abgedruckt. Beschreibe, wie in diesen Gebeten die Texte von der Doppelseite Perspektiven 2 (**120f.**) auf den Punkt gebracht werden.*
- *Formuliere selbst ein Gebet, das die Aspekte des christlichen Glaubens in Worte fasst, die für dich die wichtigsten sind.*

Die Arbeit eines Weltanschauungsbeauftragten

Weltanschauungsbeauftragte(r) in meiner Diözese:

____

☎ ______________________________

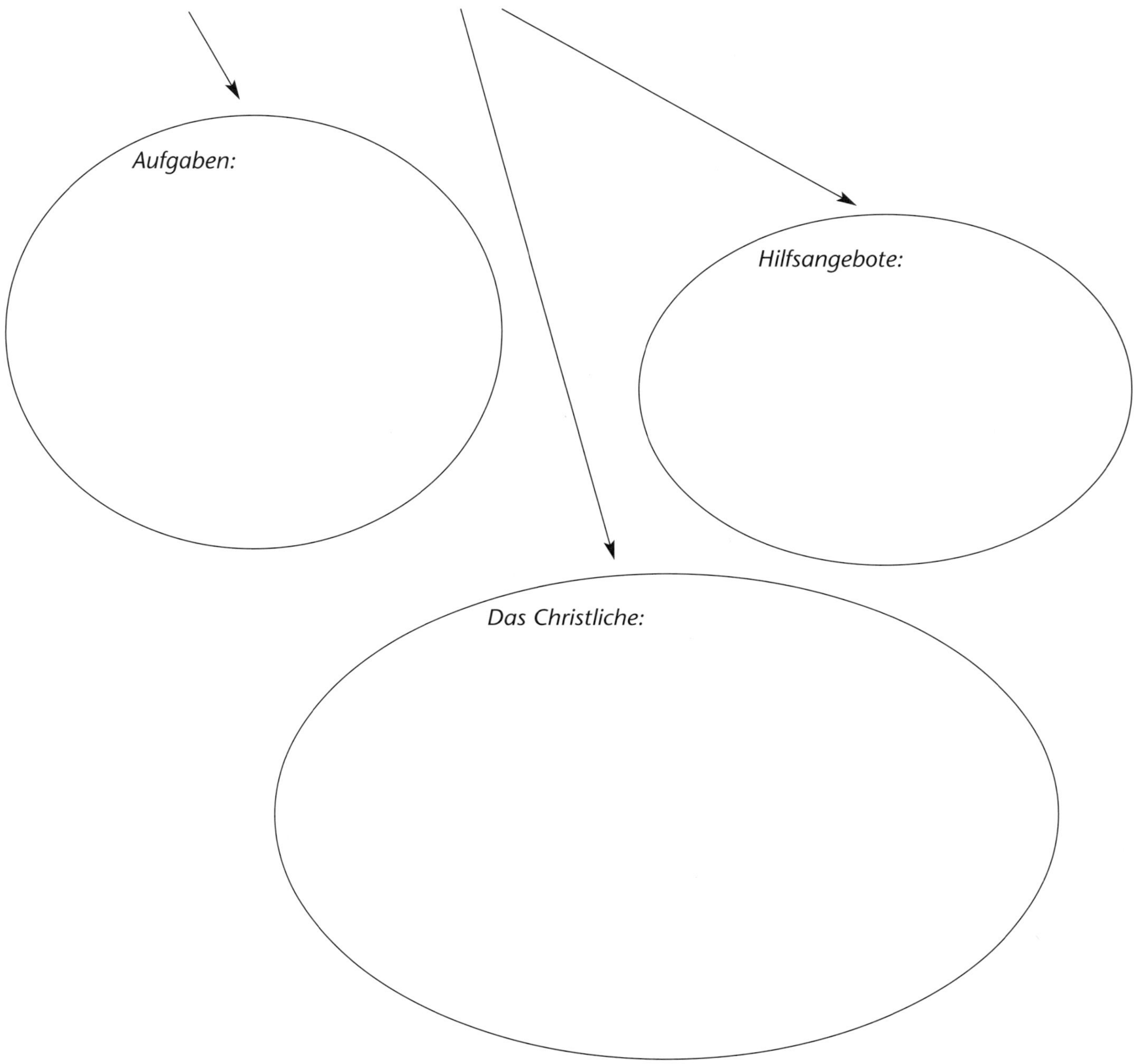

- *Fasse unter den drei Stichpunkten das Interview mit dem Weltanschauungsbeauftragten auf Perspektiven 3 (**122f.**) zusammen.*
- *Informiere dich auch, wer bei euch vor Ort diese Funktion wahrnimmt bzw. wie du ihn erreichen kannst.*

Zwischen Sauna und Sinnsuche

Die Fernseh-Journalisten Maik Bialk und Lutz Näkel drehten für die Fernsehsender WDR und SWR einen Bericht über das Kloster Arenberg (»Das 4-Sterne-Kloster«: Koblenzer Nonnen zwischen Sauna und Sinnsuche; Erstausstrahlung SWR 3. April 2004). Die Erfahrungen mit diesem ungewöhnlichen Kloster fasst einer der beiden Redakteure in Worte:

Es war mal wieder eine harte Woche: Stress, Termine, viele Stunden im Auto und ein Drehplan, der mir und meinem Team keine freie Minute gegönnt hatte. An diesem Abend tippte ich auf der Suche nach einem Ort für einen Kurzurlaub das erste Mal »Wellness« ins Internet ein. Das Ergebnis: Zahllose Hotels mit Sauna, Schwimmbad und Whirlpool und – ein Kloster in Koblenz-Arenberg. »Erholen – Begegnen – Heilen« lautete hier der Slogan und neben den üblichen Wellness-Zutaten wurden noch Meditation, Beten und ein Leben in völliger Ruhe angeboten.

Die Eröffnung der klösterlichen Oase sollte leider zwar erst in einem Jahr sein, doch mein Interesse war geweckt: Wellness im Kloster? Das wollte ich unbedingt kennenlernen und filmisch festhalten, denn in meiner Vorstellung war ein Kloster eher ein Relikt aus einer längst vergangenen Zeit.

Der erste Besuch führte mich gleich mitten rein ins Klosterleben, von Ruhe war hier allerdings keine Spur. Denn es wurde gerade für 15 Millionen Euro umgebaut und während der Gebetszeiten dröhnten im Hintergrund regelmäßig Kreissägen und Presslufthämmer. Und auch innerhalb der Gemeinschaft herrschte Unruhe: Die 60 Nonnen hatten sich auf ein gewaltiges Projekt eingelassen, das ihr Leben völlig auf den Kopf stellen sollte. Im Laufe der Monate, in denen ich dann immer eine Zeit im Kloster Arenberg verbrachte, konnte ich den Umbau langsam wachsen sehen – die Unruhe allerdings blieb. Viele Nonnen hatten Ängste vor den kommenden Veränderungen. Dem Menschen von heute mit seinen Nöten und Bedürfnissen wollten die Nonnen helfen, doch war dieser Weg richtig? Umso mehr beeindruckte mich die Haltung von Schwester Scholastika, die die Hauptperson meines Filmes werden sollte. Denn nach ihrer Überzeugung müssen sich Kirche und Klöster öffnen und neu definieren, wenn sie die Menschen in unserer hektischen Zeit erreichen wollen.

Unsere Dreharbeiten begannen schließlich kurz vor der Eröffnung des neuen Gästebereiches mitten im Bau-Chaos. Bis zur letzten Minute schufteten hier Nonnen und Bauarbeiter gemeinsam, damit alles rechtzeitig fertig wurde. Und dann kehrte langsam tatsächlich diese »völlige Ruhe« ein, die Gäste aus ganz Deutschland in das Kloster kommen lässt. Was für die Produktion eines Filmes zunächst irritierend ist – es passierte einfach nichts. Die Nonnen beteten oder kümmerten sich um den Ablauf des Betriebes, die Gäste bewegten sich immer langsamer durch die Flure, lasen stundenlang in ihren Büchern und schwammen gemächlich durch den Pool. Ein Kloster ist nicht der Ort für spektakuläre Enthüllungen. Doch wer lernt, die leisen Zwischentöne zu hören, beginnt auch, das Leben in einem Kloster zu verstehen. Immer mehr veränderte sich damit bei unseren Dreharbeiten auch unser Blick auf die alte Gemeinschaft der Dominikanerinnen, die nach fast 150 Jahren in Koblenz kurz vor dem Aussterben steht. So entdeckten wir trotz der schwierigen Nachwuchssituation eine Aufbruchstimmung bei den Nonnen, die in der Öffnung zur Welt eine Chance zum Überleben sehen. Auch die Begegnung mit den Urlaubern war oft überraschend, denn nicht wenige von ihnen bekannten offen, dass sie eigentlich um jede Kirche einen weiten Bogen machen.

Die Dreharbeiten im Kloster Arenberg waren in vielen Punkten außergewöhnlich, auch weil es vieler Geduld und Überredungskunst bedurfte, das Leben der Nonnen in seiner Gänze zu zeigen. Denn trotz Wellness-Boom, das Leben der Schwestern findet noch immer hinter den dicken Mauern der »Klausur« statt, die Fremde normalerweise nicht betreten dürfen – geschweige denn ein Filmteam. Dass wir auch hier hineinblicken konnten, war am Ende für mich die eigentliche Überraschung. Die Erfahrungen im Kloster gingen am Ende auch an mir und meinem Team nicht spurlos vorbei. Trotz der Anstrengungen verließen wir Arenberg leiser und ruhiger, immer noch mit vielen Fragen, aber auch mit dem Wunsch wiederzukommen.

- *Beschreibe, welche Erfahrungen das Fernsehteam im Kloster Arenberg macht:*
  - *Warum reagieren manche Schwestern mit Sorge und Skepsis auf die Veränderungen?*
  - *Was geschieht im Kloster mit den Menschen, die dort ihre Erholung suchen?*

Mensch und Kosmos

Der »Kosmosmensch« bildet zentrale Aussagen von Hildegards Kosmologie ab. Die Nonne stellt kein wissenschaftlich genaues Weltbild vor, sondern will den Menschen symbolisch eine tiefer liegende Wahrheit über die Welt zugänglich machen. Hildegard wählt dafür –wie häufig in ihren Bildern – das Symbol des Mandalas. Darin sind, ähnlich dem Labyrinth, Figuren und Kreise konzentrisch um eine betonte Mitte hin angeordnet und werden von ihr zusammengehalten. In diesem Zentrum steht der »Kosmosmensch«, das »Werk aller Werke Gottes«, vor dem Erdball. Er ragt bis zum Himmel hinaus und ist umgeben von den Elementschichten Feuer, Erde, Luft und Wasser. Zwölf Windtiere (vier Hauptwinde mit jeweils zwei Nebenwinden) hauchen ihren Windatem in das Zentrum des Rades. Eine ganz in Rot erscheinende jugendliche Gestalt, die mit einem goldenen Schein gekrönt ist, darüber das bärtige Antlitz Gottvaters, trägt das Weltenrad wie in einem Leib in sich. Alles ist durch ein Strahlennetz miteinander verbunden. Der Mensch allein ist für die göttliche Ordnung und deren Unversehrtheit verantwortlich. In Hildegards »Buch der Lebensverdienste« (*Liber vitae meritorum*) heißt es dazu: »Mitten im Weltenbau steht der Mensch. Denn er ist bedeutender als alle übrigen Geschöpfe, die doch abhängig von jener Weltstruktur bleiben. An Statur ist dieser Mensch zwar klein, an Kräften des seelischen Vermögens jedoch gewaltig.«

- *Betrachte das Bild aus Hildegards »Buch der Gotteswerke« und erkläre die Informationen aus dem Text anhand der einzelnen Elemente auf dem Bild.*
- *Zeichne anschließend mithilfe eines Zirkels eine Skizze von Hildegards Mandala in dein Heft und notiere die Bedeutung der einzelnen Bildelemente in kurzen Worten an die jeweilige Stelle.*

Der Mensch im Mittelpunkt des christlichen Glaubens

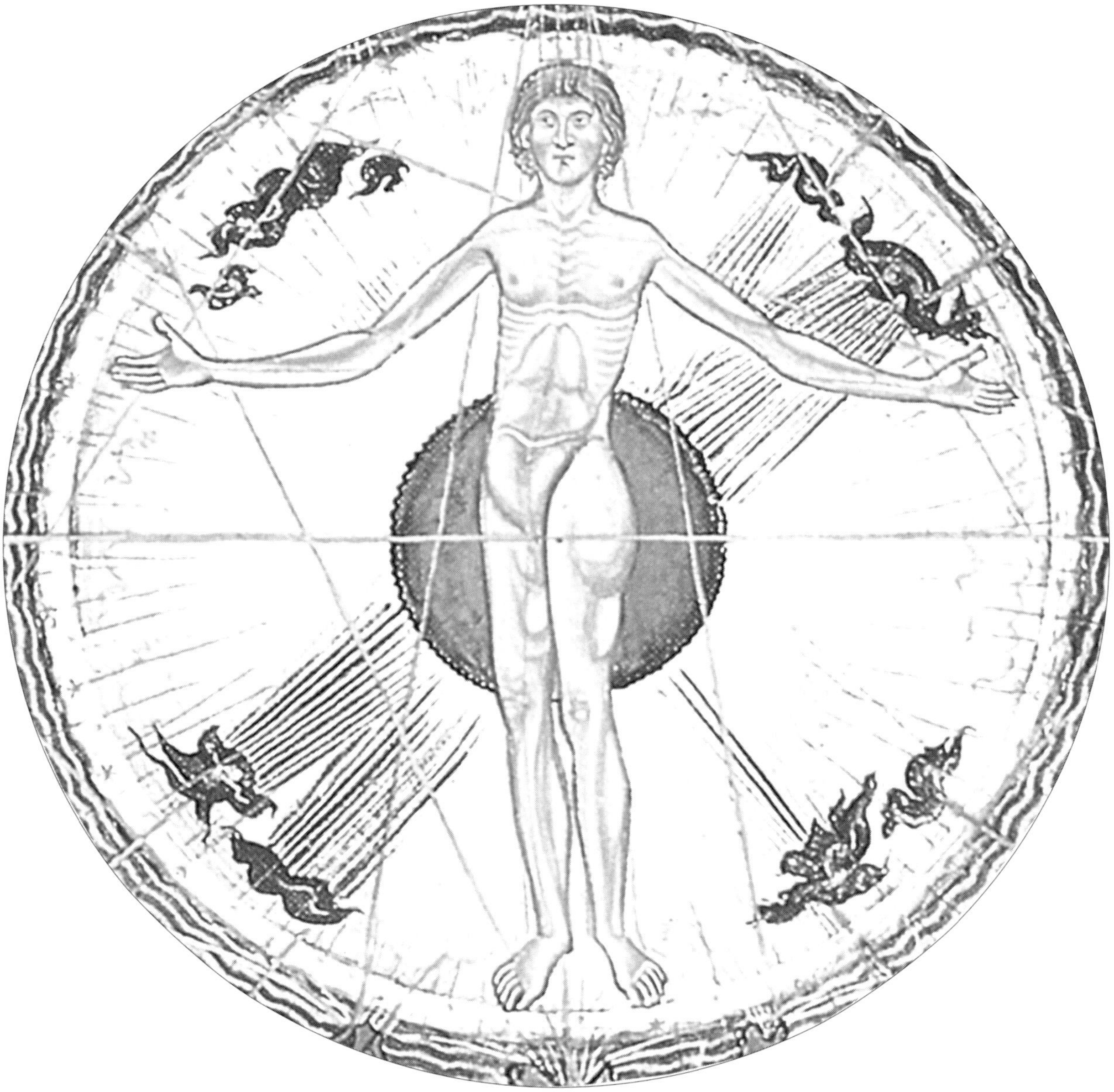

- *Verlängere die Linien auf Hildegards Bild über das Mandala hinaus.*
- *Notiere an den Linien entlang Begriffe, die beschreiben, wie und auf welche Weise das Christentum heute wieder neu die Beziehung Gott – Kosmos – Mensch in den Mittelpunkt rücken kann. Dies können allgemeine Begriffe genauso wie konkrete Vorschläge zur Veränderung sein.*

Bild- und Textnachweis

M 8.1.2 Erich Kästner, in: Werke. Band I, Hanser Verlag, München/Wien 1998, S. 175f.
M 8.1.3 © SAFR00290, Bildagentur Waldhaeus, Waidhofen
M 8.1.5 Kösel-Archiv
M 8.1.7 Jostein Gaarder, in: Sofies Welt, Hanser Verlag, München/Wien 1999, S. 37
M 8.1.8 Esther Bisset, Martin Palmer, Die Regenbogenschlange, Oberhofen (SUI) Zytglogge-Verlag [5]2003, S. 63 (gekürzt)
M 8.1.9 Freimut Woessner
M 8.1.11 Ludwig Hirsch © edition karl scheibmaier Wien
M 8.1.12 HAP Grieshaber (1909-1981), »Bedrohtes Paar«, 1949, Holzschnitt © VG Bild-Kunst, Bonn 2005 – Albrecht Dürer (1471-1528): »Adam und Eva«, Radierung, 1504, Schlossmuseum Weimar
M 8.1.15 Franz von Assisi, Die Demut Gottes. Meditationen, Lieder, Gebete, ausgewählt und übersetzt von Anton Rotzetter © Patmos Verlag GmbH & Co. KG/Benzinger Verlag, Düsseldorf [5]1995 – Hans Magnus Enzensberger, in: Kiosk. Neue Gedichte, Suhrkamp Verlag, Frankfurt/M. 1995, S. 124
M 8.1.17 Peter Hammer Verlag, Wuppertal
M 8.1.18 Erich Zenger, Der Gott der Bibel © Verlag Katholisches Bibelwerk GmbH, Stuttgart 1986, S. 148f.
M 8.1.19 AP/Pavel Rahman AP, Die Zeit 35, 22.8.2002, S.12
M 8.1.20 Ökumenische Initiative Eine Welt, www.erdcharta.de/oi-cms/text-erdcharta_grundsaetze.html
M 8.1.21 Jörg Zink, Beten durch die Schallmauer (KJG), Düsseldorf 1986, S. 159
M 8.1.22 In: Hans Küng, Credo, Piper-Verlag, München – Darmstädter Pessach-Heggada, Cod. OR. 8, fol. 10r, Hessische Landes- und Hochschulbibliothek Darmstadt
S. 72 Mutsuo Hirano (geb. 1952), Vielsager, 2000, Terracotta, 48 cm, Diözesanmuseum Würzburg – Mutsuo Hirano (geb. 1952), Hinaufblickender, 2002, Terracotta, 100 cm, Diözesanmuseum Würzburg
S. 78 Masaccio, eigentl. Tommaso di Giovanni di Simone Guidi 1401-1428: »Die Vertreibung aus dem Paradies«, um 1525/27. Fresko, 206 x 88 cm. Florenz, Chiesa del Carmine, Cappella Brancacci, Foto: akg-images
M 8.2.1 Marton Rhue, ICH KNALL EUCH AB, © 2002 by Ravensburger Buchverlag Otto Maier GmbH, Ravensburg
M 8.2.3 Quelle unbekannt
M 8.2.5 Jenny Holzer im Gespräch mit Noemi Smolik, Dr. Wilfried Dickhoff, Köln – Keith Haring (1958-1990): o. T., 1986 © The Estate of Keith Haring
M 8.2.6 Thomas Lange (geb. 1957): »Adam Oggi I – XXV«, 1996/1997, Mischtechnik auf Leinwand. 50 x 50 cm, Diözesanmuseum Würzburg
M 8.2.8 Jörg Asselbron. Nach einer Idee von Heinz Giebeler, die Basis, Wiesbaden
M 8.2.11 Petrus Ceelen – picture alliance/Matthias Hiekel – Mel Curtis
M 8.2.12 Johannes Rau, 3.5.2002, www.kna.de/doku_aktuell/erfurt.html
M 8.2.13 Christine Nöstlinger, Einer ist reich S. 200, in: Hans-Joachim Gelberg (Hg.), Überall und neben dir, Beltz & Gelberg in der Verlagsgruppe Beltz, Weinheim & Basel 1989
M 8.2.15 Rembrandt van Rijn (1606-1669): »Der verlorene Sohn«, 1662, 262 x 206 cm, Öl auf Leinwand, Eremitage, St. Petersburg
M 8.2.16 dpa, SZ vom 23.5.03
M 8.2.17 und M 8.2.18 Max Beckmann (1884-1950): »Christus und die Sünderin«, 1917 (Ausschnitte), 151 x 129 cm, Öl auf Leinwand, St. Louis Art Museum, VG Bild-Kunst
M 8.2.19 Jamie Walker: Gewaltfreier Umgang mit Konflikten in der Sekundarstufe I: Spiele und Übungen, Cornelsen Scriptor Berlin [6]2002, S. 109
M 8.2.23 Quelle unbekannt
M 8.2.24 Zur Versöhnung herausgefordert: Ein thematischer Abend zum Weltgebetstagsmotto 2002, Petra Heilig
S. 130 Behaim-Globus, um 1492, Germanisches Nationalmuseum, Nürnberg
S. 142 Heiko A. Obermann, Die Kirche im Zeitalter der Reformation. Kirchen- und Theologiegeschichte in Quellen Bd. III, Neukirchen-Vluyn [4]2004, S. 228
S. 143 Heiko A. Obermann, a. a. O., S. 222-224
S. 148 Michael Krüger, in: Was das Mondlicht fängt. Bilder und Gedichte © 2001 sanssouci im Carl Hanser Verlag, München/Wien, S. 116
M 8.3.1 Jonathan Borofsky (geb. 1942), Man walking to the Sky, Documenta Kassel 1992
M 8.3.2 Jonathan Borofsky, Man walking to the Sky, Documenta Kassel 1992 – ders., Woman walking to the Sky, Strassburg, Frankreich
M 8.3.3 In: Eduard Mörike, Sämtliche Werke in vier Bänden, Bd. I, München/Wien: Hanser 1981, S. 29f.

M 8.3.4 Axel Hacke, in: Süddeutsche Zeitung Magazin Nr. 1 (2005), 7.1.2005 – Dirk Schmidt

M 8.3.6 Lukas Cranach d. J. (1515-1586), Zweierlei Predigt, 1546, Farbholzschnitt, AKG, Berlin

M 8.3.7 Behaim-Globus, um 1492, Germanisches Nationalmuseum, Nürnberg

M 8.3.8 Das Jüngste Gericht, Pieter von Heyden (1530-1572), Kunsthistorisches Museum Wien

M 8.3.9 In: Helmut Kurz, Helmut Pflumm, Einheit und Verschiedenheit im Glauben. Katholisch – evangelisch – orthodox. Institut für Religionspädagogik der Erzdiözese Freiburg o. J., 1997, S. 26 (vergriffen)

M 8.3.10 Josef Quadflieg, Die Geschichte des Christentums, © Patmos Verlag GmbH & Co. KG/Benzinger Verlag, Düsseldorf 2002, S. 169

M 8.3.12 In: Hans Sachs, Lieder – Gedichte – Spiele, Magnus Verlag, Essen 1987, S. 153f. – Lucas Cranach d. Ä. (1472-1553): »Der predigende Martin Luther«, um 1546

M 8.3.13 Martin Luther, »Biblia, das ist, die gantze Heilige Schrifft Deudsch«, Wittenberg: Hans Lufft 1534; Titelblatt der ersten Gesamtausgabe der Luther- Bibel, Holzschnitt mit typographisch eingefügten Texten aus der Cranach-Werkstatt oder vom Meister MS – Martin Luther, Sendbrief vom Dolmetschen, 1530

M 8.3.14 Heiko A.Obermann, a. a. O., S. 93f. und S. 227 – Jan van Scorel: Papst Hadrian VI., 16. Jh., Louvain, Collège du Pape

M 8.3.17 Deutsche Bischofskonferenz, Bonn 1998

M 8.3.18 St. Jakob in Nürnberg, Nürnberger Werkstatt, erste Hälfte 15. Jhd., ev. Kirche St. Jakob, Nürnberg

S. 177 Gedanken der Klasse 8e (05/06), Werner-von-Siemens Gymnasium Regensburg

S. 192 Bildungsmappe Biopoli, BUKO Agrar Koordination & Forum für Internationale Agrarpolitik e. V., www.bukoagrar.de

S. 195 Sr. Karolin Kuhn, Regensburg

M 8.4.3 In: Lothar Zenetti, Auf Seiner Spur. Texte gläubiger Zuversicht (ToposPlus 327) © Matthias-Grünewald-Verlag der Schwabenverlag AG, Ostfildern 2000, S. 58

M 8.4.5 Uwe Seidel, in: Psalmen der Hoffnung, Psalm 1, Aussat-Verlag, Neukirchen-Vluyn 1982 (vergriffen)

M 8.4.6 In: Carlo Carretto, Gib mir deinen Glauben, Herderbücherei Bd. 1754, S. 11-15. Aus dem Italienischen von M. O. Wahl © Verlag Herder, Freiburg im Breisgau [3]1996

M 8.4. 10 In: Paul Jakobi, Damit das Glück Wurzeln schlägt © Matthias-Grünewald-Verlag, Mainz [5]1997

M 8.4.11 Diethard Zils, in: Psalmen der Hoffnung, Aussat-Verlag, Neukirchen-Vluyn 1982 (vergriffen)

M 8.4.12 Fotos: Gertrud Leutenegger, Wil © Ateliers et Presses de Taizé

M 8.4.13 Stefanie Schwab, Würzburg. Alle Rechte bei der Autorin, www.stefanieschwab.de

M 8.4.14 T: Ludger Edelkötter/M: Norbert Weidinger, Rechte: Impulse-Musikverlag, Drensteinfurt

M 8.4.16 Karikatur aus »Biologischer Vielfalt – Wer kontrolliert die globalen genetischen Ressourchen?«, Brandes & Apsel/Südwind 2001

M 8.4.17 Pressemitteilung vom 23.6.2003, Ulrike Höfken MdP Bündnis 90/DIE GRÜNEN; Greenpeace

M 8.5.1 www.nikidesaintphalle.com, Niki de Saint Phalle (1930-2002), Der Narr, ca. 1979-1996, Skulptur im »Tarot-Garten«, Capalbio/Italien © VG Bild-Kunst, Bonn 2005

M 8.5.5 Norbert Drews, Fengshui-Berater, Hamburg, www.fengsh.de/essentials.html

M 8.5.6 Nach: Wolfgang Hund, »Gibt's das wirklich? Okkultismus und Esoterik in Fragen und Antworten«, Care-Line Verlag, Neuried 2004

M 8.5.7 Arthur E. Waite, Tarot, Standardausgabe, Königsfurt Verlag, Krummwisch [3]1994, Set Nr. 2

M 8.5.9 In: Evelin Bürger, Johannes Fiebig, Tarot für Einsteiger/innen, Klein-Königsförde 2001, S. 67 – Arthur E. Waite, Tarot, Standardausgabe, Königsfurt Verlag, Krummwisch [3]1994, Set Nr. 2

M 8.5.12 Nach: Christoph und Martina Minhoff, Scientology. Irrgarten der Illusionen, Sonderausgabe für die Landeszentrale für politische Bildung und die Innenbehörde der Freien und Hansestadt Hamburg, 1983, S. 7-9.

M 8.5.13 Edvard Munch (1863-1944): »Der Schrei«, 1893 (Ausschnitt), 83,5 x 66 cm, Öl, Tempera und Kreide auf Karton, The Munch Museum, Oslo, VG Bild-Kunst

M 8.5.15 Kreuz des Südens: Edith Peres-Lethmate (geb. 1927), Kreuz des Südens, 1985, 70 x 45 cm, Skulptur, Bronze, Pfarrei St. Martin, Koblenz-Pfaffendorf

M 8.5.16 www.wjt2005.de/uploads/media/gebet_jungalt.pdf, aus dem Flyer zum WJT-Kreuz 2005

M 8.5.18 www.kloster-arenberg.de/swr-4-sterne-kloster.html

M 8.5.19 In: Uwe Birnstein, Herbert Gutschera u.a., Chronik des Christentums, Chronik Verlag 1997, S. 177, Stichwort: Mensch und Kosmos – Hildegard von Bingen, Mensch und Kosmos

M 8.5.20 Hildegard von Bingen, Mensch und Kosmos

In Einzelfällen ließen sich die Rechtsinhaber oder Quellen nicht rekonstruieren. Für Hinweise sind wir dankbar. Sollte sich ein/e nachweisbare/r Rechtsinhaber/in melden, zahlen wir das übliche Honorar.